U0727004

“我国货币政策体系与传导机制研究”丛书

本书为教育部哲学社会科学研究重大课题攻关项目“我国货币政策体系与传导机制研究（08JZD0015）”和教育部人文社会科学一般项目“全球化背景下人民币汇率政策与货币政策协调的微观基础理论与实证研究（10YJA790094）”成果

中国货币政策与汇率政策微观基础研究

李连发◎著

A Study on Micro Foundation of China Monetary Policy and Foreign Exchange Policy

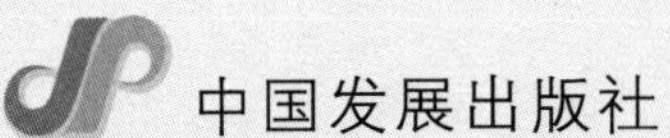
中国发展出版社

图书在版编目（CIP）数据

中国货币政策与汇率政策微观基础研究/李连发著．
北京：中国发展出版社，2011.11
ISBN 978-7-80234-740-3

Ⅰ.①中…　Ⅱ.①李…　Ⅲ.①货币政策—研究—中国
②汇率政策—研究—中国　Ⅳ.①F822.0

中国版本图书馆 CIP 数据核字（2011）第 228775 号

书　　名： 中国货币政策与汇率政策微观基础研究
著作责任者： 李连发
出 版 发 行： 中国发展出版社
（北京市西城区百万庄大街 16 号 8 层　100037）
标 准 书 号： ISBN 978-7-80234-740-3
经　销　者： 各地新华书店
印　刷　者： 北京科信印刷有限公司
开　　本： 720×1000mm　1/16
印　　张： 18.5
字　　数： 280 千字
版　　次： 2011 年 11 月第 1 版
印　　次： 2011 年 11 月第 1 次印刷
定　　价： 48.00 元

联 系 电 话：（010）68990630　68990692
网　　址： http：//www.develpress.com.cn
电 子 邮 件： bianjibu16@vip.sohu.com

“我国货币政策体系与传导机制研究”丛书

总序

刘　伟

经济政策是政府为了实现一定的经济和社会发展目标，运用一些政策调节工具，从而采取的一系列行动方针和措施的总和。市场经济发展至今，已经有了数百年的历史，经济政策也随之发生了巨大变迁。古典经济学普遍主张“自由主义”的经济政策，倡导政府对经济的不干预。例如亚当·斯密就认为，政府无需对经济的发展进行干预，而是要让“看不见的手”，即市场机制来发挥主导作用，进行资源配置。

然而，20世纪30年代的大萧条，使社会经济遭受了巨大的破坏，自由放任的经济政策受到了广泛的批评，为人们所摒弃。此时，凯恩斯主义应运而生。凯恩斯认为，大萧条中严重失业现象的关键原因是有效需求不足，政府应通过大规模增加政府开支等财政政策手段，以及通过降低利率水平等货币政策手段，来扩大投资支出，增加社会总需求，解决就业问题。奉行凯恩斯主义的“罗斯福新政”，使美国经济得以快速复苏。此后，西方各国政府长时间偏好财政政策，对经济直接进行干预，调节总需求。

到了20世纪70年代，西方各国出现了严重的经济“滞涨”，而传统的财政政策已不再能解决问题。以弗里德曼为代表的货币主义随之兴起，主张对货币供应量进行调节，运用货币政策干预经济发展。此后，各国政府更加青睐货币政策，将其作为宏观调控的最重要的手段之一。然而好景不长，货币主义也难以解决新的经济形势下的问题。

2008年下半年以来，由美国次贷危机引发的金融危机和经济危机席卷了全球，货币政策面临着严峻的危机和挑战。甚至有一些人认为，当前的金融和经济危机是货币政策积弊的爆发。新的经济形势呼唤新的宏观经济政策理论。然而，在20世纪80年代之后，宏观经济学缺乏革命性的进展，难以应对新形势提出的各种挑战。也就是说，对于货币政策的研究势在必行。

当我们把目光聚焦在中国时，则会看到更多的挑战。自20世纪70年代末我国开始实施改革开放政策以来，经过三十年的高速发展，我国的经济总量已经跃居世界第三，并成为世界第一大出口国和第二大进口国。不仅我国国民经济发生了翻天覆地的变化，世界经济版图也因为我国经济的高速发展而开始重新划分。我国在短时间内取得如此巨大的经济成就，宏观调控政策功不可没。而货币政策作为宏观调控的最重要的手段之一，对于我国经济发展的影响是不言而喻的。总体而言，改革开放以来，我国的货币政策实践是较为成功的，在保持高速经济增率的同时维持了较低的通货膨胀率。

然而，我国仍然处于经济体制的转轨时期，商品和金融市场不完善。例如，我们缺乏市场化的利率指标；货币政策公开市场操作工具有限；货币政策传导机制不顺畅等。此外，我国的工业化和城镇化正在加速进程中，城乡二元经济并存，正规金融和非正规金融并存，这些因素都会影响货币政策的制定和实施。从外部来看，全球金融和经济一体化对于我国货币政策的实践也构成了挑战，例如近年来美国和欧盟指责我国“操纵汇率”就是其中之一。这些问题和挑战，在短期内都是难以解决的。不仅如此，我国目前的经济形势对货币政策的制定和实施也构成了挑战。

2009年，为了应对国际金融危机的冲击，我国实施了庞大的经济刺激计划。货币政策也发生了重大转变，中央首度提出“适度宽松的货币政策”。在这些政策的推动下，我国经济逐步企稳回升，达到了8.7%的增长率，顺利实现了“保八”的目标。然而由于在此过程中，货币供应量和人民币信贷都大幅度增加，通货膨胀的压力也随之加强。显然，货币政策在促进经济增长和稳定物价两个目标之间面临着两难抉择。货币政策面临着前所未有的挑战。

尽管如此，我们认为，适度宽松的货币政策需要坚持，但应进一步注重“适度”。从货币供应量来看，2009年末，广义货币供应量（M2）的余额为60.6万亿元，比上年末增长27.7%，增幅同比加快9.9个百分点；金融机构各项贷款余额为40.0万亿元，比年初增加9.6万亿元，同比多增4.7万亿元。从利率政策和准备金率来看，2008年9月以后，我国连续数次下调存贷款利率和准备金率，调控力度和频率非常罕见，可以说，我国的货币政策已经处于相当“宽松”的状态。2010年，在宏观经济企稳回升的基础上，我国将更加注重经济结构的调整和抑制通货膨胀，因而货币政策应该重在“适度”上。

进一步地说，中国的货币政策不应该是简单的总量扩张，而是要强调其扩张效应向实体经济的传导，否则就会滞存在虚拟经济中，使得股票、房地产等资产价格大幅度波动。在2008－2009年的国际金融危机中，中国的实体经济首先受到损害，而金融体系本身受的冲击并不大，银行的流动性充裕。所以说我国货币市场上不是需求大于供给，而是相对于需求不足的流动性过剩，这一点在货币政策的制定和实施中是要重视的。

2010年是我国“十一五规划”的最后一年，我国经济将在扩大内需、调整结构、保障民生等方面取得更大的进展，这将为“十二五”期间国民经济和社会发展建立一个更好的基础。而货币政策作为我国宏观调控的重要手段之一，理应为我国经济的持续健康发展发挥积极有利的作用。

北京大学经济学院历史悠久，是我国经济学研究的一方重镇，2009年，经济学院科研课题研究经费超过1300万元，成为国内综合性大学经济学院中为数不多的科研经费超千万元的学院之一。在货币政策研究方面，我们经济学院也处于领先地位。教育部哲学社会科学研究重大课题攻关项目：“我国货币政策体系与传导机制研究”（项目编号：08JZD0015），就是我们正在承担的一个十分重要的研究项目。

作为北京大学一个十分重要的研究课题，“我国货币政策体系与传导机制研究”，从2009年1月开始，时间跨度为三年，我们经济学院的许多教师和研究人员都参与其中，包括刘伟、黄桂田、林双林、何小锋、李绍荣、蔡志洲、董志勇、吕随启、李连发、苏剑、张辉、赵留彦、冯科等，他们都有着很扎实的学术功底和严谨的治学态度，在货币政策的各个研究领域都颇有专长，为本课题组的研究做出了很大的贡献。

作为课题组的研究成果，除了论文和研究报告，专著是主要的形式之一。我们的研究形成了一系列的专著，其主题都是对我国货币政策体系与传导机制的研究，这一系列专著作为丛书出版。

本套系列专著具有下列特点：

第一，作者阵容强大。本套系列专著的作者，既有知名的经济学家，也有出类拔萃的青年教师，他们都是货币政策研究方面的佼佼者，而且，他们的孜孜不倦的研究探索精神和极为严谨的治学态度，在我国也都是非常突出的。这些在本套系列专著的字里行间都得到了很好的体现，读者在阅读和研究的过程中将会深切地感受到。

第二，高水平的研究成果。本着科学务实的精神，我们对我国的货币政策体系与传导机制进行了艰苦的探索，在很多探索陷入困境时，我们没有主观臆测，而是坚持科学研究的精神和负责任的态度，来找到合理的解释。同时，我们高水平的研究团队，以及充足的研究经费，和海量的研究资料，都保证了出来的研究成果是高水平的。

第三，透彻的分析。课题“我国货币政策体系与传导机制研究”分成了四个子课题，即货币政策体系与传导机制的理论研究、我国货币政策体系研究、货币政策与其他政策之间关联研究、开放条件下货币政策的有效性研究。在对课题进行细化的基础上，各研究者对于我国货币政策的现状和存在的问题展开了定性和定量的分析，我们相信，通过这种方式，从各个侧面来进行探讨和研究，有助于将问题分析透彻。

第四，对中国特殊问题的关注。我国正处于发展与经济体制转轨的关键时期，很多货币政策问题带有鲜明的中国特色的烙印。本研究课题，大都是在我国发展与转轨的这个大背景下，来探究货币政策的相关问题，得出相应的结论。例如，对于我国货币政策传导机制不顺畅的原因的分析，就考虑了我国信贷的巨大规模和资本市场的相对偏小的现状。

总之，本套系列专著集中体现了北京大学经济学院对“我国货币政策体系与传导机制研究”这一课题的研究成果。当然，随着经济形势的不断变化，货币政策也会随之不断地做出调整，我们对于货币政策的研究，将紧跟时代的变化，力图保持前沿性。

最后，希望本套系列专著，能推动中国货币政策理论研究的发展，同时为中国货币政策的实践提供有价值的参考建议。

2010 年 4 月于北京大学

CONTENTS 目 录

第二篇　实证篇

第 8 章　实际汇率实证分析　/ 91

第 9 章　外汇占款、银行与货币政策工具　/ 123

第 10 章　货币政策规则与资本充足率监管　/ 154

第 11 章　银行资本与金融危机之间关联分析　/ 170

表格目录

图示目录

序 言

改革开放以来，我国货币政策和汇率政策在金融宏观调控中发挥了重要作用，我国经济在保持了高速增长的同时维持了较低的通货膨胀率。目前，我国的经济总量已经跃居世界第二，并成为全球第一大出口国和第二大进口国，对世界经济的溢出效应也越来越大。

随着经济开放度的日益提高，我国货币政策和汇率政策之间联系日益紧密，加强货币政策和汇率政策协调对我国外向型经济发展具有重要的意义。目前，一些专家学者认为，我国的货币政策和汇率政策协调不够、货币政策工具品种和操作空间有限以及传导机制不顺畅等问题依然存在。相比之下，我国货币政策和汇率政策理论发展也略显滞后。随着西方发达国家数十年来货币政策与汇率政策理论的发展，特别是宏观经济学微观基础的不断强化，货币政策和汇率政策的实际运作日益精细化。而我国在构建符合中国具体情况的货币政策和汇率政策体系方面，面临一些重大的理论和技术难题，特别是在货币政策和汇率政策的微观基础研究方面显得尤为薄弱，亟待加强理论和实证研究。

现在，很高兴看到李连发老师的这本《中国货币政策与汇率政策微观基础研究》即将付梓。这本专著结合我国经济发展的特殊国情，从独特的角度研究了货币政策和汇率政策的微观基础理论问题，并在此基础上得出了有关开放经济条件下货币政策最终目标、相机抉择方式和实际汇率等方面的重要结论。本书在以下几个方面进行了探索性研究，并在相关理论框架中有所突破：一是从社会福利最大化角度系统论证了开放条件下货币政策最终目标的微观基础，充分考虑了微观企业和消费者的动机和行为；二是突出分析了在承诺条件下和相机抉择条件下汇率在货币政策最终目标中的重要地位；三是考察了通过中间产品渠道产生的各国产出和通胀之间的溢出效应，丰富了对货币政策传导机制的理解；四是区分了不同企业定价方式下汇率变化在政策传导过程中所起的不同作用；五是解决了数据缺乏条件下复杂的价格指数计算问题，较为准确地计算了我国历年来的内部实际有效汇率；六是结合我国经济发展特点，讨论了我国政策目标的多元特征和传导机制的独特性。

李连发老师毕业于美国俄亥俄州立大学，获经济学博士学位，现任职北京大学经济学院金融系，长期从事货币政策和汇率政策的理论研究，并有多年银行间货币市场和外汇市场操作的实际经验。这本专著是他近年来理论探索的一个阶段性总结，值得从事货币政策和汇率政策研究的同仁一读。同时，该研究也对我国货币政策和汇率政策的决策具有一定的参考和借鉴意义。

刘伟

2011 年 9 月于北京大学经济学院新楼

前言

开放经济意味着一国资源能够借给其他国家使用。如果一国能从外部借到资源，这个国家的支出就可高于其所拥有的资源禀赋和生产能力；在随后的某个时间，这个国家需要偿还先前从其他国家所借的资源，导致其偿还时的支出低于其所拥有的资源和生产能力。资源跨期跨境的使用和配置涉及利率、汇率、贸易条件等相对价格，与各国金融机构、货币当局、政府、住户部门、企业部门和国外部门的资产负债总量和结构密切相关。本书考察利率、汇率、贸易条件等相对价格以及货币供应、信贷等数量与实体经济之间的相互影响，分析货币政策传导的规律，将理论分析与定量分析结合，为提高我国货币政策的科学性、有效性和针对性提供参考。

一、研究的出发点和方法

长期以来，新凯恩斯主义和新古典经济学家们对于货币政策的有效性始终存在分歧。双方既坚持各自的基本立场，又相互借鉴对方的分析方法。新古典学派对于货币政策有效性始终抱有怀疑态度。卢卡斯（1972）发现，只有未被预期到的货币政策才会对实际经济产生短期的影响。认为实际经济波动与名义变量之间没有关系、货币政策对实际经济没有影响是真实经济周期理论的共同特征（Kayland & Prescott，1982；Long & Plosser，1983）。

尽管卢卡斯（Lucas，Robert E. Jr.）和巴罗（Robert J. Barro）等新古典主义经济学家始终质疑新凯恩斯主义关于政府干预政策（包括财政政策和货币政策）的有效性，并在理论界获得很大程度的认可，但在实践中，货币政策的运用不仅没有减少，反而逐渐成为各国金融宏观调控体系中最重要的政策工具之一。为巩固货币政策有效性的根本论点，新凯恩斯主义学者接纳了"卢卡斯批评"（Lucas Critique）（Lucas, 1976）的观点，不断完善开放经济条件下货币政策传导机制的微观理论基础。

本书研究汇率和货币政策之间的关系。这既是开放经济货币政策的研究，又属于国际金融的研究领域。主要的研究工具是新凯恩斯主义动态随机一般均衡（Dynamic Stochastic General Equilibrium, DSGE）模型。

由于篇幅限制，本书没有涉及一些早期的理论模型。比如，最早将汇率与产出、利率、货币供应、财政政策和资本流动放在一起研究的 Mundell - Fleming 模型（Fleming, 1962; Mundell, 1963），解释在货币扩张条件下汇率超调现象的 Dornbusch 模型（Dornbusch, 1976）。虽然 Mundell - Fleming 模型与 Dornbusch 模型没有提供理论的微观基础，但这些模型的思想性贡献不应被低估。

新凯恩斯主义动态随机一般均衡模型属于结构性模型的一种，最初是在封闭经济中研究的。Obstfeld & Rogoff（1995）提出的 Redux 模型将 DSGE 扩展到开放经济中。在开放经济两国经济动态一般均衡模型的构造中，引入不完全竞争（Imperfect Competition）和名义刚性（Nominal Rigidity），被称为新国际宏观经济学（New International Macroeconomics）。在 Redux 模型（Obstfeld & Rogoff, 1995）中，企业在产品市场上有定价权，企业产出低于社会最优水平，名义价格的调整具有粘性。当需求发生比较小的变化时，企业调整产出数量。在 Redux 模型中，国际商品市场统一，同一产品在不同国家销售价格（以同一货币换算）相同，一价定律（Law of One Price）和购买力平价（Purchasing Power Parity, PPP）成立，这类汇率变化完全等量地影响（或传递到）本国产品在外国的销售价格（或者外国产品在本国的销售价格）、汇率向进口价格完全传递（Complete Pass - through）的模型被称为生产者货币定价（Producer - Currency Pricing, PCP）模型。在 PCP 模型中，汇率变化改变相对价格，对企业生产和消费者的需求行为产生影响，使得经济达到或接近帕累托最优状态。Clarida 等人（2002）给出了开放经济条件下货币政策分析的 PCP 模型，其中包括对新凯恩斯菲利普斯曲线（New Keynesian Phillips Curve, NKPC）、货币政策最终目标以及各国货币当局之间合作和不合作情况的分析。

另一类模型假定同一产品在不同国家销售价格（以同一货币换算）存在差异，一价定律（Law of One Price）和购买力平价（Purchasing Power Parity, PPP）

不成立，汇率变化并不完全传导到进口商品价格，对相对价格的影响不充分，这类模型被称为当地（本地）货币定价（Local Currency Pricing，LCP）模型。Engel（2010）在 LCP 条件下分析汇率失调和货币政策。其他关于 LCP 定价的研究还有 Monacelli（2005）和 Woodford（2009）。

国内学者对我国货币政策与汇率关系的研究已经取得了一些成果，但也存在许多问题尚待解决。陈涛（2006）认为中国国情的特殊性和复杂性决定了我国货币政策追求多目标的客观必然性。他认为可以通过确定货币政策的首要目标和次要目标、长期目标集和短期目标集、以目标区间来取代目标单值来增强多目标的协调性。郭田勇（2005）从货币政策实践出发，认为币值稳定是第一约束目标，这样才能解决双重目标的矛盾。但是，也要兼顾经济增长，但经济增长目标是第二位的。此外，他还对币值稳定的涵义和测度指标体系进行了阐述。

张延（1998）以西方的货币中性理论和博弈论为基础，阐述了保持货币政策最终目标的连续性，以及坚持以稳定通货为唯一目标对我国货币政策的重要意义。汪洋（2001）指出我国货币政策最终目标“保持人民币币值稳定”是一个模糊的概念，具有双重涵义：稳定国内物价和稳定汇率。这两个目标之间存在内在的冲突，因此他建议明确我国货币政策的最终目标为稳定国内物价，并同时采取灵活的汇率制度。赵春玲（2007）引入理性预期学派的一些观点，认为在当前我国微观主体的理性预期因素加强的条件下，旨在促进经济增长的货币政策必然导致通货膨胀，因此主张采用“币值稳定”的单一目标。

王劲松、虞吉海（2000）通过对汇率、利率、货币供应量和通货膨胀率等作为货币政策中间目标的有效性进行了理论和实证分析，并证明随着经济形势的发展，传统的汇率、利率和货币供给量作为中间目标的局限性正越来越明显，因此我国宜采用通货膨胀作为中间目标。

夏斌、廖强（2001）从货币政策传导机制的角度分析了近年来货币供应量目标无效的深层原因，并指出货币供给量已经不适合作为货币政策中介目标，应该建立一个以通货膨胀为目标的货币政策框架。

奚君羊、刘卫江（2002）运用模型分析，在封闭经济的假设基础上讨论了严格通货膨胀目标制和灵活通货膨胀目标制，并针对我国目前货币供应量目标缺乏有效性的状况，认为可以借鉴通货膨胀目标制对我国的货币政策中介目标进行重新界定。

李燕、凌亢、吴九红（2000）认为，由于货币总量控制有效性的基本条件不能得到满足，央行对基础货币控制能力有限，货币乘数也不稳定，因此我国货币政策中介目标有必要向利率目标转变。

王骏（2001）在研究了货币政策中介目标的理论与实践、利率形成机制与中介目标选择的基础上，分析了未来货币政策中介目标的选择问题。许云霄、秦海英（2003）从内生货币供给理论出发，分析了我国基础货币供给的内生特性，建议采用“盯住利率型”的货币调控模式，并指出这首先依赖于建立良性的利率市场形成机制。

郭田勇（2006）认为，完善货币政策工具，加大公开市场操作力度，加快推进利率市场化进程，使银行存贷款利率由现行政策工具逐渐转化为调控指标，这是宏观金融调控由直接走向间接的客观要求。虽然由于现实环境的约束，利率市场化尚难一蹴而就，但对市场化后基准利率形成及央行调控方式等问题应提早进行研究。

20 世纪 80 年代以来，在评价货币政策体系优劣的标准上，西方经济学界存在两种针锋相对的观点，即“单一规则”与“相机抉择”之争（胡代光，1999）。“单一规则论”认为，相机抉择的货币政策对央行缺乏有效的约束，并且容易产生“时间不一致问题”。但是，“相机抉择论”又指责“单一规则”的货币政策无法应付各种冲击，并且要制定良好的规则也相当困难。方卫星（2003）在对西方相关文献进行综述的基础上，认为规则模式与权变模式各有利弊，一国货币政策应当是两者的结合物，并且在很大程度上还需诉诸于特定的经济环境和经济制度。虽然最近 10 年来“规则”观点逐渐占据主流地位，但货币政策规则一词本身的含义正在逐渐趋于泛化。货币政策规则基本上已不再局限于某一条定性或定量化的准则，它更多地是被用来描述整个货币政策操作所遵守的“游戏规则”，涉及到货币政策的目标设计、工具选择、操作技术、信息披露、组织制度安排、绩效评估等诸多方面。

廖石坚（1993）对上世纪 80 年代到 90 年代初期日本银行货币政策体系变革进行的研究发现，上世纪 80 年代中期以来，随着日本金融自由化的不断深入和展开，日本的货币政策体系已经开始不断强调金融体系利率机制的重要性。日本银行的货币政策工具已经由过去具有强烈行政指导色彩的贷款政策和“窗口指导”转变到对官定利率操作和公开市场业务的运用。日本银行的货币政策中介目标则由过去的控制银行信贷量转变为控制货币供应量。在金融自由化之后，利率在日银货币政策传导机制中的作用大大加强了。

方福前（1999）认为，即便不受欧盟内部的政治因素和来自欧盟外部的冲击的影响，欧洲中央银行体系能否实现其稳定物价的目标、欧元能否成为稳定的货币取决于三方面因素：欧盟的劳动市场结构和失业状况的改善；稳定物价目标和经济增长目标之间的协调；财政政策和货币政策的配合。

李丕东等（2005）研究了韩国货币政策体系的演化过程，发现韩国利率自由化对其货币政策传导机制的转化作用明显。李丕东等认为中国在利率机制无法发挥作用的阶段，仍然要以货币总量为中介目标，同时加强利率自由化的进程。

范从来等（2003）研究发现，在开放经济条件下，货币政策的产出效应和价格效应在短期内是存在的；但货币政策对产出的影响能力随经济开放度的提高而减弱，对价格的影响能力随经济开放度的提高而增强。随着我国经济开放度的提高，货币政策的经济增长效应会不断弱化，引起的价格波动会有所增强，因此货币政策的目标应该进一步明确以稳定物价作为单一的目标。

中国人民银行武汉分行“货币政策传导机制问题”课题组（2002）发现，当货币政策意图是增加信贷投入、促进经济更快增长时，欠发达地区贷款增长缓慢，银行存差不断扩大，资金大量上存上级行。课题组认为这是货币政策传导机制梗阻的表现。具体分析原因，从信贷供应方面看，高度集中的信贷授权制度迫使基层金融机构“不能贷”；宽松畅通的资金上存机制诱使金融机构“不愿贷”；不对称的信贷激励约束机制促使信贷人员“不想贷”。从信贷需求方面看，不合理的抵押担保制度增加了企业融资的交易成本；不成熟的信用惩戒机制扩大了企业贷款风险；不完善的评级授信制度抬高了企业融资门槛。

孙明华（2004）通过实证分析发现，目前在我国，货币政策是通过货币渠道而不是信贷渠道对实体经济产生影响的。陈飞等（2002）认为货币渠道比信贷渠道对于GDP有更大的作用。王振山等（2000）、王雪标等（2001）发现信贷渠道是我国货币政策的主要传导途径，而货币渠道的传导作用则不明显。李斌（2001）、周英章等（2002）实证分析的结论是，信贷总量和货币供应量与政策目标和最终目标都存在很高的相关关系，但信贷总量的相关性更大一些。徐淑一等（2005）指出，货币供应量和贷款具有很强的内生性，尤其是货币供应量。宋立（2002）对我国货币政策传导机制的三种不同渠道的微观基础进行了深入的分析。方福前（1999）指出，中央银行通过控制货币供应量增长率来对付成本推动的通货膨胀，其效果不明显。

目前我国货币政策传导机制同整个宏观金融体系一样，也处于转型阶段。原有的传统传导机制仍发挥重要作用，但效率不高；而新的传导机制正在形成过程之中，也存在一定的阻滞。这是我国货币政策在调控宏观经济过程中没有充分发挥应有效用的主要原因。从总体上看，货币政策是同时通过货币渠道和信贷渠道影响经济的。在短期内信贷渠道仍是我国货币政策传导的主要渠道，但从长期来看，货币政策不可能简单地依靠信贷渠道，货币渠道将成为我国货币政策的主要传导机制。同时随着金融创新和金融市场的不断发展，货币供给更多表现出一定的内生性特征，资本市场对宏观经济的影响也越来越大。有学者认为，我国货币政策的实施不能只关注货币供给和信贷等数量型指标，更应当充分关注利率、汇率、股价指数等价格型指标（黎晓妹，2007）。郭田勇（2006）认为，目前可考虑适时合并银行间债券市场和交易所债券市场，这将有利于扩大货币政策的作用空间和影响范围，从而提高货币政策的运作效率。

戴根有（2000）认为，货币政策是总揽社会总需求的，任何积极的财政政策如果没有相应的货币政策加以配合，都有可能落空。戴根有（2000）强调，需要特别注意的是货币政策作用时滞。货币政策传导过程从中央银行货币政策工具操作到作用于最终目标，中间隔了很多变量。商业银行、企业、居民等经济主体的行为，无时不在对货币政策作用产生影响，结果使货币政策作用时滞出现长短变化，很不好把握。这也是货币政策的局限性。通常来讲，紧缩时期的货币政策，其作用是非常直接的；而在实施扩张政策时，由于其前提条件要得到银行和企业的回应，因此就受到许多因素的制约。一般来说，扩张时期货币政策作用的时滞比紧缩时期相对要长一些。

本书在动态随机一般均衡（DSGE）模型中考虑不同企业定价方式（PCP和LCP），分析汇率、贸易条件和利率等相对价格对通货膨胀和产出缺口之间关系（NKPC曲线）的影响。为有效地与数据分析相结合，理论研究需要逐步突破，将住户部门、企业部门、金融部门、政府部门的资产负债表联系在一起，运用合理的计量手段和其他数量分析方法，使得经验分析模型与我国实际经济情况尽可能地接近。

二、研究内容与主要结论

本书理论篇包括7章。第1章考察国民帐户体系、国际收支和国际投资头寸表、资金流量表、货币概览等宏观经济核算和金融规划体系的内容，涉及各部门资产负债相互关联。这种分析为全书的分析提供了背景和必要的框架准备。

第2章从储蓄和投资的角度分析经常项目顺差或逆差的本质。经常项目逆差反映一国需要从外部融资或者从外部获取资源的收支缺口。汇率、利率、货币信贷、关税、配额、出口补贴和外部冲击都会影响经常项目状况。经常项目逆差或顺差本质上是资源在各国之间的跨期交易。第2章抽象地假定只有一种商品，考察总量资源在各国之间的转移，而不考虑在某一时间点上相对价格的变动。这种假设有利于将分析的重点放在资源的跨期交易及其福利影响方面。本章还从全球经济角度分析国际经常项目平衡的最新状况。

第3章分析货币政策传导机制的目标端，讨论货币政策最终目标。假定各国货币当局相互合作，最大化共同加总的目标函数。该目标函数内包括支出所带来的正效用、劳动所带来的负效用，并且贴现到当前。运用DSGE模型，对货币政策最终目标框架设计加以考察，突出了经济结构与经济总量的区别，为货币政策最终目标设计提供微观基础理论。货币政策最终目标中所体现的一些重要宏观经济变量之间关系主要包括以下四个方面：一是支出总量和劳动总量与福利的关系；二是企业间的资源配置与福利的关系；三是贸易条件与福利的关系；四是当期目标与未来目标的关系。在总量和结构性变量层面，货币政策关注当前的总量失衡，需要兼顾中长期的结构平衡。

货币政策理论研究有着悠久的传统和深厚的沉淀，第4章对货币政策传导机制研究的现状进行评述。本章其余内容是针对货币政策传导机制的DSGE分析。依据企业粘性定价的假定，推导出生产者货币定价条件下的新凯恩斯菲利普斯曲线。

第5章分析中间产品国际贸易和新凯恩斯菲利普斯曲线NKPC之间的关系。将各国通胀和产出缺口联系起来，通过中间产品渠道考察各国相互之间的溢出效应。

第6章从以下研究背景出发：发达国家已经完成了从中等收入向高收入的过渡。新兴发展中国家则不同，我国作为中等收入国家，虽然已经摆脱了“贫困陷阱”，仍可能难以进入高收入国家的行列，面对“中等收入陷阱”。新兴发展中国家的货币当局既要有发达国家货币当局的职能，又需要有类似世界银行所发挥的职能。后一职能往往容易被忽略或者不那么受到重视。第6章分析我国经济发展阶段的多重目标，讨论我国货币政策和汇率政策协调的特殊背景。结论是，我国货币政策和汇率政策需要兼顾多重目标，要兼顾经济增长可持续性和稳健性目标。

第7章构建了包含资产替代的世代交叠模型，考察资产替代条件下资产价格上涨和通货膨胀的形成条件和相互关系。结合2010年的经济形势，本章得出结论：推动通胀和资产价格过快上涨的原因之一是未来人民币作为跨期转移购买力载体的吸引力下降，而房产等资产在这方面的吸引力在上升。结构性政策无法提升货币作为跨期储存价值载体的吸引力。在资产价格快速上涨、存款利率小幅调整的背景下，人们财富积累的主要途径不是劳动收入和银行储蓄存款，而是投资于各种迅速增值的资产。拥有财富的标志不是能够购买多少消费品，而是拥有资产的数量（比如，房产的数量）。面对资产价格的上涨，以单位货币能够购买的消费品数量来衡量，货币的购买力不如以前稳定；劳动和服务价格的上升显得合理。在这种情况下，资产价格过快上涨和通胀压力一旦释放将会是全方位的，不分区域，不分行业，而且会在相当一段时间内持续下去。

实证篇包括5章。第8章基于对国民帐户体系各价格指数的计算，测量我国历年来内部实际汇率变化状况。汇率失调（Currency Misalignment）概念在此提出。汇率失调的指标是一个平均数，平均的对象是：①本国消费品的外国货币价格与本国货币价格用同一货币衡量的差距（“体现在本国商品价格上的汇率失调程度”）；②外国消费品的外国货币价格与本国货币价格用同一货币衡量的差距（“体现在外国商品价格上的汇率失调程度”）。在第8章的例子中分析了汇率失调指标与贸易条件的关系。

第9章分析外汇占款、银行资产负债与货币政策工具。货币政策操作工具是货币政策传导机制的起始端。外汇占款的大量存在对货币政策操作工具的实施带来显著的影响。货币政策工具分为数量类调控工具和价格类调控工具。数量类调控工具通过改变货币当局资产负债的规模和结构，影响存款性公司的资产负债，价格类调控工具通过影响利率、汇率等相对价格对经济运行施加影响。本章给出了货币政策工具与银行资产负债的理论模型，还给出了各国货币政策工具对银行资产负债、资产价格、货币政策最终目标反应的实证分析，最后考察利率市场化。允许银行存款和贷款利率自由浮动是利率市场化的主要内容，货币政策传导机制的主要渠道之一就是利率渠道。利率市场化进程往往会通过引发银行的道德风险，在缺乏充分监管的情况下给银行系统的稳定带来不利的影响。本章讨论了利率管制措施存在的理由及其发挥作用的机制。当银行治理尚未完善时，利率管制可以提高银行监管的效率；当银行治理得以完善以后，监管当局可以通过优化资本充足管理和存款保险制度来实现有效的银行监管，利率市场化不会带来严重的负面效果。

第 10 章和第 11 章是货币政策传导机制微观基础的拓展。第 10 章分析货币政策与资本充足率管理的关系，后者改变了银行的信贷行为，从而影响货币政策的传导。第 10 章理论模型证明：在资产充足率管理背景下，货币政策要考虑银行资本的充足状况；当银行未能达到资本充足监管的要求时，中央银行要适当加大对外部扰动的反应力度。对动态模型进行模拟的结果显示，银行资本对产出波动越敏感，货币政策针对银行资本充足状况进行调整就越重要。在银行资本对产出波动的敏感度较大的情况下，货币政策如果忽视资本充足率管理的影响，产出的波动幅度将会显著增大。

第 11 章通过构建动态银行部门模型，考察杠杆率、围绕正常水平波动的资产实际损失和资本对资产扩张的推动作用与金融危机之间的关系。如果银行资本的增加不受约束，银行在追求过高资本利润率的扭曲动机之下，预见性下降，资产会过度扩张。通过发行普通股增加资本尤其会促使银行扩张资产。分析的前提是，银行治理有可能没有完善到可以制止资产过度扩张的程度，所以需要外部监管的介入，限制这些银行发行大量普通股，是一种宏观审慎的政策。货币政策工具与银行的动机联系在一起。货币当局要高度重视银行资产负债的情况，包括银行资本扩张的状况。

第 12 章给出的是货币当局承诺情况下的最终目标。现实当中，很少有中央银行完全按照事先承诺的政策规则行事。货币当局采取相机抉择的做法，根据当前的具体情况随时调整政策。本章通过模型和模拟分析，给出了央行在相机抉择的情况下选择混合最终目标的理由。第 12 章与第 3 章一起，比较完整地分析了货币政策传导机制的目标端。

本书为分析汇率政策和货币政策协调提供了一个建立在微观基础之上的分析框架。在这个框架内，本书得出的关于汇率和货币政策协调及其政策传导机制最主要结论包括：

①在各国货币当局相互合作、履行承诺的条件下，如果产品采用生产者货币定价，假定不存在对本国产品的特别偏好，使得社会福利实现最大化的货币政策最终目标不包括汇率。在特定条件下，货币政策可不将汇率作为最终目标。这一结论在各国货币当局相互不合作条件下，或者在货币当局相机抉择条件下，或者在产品采用当地货币定价条件下，或者在对本国产品存在特别偏好的情况下，均有可能不再成立。在更为一般的条件下，使得社会福利实现最大化的货币政策最

终目标需要考虑汇率指标。

②在生产者货币定价条件下，假定存在中间产品贸易，一方面，汇率累计变化、外国中间产品价格和外国的产出缺口会影响本国通货膨胀；另一方面，本国的产出缺口将影响外国的通货膨胀。本国的产品缺口除了影响本国通胀以外，对外国具有溢出效应。外国中间产品价格和外国的产出缺口对本国也具有溢出效应。制定本国货币政策和汇率政策需要考虑这种溢出效应。

③相机抉择条件下的货币当局应采取混合的最终目标。混合目标中包括的具体目标越多，在最优权重设定的情况下，越能够复制货币当局承诺条件下的货币政策惯性特征，与承诺条件下货币政策的状态最为接近。这意味着，汇率政策与货币政策的协调在货币当局相机抉择条件下比货币当局承诺条件下更加重要。

④根据对最终消费、投资、进口和出口 GDP 平减价格指数的分别估算，估计出 1987 年以来的我国内部实际汇率。1994 年我国内部实际汇率较 1993 年大幅度提高了 298%，出口动机大幅度增强。自 1995 年到 2004 年，我国内部实际汇率下降了 91%。2005 年汇率体制改革以后，名义汇率升值幅度明显，但我国内部实际汇率不仅没有下降，反而上升，出口动机有所增强。到 2008 年，根据内部实际汇率，贸易品价格相对非贸易品价格相对上升了 17%。建议有关权威统计部门编制并发布我国内部实际汇率及其相关价格指数，为制定和协调货币政策和汇率政策提供必要的数据支持。

注重开放经济和经济发展阶段，与中国当前面临宏观调控的国内背景和国际背景结合是本项研究的特点，本项研究力图运用规范的经济学方法刻画和分析我国汇率与货币政策传导机制的方方面面，得出了具有参考价值的结论，有助于提高我国货币政策的科学性、有效性和针对性。

第一篇　理论篇

第1章　开放条件国民经济和金融规划体系

商品和服务的生产是经济的核心，生产出来的商品可以在当期消费，可以被积累起来以后消费。与生产对应的收入通过初期分配和再分配过程成为经济主体的可支配收入，经济主体基于这些可支配收入消费（当期或未来的）商品和服务。基本的路径是，生产过程产生收入→分配给对生产过程增加值有索取权的机构单位→通过政府在不同机构单位之间进行再分配（通过税收和补贴）→最终消费和储蓄。

国民帐户体系有两个基本恒等关系：一是生产的商品和服务或被消费，或被用于资本形成，或被出口；二是使用的商品和服务或是本国生产，或是来自进口。产品是商品和服务的同义词。产品交易描述的是从商品和服务的起源（本国生产或者进口，当期或以前期的）到使用（中间消费、最终消费、资本形成或者出口）的过程。

金融规划与政策分析包括实际部门的国民帐户体系、国际收支和国际投资头寸、货币帐户、财政帐户和资金流量。关于货币政策传导机制的分析都可以放在金融规划的框架下进行，将汇率与货币政策相关变量放在包括实体经济部门、金融部门和对外部门的框架内，采用开放经济宏观经济学的方法，利用国民帐户、国际收支国际投资头寸表、资金流量表、货币概览等数据进行研究。本章分别说明国民帐户、国际收支国际投资头寸表、资金流量表、货币概览的基本情况。实际经济部门的核算方法与2008年修订的《国民帐户体系》（SNA）相一致。《国民帐户体系》（SNA）2008版并非没有可以改进的地方，作为改进出发点，《国民帐户体系》（SNA）2008版是一个必须要考虑的体系。

1.1　国民帐户体系

经济总体的帐户序列以生产帐户开始进至收入初次分配帐户、收入二次分配帐户、收入使用帐户、资本帐户、金融帐户，最后是资产负债。本节主要涉及前两个帐户。国民国内生产总值英文是 Gross Domestic Product，指按市场价格计算的一个国家（或地区）所有常住单位在一定时期内生产活动的最终成果。Gross 是“总值”，扣除折旧后是净值 Net，“国内”是国内机构单位（Resident Institutional Units）生产带来的增加值。GDP 是生产方面的测度，国内机构单位增加值加总，加上对产品征收的税收、减去对产品的补贴，得到 GDP。

各帐户建立在下述四个简单的核算原则基础上：①所有交易按应计制（即应付应收）记录，不按现金收付（即实收实付）记录。②资源（应收款）记录在帐户的右方，使用（应付款）记录在左方。使用方说明商品和服务在各种中间和最终使用方式（包括出口）之间的配置，资源方说明商品和服务如何来自各产业部门（包括进口）。③帐户使用方最后一项的平衡项或结算项结算（平衡）帐户。④平衡项始终是下个帐户的开始项，列为帐户资源方的首项。

表 1. 1 给出了生产帐户的结构。生产帐户的第 1 行是进口，记在世界其他经济体的资源方，数值为 28（以下数字都是为说明帐户变量之间的关系而编的）。第 2 行是出口，记在世界其他经济体的使用方，数值为 41。商品和服务的外部余额，记在世界其他经济体的使用方，数值为 -13（正值是世界其他经济体的顺差，本国的逆差；负值是世界其他经济体的逆差，本国的顺差）。生产帐户第 4 行到第 8 行，给出了从产出到 GDP 的过程。第 4 行给出了产出在各部门之间的结构，记在资源方，总额为 376。第 5 行给出了中间消耗在各部门之间的结构，记在使用方，总额为 180。在前两行信息的基础上，第 6 行给出了增加值在各部门之间的结构，记在使用方，总额为 196。第 7 行是税收减去补贴，记在使用方，总额为 20。第 8 行的 GDP 是第 6 行和第 7 行使用方数额之和。

表 1. 2 给出了收入生成帐户的结构。收入生成帐户说明原始收入的来源。生产帐户使用方最后一项的平衡项（增加值）结算生产帐户，收入生成帐户的开始项是生产帐户的平衡项（增加值），是收入生成帐户资源方的首项（第 9 行，数额为 196）。收入生成帐户将收入的来源以雇员报酬的名义（第 10 行，数额为 133）、以对生产和进口征税或补贴的名义（第 11 行和第 12 行，数额为 3）、以营业盈余（第 13 行，数额为 29）和混合收入[①]（第 14 行，数额为 31）的名义分部门（各部门作为不同的收入生成部门）记录在使用方。比如，在收入生成帐户中，住户部门的雇员报酬仅包括住户部门不具有法人资格经营单位支付的雇员报酬。

---

① 混合收入指混合计算的雇员报酬和营业利润盈余，适用于从事经济活动但不记企业帐户并因而将给自己的支付和营业利润盈余混在一起的住户。

表 1.1 **生产帐户结构和实例**

		非金融企业部门 Non－financial corp. sector (1)		金融企业部门 Financial corp. sector (2)		政府 Government (3)		住户部门和为住户部门服务的非营利机构 Household sector & NPISH (4)		其他经济体 Rest of the world sector (5)		经济整体 Total Economy (6)		整体平衡 Totals checking (7)	
		使用	资源	使用	资源	使用	资源	使用	资源	使用	资源	使用	资源	使用	资源
	生产帐户 PRODUCTION ACCOUNTS														
1	进口（离岸价）Imports f. o. b.										28				
2	出口（离岸价）Exports f. o. b.									41					
3	商品和服务的外部平衡项 External balance of goods & services									－13					
4	产出 Output		292		18		10		56				376		
5	中间消耗	146		6		4		24				180			
6	增加值 Gross value added	146		12		6		32				196			
7	产品税减去产品补贴 Taxes less subsidies on products											20		20	
8	国内生产总值 GDP											216			

表 1.2 收入生成帐户结构

		非金融企业部门 Non – financial corp. sector		金融企业部门 Financial corp. sector		政府 Government		住户部门和为住户部门服务的非营利机构 Household sector & NPISH		其他经济体 Rest of the world sector		经济整体 Total Economy		整体平衡 Totals checking	
		(1)		(2)		(3)		(4)		(5)		(6)		(7)	
		使用	资源	使用	资源	使用	资源	使用	资源	使用	资源	使用	资源	使用	资源
	收入生成帐户 GENERATION OF INCOME ACCOUNTS														
9	增加值（基本价）Gross value added at basic prices		146		12		6		32				196		
10	员工报酬 Compensation of employees	120		7		6		0				133		133	
11	生产税和进口税 Taxes on production & imports	2		0		0		1				3		3	
12	减去产品和进口补贴 less subsidies on products & imports														
13	营业盈余 Gross operating surplus	24		5		0						29			
14	混合收入 Gross mixed income							31				31			

表 1.3　　原始收入配置帐户结构

		非金融企业部门 Non-financial corp. sector		金融企业部门 Financial corp. sector		政府 Government		住户部门和为住户部门服务的非营利机构 Household sector & NPISH		其他经济体 Rest of the world sector		经济整体 Total Economy		整体平衡 Totals checking	
		(1)		(2)		(3)		(4)		(5)		(6)		(7)	
		使用	资源	使用	资源	使用	资源	使用	资源	使用	资源	使用	资源	使用	资源
	原始收入初次分配 ALLOCATION OF PRIMARY INCOME														
15	商品和服务的外部平衡项 External balance of goods & services										-13				
16	营业盈余 Gross operating surplus		24		5		0						29		
17	混合收入 Gross mixed income								31				31		
18	员工报酬 Compensation of employees								131	3	5		131	136	136
19	生产税（补贴）和进口税（补贴） Taxes on production & imports						3						3	3	3
20	财产收入 Property income	14	11	10	8	4	4	2	10	3	0	30	33	33	33
21	原始收入/国民收入平衡项 Balance of primary income/National income	21		3		23		170				217			

收入生成帐户（表 1.2）和原始收入配置帐户（表 1.3）构成收入的初次分配帐户。收入生成帐户使用方最后的平衡项（营业盈余和混合收入）结算收入生成帐户，原始收入配置帐户的开始项是收入生成帐户的平衡项（营业盈余和混合收入），是原始收入配置帐户的首项（第 16 行，数额为 29；第 17 行，数额为 31）。原始收入配置帐户营业盈余在各部门之间初次分配（非金融企业部门获得 24），混合收入有住户部门获得（31）。员工报酬由住户部门获得（第 18 行，数额为 131）。对生产和进口征税由政府获得（第 19 行，数额为 3）。财产收入其他经济体获得 3，国内各部门获得 30（第 20 行）。最后原始收入平衡项在使用方记录各部门的使用方初次收入分配汇总（第 21 行，总额为 217）。

收入二次分配帐户（略）的开始项是原始收入配置帐户的平衡项（原始收入平衡项）。最后收入二次分配帐户平衡项在使用方记录各部门的使用方收入分配汇总。收入二次分配账户最后的平衡项就是可支配收入。

国民总收入英文是 Gross National Income，是收入概念，指国内机构单位（与 GDP 同样范围）在一定时期内收入初次分配的最终结果。GNI 和 GDP 的区别包括非居民付给的和付给非居民的收入。国内居民生产过程中使用国外生产要素需要支付给非居民，国内居民所拥有的要素作为国外居民生产投入品需要得到非居民所给予的收入，两者的净值为国外要素净收入 Y_f。

$$GNI = GDP + Y_f \tag{1.1}$$

GDP 的 D 代表国内，GNI 的 N 代表国民，这种区别没有意义，两个指标都是针对同一集合的国内机构单位①。GNI 作为收入变量与总需求有关，因为在 GNI 基础上计算的可支配国民总收入（Gross National Disposable Income，GNDI）直接是总需求的基础。GNI 和 GNDI 的区别是经常转移净额 TR_f。经常转移净额是从非居民得到与生产要素收入无关的收入减去寄往国外的类似转移。

$$GNDI = GNI + TR_f \tag{1.2}$$

吸收（A）或国内总需求是最终消费和总投资之和。

$$A = C + I \tag{1.3}$$

最终消费 C 包括家庭和政府对（不论是国内生产还是国外生产的）产品和服务的消费。家庭购房属于投资行为，不是消费。总投资 I 是实物资本存量的增加，

① 见 EU etc.（2009，7.21）。

包括固定资本形成和库存变化。

GNDI 扣除吸收 A 等于经常项目余额 CA。超过收入的过度吸收导致经常项目逆差。

$$GNDI - A = CA \tag{1.4}$$

根据支出法，

$$GDP = C + I + (X - M) \tag{1.5}$$

其中，X 和 M 分别是商品和非要素服务的出口和进口。根据（1.1），

$$GNI = GDP + Y_f = C + I + (X - M + Y_f) \tag{1.6}$$

由（1.2）得到，

$$GNDI = GNI + TR_f = C + I + (X - M + Y_f + TR_f) \tag{1.7}$$

根据（1.3）的定义，（1.7）说明，

$$GNDI = A + (X - M + Y_f + TR_f) \tag{1.8}$$

而 $X - M + Y_f + TR_f$ 就是经常项目 CA，由此得到（1.4）。

国民储蓄 S 的定义是 GNDI 扣除最终消费：

$$S = GNDI - C \tag{1.9}$$

根据（1.9）关于国民储蓄的定义，由（1.7）得出：

$$S - I = GNDI - C - I = X - M + Y_f + TR_f = CA \tag{1.10}$$

作为会计恒等式，国民总储蓄减去总投资等于经常项目余额。

1.2 国际收支平衡和国际投资头寸表

国际收支平衡表（Balance of Payments Statement，BOP）反映一国的国际收支状况。国际收支平衡表是一个经济体在一定时期内（通常为1年）全部对外经济交往活动的综合记录。它涵盖了一国居民（通常指在某一经济体内居住一年以上）与非居民之间进行的全部交易。国际收支平衡表按照国际货币基金组织《国际收支手册》第5版的原则进行编制的，采用权责发生制原则。其记账原理为复式记账法（Double Entry System），即每笔交易都在平衡表的两边记入价值相等的两笔。其中，贷方（credit）用“+”表示，借方（Debt）用“-”表示。该表的贷方之和与借方之和完全相等，表中所有项目的净余额为零，这也是国际

收支平衡表得名的由来。国际收支平衡表的贷方项目包括：一国货物和服务的出口、收益收入、接受的货物和无偿援助资金、金融负债的增加和金融资产的减少；借方项目包括：一国货物和服务的进口、收益支出、对外提供的货物和无偿援助资金、金融资产的增加和金融负债的减少。

国际收支平衡表包括经常帐户、资本与金融帐户、储备相关项目和净误差与遗漏四个主要项目。经常帐户下的交易反映了一国从事销售或购买商品和劳务的交易和单边支付。经常帐户具体包括货物贸易、服务贸易、收益和经常转移四部分。

资本与金融帐户包括资本帐户和金融帐户两大项。资本帐户主要包括资本转移，如债务减免和移民转移等内容。金融帐户包括一国对外资产和负债所有权变动的所有交易。按投资方式具体可分为直接投资、证券投资和其他投资。

储备资产指一国货币当局拥有的对外资产，又称为官方储备或国际储备。具体包括外汇、黄金、特别提款权（SDR）和在基金组织的储备头寸等。外汇储备通常是其中最主要的部分。储备资产的增加属于借方项目，用“-”表示；储备资产的减少属于贷方项目，用“+”表示。

净误差与遗漏便是为解决帐户不平衡问题专门设立的一个平衡项目。国际收支平衡表按照复式记账法编制，原则上借方和贷方的总余额应相等，即净余额为零。但实际统计中由于数据的来源、渠道和时点不同，借贷双方余额最终往往不完全相等。当国际收支平衡表的前三项出现净贷方余额时，则在净误差与遗漏的借方（-）记入数目相同的一笔；当出现净借方余额时，则在净误差与遗漏的贷方（+）记入数目相同的一笔。国际货币基金组织认为，净误差与遗漏的大小只反映了统计误差，并不代表整个国际收支平衡表的准确性和可信度，但如果数额持续过大，则会影响一国的国际收支分析。一般来讲，如果一国的净误差与遗漏与货物贸易进出口总额（国际收支统计口径）之比小于5%，则被认为在国际公认的合理范围之内。

如果经常项目、资本和金融项目和错误与遗漏加起来是顺差（通常称国际收支顺差），说明外国净购买了本国的商品、劳务和资产，外国居民需要提供额外的本国支付手段。在浮动汇率制度下，对本国货币的超额需求将导致本国货币升值、外国货币贬值。在固定汇率制度下，货币当局向市场提供本国货币、购买外国货币，本国货币当局一方面积累了外国资产，一方面满足对本国货币的超额需求。

表 1.4　　1990～2010 中国国际收支状况（10 亿美元）

	经常项目 CURRENT ACCOUNT	资本和金融项目 CAPITAL & FINANCIAL ACCOUNT	错误与遗漏 ERRORS AND OMISSIONS	储备相关项目 RESERVES RELATED ITEMS
1990	12	3.26	-3.21	-12.05
1991	13.27	8.03	-6.77	-14.54
1992	6.4	-0.25	-8.21	2.06
1993	-11.61	23.47	-10.1	-1.77
1994	6.91	32.65	-9.1	-30.45
1995	1.62	38.67	-17.82	-22.47
1996	7.24	39.97	-15.5	-31.71
1997	36.96	21.02	-22.12	-35.86
1998	31.47	-6.33	-18.9	-6.25
1999	21.12	5.17	-17.64	-8.65
2000	20.52	1.92	-11.75	-10.69
2001	17.4	34.78	-4.73	-47.45
2002	35.42	32.29	7.5	-75.22
2003	45.87	52.72	17.99	-116.59
2004	68.66	110.66	26.83	-206.15
2005	160.82	62.96	-16.44	-207.34
2006	253.27	6.66	-13.07	-246.86
2007	371.83	73.51	16.35	-461.69
2008	426.11	18.96	-26.08	-418.99
2009	297.1	144.8	-43.5	-398.4
2010	305.4	226	-59.7	-471.7

资料来源：IFS 和国家外汇管理局。

自 1990 年到 2010 年，除了 1992 年，我国在所有其余的年份当中，货币当局的储备资产都增加（表现为表 1.4 中储备的负值）。在这一时期，除了 1993 年以外，经常项目都是顺差（表现为表 1.4 中经常项目的正值）；只有 1992 年和 1998 年，我国的资本和金融项目是逆差（表现为表 1.4 中资本和金融项目的负值）。换言之，除了 1992、1993 和 1998 年，我国经常项目和资本金融项目均是“双顺差”。

以 2009 年为例，我国经常项目顺差为 2971 亿美元，资本金融项目顺差为 1448 亿美元，扣除错误与遗漏 435 亿美元，货币当局的储备资产增加 3984 亿美元。我国货币当局对世界其余国家的资产增加了近4000亿美元，通过购买外国资产，增加外国对我国货币当局的负债，我国货币当局提供了相应数量的人民币，缓解了对人民币的超额需求。

表1.5给出了国际收支的具体结构。经常项目中区分了货物贸易和其他项目。货物贸易包括货物的出口和进口。出口记录在贷方，进口记录在借方。根据国际收支平衡表的编制原则，出口和进口均采用离岸价格（F. O. B.）计价。服务贸易包括运输、旅游、通讯、建筑、保险、金融服务、计算机和信息服务、专有权使用费和特许费、咨询、广告宣传、电影音像、其他商业服务和政府服务等。贷方表示收入，借方表示支出。收益包括职工报酬和投资收益两部分。职工报酬是指居民个人在国外工作（一年以下）取得并汇回的收入以及外籍员工在本国工作（一年以下）工资福利的汇出等；投资收益包括直接投资项下的利润、利息收支和再投资收益、证券投资收益（股息、利息等）及其他投资收益（利息）等。经常转移包括侨汇、无偿捐赠和赔偿等项目，包括货物和资金两种形式。贷方表示外国对本国的无偿转移，借方表示本国对外国的无偿转移。

金融项目中区分了直接投资和证券投资。直接投资是投资者以寻求在本国以外经营企业并获取有效发言权为目的的投资，包括外商来华直接投资和我国对外直接投资两部分。证券投资包括股本证券和债务证券两类。股本证券包括以股票为主要形式的证券投资；债务证券包括中长期债券、短期债券（一年或一年以下）、货币市场工具或可转让的债务工具，如短期国库券、商业票据以及短期可转让大额存单等有价证券。其他投资是指除直接投资和证券投资以外的所有金融交易，分为贸易信贷、贷款、货币和存款及其他资产负债四类。从2010年三季度开始，按照国际标准，将外商投资企业归属外方的未分配利润和已分配未汇出利润同时记入国际收支平衡表中经常账户收益项目的借方和金融账户直接投资的贷方。2010年各季度以及2005～2009年年度数据也按此方法进行了追溯调整。

1990年以来，我国只有在1993年出现货物贸易逆差。2003年以后，服务收益和经常转移项目也从逆差转为持续顺差。直接投资1990年以来始终是净正值，说明外国来华直接投资的规模始终大于我国对外直接投资的规模。证券投资自2007年以来，由负值转为正值，说明在金融交易方面资本流入大于资本流出。

表 1.5　**1990～2010 年中国国际收支结构**（10 亿美元）

	经常项目 CURRENT ACCOUNT	货物贸易顺差 TRADE BALANCE	服务收益和转移支付 SERVICES INCOME TRANSFERS	资本项目 CAPITAL ACCOUNT	金融项目 FINANCIAL ACCOUNT	直接投资 DIRECT INVESTMENT	证券投资 PORTFOLIO INVESTMENT	净错误与遗漏 NET ERRORS AND OMISSIONS	储备相关资产 RESERVES AND RELATED ITEMS
1990	12	9.17	2.83	0	3.26	2.66	-0.24	-3.21	-12.05
1991	13.27	8.74	4.53	0	8.03	3.46	0.24	-6.77	-14.54
1992	6.4	5.18	1.22	0	-0.25	7.16	-0.06	-8.21	2.06
1993	-11.61	-10.65	-0.96	0	23.47	23.12	3.05	-10.1	-1.77
1994	6.91	7.29	-0.38	0	32.65	31.79	3.54	-9.1	-30.45
1995	1.62	18.05	-16.43	0	38.67	33.85	0.79	-17.82	-22.47
1996	7.24	19.54	-12.3	0	39.97	38.07	1.74	-15.5	-31.71
1997	36.96	46.22	-9.26	-0.02	21.04	41.68	6.94	-22.12	-35.86
1998	31.47	46.61	-15.14	-0.05	-6.28	41.12	-3.73	-18.9	-6.25
1999	21.12	35.98	-14.86	-0.03	5.2	36.97	-11.24	-17.64	-8.65
2000	20.52	34.47	-13.95	-0.04	1.96	37.48	-3.99	-11.75	-10.69
2001	17.4	34.02	-16.62	-0.05	34.83	37.36	-19.4	-4.73	-47.45
2002	35.42	44.17	-8.75	-0.05	32.34	46.79	-10.34	7.5	-75.22
2003	45.87	44.65	1.22	-0.05	52.77	47.23	11.42	17.99	-116.59
2004	68.66	58.98	9.68	-0.07	110.73	53.13	19.69	26.83	-206.15
2005	160.82	134.19	26.63	4.1	58.86	67.82	-4.94	-16.44	-207.34
2006	253.27	217.75	35.52	4.02	2.64	56.93	-67.56	-13.07	-246.86
2007	371.83	315.38	56.45	3.1	70.41	121.42	18.68	16.35	-461.69
2008	426.11	360.68	65.43	3.05	15.91	94.32	42.66	-26.08	-418.99
2009	297.1	249.5	47.6	4	140.9	34.3	38.7	-43.5	-398.4
2010	305.4	254.2	51.2	4.6	221.4	124.9	24	-59.7	-471.7

资料来源：IFS 和国家外汇管理局。

《国际收支手册》第5版首次涉及国际投资头寸。《国际收支和国际投资头寸手册》第6版是对1993年出版的第五版手册的更新。根据《国际收支和国际投资头寸手册》第6版，国际投资头寸表是反映特定时点上一个国家或地区对世界其他国家或地区金融资产和负债存量状况的统计报表。国际投资头寸表的变动是由特定时期内交易、价格变化、汇率变化和其他调整引起的。国际投资头寸表在计价、记账单位和折算等核算原则上均与国际收支平衡表保持一致，并与国际收支平衡表共同构成一个国家或地区完整的国际帐户体系。中国国际投资头寸表是反映特定时点上我国对世界其他国家或地区金融资产和负债存量的统计报表。

我国国际投资头寸表的项目按资产和负债设置。资产分为对外直接投资、证券投资、其他投资和储备资产四部分；负债分为来华直接投资、证券投资、其他投资三部分。净头寸是指对外资产减去对外负债。

根据表1.6，我国自2004～2008年始终是其他国家的净债权人，2008年末累计持有净债权15190.1亿美元。

表1.6　　2004～2008年中国国际投资头寸表（10亿美元）

	2004	2005	2006	2007	2008
净头寸 NET POSITION	297.15	428.36	653.38	1161.91	1519.01
资产 FIN ACCT TOTAL ASSETS	934.27	1228.44	1688.09	2374.44	2920.3
在国外直接投资 DIRECT INVESTMENT ABROAD	52.7	64.49	90.63	115.96	169.43
证券投资 PORTFOLIO INVESTMENT ASSETS	92.03	116.74	265.18	284.62	251.88
其他投资 OTHER INVESTMENT ASSETS	166.59	215.71	251.52	426.54	532.79
储备资产 RESERVE ASSETS	622.95	831.49	1080.77	1547.32	1966.2
负债 FIN ACCT TOTAL LIAB	637.12	800.08	1034.71	1212.53	1401.29
来华直接投资 DIRECT INV IN REP ECONOMY	368.97	471.55	614.38	703.67	876.34
证券投资 PORTFOLIO INVESTMENT LIAB	56.62	76.62	120.72	146.65	161.21
其他投资 OTHER INVESTMENT LIAB	211.53	251.91	299.61	362.22	363.74

资料来源：IFS。

2004～2008年期间，来华直接投资的规模从我国在国外直接投资规模的7倍缩小为5.17倍。直接投资是以投资者寻求在本国以外运行企业获取有效发言权为目的的投资，分为对外直接投资和来华直接投资。对外直接投资中包括我国境内非金融部门对外直接投资存量和境内银行在境外设立分支机构所拨付的资本金和营运资金存量，以及境内外母子公司间的贷款和其他应收及应付款的存量。来华直接投资包括我国非金融部门吸收来华直接投资存量（即历年我国非金融部门吸收来华直接投资累计数据扣减历年来华直接投资撤资、清算的累计数据）和金融部门吸收境外直接投资存量（包括外资金融部门设立分支机构、中资金融部门吸收外资入股和合资金融部门中外方投资存量），以及境内外母子公司间的贷款和其他应收及应付款的存量。

2004～2008年期间，证券投资资产规模从证券投资负债规模的1.63倍缩小为1.56倍，两者差距变化不大。证券投资是包括股票、中长期债券和货币市场工具等形式的投资。证券投资资产为我国居民持有的非居民发行的股票、债券、货币市场工具、衍生金融工具等有价证券。证券投资负债为非居民持有我国居民发行的债券和股票数据。

2004～2008年期间，其他投资资产规模从其他投资负债规模的0.79倍扩大为1.46倍。其他投资指除直接投资、证券投资和储备资产之外的所有金融资产/负债，包括贸易信贷、贷款、货币和存款及其他资产/负债四类形式。其中，长期指合同期为一年期以上的金融资产/负债，短期为一年期（含一年）以下的金融资产/负债。

储备资产指我国中央银行可随时动用和有效控制的对外资产，包括货币黄金、特别提款权、在基金组织的储备头寸和外汇。伴随着私人部门吸引外国直接投资、对外进行证券投资和其他方式的投资，我国中央银行的储备资产2008年达到19662亿美元，是2004年存量的3倍多。

表1.7　　2004～2008年中国国际投资头寸表分析

	2004	2005	2006	2007	2008
来华直接投资/在国外直接投资	7.00	7.31	6.78	6.07	5.17
证券投资资产/负债	1.63	1.52	2.20	1.94	1.56
其他投资资产/负债	0.79	0.86	0.84	1.18	1.46
扣除直接投资净负债后证券投资和其他项目的净资产（10亿美元）	-9.53	3.93	96.36	202.30	259.72
储备资产－净头寸（10亿美元）	325.80	403.13	427.39	385.41	447.19
来华直接投资－在国外直接投资（10亿美元）	316.27	407.06	523.75	587.71	706.91
对净头寸的贡献（%）	-	0.92	14.75	17.41	17.10

资料来源：表1.6。

在我国中央银行直接控制之外的部门，不考虑直接投资所带来的净负债，其余的证券投资和其他投资项目都出现了净债权的现象。根据表1.7，这部分净债权对我国整体净债权的贡献在2007达到最高的17.41%，2008年仅略有下降（17.1%）。我国2004年储备资产6229.5亿美元，最后的净头寸为2971.5亿美元，其余项目的净负债存量为3258亿美元；2004～2008年期间其余项目的净负债存量始终保持在3200亿～4500亿美元之间。扣除直接投资的净负债额（来华直接投资大于我国在国外的直接投资），其余项目只有在2004年出现负债95亿美元，自2005～2008年扣除直接投资净负债以后的其余项目都呈现正的净资产（2005～2008年分别为39亿、964亿、2023亿和2600亿美元）。

1.3 资金流量表与货币概览

资金流量表中，私人部门（非政府、非银行部门）分为家庭和企业部门，用下标p表示。私人部门的可支配收入$GNDI_p$减去吸收A_p等于储蓄S_p和投资I_p之差，$GNDI_p$减去吸收A_p被称为资金缺口F_p。

$$GNDI_p - A_p = S_p - I_p \tag{1.11}$$

$$F_P = -(S_p - I_p) \tag{1.12}$$

私人部门的资金缺口通过外国直接投资FDI_p、私人部门国外净借贷NFB_p、私人部门向银行系统借贷（银行向私人部门的净贷款）ΔNDC_p来弥补，同时要扣除私人部门的资金流出——现金和存款增加ΔM2和私人部门借给政府的资金（政府向私人部门的非银行借款）NB。

政府用下标g表示。政府部门的可支配收入$GNDI_g$减去吸收A_g等于储蓄S_g和投资I_g之差，$GNDI_g$减去吸收A_g被称为资金缺口F_g。

$$GNDI_g - A_g = S_g - I_g \tag{1.13}$$

$$F_g = -(S_g - I_g) \tag{1.14}$$

政府部门的资金缺口通过政府部门国外净借贷NFB_g、政府部门向银行系统借贷（银行向政府部门的净贷款）ΔNDC_g、私人部门借给政府的资金（政府向私人部门的非银行借款）NB来弥补。

政府可支配收入定义是政府收入和赠款（R_g）减去政府转移（TR_g）和为政府债务支付的利息（INT_g），后两者构成私人部门的收入。政府部门储蓄的定义是：

$$S_g = (R_g - TR_g - INT_g) - C_g \tag{1.15}$$

$$S_g - I_g = R_g - E_g \tag{1.16}$$

C_g是政府消费，E_g政府支出总额。

银行部门没有可支配收入、最终消费、储蓄和投资。银行部门的资金流入是负债增加，现金持有和存款增加 ΔM2，资金使用是外汇资产净额变动 ΔNFA 和（私人部门和政府部门）向银行系统借贷（银行向私人部门和政府部门的净贷款）ΔNDC。

对外部门从国外角度看，一国经常项目逆差（CA）是国外经常项目顺差（-CA），是国外可支配收入大于吸收，储蓄大于投资的缺口。对外部门储蓄和投资缺口是：

$$-CA = -X + M - Y_f - TR_f \tag{1.17}$$

从国外角度看，一国对外部门的资金缺口是国外对外部门资金缺口的负值 $-F_f$。从国外角度看，一国对外部门的资金缺口通过外国直接投资（-FDI）、（私人部门和政府部门）国外净借贷（-NFB）、中央银行和商业银行外汇资产净额变化（ΔNFA）来弥补。

$$-F_f = -FDI - NFB + \Delta NFA \tag{1.18}$$

资金流量表的融资途径分为：国外融资和国内融资。国外融资包括非货币和货币两种渠道。非货币渠道包括私人部门吸引的直接投资 FDI、私人和政府部门从国外获得的借款净额 NFB。货币渠道包括中央银行和商业银行外汇资产净额的变动 ΔNFA。国内融资包括非货币和货币两种渠道。货币渠道包括国内信贷 ΔNDC 和广义货币 ΔM2。非货币渠道指私人部门借给政府的资金（政府向私人部门的非银行借款）NB。

资金流量表中“使用”是支出或资产获得，“来源”是收入或负债发生。根据我国资金流量表（2008 年）实物交易，我国 2008 年来源方的国民总储蓄为 167062.6 亿元，经过资本转移的微小调整，扣除运用方的资本形成总额 138325.2 亿元，净金融投资 28949.4 亿元。资本转移指一个部门无偿地向另一个部门支付用于非金融投资的资金，是一种不从对方获取任何对应物作为回报的交易。资本转移具有不同于经常转移，转移的目的是用于投资，而不是用于消费。净金融投资反映机构部门或经济总体资金富余或短缺的状况。从实物交易角度看，它是指总储蓄加资本转移收入减资本转移支出减非金融投资后的差额（2008 年为 28949.4 亿元）。从金融交易角度看，它是金融资产的增加额减金融负债的增加额之后的差额（2008 年为 31296 亿元）。资金流量表从实物交易角度和从金融交易角度的净金融投资数值差异一方面是统计误差，一方面由于数据缺失。

表 1.8　　2008～2009 年中国人民银行资产负债表（年末余额）　　单位：亿元

项　目	2008	2009
总资产	207096.0	227530.5
国外资产	162543.5	185333.0
外汇	149624.3	175154.6
货币黄金	337.2	669.8
其他国外资产	12582.0	9508.6
对政府债权	16196.0	15662.0
对其他存款性公司债权	843.25	7161.9
对其他金融性公司债权	11852.7	11530.2
对非金融性公司债权	44.1	44.0
其他资产	8027.2	7799.5
总负债	207096.0	227530.5
储备货币	129222.3	143985.0
货币发行	37115.8	41555.8
金融性公司存款	92106.6	102429.2
其他存款性公司存款	91894.7	102280.7
其他金融性公司存款	91894.7	102280.7
非金融性公司存款		
不计入储备货币的金融性	591.2	624.8
公司存款		
债券发行	45779.8	42064.2
国外负债	732.6	761.7
政府存款	16963.8	21226.4
自有资金	219.8	219.8
其他负债	13586.5	18648.6

资料来源：《中国统计年鉴 2010》。

资金流量表中的通货指货币当局资产负债表中货币发行年末余额之差。存款包括活期存款、定期存款、住户储蓄存款、财政存款、外汇存款和其他存款等，存款金额等于《中国统计年鉴 2010》表 19－1“金融机构人民币信贷资金平衡表（资金来源）”中各类存款年末余额之差（不包括外汇存款）。贷款包括短期贷款、中长期贷款、财政贷款、外汇贷款和其他贷款，贷款金额等于《中国统计年鉴 2010》表 19－2“金融机构人民币信贷资金平衡表（资金运用）”中各类贷款年末余额之差（不包括外汇贷款）。证券包括债券和股票两类。债券包括国债、金融债券、中央银行债券和企业债券。保险准备金指对人寿保险准备金和养恤基金的净权益、保险费预付款和未结索赔准备金。结算资金指金融机构用于结算目的汇兑在途的资金。金融机构往来指各金融机构之间的资金往来，包括同业存放款和同业拆借款。准备金指各金融机构在中央银行的存款及缴存中央银行的准备金。中央银行贷款指中央银行向各金融机构的贷款以及再贴现。直接投资是国外对我国的直接投资以及我国对国外的直接投资。其他对外债券债务包括我国购买国外的债券、我国在国外发行的债券，以及国内外往来的贸易信贷。

货币概览统计包括货币当局资产负债表、其他存款性公司资产负债表、存款性公司概览和货币供应量统计等内容。我国的基础货币由金融机构库存现金、流通中货币、金融机构特种存款、金融机构缴存准备金和邮政储蓄转存存款构成（杜金富，2006）。基础货币规模等于中央银行资产负债表中负债方的储备货币规模。

货币概览所包括的金融机构包括：中国人民银行、政策性银行、国有商业银行、股份制商业银行、城市商业银行、农村商业银行、农村合作银行、城市信用社、农村信用社、信托投资公司、财务公司、租赁公司、外资金融机构、中国邮政储蓄银行。货币概览的流通中现金是 M0。《中国统计年鉴 2010》表 19 – 12 “其他存款性公司资产负债表（年底余额）” 提供了企业活期存款数据。金融机构的流通中现金加上活期存款等于货币 M1。《中国统计年鉴 2010》表 19 – 12 “其他存款性公司资产负债表（年底余额）” 提供了 “居民储蓄存款” 数据，加上 “企业定期存款” 数据（不同于准货币中的定期存款），加上 “对其他金融性公司负债”，这三项构成了准货币的最主要部分。货币概览中的一个重要等式为：

$$\Delta NFA + \Delta DC = \Delta M2 \tag{1.19}$$

假定包括货币当局和金融机构发行债券数量在内的其他条件不发生变化，外汇资产净额的变动 ΔNFA 和国内信贷的变化 ΔDC 等于广义货币 ΔM2 的变化。以上是对货币概览内容的简要归纳。

第2章　开放经济中的储蓄与投资

在开放经济条件下，如果一个国家能够从外部借到资源，这个国家的消费可以高于其所拥有的资源禀赋；当然在随后的某个时间，这个国家需要偿还先前从其他国家所借的资源，导致其消费低于其当时所拥有的资源。这种资源在国家之间不同时间点上借和还的行为，本质上是资源在各国之间的跨期交易。假定只有一种商品，考察总量资源在各国之间的转移，而不考虑在某一时间点上不同商品相对价格的变动。这里不考虑汇率失调和贸易条件等相对价格。这种假设有利于将分析的重点放在资源的跨期交易及其福利影响方面。

2.1　跨期交易的福利影响

假定有两期1和2，一国每期的消费分别为 C_1 和 C_2，禀赋分别为 Y_1 和 Y_2。这个国家的效用函数为：

$$U = u(C_1) + \beta u(C_2), \qquad 0 < \beta < 1 \tag{2.1}$$

β 是主观的贴现或者时间偏好因子，u(·) 是每期的效用函数，它满足：

$$u'(C_t) > 0, u''(C_t) < 0, t = 1,2 \tag{2.2}$$

将第1期的消费作为横轴，第2期的消费作为纵轴，图2.1中的E点（Y_1, Y_2）代表初始禀赋，C 点（C_1, C_2）代表开放经济条件下的消费。第1期消费大于禀赋的部分 $C_1 - Y_1$ 是经常项目逆差，也是这个国家从外国借入资源的规模。第2期消费小于禀赋，该期的消费是第2期禀赋扣除偿还第1期借入资源及其利息（利率为 r）以后的剩余部分：

$$C_2 = Y_2 - (1+r)(C_1 - Y_1) \tag{2.3}$$

（2.3）是这个国家跨期交易的预算线，通过跨期交易，这个国家从自给自足的E点移到了C点，效用增大，福利增加。图2.1的禀赋E点沿约束线在C点的上方，第1期出现经常项目逆差。如果禀赋E点沿约束线在C点的下方，第1期将出现经常项目顺差。不论经常项目是顺差还是逆差，都会带来福利增加。

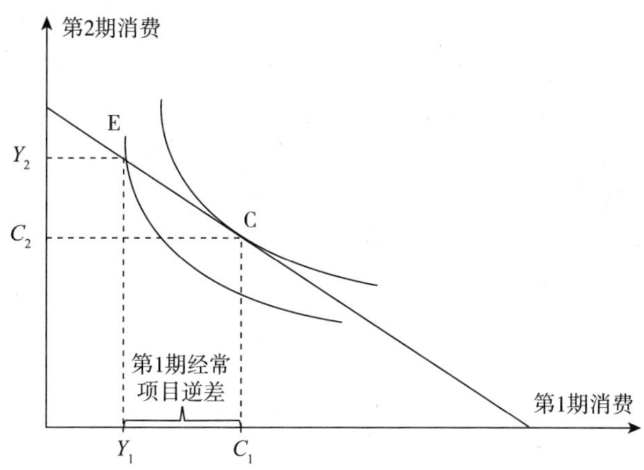

图 2.1　没有投资的跨期交易

考虑产出是资本存量的函数，投资使得资本存量增加。生产函数关系是：

$$Y_t = f(K_t) \tag{2.4}$$

生产函数满足 $f(0)=0, f'(K_t)>0, f''(K_t)<0, t=1,2$ 。不考虑资本折旧，投资与资本存量的关系为：

$$K_{t+1} = K_t + I_t \tag{2.5}$$

资本可以与消费品之间相互转化，资本投入生产环节以后，还可以被消费，两者之间的相对价格为 1。图 2.2 中，跨期生产可能性边界与横轴交点表示将所有第 1 期的资本及其第 1 期产出（$K_1+f(K_1)$）消费掉(第 2 期消费为零)，与纵轴的交点表示将所有第 1 期的资本及其第 1 期产出（$K_1+f(K_1)$）都作为资本投入到第 2 期的生产当中(第 1 期消费为零) 所得到的第 2 期可消费的商品数量($K_1+f(K_1)+f(K_1+f(K_1))$)。

图 2.2 的 A 点是自给自足的经济状态，跨期生产可能性边界在 A 点的切线给出了国内投资的边际回报（用 r^A 表示），A 点沿约束线在 E 点下方，国内投资的边际回报高于世界的利率水平（$r^A>r$）。开放经济允许通过跨期交易从外国借入资源，导致 A 点移到 E 点。在 E 点，国内投资的边际回报等于世界利率。A 点与 C 点的水平距离是由于跨期交易所能带来的额外的当期消费，C 点的效用大于 A 点的效用说明开放经济带来福利增加。E 点与 C 点的水平距离是这个国家第 1 期的经常项目逆差。如果世界利率高于自给自足经济中的投资边际回报($r^A<r$)，开放经济仍然带来福利增加，E 点沿约束线在 C 点下面，这

个国家将出现经常项目顺差。

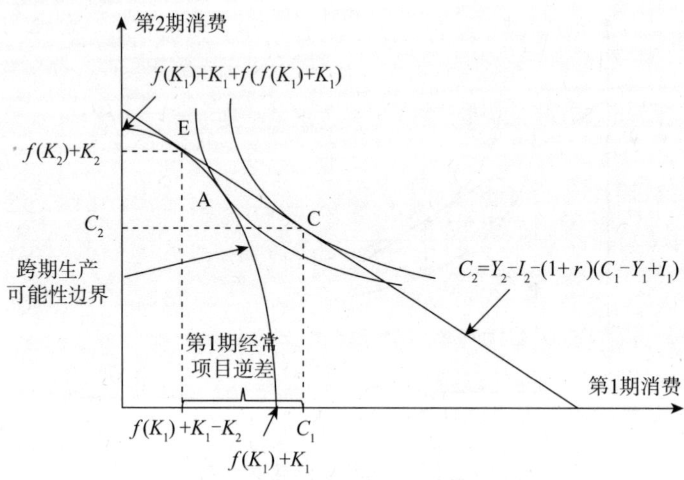

图 2.2　考虑资本的跨期交易

2.2　世界利率水平的决定

假定国内需求仅包括最终消费，不包括总投资。两国模型包括本国（以下简称 H 国）和外国（以下简称 F 国）。根据图 2.3，H 国储蓄曲线向上倾斜，利率越高，储蓄越多。在封闭条件下，各国之间没有借贷行为，H 国储蓄在自给自足封闭条件下的边际回报 r^A 低于 F 国在封闭条件下的储蓄边际回报 r^{A*}，世界利率水平在两者之间。

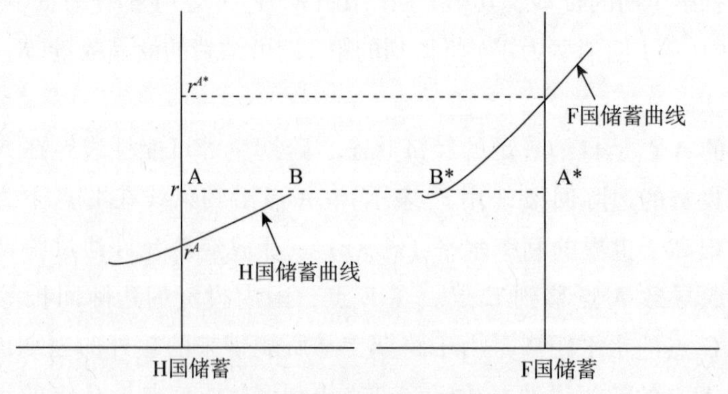

图 2.3　世界利率水平的决定

当 H 国储蓄利率弹性（利率变化所对应的储蓄变化）相对 F 国储蓄利率弹

性较大时（H 国储蓄曲线相对 F 国的储蓄曲线斜率较为平缓），世界利率水平与 H 国（储蓄利率弹性大的国家）封闭条件下的储蓄边际回报 r^A 更为接近。H 国储蓄的规模是图 2.3 中 A 点和 B 点之间的水平距离，也是 H 国经常项目顺差；F 国运用外部储蓄的规模是图 2.3 中 A^* 点和 B^* 点之间的水平距离，也是 F 国经常项目逆差。

经济规模扩张（产出增加）并非一定意味着福利增加。给定其他条件不变，H 国第 1 期产出增加①，导致图 2.3 中的 H 国储蓄曲线向右面移动，降低了世界利率水平。H 国产出增加的正面福利与世界利率下降带来的负面福利相互抵消，H 国福利是否增加不确定，F 国在这种情况下福利增加。$1+r$ 是用未来消费品表示的当前消费品价格，也是用进口商品表示的出口消费品的价格；对出口当前消费的 H 国而言，世界利率下降是跨期贸易条件恶化。当利率下降的贸易条件效应大于产出增加的福利效应，就出现了"导致福利下降的增长"（Immiserizing growth）现象（Bhagwati，1958）。1980 年以来，世界利率总体趋势越来越低，跨期交易的贸易条件对出借储蓄的国家不利。世界利率处于较低的水平对我国产生负面的福利效应。

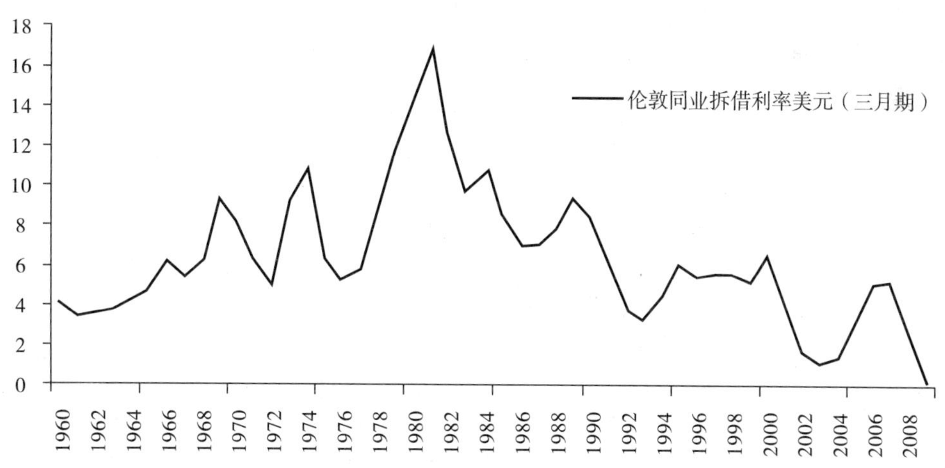

图 2.4　1960～2009 年世界货币市场美元短期利率走势

运用图 2.2 和图 2.3 所展示的理论，可以理解日本和瑞士在第一次世界大战期间的经常项目变化情况。1914～1918 年第一次世界大战期间，瑞典和日本都

① 这种产出外生的增加与战争、地震所带来的产出外生减少相对应，比如由于石油或矿物等资源储藏的新发现带来产出的外生增加。

不是主要交战国（假定它们是F国）。主要交战国（假定为H国）战时的产出水平（外生地暂时地）降低，H国储蓄曲线向左移动，世界利率水平上升。没有被卷入战争的F国（瑞典和日本），储蓄规模上升，经常项目顺差增大。在一战期间，日本和瑞典经常项目占GDP比重都曾高达10%。第一次世界大战一结束，日本和瑞典的经常项目顺差马上就消失了。

2.3 全球各经济体经常项目的平衡状况

经常项目反映一国需要从外部融资或者从外部获取资源的收支缺口。作为会计恒等式，可支配国民总收入（GNDI）与吸收之间的缺口等于经常项目。当可支配国民总收入GNDI大于吸收时，经常项目呈现顺差。当GNDI小于吸收时，经常项目呈现逆差。提高收入，需要提高产出，产出的增加短期内可依靠闲置的生产能力，中长期内需要依靠结构调整。汇率、利率、货币信贷、关税、配额、出口刺激和外部冲击都会影响经常项目状况。

经济体之间存在许多差异。首先考虑的差异是发达经济体与新兴发展中经济体之间的差异（有关经济体的划分标准参见附录D）。在经常项目方面，新兴发展中经济体作为一个整体不仅不需要发达经济体提供融资，而且反过来为发达经济体提供融资。

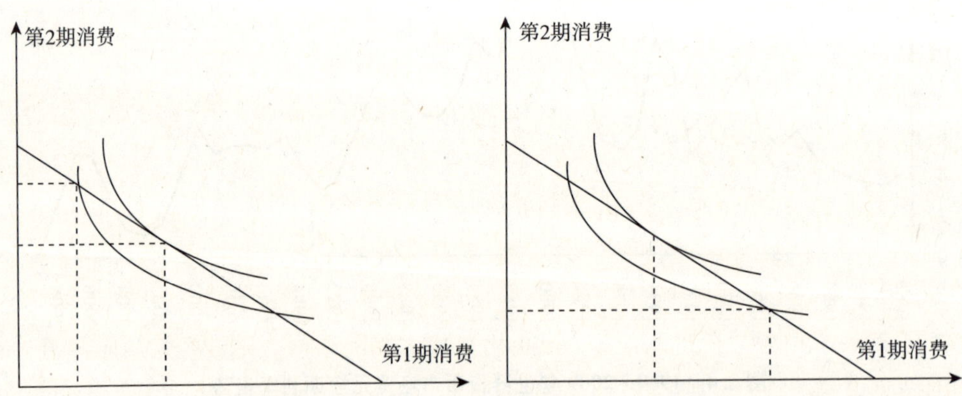

图2.5 发达国家（左）和新兴发展中国家（右）的储蓄与经常项目

如图2.5所示，新兴发展中国家的禀赋在均衡点的右下方，发达国家的禀赋在均衡点的左上方。美国的经常项目逆差抵消了其他发达经济体的顺差，欧元区16个国家在2006年和2008～2009年期间也出现了不小的经常项目逆差；

亚洲发达经济体长期以来（根据表 2. 1 自 2002 年以来）一直处于经常项目顺差，与美欧发达经济体的逆差对应。2002 年以来，新兴发展中经济体经常项目顺差总体上有所扩大，在 2006 ~ 2008 年期间达到 6000 亿美元以上的高水平，2009 年回落到 3400 亿美元左右（仍然高于 2005 年以前的水平）。新兴发展中经济体的经常项目顺差增加的初期，除中国以外的新兴发展中经济体对顺差增加的贡献更大，2002 ~ 2006 年期间，新兴发展中经济体顺差总体增加了近 6000 亿美元，其中将近 2/3 是中国之外的其他新兴发展中经济体的顺差增加所导致。2007 ~ 2010 年期间，新兴发展中经济体顺差总体有所下降，到 2010 年保持在 3000 亿美元左右；中国之外的其他新兴发展中经济体的顺差下降了 3000 亿美元以上，中国大陆的经济项目顺差在 2007 ~ 2008 年期间不仅没有和其他新兴发展中经济体一样出现下降，反而继续增加，2009 ~ 2010 年中国的经常项目顺差有所回落，仍保持在 3000 亿美元左右，与所有新兴发展中经济体经常项目顺差的规模相当。

国际货币体系的三大主要货币是美元、欧元和日元。根据表 2. 2，2002 年，主要货币经济体（包括美国、欧元区 16 个经济体和日本）的经常项目逆差合计为 3021 亿美元；2006 年，这些经济体的经常项目逆差达到 6448 亿美元，2008 年逆差更是扩大到 7382 亿美元。中国大陆的经常项目顺差在 2007 年以后稳定在 3000 亿美元以上。2009 ~ 2010 年主要货币经济体和中国的经常项目合计逆差和顺差都在 300 亿美元左右。

新兴和发展中国家的地理划分见附录 D。根据表 2. 3，中东欧、拉丁美洲加勒比海沿岸和撒哈拉以南非洲 2010 年的经常项目是逆差。中东欧没有燃料出口国（定义见附录 D）。拉丁美洲加勒比海沿岸有 3 个燃料出口国。撒哈拉以南非洲有 6 个燃料出口国。独联体有包括俄罗斯在内的 4 个燃料出口国，2002 年以来始终保持经常项目顺差，2010 年为 746 亿美元。中东和北非有 12 个燃料出口国，经常项目自 2008 年达到 3435 亿美元的高点以后 2010 年降为 971 亿美元。发展中亚洲只有 2 个燃料出口国，扣除中国大陆的经常项目顺差，其他发展中亚洲经济体 2002 ~ 2009 年期间保持经常项目顺差，2010 年变为 330 亿美元的逆差。

表 2.1　经常项目的结构（发达经济体与新兴发展中经济体，10 亿美元）

	2002	2003	2004	2005	2006	2007	2008	2009	2010
发达经济体 Advanced Economies	-216.3	-218.4	-219.9	-409.7	-453.0	-343.5	-492.6	-122.6	-110.1
美国 United States	-458.1	-520.7	-630.5	-747.6	-802.6	-718.1	-668.9	-378.4	-466.5
欧元区 Euro Area	43.4	23.6	76.6	14.6	-12.6	18.6	-226.4	-77.9	21.3
日本 Japan	112.6	136.2	172.1	165.7	170.4	211.0	157.1	141.8	166.5
其他发达经济体 Other Advanced Economies	83.3	125.3	123.2	127.5	133.5	116.9	120.0	164.8	168.7
新兴工业化亚洲经济体 Newly Industrialized Asian economies	55.9	80.8	82.9	79.5	89.7	113.7	86.8	136.2	132.1
新兴发展中经济体 Emerging and Developing Economies	79.9	145.4	219.6	444.5	662.8	654.3	703.4	339.1	312.3
中国 China，Mainland	35.4	45.9	68.7	160.8	253.3	371.8	426.1	297.1	306.2
新兴发展中经济体（除中国外） Emerging and Developing Economics (Excluding China，Mainland)	44.5	99.5	150.9	283.7	409.5	282.5	277.3	42.0	6.1
世界 World	-136.4	-73.0	-0.2	34.8	209.8	310.8	210.7	216.6	202.3

注：有关经济体的划分参见附录 D。
资料来源：《世界经济展望》。

表 2.2　　经常项目的结构（主要货币经济体与中国，10 亿美元）

	2002	2003	2004	2005	2006	2007	2008	2009	2010
美国 UnitedStates	-458.1	-520.7	-630.5	-747.6	-802.6	-718.1	-668.9	-378.4	-466.5
欧元区 EuroArea	43.4	23.6	76.6	14.6	-12.6	18.6	-226.4	-77.9	21.3
日本 Japan	112.6	136.2	172.1	165.7	170.4	211	157.1	141.8	166.5
主要货币经济体合计 Major Currencies	-302.1	-360.9	-381.8	-567.3	-644.8	-488.5	-738.2	-314.5	-278.7
中国 China，Mainland	35.4	45.9	68.7	160.8	253.3	371.8	426.1	297.1	306.2
合计 Sum	-266.68	-315.03	-313.14	-406.48	-391.53	-116.67	-312.09	-17.4	27.5

注：有关经济体的划分参见附录 D。

资料来源：《世界经济展望》。

新兴和发展中经济体保持经常项目顺差的主要两个出口收入来源是燃料和中国的商品，燃料出口国的经常项目顺差 2010 年达到 2629 亿美元。在燃料出口国和中国以外，其他新兴和发展中国家整体经常项目状况是逆差。2002 年以来大部分时间，出口非燃料初级产品的国家经常项目逆差在 150 亿美元以内。其他非燃料出口国的情况更差，除中国以外非燃料出口国 2010 年的经常项目逆差高达 2568 亿美元。

新兴和发展中国家的净债权国来自两方面，燃料出口国和中国。净债务国中经常项目逆差主要依靠私人部门进行融资，官方融资的净债务国经常项目逆差仅占净债务国逆差总量的 7.5%。2004 ~ 2008 年期间，净债务国出现不良债务现象国家的经常项目逆差占净债务国逆差总量的 12%，这些国家在 2004 年以前经常项目还都是顺差，2008 年开始经常项目逆差有所扩大。

表 2.3 经常项目的结构（区域、燃料、融资方式与中国，10 亿美元）

	2002	2003	2004	2005	2006	2007	2008	2009	2010
新兴发展中经济体 Emerging and Developing Economies	79.9	145.4	219.6	444.5	662.8	654.3	703.4	339.1	312.3
按地理区域划分									
中东欧 Central and Eastern Europe	-20.1	-33.3	-53.4	-59.8	-87.4	-132.9	-153.0	-40.2	-64.7
独联体 Commonwealth of Independent States	30.3	35.7	63.5	87.5	96.3	71.7	107.7	42.4	74.6
发展中亚洲 Developing Asia	67.1	85.0	92.9	167.5	289.2	418.3	435.6	321.7	273.2
中国 China, Mainland	35.4	45.9	68.7	160.8	253.3	371.8	426.1	297.1	306.2
除中国以外发展中亚洲 Developing Asia Excluding China, Mainland	31.7	39.1	24.2	6.7	35.9	46.5	9.5	24.6	-33.0
拉丁美洲和加勒比海沿岸 Latin America and the Caribbean	-16.2	9.2	21.4	36.7	49.8	15.1	-28.9	-21.9	-56.6
中东和北非 Middle East and North Africa	31.3	60.9	103.2	215.3	284.1	272.3	343.5	52.3	97.1
撒哈拉以南非洲 Sub-Saharan Africa	-12.4	-12.2	-8.0	-2.8	30.8	9.7	-1.5	-15.1	-11.3
按出口收入来源划分									
燃料出口国 Fuel	60.5	104.9	185.9	351.9	479.4	434.9	587.3	156.3	262.9
非燃料出口国 Nonfuel	19.5	40.5	33.7	92.6	183.4	219.4	116.0	182.8	49.4
中国 China, Mainland	35.4	45.9	68.7	160.8	253.3	371.8	426.1	297.1	306.2
除中国以外非燃料出口国 Nonfuel Excluding China, Mainland	-15.9	-5.4	-35.0	-68.2	-69.9	-152.4	-310.1	-114.3	-256.8

续表

	2002	2003	2004	2005	2006	2007	2008	2009	2010
非燃料初级产品出口国 Nonfuel Primary Products	-4.4	-4.4	-0.9	-1.8	9.3	6.5	-13.6	-3.0	-12.6
按外部融资性质划分									
净债务国 Net Debtor Economies	-36.8	-32.4	-57.3	-96.5	-118.3	-213.6	-363.5	-176.0	-265.8
官方融资的净债务国 Official Financing	-4.8	-7.1	-6.2	-9.0	-10.2	-12.7	-24.8	-15.9	-20.1
2004～2008 债务逾期和重新安排净债务国 Economies with Arrears and/or Rescheduling during 2004-08	2.4	2.7	-5.9	-7.7	-5.6	-18.0	-32.5	-30.2	-31.7
官方融资的净债务国逆差/净债务国逆差 Official Financing/Net Debtor Economies %	13.0	21.9	10.8	9.3	8.6	5.9	6.8	9.0	7.6
债务逾期和重新安排净债务国/净债务国逆差 Economies with Arrears and/or Rescheduling during 2004-08/Net Debtor%	-	-	10.3	8.0	4.7	8.4	8.9	17.2	11.9
净债权国 Net Creditor Economies	116.7	177.8	276.9	541.0	781.1	867.9	1066.9	515.1	578.1
中国 China, Mainland	35.4	45.9	68.7	160.8	253.3	371.8	426.1	297.1	306.2
除中国以外净债权国 Net Creditor Economies Excluding China, Mainland	81.3	131.9	208.2	380.2	527.8	496.1	640.8	218.0	271.9

注：有关经济体的划分参见附录 D。

资料来源：《世界经济展望》。

第 3 章　汇率与货币政策最终目标的理论分析

国内关于货币政策最终目标的研究尚未达成一致结论。郭田勇（2005）从货币政策实践出发，认为币值稳定是第一约束目标，这样才能解决双重目标的矛盾。但是，也要兼顾经济增长，但经济增长目标是第二位的。刘东华（2007）认为，现阶段通货膨胀目标制在我国尚缺乏可行性，理由是：我国货币政策的目标不明确，中央银行的独立性较弱，货币政策的传导机制不畅，人民银行不完全具备较强的预测能力，与西方工业国相比，我国货币政策的透明度、信息披露的力度还有待提高。范从来等（2003）研究发现，在开放经济条件下，货币政策的产出效应和价格效应在短期内是存在的；但货币政策对产出的影响能力随经济开放度的提高而减弱，对价格的影响能力随经济开放度的提高而增强。随着我国经济开放度的提高，货币政策的经济增长效应会不断弱化，引起的价格波动会有所增强，因此货币政策的目标应该进一步明确以稳定物价作为单一的目标。

本章分析生产者货币定价条件下货币政策最终目标的微观理论基础。与 Clarida et al.（2003）和 Engel（2010）相比，这里采用的推导方法和结论有所不同，基本方法和精神没有改变。

3.1　货币政策最终目标框架中的汇率

长期以来，宏观经济学界对产出（就业）、通胀以及汇率在货币政策最终目标中的地位意见不一。近年来，西方发达国家对通货膨胀目标制的认可度逐渐提高。根据纯粹的通货膨胀目标制，一国货币政策的唯一目标是使通胀率与目标通胀率之差最小；灵活的通胀目标制则在通胀目标之外，加上产出缺口，货币政策既要使通胀率与通胀目标之差最小，也要使产出缺口与产出目标之差最小，通常将通胀项前的权重设定得大于产出缺口项前的权重。在通胀目标制下，仅考虑通胀和产出缺口，其他经济变量（比如，汇率、资产价格、消费、贸易条件等）不作为货币政策最终目标单列，货币政策对这些变量的反应仅限于这些变量对通胀和产出缺口的影响范围之内；如果汇率和资产价格等变量的变化没有影响到当前或未来的通胀和产出缺口，按照通货膨胀目标制理论，可以任其波动，货币政策不必作出反应。在货币政策实践中，英国、瑞典、新西兰等国家的货币当局已宣布正式采用通货膨胀目标制。

近年来，新凯恩斯主义学者对货币政策最终目标的论证作了进一步完善，分析脉络逐步清晰，突出地体现在以下几个方面：一是将货币政策最终目标的理论建立在对企业生产定价和消费者决策行为的微观分析基础之上。二是在论证货币政策对实体经济的影响时，强调模型与数据的动态拟合效果。例如，基于对宏观经济时间序列数据的向量自回归（VAR）分析表明，美国联邦基金利率对美国名义总支出具有非常显著的影响。即使是在半年前已经被预期到的情况下，利率变化的影响仍会在未来持续几个季度。三是在一般均衡的分析框架内，将代表代理人（Representative Agent）的效用最大化作为评判政策目标合理性的依据，货币政策的最终目标使得代表代理人经济福利最大化。四是在推导货币政策最终目标时对代表代理人效用函数进行二次逼近。这种近似方法与 Linear - Quadratic（LQ）优化控制框架相一致，易于与文献中大量有关最优货币政策的研究进行比较。

本章结论为：在各国货币当局相互合作、履行承诺的条件下，如果产品采用生产者货币定价，假定不存在对本国产品的特别偏好，使得社会福利实现最大化的货币政策最终目标不包括汇率。在特定条件下，货币政策可不将汇率作为最终目标。这一结论在各国货币当局相互不合作条件下，或者在货币当局相机抉择条件下，或者在产品采用当地货币定价条件下，或者在不存在对本国产品特别偏好的情况下都有可能不再成立。在更为一般的条件下，使得社会福利实现最大化的货币政策最终目标需要考虑汇率指标。

3.2　汇率、均衡数量与相对价格

两国模型包括本国（以下简称 H 国）和外国（以下简称 F 国）。H 国家庭用 z 代表，F 国家庭用 z^* 表示。对于不熟悉相关文献的读者，可以从第 4 章入手。

3.2.1　名义财富边际效用

当名义财富跨境转移达到均衡状态以后，财富转移不会给转移者带来新的边际效用，财富转出所带来的边际效用下降等于财富转入所带来的边际效用增加。当购买力平价（PPP）不成立时，各国名义财富的边际效用相等使得以下等式成立：

$$\left(\frac{C_t(z)}{C_t^*(z^*)}\right)^{\sigma}=\frac{\mathcal{E}_t P_t^*}{P_t}=\frac{\mathcal{E}_t\left(P_{Ft}^*\right)^{\gamma}\left(P_{Ht}^*\right)^{1-\gamma}}{\left(P_{Ht}\right)^{\gamma}\left(P_{Ft}\right)^{1-\gamma}}$$

$$=\mathcal{E}_t\frac{\left(P_{Ft}\right)^{\gamma-1/2}}{\left(P_{Ht}\right)^{\gamma-1/2}}\frac{\left(P_{Ht}^*\right)^{-\gamma+1/2}}{\left(P_{Ft}^*\right)^{-\gamma+1/2}}\frac{\left(P_{Ht}^*\right)^{1/2}}{\left(P_{Ft}\right)^{1/2}}\frac{\left(P_{Ft}^*\right)^{1/2}}{\left(P_{Ht}\right)^{1/2}}$$

$$=\mathcal{S}_t^{\gamma-1/2}\left(\mathcal{S}_t^*\right)^{-\gamma+1/2}\mathcal{E}_t\frac{\left(P_{Ht}^*\right)^{1/2}}{\left(P_{Ft}\right)^{1/2}}\frac{\left(P_{Ft}^*\right)^{1/2}}{\left(P_{Ht}\right)^{1/2}} \tag{3.1}$$

（3.1）对数线性化的结果是：

$$\sigma c_t(z)-\sigma c_t^*(z^*)=\left(\gamma-\frac{1}{2}\right)s_t+\left(\frac{1}{2}-\gamma\right)s_t^*+m_t \tag{3.2}$$

其中，m_t是汇率失调（Currency Misalignment），定义为：

$$m_t=\frac{1}{2}\left\{[e_t+p_{Ht}^*-p_{Ht}]+[e_t+p_{Ft}^*-p_{Ft}]\right\} \tag{3.3}$$

（3.3）中，$x=\log X$，比如将汇率的对数表示为$e_t=\log\mathcal{E}_t$。根据（3.2），如果没有对本国产品的特殊偏好，汇率失调是影响两国相对消费水平的唯一因素。在消费者对本国产品和外国产品偏好没有偏向的情况下，外国的价格相对本国的价格便宜，对应的是外国的消费大于本国的消费。

表 3.1 符号汇总

z	H 国家庭
z^*	F 国家庭
ℓ	H 国企业及其生产的产品
ℓ^*	F 国企业及其生产的产品
$P_{Ht}(\ell)$	H 国企业产品 H 国销售价格（以 H 国货币计价）
$P_{Ht}^*(\ell)$	H 国企业产品 F 国销售价格（以 F 国货币计价）
$P_{Ft}^*(\ell^*)$	F 国企业产品 F 国销售价格（以 F 国货币计价）
$P_{Ft}(\ell^*)$	F 国企业产品 H 国销售价格（以 H 国货币计价）
P_{Ht}	H 国家庭消费 H 国产品的价格指数（以 H 国货币计价）
P_{Ft}^*	F 国家庭消费 F 国产品的价格指数（以 F 国货币计价）
P_{Ht}^*	F 国家庭消费 H 国产品的价格指数（以 F 国货币计价）
P_{Ft}	H 国家庭消费 F 国产品的价格指数（以 H 国货币计价）

续表

$P^{0}_{Ht}(\ell)$	H 国价格调整企业制定的（以 H 国货币计价的）产品价格
$P^{0}_{Ft}(\ell^{*})$	F 国价格调整企业制定的（以 H 国货币计价的）产品价格
$P^{*0}_{Ht}(\ell)$	H 国价格调整企业制定的（以 F 国货币计价的）产品价格
$P^{*0}_{Ft}(\ell^{*})$	F 国价格调整企业制定的（以 F 国货币计价的）产品价格
P_t	H 国消费者价格指数
P^{*}_t	F 国消费者价格指数
$\mathcal{E}_t$	每单位 F 国货币等于的 H 国货币单位
$Y_t(\ell)$	H 国企业生产产品 ℓ 的产量
$Y^{*}_t(\ell^{*})$	F 国企业生产产品 ℓ^{*} 的产量
A_{Ht}	H 国企业生产率扰动
A_{Ft}	F 国企业生产率扰动
$N_{Ht}(\ell)$	H 国企业生产产品 ℓ 的劳动投入量
$N_{Ft}(\ell^{*})$	F 国企业生产产品 ℓ^{*} 的劳动投入量
$N_{Ht}(\ell,z)$	H 国企业生产产品 ℓ 中从家庭 z 获得的劳动投入量
$N_{Ft}(\ell^{*},z^{*})$	F 国企业生产产品 ℓ^{*} 中从家庭 z^{*} 获得的劳动投入量
$N_{Ht}(z)$	H 国家庭 z 的劳动投入
$N_{Ft}(z^{*})$	F 国家庭 z^{*} 的劳动投入
N_{Ht}	H 国企业的（平均）劳动投入
N_{Ft}	F 国企业的（平均）劳动投入
$W_{Ht}(\ell,z)$	H 国家庭 z 从事生产产品 ℓ 的工资（以 H 国货币计价）
$W_{Ft}(\ell^{*},z^{*})$	F 国家庭 z^{*} 从事生产产品 ℓ^{*} 的工资（以 F 国货币计价）
$W_{Ht}(\ell)$	H 国企业从事生产产品 ℓ 的工资（以 H 国货币计价）
$W_{Ft}(\ell^{*})$	H 国企业从事生产产品 ℓ^{*} 的工资（以 F 国货币计价）
$W_{Ht}(z)$	H 国家庭 z 的工资（以 H 国货币计价）
$W_{Ft}(z^{*})$	F 国家庭 z^{*} 从事生产产品 ℓ^{*} 的工资（以 F 国货币计价）
W_{Ht}	H 国企业的平均工资（以 H 国货币计价）
W_{Ft}	F 国企业的平均工资（以 F 国货币计价）
η_t	H 国家庭劳动之间的替代弹性
ς_t	F 国家庭劳动之间的替代弹性
$\mathfrak{P}_t(\ell)$	H 国企业生产产品 ℓ 的利润
$\mathfrak{P}_t(\ell^{*})$	F 国企业生产产品（ℓ^{*}）的利润
$\mathfrak{P}_t(\ell^{*})$	H 国家庭 z 从 H 国企业获得的利润
$\mathfrak{P}_t(z^{*})$	F 国家庭 z^{*} 从 F 国企业获得的利润
σ	消费边际效用参数

续表

ϕ	劳动边际负效用参数
θ	Calvo 粘性定价模型中每期价格不变的企业和商品比例
Y_t	H 国产品产出指数
Y_t^*	F 国产品产出指数
$C_t(z)$	H 国家庭第 t 期消费
$C_t^*(z^*)$	F 国家庭第 t 期消费
$C_{Ht}(z)$	H 国家庭第 t 期消费 H 国产品的数量
$C_{Ft}(z)$	H 国家庭第 t 期消费 F 国产品的数
$C_{Ht}^*(z^*)$	F 国家庭第 t 期消费 H 国产品的数量
$C_{Ft}^*(z^*)$	F 国家庭第 t 期消费 F 国产品的数量
$C_{Ht}(\ell)$	H 国企业产品 ℓ 在 H 国的销售和消费量
$C_{Ht}^*(\ell)$	H 国企业产品 ℓ 在 F 国的销售和消费量
$C_{Ft}(\ell^*)$	F 国企业产品 ℓ^* 在 H 国的销售和消费量
$C_{Ft}^*(\ell^*)$	F 国企业产品 ℓ^* 在 F 国的销售和消费量
$C_{Ht}(\ell,z)$	H 国家庭 z 消费 H 国产品 ℓ 的数量
$C_{Ht}^*(\ell,z^*)$	F 国家庭 z^* 消费 H 国产品 ℓ 的数量
$C_{Ft}(\ell^*,z)$	H 国家庭 z 消费 F 国产品 ℓ^* 的数量
$C_{Ft}^*(\ell^*,z^*)$	F 国家庭 z^* 消费 F 国产品 ℓ^* 的数量
C_t	H 国消费量
C_t^*	F 国消费量
$Q_{t,t+j}$	H 国从第 $t+j$ 期到第 t 期的贴现因子
$Q_{t,t+j}^*$	F 国从第 $t+j$ 期到第 t 期的贴现因子
$T_t(z)$	H 国第 t 期家庭税收
$T_t(z^*)$	F 国第 t 期家庭税收
S_t	H 国第 t 期贸易条件
S_t^*	F 国第 t 期贸易条件
λ, λ^*	Lagrange 乘数
i_t	H 国债券的名义利率
i_t^*	F 国债券的名义利率
γ	对本国产品的特别偏好（Home - Bias）
$B_t(z)$	H 国家庭第 t 期初持有的金融资产价值
$B_t^*(z^*)$	F 国家庭第 t 期初持有的金融资产价值
τ_t	补贴

3.2.2　世界消费和产出

两国经济模型中，定义相对产出、相对消费、相对劳动、世界总产出、世界总消费和世界劳动总量分别为：

$$2y_t^R = y_t - y_t^* \tag{3.4}$$

$$2c_t^R = c_t - c_t^* \tag{3.5}$$

$$2n_t^R = n_{Ht} - n_{Ft} \tag{3.6}$$

$$2y_t^W = y_t + y_t^* \tag{3.7}$$

$$2c_t^W = c_t + c_t^* \tag{3.8}$$

$$2n_t^W = n_{Ht} + n_{Ft} \tag{3.9}$$

在对数线性意义上，世界的产出等于世界消费，以下等式关系成立[①]：

$$y_t^W = c_t^W \tag{3.10}$$

3.2.3　相对消费、相对产出和汇率失调

在对数线性意义上，两国相对消费除了与两国相对产出有关以外，还与汇率失调程度有关。相对消费、相对产出和汇率失调之间满足[②]：

$$c_t^R = \frac{2\gamma - 1}{\mathfrak{S}} y_t^R + \frac{2\gamma(1-\gamma)}{\mathfrak{S}} m_t \tag{3.11}$$

其中，

$$\mathfrak{S} = (2\gamma - 1)^2 + 4\sigma\gamma(1-\gamma)$$

3.2.4　消费与相对产出、总产出和汇率失调的关系

两国消费（绝对水平）与相对产出、总产出和汇率失调之间满足[③]：

$$c_t = \frac{2\gamma - 1}{\mathfrak{S}} y_t^R + y_t^W + \frac{2\gamma(1-\gamma)}{\mathfrak{S}} m_t \tag{3.12}$$

$$c_t^* = -\frac{2\gamma - 1}{\mathfrak{S}} y_t^R + y_t^W - \frac{2\gamma(1-\gamma)}{\mathfrak{S}} m_t \tag{3.13}$$

---

①②③　见附录 A（第 3 章推导）。

3.2.5 实际工资定价

两国实际工资定价的等式是[①]：

$$
\begin{aligned}
w_{Ht}-p_{Ht} &= \left(\frac{\sigma}{\mathfrak{S}}+\phi\right)y_t^R+(\phi+\sigma)y_t^W+\left(\frac{\mathfrak{S}-(2\gamma-1)}{2\mathfrak{S}}\right)m_t \\
&\quad +(1-\gamma)z_t-\phi a_{Ht}+\mu_t
\end{aligned} \tag{3.14}
$$

$$
\begin{aligned}
w_{Ft}-p_{Ft}^* &= -\left(\frac{\sigma}{\mathfrak{S}}+\phi\right)y_t^R+(\phi+\sigma)y_t^W-\left(\frac{\mathfrak{S}-(2\gamma-1)}{2\mathfrak{S}}\right)m_t \\
&\quad +(1-\gamma)z_t-\phi a_{Ft}+\mu_t^*
\end{aligned} \tag{3.15}
$$

3.2.6 资源有效配置状态下劳动和产出

在资源有效配置条件下，相对劳动（劳动总量）和相对产出（产出总量）之间存在以下关系[②]：

$$
\overline{n}_t^R=\frac{1-\sigma}{1+\phi}\left(\frac{(2\gamma-1)^2}{\mathfrak{S}}\right)\overline{y}_t^R+o(\|a^2\|) \tag{3.16}
$$

$$
\overline{n}_t^W=\frac{1-\sigma}{1+\phi}\overline{y}_t^W+o(\|a^2\|) \tag{3.17}
$$

其中，一次泰勒展开的余项为 $o(\|a^2\|)$，a 是技术干扰的对数。

3.2.7 价格波动、劳动和产出

定义变量（对数值）与资源有效配置时变量（对数值）的差距为：

$$
\tilde{x}_t=x_t-\overline{x}_t \tag{3.18}
$$

劳动由产出和价格波动确定。价格波动的方差越大，就业偏离资源有效配置的程度越显著。在 PCP 条件下，可以推导出以下关系[③]：

$$
\tilde{n}_{Ht}=\tilde{y}_t+\frac{\xi}{2}\sigma_{P_Ht}^2+o(\|a^3\|) \tag{3.19}
$$

$$
\tilde{n}_{Ft}=\tilde{y}_t^*+\frac{\xi}{2}\sigma_{P_Ft}^2+o(\|a^3\|) \tag{3.20}
$$

①②③ 见附录 A（第三章推导）。

其中，二次泰勒展开的余项为 $o(\|a^3\|)$，a 是技术干扰的对数。

（3.19）和（3.20）相加得：

$$2\tilde{n}_t^W = 2\tilde{y}_t^W + \frac{\xi}{2}\sigma_{P_H t}^2 + \frac{\xi}{2}\sigma_{P_F t}^2 + o(\|a^3\|) \tag{3.21}$$

3.3　汇率与货币政策最终目标福利分析

在货币当局相互合作条件下，目标函数每期的效用函数为：

$$u_t = \frac{C_t^{1-\sigma} + \left(C_t^*\right)^{1-\sigma}}{1-\sigma} - \frac{N_{Ht}^{1+\phi} + N_{Ft}^{1+\phi}}{1+\phi} \tag{3.22}$$

对（3.22）效用函数在稳定状态进行二次泰勒展开，得到[①]：

$$\begin{aligned} u_t &= 2\left(\frac{1}{1-\sigma} - \frac{1}{1+\phi}\right)C^{1-\sigma} \\ &+C^{1-\sigma}\left(\frac{C_t - C}{C}\right) + \left(C^*\right)^{1-\sigma}\left(\frac{C_t^* - C^*}{C^*}\right) - N_H^{1+\phi}\left(\frac{N_{Ht} - N_H}{N_H}\right) - N_F^{1+\phi}\left(\frac{N_{Ft} - N_F}{N_F}\right) \\ &-\frac{\sigma C^{1-\sigma}}{2}\left(\frac{C_t - C}{C}\right)^2 - \frac{\sigma\left(C^*\right)^{1-\sigma}}{2}\left(\frac{C_t^* - C^*}{C^*}\right)^2 \\ &-\frac{\phi}{2}N_H^{1+\phi}\left(\frac{N_{Ht} - N_H}{N_H}\right)^2 - \frac{\phi}{2}N_F^{1+\phi}\left(\frac{N_{Ft} - N_F}{N_F}\right)^2 + o\left(\|a^3\|\right) \end{aligned} \tag{3.23}$$

根据附录 B 的推导，在稳定状态（3.24）关系成立：

$$C^{1-\sigma} = (C^*)^{1-\sigma} = N_H^{1+\phi} = N_F^{1+\phi} \tag{3.24}$$

实际效用与效用最大值之间有差距，两者之间的近似差距为（3.25）[②]：

$$\begin{aligned} u_t - u_t^{\max} &= -\frac{\xi}{2}\left(\sigma_{P_H t}^2 + \sigma_{P_F t}^2\right) - \left[\left(\frac{2\gamma - 1}{\mathfrak{S}}\right)^2\left((\sigma - 1)\mathfrak{S} + 1\right) - \sigma\right]\left(\tilde{y}_t^R\right)^2 \\ &-2\left[4\gamma\left(1-\gamma\right)\left(\frac{2\gamma - 1}{\mathfrak{S}}\right)^2\left(1-\sigma\right)\right]\tilde{y}_t^R \bar{y}_t^R \end{aligned} \tag{3.25}$$

根据企业粘性定价，价格波动的方差满足：

---

①② 见附录 A（第 3 章推导）。

$$\sum_{j=0}^{\infty}\beta^{j}\sigma_{P_{H}t+j}^{2}=\frac{\theta}{(1-\beta\theta)(1-\theta)}\sum_{j=0}^{\infty}\beta^{j}\pi_{P_{H}t+j}^{2} \tag{3.26}$$

将上式代入 $u-u_{\max}$，得到：

$$\begin{aligned}u-u_{\max}=&-\frac{\theta\xi}{2(1-\theta\beta)(1-\theta)}\left(\pi_{P_{H}t}^{2}+\pi_{P_{F}t}^{2}\right)\\&-\left[\left(\frac{2\gamma-1}{\mathfrak{S}}\right)^{2}\left((\sigma-1)\mathfrak{S}+1\right)-\sigma\right]\left(\tilde{y}_{t}^{R}\right)^{2}\\&-2\left[4\gamma(1-\gamma)\left(\frac{2\gamma-1}{\mathfrak{S}}\right)^{2}(1-\sigma)\right]\tilde{y}_{t}^{R}\bar{y}_{t}^{R}\end{aligned} \tag{3.27}$$

定义 $-(u-u_{\max})=\Psi_{t}$，则损失方程为：

$$\begin{aligned}\Psi_{t}=&\frac{\theta\xi}{2(1-\theta\beta)(1-\theta)}\left(\pi_{P_{H}t}^{2}+\pi_{P_{F}t}^{2}\right)\\&+\left[\left(\frac{2\gamma-1}{\mathfrak{S}}\right)^{2}\left((\sigma-1)\mathfrak{S}+1\right)-\sigma\right]\left(\tilde{y}_{t}^{R}\right)^{2}\\&+2\left[4\gamma(1-\gamma)\left(\frac{2\gamma-1}{\mathfrak{S}}\right)^{2}(1-\sigma)\right]\tilde{y}_{t}^{R}\bar{y}_{t}^{R}\end{aligned} \tag{3.28}$$

货币政策当局的最终目标是最小化：

$$E_{t}\sum_{j=0}^{\infty}\beta^{j}\Psi_{t+j} \tag{3.29}$$

在两国政策合作的前提下，如果没有对本国商品的特殊偏好，(3.28) 变为：

$$\Psi_{t}=\frac{\theta\xi}{2(1-\theta\beta)(1-\theta)}\left(\pi_{P_{H}t}^{2}+\pi_{P_{F}t}^{2}\right)-\sigma\left(\tilde{y}_{t}^{R}\right)^{2} \tag{3.30}$$

由于两国的产出缺口之差为：

$$y_{t}^{R}=(2\gamma-1)c_{t}^{R}+\gamma(1-\gamma)(s_{t}-s_{t}^{*}) \tag{3.31}$$

在生产者货币定价条件下，没有对本国商品的特殊偏好，两国的产出缺口之差为零，(3.30) 成为：

$$\Psi_{t}=\frac{\theta\xi}{2(1-\theta\beta)(1-\theta)}\left(\pi_{P_{H}t}^{2}+\pi_{P_{F}t}^{2}\right) \tag{3.32}$$

通货膨胀是唯一的最终目标。

3.4 货币政策最终目标微观基础分析的不同路径[①]

可以选取与 Woodford（2003）和 CGG（Clarida, Gali, & Gertler, 2002）不同的代表代理人效用函数，将经济结构与货币政策目标函数联系起来。在两国经济模型中，本国（H）和外国（F）的家庭数量分别为 $1-\gamma$ 和 γ，家庭用 z 代表，两国的偏好和技术都相同，在国内外金融市场上可交易所有必要的 Arrow - Debreu 证券。本国消费指数 C_t 包含国内产品消费 C_{Ht} 和国外产品消费 C_{Ft}，$C_t \equiv C_{Ht}^{1-\gamma}C_{Ft}^{\gamma}$。消费物价指数 $P_t = k^{-1}P_{Ht}^{1-\gamma}P_{Ft}^{\gamma}$，其中 P_{Ht} 和 P_{Ft} 分别是国内和国外商品的本币价格，$k=(1-\gamma)^{1-\gamma}\gamma^{\gamma}$。用 P_{Ht}^* 和 P_{Ft}^* 分别代表国内和国外商品的外币价格，用 C_{Ht}^* 和 C_{Ft}^* 分别代表国内和国外商品的国外消费。商品生产包括中间产品和最终产品两个环节，中间产品生产企业分布在[0,1]之间，用 j 表示，即 $j\in[0,1]$。按照 Dixit & Stiglitz（1977），企业 j 的劳动投入 $H(j)$ 与各家庭所提供的劳动 $H(z)$ 之间的关系是：

$$H_t(j)=\left(\frac{1}{1-\gamma}\int_{z=0}^{1-\gamma}H_t(z)^{\frac{\vartheta-1}{\vartheta}}dz\right)^{\vartheta/(\vartheta-1)} \tag{3.33}$$

中间产品企业 j 产出是 $Y(j)$，产出与投入之间的生产函数是：

$$Y_t(j)=A_t\left(H_t(j)\right)^{\chi^{-1}} \tag{3.34}$$

最终商品生产企业采用 CES 技术，生产所需的投入是分布于[0,1]的中间产品企业所生产的中间产品，产出是最终产品 Y，投入产出之间的生产函数是：

$$Y_t=\left[\int_{j=0}^{1}Y_t(j)^{\frac{\theta-1}{\theta}}dj\right]^{\theta/(\theta-1)} \tag{3.35}$$

代表代理人的效用函数为：

$$E_t\left\{\sum_{s=t}^{\infty}\beta^{s-t}[u(C_s;\xi_s)-\int_{j=0}^{1}\upsilon(H_s(j);\eta_s)dj]\right\} \tag{3.36}$$

效用最大化的跨期收入约束条件为：

① 本节符号略有不同。

$$\sum_{s=t}^{\infty} E_t Q_{t,s}[P_s C_s + \frac{i_s - i_s^m}{1+i_s} M_s] = W_t + \sum_{s=t}^{\infty} E_t Q_{t,s}[\int_{j=0}^{1} w_s(j) H_s(j) dj + \int_{j=0}^{1} \Pi_s(j) dj - T_s] \tag{3.37}$$

其中,$H_s(j)$ 是中间企业j的劳动投入,ξ_s 和 η_s 分别是对消费偏好和劳动付出偏好的随机干扰,W_s 是第 s 期初的金融资产持有量（满足 No Ponzi Schemes 条件），$\int_{j=0}^{1} w_s(j) H_s(j) dj$ 是第 s 期工资收入,$\int_{j=0}^{1} \Pi_s(j) dj$ 是第 s 期利润分红收入,T_s 是第 s 期缴纳的税金,$P_s C_s$ 是第 s 期的实际消费与价格水平之乘积,$Q_{s,s+1}$ 是随机贴现因子。无风险利率 i_s 和持有货币的利率 i_s^m 满足无套利条件。由效用最大化的一阶条件、一价定律、市场均衡条件和贸易条件的定义 $S_t = P_{Ft}/P_{Ht}$，可推出 $C_t = P_{Ht} Y_t / P_t = k S_t^{-\gamma} Y_t$。在相关均衡状态逼近展开后,效用函数的形式变为:

$$U_t = -\frac{k\bar{Y}u_c}{2}\left\{(\sigma^{-1}+\omega)\left(\hat{Y}_t - \hat{Y}_t^n\right)^2 + (\theta^{-1}+\omega)\operatorname{var}_j \hat{Y}_t(j)\right\} + t.i.p. + O(\left\|\hat{Y},\xi,\eta\right\|^3) \tag{3.38}$$

其中, $\bar{Y}$ 由 $\upsilon_y(\bar{Y};0)/[u_c(k\bar{Y};0)k] = 1$ 决定,

$$\omega = \frac{\partial \log \upsilon_y}{\partial \log y}\bigg|_{y=\bar{Y},\eta=0}, q_t = -\frac{\upsilon_{y\eta}\eta}{\bar{Y}\upsilon_{yy}}\bigg|_{y=\bar{Y},\eta=0} \tag{3.39}$$

$$\hat{Y}_t^n = \log(Y_t^n / \bar{Y}) = (g_t\sigma^{-1} + q_t\omega)/(\omega+\sigma^{-1}) - \gamma\hat{S}_t(1-\sigma^{-1})/(\omega+\sigma^{-1}) \tag{3.40}$$

$$\hat{Y}_t = \log(Y_t / \bar{Y}), \hat{S}_t = \log S_t \tag{3.41}$$

由最终商品生产企业对中间商品 j 的需求关系得出以下关系:

$$\operatorname{var}_j \hat{Y}_t(j) = \theta^2 \operatorname{var}_j \log P_{Ht}(j) \equiv \theta^2 \Omega_{Ht} \tag{3.42}$$

推导 Phillips 曲线的企业粘性定价模型来自 Calvo（1983）。生产中间产品的企业每期一部分产品价格不变，这部分产品的数量占产品总数的 $0 < \alpha < 1$；另外一部分产品价格会被调整，这部分产品的数量占产品总数的 $0 < 1 - \alpha < 1$。根据 Woodford（2003），推导出价格方差与本国物价通胀率的关系:

$$\sum_{t=0}^{\infty} \beta^t \Omega_{Ht} = \frac{\alpha}{(1-\alpha)(1-\alpha\beta)} \sum_{t=0}^{\infty} \beta^t \pi_{Ht}^2 + t.i.p. + O(\left\|\Omega_{H,-1}^{1/2},\xi,\eta\right\|^3) \tag{3.43}$$

将上式代入（3.38），效用函数与通胀率（本国商品价格变化率）和产出缺口的关系为:

$$\sum_{t=0}^{\infty}\beta^t U_t = -\Xi\sum_{t=0}^{\infty}\beta^t\Psi_t + t.i.p. + O(\left\|\Omega_{H,-1}^{1/2},\hat{Y},\xi,\eta\right\|^3) \tag{3.44}$$

其中，货币政策的损失函数 Ψ_t 为：

$$\pi_{Ht}^2 + (\kappa/\theta)\left(\hat{Y}_t - \hat{Y}_t^n\right)^2 \tag{3.45}$$

其中，

$$\kappa = (1-\alpha)(1-\alpha\beta)(\omega+\sigma^{-1})/[(1+\theta\omega)\alpha]$$

由此可见，货币政策最终目标包括国内商品价格的变化率和产出缺口两部分并分别赋予特定的权重，这一目标与代表代理人效用最大化一致。

以上分析有两项不同于以往研究的发现：一是得出了产出缺口在企业边际成本之外与部门企业间资源配置扭曲之间的联系。产出缺口除了与企业边际成本有联系以外，还与企业间资源配置的扭曲程度相关，即：

$$\hat{Y}_t - \hat{Y}_t^n = \frac{E_j \log mc_t(j)}{\omega+\sigma^{-1}} + \frac{\omega(\theta-1)}{2\left(\omega+\sigma^{-1}\right)\theta}\operatorname{var}_j Y_t(j) \tag{3.46}$$

产出缺口既包括了经济总量的内容，也包括了经济结构的内容；前者体现为等式（3.46）中的边际成本项，后者表现为等式（3.46）中企业产出的方差项。

二是给出了贸易条件与本国产出之间的替代关系，体现了国际经济竞争中各国之间的利益对抗性对本国货币政策的影响。开放经济条件下，贸易条件体现了本国居民福利受国外因素的影响。贸易条件是国外产品的本币价格与国内产品的本币价格之比，贸易条件恶化意味着国外产品相对本国产品变贵了。关于贸易条件的结论来自（3.45），在其他状况不变的情况下，贸易条件恶化相当于本国产出下降，两者之间的替代关系是：

$$d\hat{Y}_t = -\frac{(1-\sigma^{-1})\gamma}{\omega+\sigma^{-1}}d\hat{S}_t \tag{3.47}$$

通过模型的推导，发现了一些重要宏观经济变量之间的关系。主要包括以下四个方面：

①支出总量和劳动总量与福利的关系。对福利影响最直接的总量是消费和劳动。货币政策将产出缺口作为目标，缩小产出缺口实际上协调了消费和劳动的关系，由此增加福利。在特定的模型环境中，等式（3.46）将产出缺口分解，其中 $E_j\log mc_t(j)$ 对应企业的真实（real）边际成本；企业真实边际成本与劳动边际负效用绝对值和消费边际效用之比正相关。若产出缺口为零，企业的真实边际成本

在福利最大化的均衡状态为1（其对数为零），消费的边际效用和劳动的边际负效用满足福利最大化的条件 $v_y = u_c kS^{-\gamma}$ 。这是静态经济中重要的总量关系，这一最优化条件与价格机制（或者其他任何市场或非市场的激励机制）无关，直接从福利最大化得出。如果劳动总量和消费总量都不足，消费所带来的边际效用大而劳动的边际负效用小，真实边际成本低于1，增加劳动和消费导致福利增加。相反，如果劳动和消费都过度，消费所带来的边际效用小而劳动的边际负效用大，真实边际成本大于1，减少劳动和消费可以进一步改善福利。

②企业间的资源配置与福利的关系。货币政策缩小产出缺口和通胀（本国商品价格变化率）缺口，实际上也是在调整企业间资源配置的结构性扭曲，由此增加福利。通胀（本国商品价格变化率）［见等式（3.45）］和产出缺口的一部分［见等式（3.46）］都对应企业产出之间的方差 $Var_j \hat{Y}_t(j)$ 。在特定的模型环境中，企业的技术和面对的市场条件相同，在福利最大化状态下，企业的产出水平相等。由于企业价格调整存在粘性，不同的企业可能定价和产出水平不同，带来企业和部门之间的资源配置偏离最优状态。

③贸易条件与福利的关系。货币政策将产出缺口作为目标，协调消费和劳动的关系以增加福利，是在一定的贸易条件下进行的。在福利最大化状态下，产出缺口为零，企业的真实边际成本为1（其对数为零），贸易条件是福利最大化条件 $v_y = u_c kS^{-\gamma}$ 的一部分。外国商品价格上升带来的贸易条件恶化使本国企业边际成本上升，均衡产出和就业下降。在全球化背景下，国家之间的利益冲突，集中体现在贸易条件方面。在其他状况不变的情况下，贸易条件恶化相当于本国产出下降，两者之间呈现负相关的线性关系。贸易条件恶化给本国福利带来的负面影响，相当于本国产出一定程度的减少所带来的负面影响。相反，本国贸易条件恶化意味着外国贸易条件改善，这相当于外国产出一定程度的增加对外国福利所带来的正面影响。

④当期目标与未来目标的关系。货币政策的最终目标不仅包含当期的目标，而且包含未来的目标，货币政策的实施是在对当前目标和未来目标权衡过程中完成的。在宏观变量（通胀和产出缺口）层面，货币政策的选择既在当期通胀和当期产出缺口之间，又在当期通胀产出目标与未来通胀产出目标之间。短期的通胀和产出水平与中长期的通胀和产出水平相关；由于货币政策传导机制的时滞性，货币政策对短期和中长期通胀和产出目标的影响程度不同。在总量和结构性变量层面，货币政策关注当前的总量失衡，需要兼顾中长期的结构平衡。

第4章　汇率与货币政策传导机制的理论分析

货币政策传导机制起始于货币政策操作工具，终结于货币政策最终目标（对经济产出水平和通胀水平产生影响）。运用动态随机一般均衡（DSGE）模型分析开放经济货币政策传导机制，本章旨在说明汇率在完整的货币政策传导机制中所发挥的作用。

4.1　货币政策传导机制文献评述

在开放经济货币政策传导机制研究当中，企业定价方式、汇率传递程度、实际汇率等概念与跨期储蓄投资决策交叉在一起，实体经济部门实物交易与金融交易结合在一起。DSGE 框架和方法有效地将宏观和微观相结合，已经积累了许多成果。

在封闭经济条件下，Oliner and Rudebusch（1996）发现紧缩性货币政策的实施对小企业融资影响比较大，从而证明了企业资产负债表渠道的存在，但无法对银行信贷行为渠道进行证明。而 Morris and Sellon（1995）则通过实证研究发现，银行信贷行为与货币政策并不同步变化，且银行信贷并不取决于货币供应量等，而是依赖于信贷需求和偿还状况，从而否定了银行信贷行为渠道的存在。Oliner and Rudebusch（1996）认为，信贷渠道主要是放大紧缩性货币政策的作用，在紧缩后实施扩张政策的背景下，信贷渠道几乎不起作用。

在 DSGE 模型中，各国利率之间的关系取决于有关国际金融市场套利和资本流动的假设，企业定价方式可以有生产者货币定价（Producer - Currency Pricing，PCP）或者当地货币定价（Local - Currency Pricing，LCP），汇率传递程度有充分（Complete）和不充分（Incomplete），各种相对价格（利率、名义汇率、内部实际汇率、外部实际汇率、贸易条件等）与价格总水平、货币供应量和产出总量之间存在内在联系，上述是货币政策传导机制研究必然涉及的内容。

货币政策传导机制将货币政策工具与货币政策所要影响的目标联系起来，这种联系在新凯恩斯主义模型中是通过三个环节连接起来的：货币政策工具操作与隔夜名义利率的联系（央行政策移动 LM 曲线的难易程度）；真实利率与总需求之间的跨期替代关系（这一基本关系对应着凯恩斯早期静态分析中的 IS 等式，在动态模型中对应着欧拉等式，其对数线性化后就是费雪等式）；国内实体经济活动和通胀的联系（菲利普斯曲线）（Woodford，2007）。在开放经济环境中，IS 等式成为包含汇率传导机制和利率传导机制效应的前瞻性行为等式。

在运用新古典经济学的基本方法（包括动态、随机、理性预期和递归结构）的同时，新凯恩斯模型引入了新的微观结构，与新古典理论一样与数据进行对比，得出了宏观经济稳定政策优于自由放任的结论。Woodford（2003）将新凯恩斯主义推到新的高度。即使是理论经济学最严厉的批判也承认，Woodford 的体系具有内在的一致性，在不赋予货币特别角色的条件下为货币政策提供了一个基于效用理论的福利分析框架；该体系提供了一些（仍具有争议的）支持货币政策有效性的证据，令人信服地说明货币政策在价格粘性和垄断竞争的环境中对实体经济有影响（Green，2005）。该体系还有一个优点，通过比较关于货币政策的不同理性预期模型，Woodford（2003）为分析不同模型与不同结论之间的内在联系提供了有用的封闭经济框架，在这个框架中没有汇率。

在实践中，不仅由货币政策操作工具到中间目标的传导有很强的不确定性，而且中间目标与最终目标之间的关系也较为复杂，货币政策的效果与传导机制的特点并非如主流的凯恩斯主义模型所展示得那么直截了当。当前的全球金融危机说明，经济学家和政策制定者对现实市场经济运行中的实体经济与金融部门的复杂关系、金融部门内部问题的形成过程还了解得不够。

货币当局与市场之间通常存在着博弈关系，一方面，货币政策根据市场和货币政策传导机制的情况随时调整策略，另一方面，市场人士对货币政策的变化和货币政策所带来的约束总会找到办法加以适应和规避，货币政策的有效性取决于市场调整的情况是否与当局预期的一致。市场自发的调整有时会抵消很大部分货币政策的效果。

关于市场经济内在不稳定性的研究，难以在新凯恩斯主义货币经济学和货币政策传导机制的框架内进行。就新兴市场国家中非常重要的银行部门状况与汇率制度选择之间的关系而言，Kawamura（2007）认为，扩张货币政策与浮动汇率制度的组合可能带来投机行为。

国内学者对中国通货膨胀与汇率关系的研究已经取得了不少成果，不过对非利普斯曲线的研究主要集中在封闭经济模型方面，开放经济模型的研究比较少。国内学者对封闭经济菲利普斯曲线的实证研究包括：曾利飞等（2006）、李振等（2007）。采用的模型都是混合型的 NKPC 模型，估计的方法分别是 GMM、VAR 和 OLS。在基础理论方面，黎德福（2005）引入了我国的二元经济结构，进行了大胆的尝试。在 NKPC 模型综合评述方面的研究包括：张成思（2007）、陈昭等（2007）、徐秋慧等（2008）。中国经济增长与宏观稳定课题组（2008）考察的是外部冲击对中国通货膨胀影响。卞志村（2008）分析开放经济下最优货币政策的经验估计。

蒋瑛琨、刘艳武、赵振全（2005）运用协整检验、向量自回归、脉冲相应函数等方法对我国 1992～2004 年间的货币政策传导机制进行了实证分析，发现信贷渠道在我国货币政策传导机制中占重要地位。孙小丽（2006）运用时间序列分析方法检验了中国货币政策的各分渠道传导机制效应。结果表明，利率传导机制效率不高，信贷渠道占主导，股市价格对货币政策信号的传导作用不断增强。盛朝晖（2006）比较分析了 1994～2004 年中国货币政策主要传导渠道效应，认为信贷和信用渠道在我国货币政策传导机制中发挥主要作用，利率传导作用得到发挥，资产市场传导渠道效应开始呈现，并分析了形成这种情况的原因。

孙明华（2004）运用单位根检验、协整检验、格兰杰因果检验、向量自回归模型等技术，对我国 1994 年 1 季度到 2003 年 1 季度期间的货币政策传导机制进行了实证检验。结果表明，货币政策是通过货币渠道而不是信贷渠道对实体经济产生影响。胡援成、程建伟（2003）运用单位根检验、格兰杰因果检验和协整检验方法，对我国货币政策实施和资本市场传导的相互作用和影响进行了实证分析。结果表明，货币政策到资本市场的传导过程是畅通的，主要是货币供应量对资本市场的影响较大；而从资本市场到最终目标的传导过程不明显，财富效应和“托宾 q”效应对消费和投资影响较弱。余元全（2004）通过将股票市场因素引入修正凯恩斯模型，建立一般均衡下的 IS－LM 模型，采用两阶段最小二乘法（TSLS）分析了股市对我国宏观经济及货币政策传导机制的影响。研究表明，我国股票市场传导机制并不畅通，并提出了相应的政策建议。

丁晨、屠梅曾（2007）运用向量误差修正模型（VECM）实证检验房价在货币政策传导机制中的作用。分析结果表明，房价渠道的总体传导效率较高。李晓西、余明（2000）指出货币政策传导机制存在体制性梗阻，货币政策传导机制中传导机构和客体缺乏活力、路径过窄、速度下降、动力和信号失真、环境不容乐观，并指出转轨时期货币政策传导机制不畅与实体经济体制不健全之间存在着相互牵制、相互影响的关系。

王迅（2001）分析了货币政策在中央银行、商业银行和微观经济主体三个层面上存在的众多传导障碍，并针对这些障碍进行了对策研究。潘敏、夏频（2002）通过建立一个国有商业银行信贷资金供求行为模型，运用静态比较分析的方法，分析了中央银行降低存款利率后，国有商业银行存贷款差额扩大，从而导致货币政策传导机制不畅的内在形成机制，并考察了形成这一机制的信贷风险硬约束、存款成本软约束及货币市场非充分竞争等方面的原因。

中国人民银行武汉分行“货币政策传导机制问题”课题组（2002）指出经济欠发达地区货币政策传导机制梗阻进行了研究。他们指出，这种梗阻表现为上存资金的大量增加，其根源在于内生制度约束和宏观政策限制。

张颖（2003）从内生货币供给理论出发，以中国金融体系为背景，建立了货币政策传导机制的理论模型，分析得出商业银行和企业存在的问题导致了货币政策传导机制的不畅。

周光友、邱长溶（2005）指出，货币政策传导的环境和条件不完善是制约我国货币政策传导效果的主要原因。王珏等（2003）总结我国货币政策传导机制的特点为：作为传导信号的利率受到管制；信贷渠道担当传导货币政策的重任；商业银行相对独立的贷款行为降低了信贷渠道的作用；信贷市场和证券市场发展的不均衡削弱了资产价格渠道的作用。王珏等（2003）认为，过分依赖信贷渠道影响了货币政策的效应。鉴于信贷渠道是现阶段的主要渠道，信贷渠道不畅和萎缩是扩张性货币政策没有达到预期效果的原因。

4.2 汇率与货币政策传导机制分析的模型结构

在开放经济两国经济动态一般均衡模型的构造中，引入不完全竞争（Imperfect Competition）和名义刚性（Nominal Rigidity），这类理论被称为新国际（开放经济）宏观经济学（New International Macroeconomics）。企业对其产品有定价权，企业产出低于社会最优水平，名义价格的调整具有粘性。当需求发生较小变化时，价格调整短期内具有粘性，企业调整产出数量。价格粘性的设定使得货币政策能够通过调整名义变量影响需求，达到对产出活动的影响。

4.2.1　消费者价格指数及其相关价格指数

消费者价格指数（Consumer Price Index，CPI）的特定形式取决于消费指数的构造形式和有关消费替代弹性①的设定，这些设定的结果是使本国产品的支出比重和外国产品的支出比重保持不变②。投资支出暂不考虑。

H 国家庭 z 的消费指数 $C_t(z)$ 包含 H 国家庭消费 H 国产品的数量 $C_{Ht}(z)$ 和消费 F 国产品的数量 $C_{Ft}(z)$ 。消费指数的形式为：

$$C_t(z) \equiv \left(C_{Ht}(z)\right)^{\gamma}\left(C_{Ft}(z)\right)^{1-\gamma}, 0 \leqslant \gamma \leqslant 1 \tag{4.1}$$

$C_{Ht}^*(z^*)$ 和 $C_{Ft}^*(z^*)$ 分别代表 F 国家庭 z^* 消费 H 国产品的数量和消费 F 国产品的数量，$C_{Ht}^*(z^*)$ 和 $C_{Ft}^*(z^*)$ 之间的替代弹性为 1。$C_t^*(z^*) \equiv \left(C_{Ht}^*(z^*)\right)^{1-\gamma}\left(C_{Ft}^*(z^*)\right)^{\gamma}$。

产品在销售国的价格采用销售国的货币进行标示。H 国生产的产品在 H 国以 H 国货币标示，在 F 国（国际贸易当中）以 F 国货币标示。F 国生产的产品在 H 国（国际贸易当中）以 H 国货币标示，在 F 国以 F 国货币标示。一价定律成立指 H 国（F 国）生产的产品在两国用同一种货币计算的价格相同。

H 国家庭消费 H 国产品的价格指数为 P_{Ht}，消费 F 国产品的价格指数为 P_{Ft}。F 国家庭消费 F 国产品的价格指数为 P_{Ft}^*，消费 H 国产品的价格指数为 P_{Ht}^*。以上价格右上角带“*”的是在 F 国销售的 F 国货币价格，没有“*”的价格是在 H 国销售的 H 国货币价格。价格有代表时期 t 的下标。

与 $C_t(z) = (C_{Ht}(z))^{\gamma}(C_{Ft}(z))^{1-\gamma}$ 相对应的 H 国消费者价格指数为③：

$$P_t \equiv \gamma^{-\gamma}(1-\gamma)^{\gamma-1}\left(P_{Ft}\right)^{1-\gamma}P_{Ht}^{\gamma} \tag{4.2}$$

同样地，与 $C_t^*(z^*) = (C_{Ht}^*(z^*))^{1-\gamma}(C_{Ft}^*(z^*))^{\gamma}$ 相对应的 F 国消费者价格指数为④：

$$P_t^* \equiv \gamma^{-\gamma}(1-\gamma)^{\gamma-1}\left(P_{Ft}^*\right)^{\gamma}\left(P_{Ht}^*\right)^{1-\gamma} \tag{4.3}$$

H 国家庭 z 的消费指数中本国产品消费 $C_{Ht}(z)$ 和外国产品消费 $C_{Ft}(z)$ 分别是本国产品 ℓ 和外国产品 ℓ^* 的 CES 指数：

$$C_{Ht}(z) = \left(\int_0^1 C_{Ht}(\ell, z)^{\frac{\xi-1}{\xi}} d\ell\right)^{\frac{\xi}{\xi-1}} \tag{4.4}$$

①②③④　见附录 B（第 4 章推导）。

$$C_{Ft}(z)=\left(\int_0^1 C_{Ft}(\ell^*,z)^{\frac{\xi-1}{\xi}}d\ell^*\right)^{\frac{\xi}{\xi-1}} \tag{4.5}$$

H 国企业产品 ℓ 其在 H 国销售价格用 H 国货币表示为 $P_{Ht}(\ell)$，在 F 国销售价格以 F 国货币标示为 $P_{Ht}^*(\ell)$。F 国企业产品 ℓ^* 其在 F 国销售价格用 F 国货币表示为 $P_{Ft}^*(\ell^*)$，在 H 国销售价格以 H 国货币计价 $P_{Ft}(\ell^*)$。H 国家庭消费本国产品价格指数为①：

$$P_{Ht}=\left[\int_{\ell=0}^{1} P_{Ht}(\ell)^{1-\xi}d\ell\right]^{\frac{1}{1-\xi}} \tag{4.6}$$

运用价格指数的定义，消费者对代表商品 ℓ 的需求随相对价格的上涨而下降②。

$$C_{Ht}(\ell,z)=\left(\frac{P_{Ht}(\ell)}{P_{Ht}}\right)^{-\xi}C_{Ht}(z) \tag{4.7}$$

H 国家庭消费 F 国产品价格指数为③：

$$P_{Ft}=\left[\int_{\ell^*=0}^{1} P_{Ft}(\ell^*)^{1-\xi}d\ell^*\right]^{\frac{1}{1-\xi}} \tag{4.8}$$

运用价格指数的定义，消费者对代表商品 ℓ^* 的需求随相对价格的上涨而下降④。

$$C_{Ft}(\ell^*,z)=\left(\frac{P_{Ft}(\ell^*)}{P_{Ft}}\right)^{-\xi}C_{Ft}(z) \tag{4.9}$$

F 国家庭 z^* 的消费指数为：

$$C_t^*(z^*)=\left(C_{Ht}^*(z^*)\right)^{1-\gamma}\left(C_{Ft}^*(z^*)\right)^{\gamma} \tag{4.10}$$

其中，F 国产品消费 $C_{Ft}^*(z^*)$ 和 H 国产品消费 $C_{Ht}^*(z^*)$ 分别是 CES 指数：

$$C_{Ft}^*(z^*)=\left(\int_0^1 C_{Ft}^*(\ell^*,z^*)^{\frac{\xi-1}{\xi}}d\ell^*\right)^{\frac{\xi}{\xi-1}} \tag{4.11}$$

①②③④ 见附录 B（第 4 章推导）。

$$C_{Ht}^{*}(z^{*})=\left(\int_{0}^{1}C_{Ht}^{*}(\ell,z^{*})^{\frac{\xi-1}{\xi}}d\ell\right)^{\frac{\xi}{\xi-1}} \tag{4.12}$$

F 国家庭消费 F 国产品价格指数为①：

$$P_{Ft}^{*}=\left[\int_{\ell^{*}=0}^{1}P_{Ft}^{*}(\ell^{*})^{1-\xi}d\ell^{*}\right]^{\frac{1}{1-\xi}} \tag{4.13}$$

运用价格指数的定义，消费者对代表商品 ℓ^{*} 的需求随相对价格的上涨而下降②。

$$C_{Ft}^{*}(\ell^{*},z^{*})=\left(\frac{P_{Ft}^{*}(\ell^{*})}{P_{Ft}^{*}}\right)^{-\xi}C_{Ft}^{*}(z^{*}) \tag{4.14}$$

F 国家庭消费 H 国产品价格指数为③：

$$P_{Ht}^{*}=\left[\int_{0}^{1}P_{Ht}^{*}(\ell)^{1-\xi}d\ell\right]^{\frac{1}{1-\xi}} \tag{4.15}$$

运用价格指数的定义，消费者对代表商品 ℓ 的需求随相对价格的上涨而下降④。

$$C_{Ht}^{*}(\ell,z^{*})=\left(\frac{P_{Ht}^{*}(\ell)}{P_{Ht}^{*}}\right)^{-\xi}C_{Ht}^{*}(z^{*}) \tag{4.16}$$

图 4.1 给出了各价格指数与产出、消费之间的对应关系：

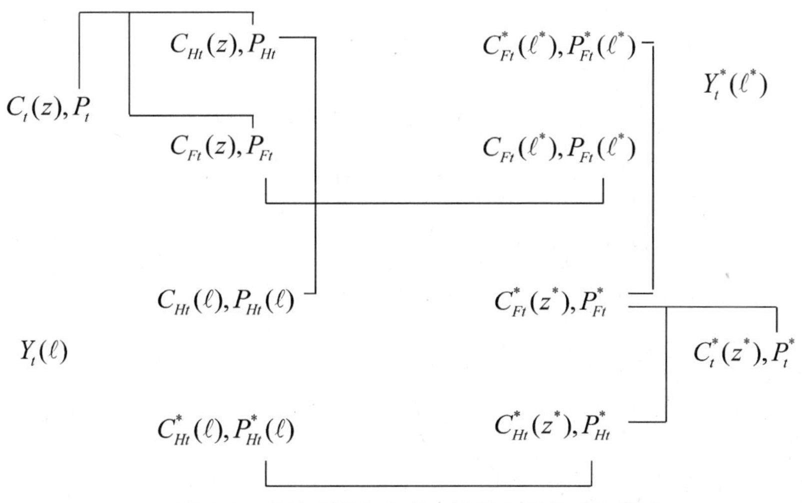

图 4.1　价格指数与产出、消费之间的对应关系

①②③④　见附录 B（第 4 章推导）。

4.2.2 技术与利润

为分析企业的定价行为，假定企业产出内生决定。H 国产品 ℓ 的产量为 $Y_t(\ell)$，与 H 国劳动数量 $N_{Ht}(\ell)$ 之间满足规模效益不变（Constant Return to Scale，CRS）的生产函数关系：

$$Y_t(\ell) = A_{Ht} N_{Ht}(\ell) \tag{4.17}$$

其中，A_{Ht}是 H 国企业共有的技术进步扰动变量。劳动数量 $N_{Ht}(\ell)$ 是每一家庭劳动数量的 CES（固定替代弹性）指数：

$$N_{Ht}(\ell) = \left(\int_0^1 N_{Ht}(\ell, z)^{\frac{\eta_t - 1}{\eta_t}} dz \right)^{\frac{\eta_t}{\eta_t - 1}} \tag{4.18}$$

η_t 是随机的。

F 国产品 ℓ^* 的产量为 $Y_t(\ell^*)$，与 F 国劳动数量 $N_{Ft}(\ell^*)$ 之间满足规模效益不变（CRS）的生产函数关系：

$$Y_t(\ell^*) = A_{Ft} N_{Ft}(\ell^*) \tag{4.19}$$

其中，A_{Ft}是 F 国企业共有的技术进步扰动变量。劳动数量 $N_{Ft}(\ell^*)$ 是每一家庭劳动数量的 CES 指数：

$$N_{Ft}(\ell^*) = \left(\int_0^1 N_{Ft}(\ell^*, z^*)^{\frac{\varsigma_t - 1}{\varsigma_t}} dz^* \right)^{\frac{\varsigma_t}{\varsigma_t - 1}} \tag{4.20}$$

ς_t 同样是随机的。

H 国企业的利润为：

$$\mathfrak{P}_t(\ell) = P_{Ht}(\ell) C_{Ht}(\ell) + \mathcal{E}_t P_{Ht}^*(\ell) C_{Ht}^*(\ell) - W_{Ht} N_{Ht}(\ell) \tag{4.21}$$

其中，$P_{Ht}(\ell)$ 和 $P_{Ht}^*(\ell)$ 分别是 H 国企业在国内和国外销售的价格，$C_{Ht}(\ell)$ 和 $C_{Ht}^*(\ell)$ 分别是 H 国企业在 H 国和 F 国销售的数量，W_{Ht} 是 H 国工资，$\mathcal{E}_t$是汇率（每单位 F 国货币所能兑换的 H 国货币数量）。H 国企业的总产量满足 $Y_t(\ell) = C_{Ht}(\ell) + C_{Ht}^*(\ell)$。其中，

$$C_{Ht}(\ell) = \int_0^1 C_{Ht}(\ell, z) dz \tag{4.22}$$

$$C_{Ht}^*(\ell) = \int_0^1 C_{Ht}^*(\ell, z^*) dz^* \tag{4.23}$$

F 国企业的利润为：

$$\mathfrak{P}_t(\ell^*) = P_{Ft}^*(\ell^*)C_{Ft}^*(\ell^*) + P_{Ft}(\ell^*)C_{Ft}(\ell^*)/\mathcal{E}_t - W_{Ft}N_{Ft}(\ell^*) \tag{4.24}$$

其中，$P_{Ft}(\ell^*)$ 和 $P_{Ft}^*(\ell^*)$ 分别是 F 国企业在 H 国和 F 国外销售的价格，$C_{Ft}(\ell^*)$ 和 $C_{Ft}^*(\ell^*)$ 分别是 F 国企业在 H 国和 F 国销售的数量，W_{Ft} 是 F 国工资。F 国企业的总产量满足 $Y_t(\ell^*) = C_{Ft}^*(\ell^*) + C_{Ft}(\ell^*)$。

4.2.3 劳动需求和工资

H 国家庭和 F 国家庭的劳动时间为 $N_{Ht}(z)$ 和 $N_{Ft}(z^*)$，H 国家庭和 F 国家庭为各自国家企业提供的劳动为 $N_{Ht}(\ell,z)$ 和 $N_{Ft}(\ell^*,z^*)$。$N_{Ht}(\ell,z)$ 是家庭 z 为企业 ℓ 所提供的劳动小时数。对劳动者而言，家庭 z 为不同产品生产企业提供的劳动可以相互替代（为企业 A 劳动 1 小时与为企业 B 劳动 1 小时可以完全相互替代）。这些变量之间的关系分别为：

$$N_{Ht}(z) = \int_{\ell=0}^{1} N_{Ht}(\ell,z)d\ell \tag{4.25}$$

$$N_{Ft}(z^*) = \int_{\ell^*=0}^{1} N_{Ft}(\ell^*,z^*)d\ell^* \tag{4.26}$$

H 国企业（用 ℓ 表示）的劳动指数为 H 国家庭劳动的 CES 函数：

$$N_{Ht}(\ell) = \left(\int_{z=0}^{1} N_{Ht}(\ell,z)^{\frac{\eta_t-1}{\eta_t}} dz\right)^{\frac{\eta_t}{\eta_t-1}}$$

H 国产品生产企业 CES 劳动指数对应的工资指数是①：

$$W_{Ht}(\ell) \equiv \left(\int_0^1 W_{Ht}(\ell,z)^{1-\eta_t} dz\right)^{(1-\eta_t)^{-1}} \tag{4.27}$$

H 国对家庭 z 劳动小时数的需求为②：

$$N_{Ht}(\ell,z) = N_{Ht}(\ell)\left(\frac{W_{Ht}(\ell,z)}{W_{Ht}(\ell)}\right)^{-\eta_t} \tag{4.28}$$

对 H 国家庭而言，产品生产企业对劳动的需求弹性相同，不同家庭为产品企业 ℓ 提供的劳动和所要求的工资相同，关于产品生产企业 ℓ 的工资指数结论中

---

①② 见附录 B（第 4 章推导）。

的 ℓ 可省略，$W_{Ht}(\ell)$ 可写成 W_{Ht}，$W_{Ht}(\ell,z)$ 可写成 $W_{Ht}(z)$。就（4.28）对 ℓ 取积分，定义

$$N_{Ht}=\int_{\ell=0}^{1}N_{Ht}(\ell)d\ell \tag{4.29}$$

由上式可得：

$$N_{Ht}(z)=N_{Ht}\left(\frac{W_{Ht}(z)}{W_{Ht}}\right)^{-\eta_t} \tag{4.30}$$

F 国产品生产企业 CES 劳动指数对应的工资指数是[①]：

$$W_{Ft}(\ell^*)\equiv\left(\int_0^1 W_{Ft}(\ell^*,z^*)^{1-\varsigma_t}dz^*\right)^{(1-\varsigma_t)^{-1}} \tag{4.31}$$

F 国企业对家庭 z^* 劳动小时数的需求为[②]：

$$N_{Ft}(\ell^*,z^*)=N_{Ft}(\ell^*)\left(\frac{W_{Ft}(\ell^*,z^*)}{W_{Ft}(\ell^*)}\right)^{-\varsigma_t} \tag{4.32}$$

对 F 国家庭而言，产品生产企业对劳动的需求弹性相同，不同家庭为产品企业提供的劳动和所要求的工资相同，关于产品生产企业的工资指数结论中的 ℓ^* 可省略，$W_{Ft}(\ell^*)$ 可写成 W_{Ft}，$W_{Ft}(\ell^*,z^*)$ 可写成 $W_{Ft}(z^*)$。就（4.32）对 ℓ^* 取积分，定义

$$N_{Ft}=\int_{\ell^*=0}^{1}N_{Ft}(\ell^*)d\ell^* \tag{4.33}$$

由上式可得：

$$N_{Ft}(z^*)=N_{Ft}\left(\frac{W_{Ft}(z^*)}{W_{Ft}}\right)^{-\varsigma_t} \tag{4.34}$$

4.2.4 家庭效用最大化和金融市场

H 国所有家庭最初的金融资产相等，面对同样的价格、工资，所有家庭将选择同样的消费和资产组合。H 国代表性家庭每期的收入包括当期的工资收入 $W_{Ht}(z)N_{Ht}(z)$、作为企业所有者当期的利润收入 $\mathfrak{P}_t(z)$、税收（和转移支付的净额）$T_t(z)$。在完备的金融市场条件下，代表性家庭持有每家企业的股票份额是

---

①② 见附录 B（第 4 章推导）。

否数量相同并不重要。如果考虑股票在不同家庭之间的分布，可以得出股票的均衡交易价格。但这些股票市场的变化不会影响商品价格和商品市场的均衡数量。

H 国家庭每期的消费支出为 $P_tC_t(z)$ 。H 国家庭每期收入与支出之间的差距反映为金融资产存量的调节——当收入低于支出时通过降低金融资产存量来弥补，当收入高于支出时表现为金融资产存量的增加。H 国家庭 t 期初持有的金融资产价值为 $B_t(z)$ ，t 期收支的差距为 $W_{Ht}(z)N_{Ht}(z)+\mathfrak{P}_t(z)-T_t(z)-P_tC_t(z)$ ，到 t 期末金融资产的价值为 $B_t(z)+W_{Ht}(z)N_{Ht}(z)+\mathfrak{P}_t(z)-T_t(z)-P_tC_t(z)$ ；在 t 期末（$t+1$ 期初之前）这些金融资产事先不确定的回报实现了，这样 $t+1$ 期初的金融资产量为 $B_{t+1}(z)$ ；在回报实现之前 $B_{t+1}(z)$ 是随机变量，满足

$$\mathrm{E}_tQ_{t,t+1}B_{t+1}(z)=B_t(z)+W_{Ht}(z)N_{Ht}(z)+\mathfrak{P}_t(z)-T_t(z)-P_tC_t(z) \tag{4.35}$$

其中，$Q_{t,t+1}$ 是贴现因子。如果金融资产的回报确定，则无套利条件要求无风险利率满足：

$$(1+i_t)^{-1}=\mathrm{E}_tQ_{t,t+1} \tag{4.36}$$

预算约束条件的另一种写法是：

$$P_tC_t(z)+\mathrm{E}_t\{Q_{t,t+1}B_{t+1}(z)\}=W_{Ht}(z)N_{Ht}(z)+B_t(z)-T_t(z)+\mathfrak{P}_t(z) \tag{4.37}$$

将每期预算约束分别贴现到最初的第 0 期，并加起来得到：

$$\begin{aligned}\mathrm{E}_0Q_{0,\infty}B_\infty(z)+\mathrm{E}_0\sum\nolimits_{t=0}^{\infty}Q_{0,t}P_tC_t(z)=B_0(z)\\+\mathrm{E}_0\sum\nolimits_{t=0}^{\infty}Q_{0,t}\left\{W_{Ht}(z)N_{Ht}(z)-T_t(z)+\mathfrak{P}_t(z)\right\}\end{aligned} \tag{4.38}$$

代表性家庭的金融负债不能无限增加，等式左边必须为非负，因此有

$$B_0(z)\geq-\sum_{t=0}^{\infty}\mathrm{E}_0[Q_{0,t}(W_{Ht}(z)N_{Ht}(z)+\mathfrak{P}_t(z)-T_t(z))] \tag{4.39}$$

代表性家庭的举债规模不能超过其未来所有税后非金融收入的现值总和，Ponzi Schemes 不会发生。

H 国代表性家庭在劳动市场上拥有定价权；对于产品生产企业而言，每个家庭所提供的劳动都有差异。每个家庭所提供的劳动可以相互替代（替代弹性为前面 CES 函数中的参数 η_t）。不同产品生产企业对某个家庭所提供的劳动具有相同的需求价格弹性；工资相对提供劳动边际负效用（H 国家庭的效用函数相同）加价幅度（Markup）相同。除了替代弹性不同以外，上述描述对 F 国也适用。

H 国家庭效用最大化问题的目标函数是消费带来的正效用与劳动带来的负效

用一起贴现到当前。

$$U_t(z)=E_t\sum_{j=0}^{\infty}\beta^j\left[\frac{(C_{t+j}(z))^{1-\sigma}}{1-\sigma}-\frac{N_{Ht+j}(z)^{1+\phi}}{1+\phi}\right],\sigma>0,\phi\geq 0 \tag{4.40}$$

约束条件为：

$$E_t\sum\nolimits_{j=0}^{\infty}Q_{t,t+j}P_{t+j}C_{t+j}(z)=B_t(z)+E_t\sum\nolimits_{j=0}^{\infty}Q_{t,t+j}\left\{W_{Ht+j}(z)N_{Ht+j}(z)-T_{t+j}(z)+\mathfrak{P}_{t+j}(z)\right\} \tag{4.41}$$

$$N_{Ht+j}(z)=N_{Ht+j}\left(\frac{W_{Ht+j}(z)}{W_{Ht+j}}\right)^{-\eta_{t+j}} \tag{4.42}$$

H 国代表性家庭效用最大化的一阶必要条件为：

$$C_t(z)^{-\sigma}=P_t\lambda_t \tag{4.43}$$

$$\beta C_{t+1}(z)^{-\sigma}=Q_{t,t+1}P_{t+1}\lambda_t \tag{4.44}$$

$$\eta_t N_{Ht}(z)^{\phi}=\lambda_t(\eta_t-1)W_{Ht}(z) \tag{4.45}$$

由（4.43）和（4.44）可推导出：

$$Q_{t,t+1}=\beta\left(\frac{C_{t+1}(z)}{C_t(z)}\right)^{-\sigma}\frac{P_t}{P_{t+1}} \tag{4.46}$$

对（4.46）的理解如下：第 t 期一元名义财富增加带来边际效用 $C_t^{-\sigma}/P_t$，第 $t+1$ 期一元名义财富增加带来边际效用现值 $\beta C_{t+1}^{-\sigma}/P_{t+1}$，$Q_{t,t+1}$ 体现了（从当前角度比较）持有第 t 期一元名义财富和持有第 $t+1$ 期一元名义财富的差异。

由于随机变量 $Q_{t,t+1}$ 无法观察到，运用无套利条件 $(1+i_t)^{-1}=E_tQ_{t,t+1}$，可以得到欧拉等式（Euler Equation）：

$$\frac{1}{1+i_t}=\beta E_t\left\{\left(\frac{C_{t+1}(z)}{C_t(z)}\right)^{-\sigma}\frac{P_t}{P_{t+1}}\right\} \tag{4.47}$$

F 国家庭效用最大化问题的目标函数是：

$$U_t(z^*)=E_t\sum_{j=0}^{\infty}\beta^j\left[\frac{(C_{t+j}^*(z^*))^{1-\sigma}}{1-\sigma}-\frac{N_{Ft+j}(z^*)^{1+\phi}}{1+\phi}\right],\sigma>0,\phi\geq 0 \tag{4.48}$$

约束条件为：

$$E_t\sum_{j=0}^{\infty}Q_{t,t+j}^{*}P_{t+j}^{*}C_{t+j}^{*}(z^{*})$$
$$=B_t^{*}(z^{*})+E_t\sum_{j=0}^{\infty}Q_{t,t+j}^{*}\left\{W_{Ft+j}(z^{*})N_{Ft+j}(z^{*})-T_{t+j}(z^{*})+\mathfrak{P}_{t+j}^{*}(z^{*})\right\} \tag{4.49}$$

$$N_{Ft+j}(z^{*})=N_{Ft+j}\left(\frac{W_{Ft+j}(z^{*})}{W_{Ft+j}}\right)^{-\varsigma_{t+j}} \tag{4.50}$$

F 国代表性家庭效用最大化的一阶必要条件为：

$$C_t^{*}(z^{*})^{-\sigma}=P_t^{*}\lambda_t^{*} \tag{4.51}$$

$$\beta C_{t+1}^{*}(z^{*})^{-\sigma}=Q_{t,t+1}^{*}P_{t+1}^{*}\lambda_t^{*} \tag{4.52}$$

$$\varsigma_t N_{Ft}(z^{*})^{\phi}=\lambda_t^{*}(\varsigma_t-1)W_{Ft}(z^{*}) \tag{4.53}$$

由（4.51）和（4.52）可推出：

$$Q_{t,t+1}^{*}=\beta\left(\frac{C_{t+1}^{*}(z^{*})}{C_t^{*}(z^{*})}\right)^{-\sigma}\frac{P_t^{*}}{P_{t+1}^{*}} \tag{4.54}$$

由于随机变量 $Q_{t,t+1}^{*}$ 无法观察到，运用 $(1+i_t^{*})^{-1}=E_tQ_{t,t+1}^{*}$，得到欧拉等式：

$$\frac{1}{1+i_t^{*}}=\beta E_t\left\{\left(\frac{C_{t+1}^{*}(z^{*})}{C_t^{*}(z^{*})}\right)^{-\sigma}\frac{P_t^{*}}{P_{t+1}^{*}}\right\} \tag{4.55}$$

国际金融市场上可以交易的金融资产是期限为一期的名义债券。假设两国的资产都是无风险债券，则无套利条件使得 H 国和 F 国利率之间满足：

$$\frac{1+i_t^{*}}{1+i_t}\frac{\mathcal{E}_{t+1}}{\mathcal{E}_t}=1 \tag{4.56}$$

理解（4.56）可运用以下例子：H 国债券利息为 i_t，1 元（H 国货币）面值的 H 国债券 1 年后价值为 $1+i_t$ 个单位的 H 国货币。另一种购买债券的方法是，用 1 元 H 国货币先换成 $1/\mathcal{E}_t$ F 国货币，投资 F 国债券，1 年后价值为 $(1+i_t^{*})/\mathcal{E}_t$ 个单位的 F 国货币；按 1 年以后的汇率转换回 H 国货币的价值为 $(1+i_t^{*})(\mathcal{E}_{t+1}/\mathcal{E}_t)$。上述无套利条件使得 H 国的贴现因子 $Q_{t,t+1}$ 和 F 国的贴现因子 $Q_{t,t+1}^{*}$ 之间满足

$$\frac{Q_{t,t+1}\mathcal{E}_{t+1}}{\mathcal{E}_t}=Q_{t,t+1}^{*} \tag{4.57}$$

在（4.57）成立的前提下，F 国的欧拉等式为：

$$Q_{t,t+1}^{*}=\beta\left(\frac{C_{t+1}^{*}(z)}{C_{t}^{*}(z)}\right)^{-\sigma}\frac{P_{t}^{*}}{P_{t+1}^{*}}=\frac{Q_{t,t+1}\mathcal{E}_{t+1}}{\mathcal{E}_{t}} \tag{4.58}$$

生产者货币定价条件下购买力平价成立。假设 H 国和 F 国初始消费相等，可以得出：

$$C_{t}(z)=C_{t}(z^{*})\quad 对所有的t \tag{4.59}$$

当 PPP 不成立时，利用 H 国和 F 国名义财富所带来的边际效用相等，可以得出两国消费之间的关系。(4.43) 中的 $C^{-\sigma}/P_t$ 代表 1 元 H 国货币所带来消费的边际效用，λ_t 代表 1 元 H 国货币财富增加所带来的边际效用。(4.51) 中的 $(C_t^*)^{-\sigma}/P_t^*$ 代表 1 元 F 国货币所带来消费的边际效用，λ_t^* 代表 1 元 F 国货币财富增加所带来的边际效用。从 (4.43) 和 (4.51) 可推导出：

$$\begin{aligned}\left(\frac{C_{t}(z)}{C_{t}^{*}(z^{*})}\right)^{\sigma}&=\frac{\mathcal{E}_{t}P_{t}^{*}}{P_{t}}=\frac{\mathcal{E}_{t}\left(P_{Ft}^{*}\right)^{\gamma}\left(P_{Ht}^{*}\right)^{1-\gamma}}{P_{Ht}^{\gamma}P_{Ft}^{1-\gamma}}\\&=\frac{\mathcal{E}_{t}P_{Ht}^{*}}{P_{Ht}}\frac{P_{Ht}^{1-\gamma}}{P_{Ft}^{1-\gamma}}\frac{\left(P_{Ht}^{*}\right)^{-\gamma}}{\left(P_{Ft}^{*}\right)^{-\gamma}}\\&=\frac{\mathcal{E}_{t}P_{Ht}^{*}}{P_{Ht}}\mathcal{S}_{t}^{\gamma-1}\left(\mathcal{S}_{t}^{*}\right)^{-\gamma}\end{aligned} \tag{4.60}$$

定义 H 国的贸易条件 (the Terms of Trade) 是 H 国进口 F 国产品价格 (以 H 国货币计价) 除以 H 国产品价格 (以 H 国货币计价)①：

$$\mathcal{S}_{t}\equiv\frac{P_{Ft}}{P_{Ht}} \tag{4.61}$$

F 国的贸易条件是 F 国进口 H 国产品价格 (以 F 国货币计价) 除以 F 国产品价格 (以 F 国货币计价)：

$$\mathcal{S}_{t}^{*}\equiv\frac{P_{Ht}^{*}}{P_{Ft}^{*}} \tag{4.62}$$

等式 (4.60) 成立的充分条件是两国财富持有者从财富中得到的边际效用相等。在这样的财富效用条件下，如果再加上两个条件，一是一价定律成立，二是消费者没有对本国产品的特别偏好 ($\gamma=1/2$)，则可以得到 (4.59) 的结论——

① 贸易条件定义假定进口都是消费品。

两国代表性消费者的消费始终相等。

4.2.5 边际成本、实际工资和企业定价

产品成本是决定产品价格的主要因素。由 H 国家庭效用最大化一阶必要条件的（4.43）和（4.45）式，可推导出：

$$\frac{W_{Ht}(z)}{P_t}=\frac{\eta_t}{\eta_t-1}\frac{N_{Ht}(z)^{\phi}}{C_t(z)^{-\sigma}} \tag{4.63}$$

家庭在劳动工资方面有定价权（Market Power），W_{Ht}/Pt 与劳动付出所带来的负效用 $N_{Ht}{}^{\varphi}/C_t^{-\sigma}$ 之间的比例（Markup）$\eta_t/(\eta_t-1)$ 反映了这种定价能力变化的情况。

根据（4.51）和（4.53），可得出：

$$\frac{W_{Ft}(z^*)}{P_t^*}=\frac{\varsigma_t}{\varsigma_t-1}\frac{N_{Ft}(z^*)^{\phi}}{C_t^*(z^*)^{-\sigma}} \tag{4.64}$$

实际工资与劳动负效用之间的关系需要说明。劳动者在劳动过程中发生的负效用需要得到补偿。劳动者消费越多，消费给劳动者带来的边际效用越小。如果工资调整有粘性，工资水平在不同家庭之间会存在差异，从而导致不同家庭的劳动时间不同。假设工资可自由调整，一国所有家庭的工资水平和劳动时间相同，避免了由工资粘性调整可能带来的福利成本：

$$W_{Ht}(\ell,z)=W_{Ht}(\ell)=W_{Ht}(z)=W_{Ht} \tag{4.65}$$

$$N_{Ht}(\ell,z)=N_{Ht}(\ell)=N_{Ht}(z)=N_{Ht} \tag{4.66}$$

$$W_{Ft}(\ell^*,z^*)=W_{Ft}(\ell^*)=W_{Ft}(z^*)=W_{Ft} \tag{4.67}$$

$$N_{Ft}(\ell^*,z^*)=N_{Ft}(\ell^*)=N_{Ft}(z^*)=N_{Ft} \tag{4.68}$$

根据（4.63）和（4.64），引入贸易条件得到：

$$\frac{W_{Ht}}{P_{Ht}}=\frac{\eta_t}{\eta_t-1}\frac{N_{Ht}{}^{\phi}}{C_t^{-\sigma}}k^{-1}P_{Ht}^{\gamma-1}P_{Ft}^{1-\gamma}=\frac{\eta_t}{\eta_t-1}\frac{N_{Ht}{}^{\phi}}{C_t^{-\sigma}}k^{-1}\mathcal{S}_t^{1-\gamma} \tag{4.69}$$

$$\frac{W_{Ft}}{P_{Ft}^*}=\frac{\varsigma_t}{\varsigma_t-1}\frac{N_{Ft}^{\phi}}{C_t^{*-\sigma}}\left(\mathcal{S}_t^*\right)^{1-\gamma}k^{-1} \tag{4.70}$$

其中，$k=\gamma^{\gamma}(1-\gamma)^{1-\gamma}$。再令

$$\mu_t = \frac{1}{\eta_t - 1}, \mu_t^* = \frac{1}{\varsigma_t - 1}, \tag{4.71}$$

将（4.71）代入（4.69）和（4.70），进行对数线性化[①]得到：

$$w_{Ht} - p_{Ht} = \sigma c_t + \phi n_{Ht} + (1-\gamma)s_t + \mu_t \tag{4.72}$$

$$w_{Ft} - p_{Ft}^* = \sigma c_t^* + \phi n_{Ft} + (1-\gamma)s_t^* + \mu_t^* \tag{4.73}$$

4.2.6 三种状态的区分

价格灵活调整但不存在最优补贴的状态，在变量上方加“·”。价格灵活调整并且存在最优补贴的状态，在变量上方加“—”，这对应的是资源有效配置的状态。前两种状态的变量都有时间下标。第三种状态是非随机的稳定状态，变量没有时间下标，变量上方也没有任何符号。假定非随机稳定状态是资源有效配置的状态，随后对代表性代理人效用函数的展开就是在非随机稳定状态进行的。在价格灵活调整的状态满足：

$$\dot{Y}_t = A_{Ht}\dot{N}_{Ht} \tag{4.74}$$

4.2.7 生产者货币定价条件下企业灵活调价

PCP 生产者价格定价条件下，同一产品用同一货币在国内外定价相同，一价定律满足。在 PTM（Price - to - market）或者 LCP 本地价格定价条件下，同一产品用同一货币在国内外的定价不同，一价定律不满足。

在 PCP 条件下，H 国企业灵活定价的等式是[②]：

$$\dot{P}_{Ht}(\ell) = \frac{\xi}{\xi - 1}(1-\tau_t)\frac{\dot{W}_{Ht}}{A_{Ht}} \equiv (1+\mu^P)(1-\tau_t)\frac{\dot{W}_{Ht}}{A_{Ht}} \tag{4.75}$$

上式描述的是价格灵活调整但不存在最优补贴[③]的状态，在变量上方加“·”。

4.2.8 实现资源有效配置的最优补贴

价格灵活调整加上最优补贴可以实现资源有效配置。最优补贴满足[④]：

---

①②③④ 见附录 B（第 4 章推导）。

$$\frac{\eta_t}{\eta_t - 1}\left(1+\mu^P\right)\left(1-\tau_t\right)=1 \tag{4.76}$$

通过这种为劳动提供方所提供的补贴，抵消工资加价随时间的波动。假定最优补贴在稳定状态才处于最优水平，最优补贴不随时间变化：

$$\frac{\eta}{\eta - 1}\left(1+\mu^P\right)\left(1-\tau\right)=1 \tag{4.77}$$

4.3　生产者货币定价下的新凯恩斯菲利普斯曲线

4.3.1　生产者货币定价条件下企业粘性定价

产品生产企业粘性定价模型来自（Calvo，1983）。每期有一部分商品价格保持不变，这部分商品的数量占商品总量的 $0<\theta<0$；另外一部分商品价格可以调整，这部分商品的数量占商品总量的 $0<1-\theta<1$。不论产品生产企业以往的价格调整情况，不论产品生产企业当期的价格水平，任何时期任何产品价格被调整的概率都是 $1-\theta$。以 H 国为例，价格调整企业所面临的问题相同，最后选择的价格水平相同为 $P_{Ht}^0(\ell)$。第 t 期的产品价格一部分是新调整的价格 $P_{Ht}^0(\ell)$；一部分是未经调整的由第 $t-1$ 期延续下来未经改变的价格，这部分延续下来的价格分布（频率）状况与第 $t-1$ 期所有产品价格的分布（频率）状况相同。H 国第 t 期价格水平可表示为：

$$P_{Ht}=[(1-\theta)\left(P_{Ht}^0\right)^{1-\xi}+\theta P_{Ht-1}^{1-\xi}]^{(1-\xi)^{-1}} \tag{4.78}$$

在 PCP 条件下，假设产品生产函数满足规模效益不变 $Y_t(\ell)=A_{Ht}N_{Ht}(\ell)$，产品生产企业在第 t 期如果有机会调整价格，它选择 $P_{Ht}^0(\ell)$，满足[①]：

$$E_t\sum_{j=0}^{\infty}\theta^j Q_{t,t+j}P_{Ht+j}^{\xi}(C_{Ht+j}+C_{Ht+j}^*)[P_{Ht}^0(\ell)]^{-\xi-1}$$
$$\left(P_{Ht}^0(\ell)-\frac{\xi}{\xi-1}(1-\tau_{t+j})\frac{W_{Ht+j}}{A_{Ht+j}}\right)=0 \tag{4.79}$$

在 LCP 条件下，假设产品生产函数满足规模效益不变 $Y_t(\ell)=A_{Ht}N_{Ht}(\ell)$，

① 见附录 B（第4章推导）。

产品生产企业如果在第 t 期有机会调整价格，它选择 $P_{Ht}^{0}(\ell)$ 和 $P_{Ht}^{0*}(\ell)$，满足①：

$$E_t\sum_{j=0}^{\infty}\theta^j Q_{t,t+j}P_{Ht+j}^{\xi}C_{Ht+j}[P_{Ht}^{0}(\ell)]^{-\xi-1}\left(P_{Ht}^{0}(\ell)-\frac{\xi}{\xi-1}(1-\tau_{t+j})\frac{W_{Ht+j}}{A_{Ht+j}}\right)=0 \quad (4.80)$$

$$E_t\sum_{j=0}^{\infty}\theta^j Q_{t,t+j}\left(P_{Ht+j}^{*}\right)^{\xi}C_{Ht+j}^{*}\left[P_{Ht}^{*0}(\ell)\right]^{-\xi-1}\left(\mathcal{E}_{t+j}P_{Ht}^{*0}(\ell)-\frac{\xi}{\xi-1}(1-\tau_{t+j})\frac{W_{Ht+j}}{A_{Ht+j}}\right)=0$$

(4.81)

4.3.2 均衡数量与相对价格之间的关系

在市场均衡状态产出和支出相等，H 国产品的生产与 H 国和 F 国对 H 国产品消费数量相等：

$$\begin{aligned}Y_t&=C_{Ht}+C_{Ht}^{*}\\&=\gamma\frac{P_tC_t}{P_{Ht}}+(1-\gamma)\frac{P_t^{*}C_t^{*}}{P_{Ht}^{*}}\\&=k^{-1}\left[\gamma\mathcal{S}_t^{1-\gamma}C_t+(1-\gamma)\left(\mathcal{S}_t^{*}\right)^{-\gamma}C_t^{*}\right]\end{aligned} \quad (4.82)$$

F 国产品的生产与 H 国和 F 国对 F 国产品消费数量相等：

$$\begin{aligned}Y_t^{*}&=C_{Ft}+C_{Ft}^{*}\\&=(1-\gamma)\frac{P_tC_t}{P_{Ft}}+\gamma\frac{P_t^{*}C_t^{*}}{P_{Ft}^{*}}\\&=k^{-1}[(1-\gamma)\mathcal{S}_t^{-\gamma}C_t+\gamma\left(\mathcal{S}_t^{*}\right)^{1-\gamma}C_t^{*}]\end{aligned} \quad (4.83)$$

这里，支出价格指数与产品价格指数之间的区别、产出和支出之间的差别得到突出。对（4.82）和（4.83）进行对数线性化得到：

$$y_t=\gamma c_t+(1-\gamma)c_t^{*}+\gamma(1-\gamma)s_t-\gamma(1-\gamma)s_t^{*} \quad (4.84)$$

$$y_t^{*}=\gamma c_t^{*}+(1-\gamma)c_t-\gamma(1-\gamma)s_t+\gamma(1-\gamma)s_t^{*} \quad (4.85)$$

4.3.3 生产者货币定价下的新凯恩斯菲利普斯曲线

在 PCP 模型中，同一产品在不同的国家销售以同一种货币换算价格相同（一价定律成立）。劳动是唯一投入品，PCP 条件下企业定价满足：

① 见附录 B（第 4 章推导）。

$$E_t\sum_{j=0}^{\infty}\theta^j Q_{t,t+j}P_{Ht+j}^{\xi}Y_{t+j}\left(P_{Ht}^0(\ell)-\frac{\xi}{\xi-1}(1-\tau_{t+j})\frac{W_{Ht+j}}{A_{Ht+j}}\right)=0 \tag{4.86}$$

PCP 条件下新凯恩斯菲利普斯曲线 NKPC 为①：

$$\pi_{Ht}=\beta E_t\pi_{Ht+1}+\frac{(1-\theta\beta)(1-\theta)}{\theta}\left(\frac{\sigma}{2}+\phi+\frac{1}{2}\right)y_t+\varepsilon_t \tag{4.87}$$

其中，

$$\varepsilon_t=\frac{(1-\theta\beta)(1-\theta)}{\theta}\left[\left(\frac{\sigma}{2}-\frac{1}{2}\right)y_t^*+\phi v_{Ht}-(1+\phi)a_{Ht}\right]$$

开放经济与封闭经济 Phillips 曲线的区别不仅在于 Phillips 曲线的系数，而且在于扰动项中包括了外国的产出。

① 见附录B（第4章推导）。

第 5 章　汇率、货币政策传导与中间产品贸易

在两国模型中，H 国代表本国，F 国代表外国。假定 F 国所消费的最终产品都是 H 国提供，F 国生产的都是中间产品，进口到 H 国成为 H 国的进口中间品进入生产函数。在生产者价格定价的条件下，外国中间产品价格经过汇率的完全传递影响本国的通货膨胀。本章从理论上对这一传导机制进行模型分析。

5.1　中间产品及最终产品

假设本国市场满足 PCP 条件，且 F 国中间品和 H 国最终产品的生产函数满足：

$$Y_t^*(\ell^*) = A_{Ft} N_{Ft}(\ell^*) \tag{5.1}$$

$$Y_t(\ell) = A_{Ht}\left(N_{Ht}(\ell)\right)^{\alpha}\left(Y_t^*(\ell^*)\right)^{1-\alpha}, 0<\alpha<1 \tag{5.2}$$

为方便推导，假定 H 国劳动时间与 F 国劳动时间之间存在固定比例关系：

$$N_{Ft}(\ell^*) = \chi N_{Ht}(\ell) \tag{5.3}$$

作为中间品进口，F 国产出与 H 国最终产品产出之间的关系满足线性关系[①]：

$$Y_t^*(\ell^*) = \frac{A_{Ft}^{\alpha}\chi^{\alpha}}{A_{Ht}} Y_t(\ell) \tag{5.4}$$

H 国生产劳动和中间产品是两种必要的投入品，PCP 条件下 H 国企业定价满足[②]：

①② 见附录 C（第 5 章推导）。

$$E_t\sum_{j=0}^{\infty}\theta^j Q_{t,t+j}P_{Ht+j}^{\xi}(C_{Ht+j}+C_{Ht+j}^*)$$
$$\left(P_{Ht}^0(\ell)-\frac{\xi}{\xi-1}(1-\tau_t)\left(\frac{W_{Ht+j}}{\chi^\alpha A_{Ht+j}A_{Ft+j}^{1-\alpha}}+\frac{\chi^\alpha A_{Ft+j}^\alpha P_{Ft+j}}{A_{Ht+j}}\right)\right)=0 \tag{5.5}$$

其中，θ 是每期企业价格保持不变的概率。

5.2　汇率、最终产品企业定价及新凯恩斯菲利普斯曲线

根据（5.5），推导出 PCP 条件下存在进口中间品的 NKPC 为①：

$$\pi_{Ht}=\beta E_t\pi_{Ht+1}+\frac{(1-\theta\beta)(1-\theta)}{\theta}\left[\left(\frac{2\gamma-1}{2\mathfrak{S}}+\frac{1}{2}\right)\sigma+\phi\right]y_t+\varepsilon_t \tag{5.6}$$

其中，

$$\varepsilon_t=\frac{(1-\theta\beta)(1-\theta)}{\theta}\left[\left(\frac{1}{2}-\frac{2\gamma-1}{2\mathfrak{S}}\right)y_t^*+\phi v_{Ht}-(2+\phi)a_{Ht}\right.$$
$$\left.-\left[(1-\alpha)\phi+(1-2\alpha)\right]a_{Ft}+p_{Ft}+\mu_t^W\right]$$

对 H 国 NKPC 而言，了解 F 国产出指数和价格指数就足够了，不需要了解 F 国具体粘性定价的参数。引入进口中间品的开放经济与不考虑进口中间品的开放经济 Phillips 曲线的区别不在于 Phillips 曲线的斜率系数，在于扰动项中包括了外国进口中间品的价格，还包括了外国生产率，扰动项中国内生产率的系数也发生了变化。推导（5.6）过程中，没有用到贸易平衡或者两国消费相等的条件，各国之间可能存在财富转移，采用的是两国之间名义财富边际效用相等的假定。

5.3　汇率、中间产品企业定价及新凯恩斯菲利普斯曲线

F 国消费者效用最大化使得工资等于边际负效用的加价：

$$\frac{W_{Ft}(z^*)}{P_t^*}=\frac{\varsigma_t}{\varsigma_t-1}\frac{N_{Ft}(z^*)^\phi}{C_t^*(z^*)^{-\sigma}} \tag{5.7}$$

其中，F 国消费者价格指数是进口 H 国最终产品价格指数。在 PCP 条件下，

① 见附录 C（第5章推导）。

$$P_t^* = P_{Ht} / \mathcal{E}_t \tag{5.8}$$

$$C_t^*(z^*) = C_{Ht}^*(z^*) \tag{5.9}$$

同样的关于 H 国的假定 — H 国所有消费的最终产品完全由 H 国生产：

$$C_t(z) = C_{Ht}(z) \tag{5.10}$$

H 国的消费者价格指数为：

$$P_t = P_{Ht} \tag{5.11}$$

进口 F 国产品全部为中间产品，其价格成为最终产品生产企业 H 国企业的成本。中间产品的价格影响 H 国企业的产品价格，传递到 H 国消费者物价指数和 F 国的消费者物价指数。下一个传递环节是两国的（用消费者物价指数计算的）实际工资。

F 国中间产品的生产函数将劳动列为唯一的投入。这里的中间产品主要指劳动投入对当期中间产品产出非常重要的那类中间产品。F 国企业可以采用 LCP 定价方式，对各国市场销售的中间产品进行不同的定价，涉及多个国家的情况暂不研究。贸易平衡的结论通常不成立，两国之间存在财富的转移。

F 国中间产品生产企业最大化利润：

$$E_t \sum_{j=0}^{\infty} \theta^j Q_{t,t+j}^* \left[P_{Ft}^0(\ell^*) Y_{t+j}^*(\ell^*) / \mathcal{E}_{t+j} - (1-\tau_{t+j}) W_{Ft+j} N_{Ft+j}(\ell^*) \right] \tag{5.12}$$

F 国企业定价满足[①]：

$$E_t \sum_{j=0}^{\infty} \theta^j Q_{t,t+j}^* P_{Ft+j}^{\xi} Y_{t+j}^* [P_{Ft}^0(\ell^*)]^{-\xi-1} \left(\frac{P_{Ht}^0(\ell^*)}{\mathcal{E}_{t+j}} - \frac{\xi}{\xi-1}(1-\tau_{t+j}) \frac{W_{Ft+j}}{A_{Ft+j}} \right) = 0 \tag{5.13}$$

根据需求函数可以推出：

$$N_{Ft}(\ell^*) = \frac{Y_t^*(\ell^*)}{A_{Ft}} = \left(\frac{P_{Ft}(\ell^*)}{P_{Ft}} \right)^{-\xi} \frac{Y_t^*}{A_{Ft}} \tag{5.14}$$

对中间产品求积分：

$$N_{Ft} = \int_{\ell^*=0}^{1} N_{Ft}(\ell^*) d\ell^* = \frac{Y_t^*}{A_{Ft}} \int_{\ell^*=0}^{1} \left(\frac{P_{Ft}(\ell^*)}{P_{Ft}} \right)^{-\xi} d\ell^* \equiv \frac{Y_t^* V_{Ft}}{A_{Ft}} \tag{5.15}$$

① 见附录 C（第 5 章推导）。

根据完备金融市场的条件，依据 H 国和 F 国名义财富所带来的边际效用相等。$C_{Ht}^{-\sigma}/P_{Ht}$代表 1 元 H 国货币所带来消费的边际效用，λ_t 代表 1 元 H 国货币财富增加所带来的边际效用。$(C_{Ht}^*)^{-\sigma}/P_{Ht}^*$代表 1 元 F 国货币所带来消费的边际效用，$\lambda_t^*$ 代表 1 元 F 国货币财富增加所带来的边际效用。由此可推导出：

$$\left(\frac{C_{Ht}}{C_{Ht}^*}\right)^{\sigma} = \frac{\mathcal{E}_t P_{Ht}^*}{P_{Ht}} \tag{5.16}$$

由于中间产品模型中假设 H 国是 PCP 定价，根据（4.60），得到：

$$\left(\frac{C_t(z)}{C_t^*(z^*)}\right)^{\sigma} = \left(\frac{C_{Ht}(z)}{C_{Ht}^*(z^*)}\right)^{\sigma} = \frac{\mathcal{E}_t P_t^*}{P_t} = \frac{\mathcal{E}_t P_{Ht}^*}{P_{Ht}} = 1 \tag{5.17}$$

进一步可得到：

$$C_{Ht} = C_{Ht}^* \tag{5.18}$$

这给出了名义财富边际效用相等和消费相等的一个例子。

在市场均衡状态，H 国产品的生产与 H 国和 F 国对 H 国产品消费数量相等：

$$Y_t = C_{Ht} + C_{Ht}^* = 2C_{Ht} = 2C_{Ht}^* \tag{5.19}$$

F 国中间产品生产企业的边际成本是劳动报酬支出，涉及的 F 国消费者物价指数等于 H 国最终产品生产指数，消费的边际效用与保持两国名义财富边际效用相等一致。

F 国不生产最终产品，所有中间产品都由 H 国消耗。F 国企业选择 $P_{Ft}^{*0}(\ell^*)$ 实现利润最大化，最优定价满足：

$$E_t \sum_{j=0}^{\infty} \theta^j Q_{t,t+j}^* P_{Ft+j}^{\xi} Y_{t+j}^* [P_{Ft}^{*0}(\ell^*)]^{-\xi-1} \left(P_{Ft}^{*0}(\ell^*) - \frac{\xi}{\xi-1}(1-\tau_{t+j}) \frac{W_{Ft+j}}{A_{Ft+j}} \right) = 0 \tag{5.20}$$

根据（5.20）进行对数线性化得到[①]：

$$\pi_{Ft}^* = \beta E_t \pi_{Ft+1}^* + \frac{(1-\theta\beta)(1-\theta)}{\theta}(w_{Ft} - p_{Ft}^* - a_{Ft}) \tag{5.21}$$

F 国中间产品生产企业的 NKPC 为：

$$\pi_{Ft}^* = \beta E_t \pi_{Ft+1}^* + \frac{(1-\theta\beta)(1-\theta)}{\theta}(\sigma+\phi) y_t + \varepsilon_t \tag{5.22}$$

---

① 见附录 C（第 5 章推导）。

其中，

$$\varepsilon_t = \frac{(1-\theta\beta)(1-\theta)}{\theta}\left[\phi v_{Ft} - s_t^* - \phi a_{Ht} + (\alpha\phi - \phi - 1)a_{Ft} + \mu_t^{*W}\right]$$

μ_t^{*W} 是 F 国企业加价程度的对数线性化。

F 国生产取决于 H 国的生产对中间产品的需要，（5.22）中的 F 国 NKPC 与 H 国的产出缺口相关，F 国自己的产出缺口已经隐藏在 H 国的产出缺口之中。（5.22）中出现的 H 国的产出缺口体现了 H 国产出对 F 国通胀形成过程的溢出效应。

两国之间的汇率没有直接出现在（5.22）中。F 国中间产品全部出口到 H 国，不存在对不同市场采用不同价格的情况，汇率变化完全传递到 F 国企业以 H 国货币所定的价格，汇率隐含在 P_{Ft} 中。

进口中间品的 H 国 NKPC 为①：

$$\pi_{Ht} = \beta E_t \pi_{Ht+1} + \frac{(1-\theta\beta)(1-\theta)}{\theta}\left[\left(\frac{2\gamma-1}{2\mathfrak{S}} + \frac{1}{2}\right)\sigma + \phi\right]y_t + \varepsilon_t \qquad (5.23)$$

其中，

$$\varepsilon_t = \frac{(1-\theta\beta)(1-\theta)}{\theta}\left[\left(\frac{1}{2} - \frac{2\gamma-1}{2\mathfrak{S}}\right)y_t^* + \phi v_{Ht} - (2+\phi)a_{Ht} - ((1-\alpha)\phi + (1-2\alpha)a_{Ft} + p_{Ft} + \mu_t^W\right]$$

F 国产品价格可以写成：

$$p_{Ft} = \sum\nolimits_{k=1}^{t} \pi_{Fk}^* + \sum\nolimits_{k=1}^{t}(e_k - e_{k-1}) + p_{F0} \qquad (5.24)$$

（5.23）扰动项中包含了 F 国中间产品以往累计的通胀，以往汇率累计的积累。这是 F 国中间产品价格对 H 国的传导和溢出效应。

① 见附录 C（第 5 章推导）。

第 6 章　我国汇率政策与货币政策协调的特殊背景

关于货币政策最终目标是单一，还是多元存在争论。陈涛（2006）认为中国国情的特殊性和复杂性决定了我国货币政策追求多目标的客观必然性，是一种现实选择。他认为可以通过确定货币政策的首要目标和次要目标、长期目标集和短期目标集、以目标区间来取代目标单值来增强多目标的协调性。张延（1998）以西方的货币中性理论和博弈论为基础，阐述了保持货币政策最终目标的连续性，以及坚持以稳定通货为唯一目标对我国货币政策的重要意义。汪洋（2001）指出我国货币政策最终目标“保持人民币币值稳定”是一个模糊的概念，具有双重涵义：稳定国内物价和稳定汇率。这两个目标之间存在的内在冲突，因此他建议明确我国货币政策的最终目标为稳定国内物价，并同时采取灵活的汇率制度。赵春玲（2007）引入理性预期学派的一些观点，认为在当前我国微观主体的理性预期因素加强的条件下，旨在促进经济增长的货币政策必然导致通货膨胀，因此主张采用“币值稳定”的单一目标。

汇率政策与货币政策协调应放在我国经济增长和发展的特殊背景之下加以考察。一国外部平衡（国际收支基本平衡）是诸多必须满足的约束条件之一。汇率政策与货币政策进行协调既要考虑目标的多元化，又要考虑传导机制的复杂性。

关于货币政策的成熟理论绝大多数来自发达国家。发达国家已经完成了从中等收入向高收入的过渡。新兴发展中国家则不同，我国作为中等收入国家，虽然已经摆脱了“贫困陷阱”，仍可能难以进入高收入国家的行列，面对“中等收入陷阱”。新兴发展中国家的货币当局既要有发达国家货币当局的职能，又需要有类似世界银行所发挥的职能。后者往往容易被忽略或者不那么受到重视。

传统的货币政策理论对处于这一发展阶段国家的特殊性给以较少的关注，通常只考虑经济周期区间内的价格和产出波动，不讨论经济增长问题。货币政策对中长期经济发展目标的传导即使在短期内没有立竿见影的效果，从中长期来看有效性也不应被低估。当一国头等重要的中长期经济发展目标难以完成时，货币当局不应只能袖手旁观。

6.1 我国经济发展新阶段的多元目标

为了避免“中等收入陷阱”，我国既要有充分的可持续的经济发展驱动力，又要解决好增长与公平、物价、资产价格和外部平衡的问题。没有增长驱动力，终究无法大幅度地提高人均收入；没有处理好收入差距、通胀、资产价格过快上涨和外部平衡的问题，经济增长的过程就会有不必要的波折。为此需要在战略上统筹以下五个方面。

6.1.1 增强经济增长的驱动力：加快科技创新与提高人力资本质量

20 世纪的科学发展取得了许多伟大的成就。广义相对论和量子力学的出现颠覆了牛顿经典力学所提倡的绝对性、确定性和线性的世界观。宇宙大爆炸模型、夸克粒子模型、板块漂移模型和 DNA 双螺旋模型大大拓展了人们对自然的认识，核能开发和登月活动提升了人们利用自然的能力，信息技术和生物技术使得人们的日常生活变得更加便捷、生活质量显著提高。西方发达国家超越我国成为世界最大经济体是近百年来才出现的历史事件。西方国家在基本上没有中国人参与的情况下，在数百年之内实现了以前难以想象的科学跨越。中国人也应该有可能创造出新的科学奇迹和技术创新，使得国家的经济实力达到发达国家的水平。

与所有 1990 年人均国民收入低于 1000 美元的国家相比，20 年来我国人均国民收入的增速是最高的。这种现象可以通过舒尔茨提出的人力资本——劳动者所掌握的知识、技能及其所表现出的劳动能力——理论角度加以解释。我国摆脱“贫困陷阱”的主要原因是通过各项改革充分发挥了劳动力要素相对便宜、人力资本状况相对较好的资源禀赋优势，极大地丰富了商品供应，摆脱了短缺经济的阴影。在经济起飞阶段，我国拥有相对其他经济起飞国家较好的健康、医疗和教育条件，这使得劳动者能够比较容易提高技术水平、工作能力和劳动的熟练程度，从而带动了劳动生产率的提高。这些人力资本方面的优势吸引了外国直接投资和物资资本向我国集中，外国直接投资所带来的技术溢出效应进一步提高了劳动者的技术能力和工作技能，形成了人力资本和物质资本相互提升的良性循环，顺利承接了国外高劳动成本产业向低劳动成本地区转移的产业转移，吸收了以往工业革命在传统的纺织行业、新兴的钢铁、石油、电气、化工等行业方面的科技成果。

在科学技术方面，我国以往主要是通过“拿来主义”和模仿。不改变这种状况，经济增长模式将越来越依赖廉价的劳动力、货币信贷投放和人民币的对外价值。我国应该像过去吸引外国直接投资那样，通过运用包括货币政策在内的各项政策手段，采用立法、出台鼓励政策甚至动用外汇储备等方法，吸引全球高质量的人力资本，加快改革科技创新体制。

6.1.2　经济持续增长的必要条件：收入差距保持适度

在 1997 年亚洲金融危机前，东亚有一半人口每天生活费低于两美元，2010 年贫困率已降至人口的 29%①。但是，贫困人口减少并不意味着收入差距的缩小。实际上大部分东亚经济体的收入差距在扩大，我国收入差距拉大的现象尤其明显。

衡量两极分化的收入不良指数把最富有 10% 的那部分人的平均收入除以最贫穷 10% 的那部分人的平均收入。根据世界银行的《世界发展报告》，2003 年我国的收入不良指数大小（25.41）全球排在第 17 位，排在我国前面的没有一个亚洲国家，都是非洲、拉丁美洲和南美洲国家（巴西第 5 位，南非第 8 位，智利第 12 位，墨西哥第 13 位）。根据世界银行的同一份报告，2003 年前十大经济规模国家的收入不良指数，我国的收入不良指数在其中排在第二位。同处亚洲的发达国家日本，其收入不良指数为 4.52，比我国少 20.89。比较世界上 19 个转型国家的收入不良指数，我国排在第一位。

根据世界银行的数据，一个国家从中等收入水平提升为高等收入水平的过程中，保持较低的基尼系数是可能的，甚至是必要的。2008 年我国人均国民收入为 2940 美元（2010 年超过 4000 美元），大约相当于巴西、墨西哥、土耳其和智利上世纪 90 年代中期的水平、阿根廷和南非 1990 年的水平。到 2008 年，按人均国民收入从低到高排序，这些国家的顺序依次是南非（5820 美元）、阿根廷（7200 美元）、巴西（7350 美元）、土耳其（9340 美元）、智利（9400 美元）和墨西哥（9980 美元）。这个顺序基本上与这些国家的基尼系数顺序相一致；总体而言这些国家的基尼系数都偏高，最低的土耳其 2005 年的基尼系数是 0.43，最

① 数据来源：世界银行。

高的南非2000年的基尼系数是0.58，南非在这些国家当中人均国民收入最低。韩国在这18年期间，从开始比这些国家人均国民收入高出约2500美元，到2008年人均国民收入达到21530美元，比这些国家的人均国民收入高出10000多美元。韩国1998年的基尼系数是0.32。

经验分析表明，将最高20%的人群在全部收入或消费当中的占比控制在40%以下比较有利。韩国就是在这样的情况下在过去18年内成功地避免了“中等收入陷阱”。几乎所有依然陷于“中等收入陷阱”的国家，最高20%的人群在全部收入或消费当中的占比都在40%以上，比如，南非（最高为62.65%）、墨西哥（53.29%）、阿根廷（53.88%）、巴西（58.73%）、土耳其（48.81%）。从另一角度看，许多发达国家的比例都在40%以下，比如，日本（35.65%）、韩国（37.45%）、加拿大（39.94%）、德国（36.88%）、荷兰（38.68%）。中国2005年这一比例高达47.81%，而且还有升高的趋势。除去石油资源出口国家和人口规模较少的国家以外，在过去的20年内，几乎没有国家能够在这么高的比例下成功避免“中等收入陷阱”。

巴西、智利和阿根廷在上世纪经济长期裹足不前的背景下，近年来纷纷采取了强调公平的经济增长策略，人均收入水平迅速提高，经济蒸蒸日上。巴西的中产阶级已经超过50%（我国目前的中产阶级比重约为25%）①。

未来中长期内，我国经济能否平稳较快增长，效率和供给依然很重要，民间和私人部门需求（尤其是家庭部门的消费）的制约作用将逐步显现，并逐渐开始成为经济增长的约束因素。缩小收入差距有利于提高内需。国内庞大的供应能力如果没有内需支持，就会变成对外贸易中的失衡。

6.1.3 经济持续增长的必要条件：物价和资产价格上涨可控

2011年可能是1994～1995年以来通货膨胀压力和资产价格过快上涨压力最大的一年。原因有以下六个方面：一是近期积极财政政策和适度宽松货币政策实施力度是90年代以来最大的，大量的财政支出、货币信贷投放具有滞后效应将逐步影响商品价格和资产价格。2010年预算的财政赤字为10500亿，2010年的货币供应量（M2）增速为19.7%，超过目标（17%左右）2.7个百分点，2010

① 巴西赫图利奥·瓦尔加斯基金会的一项调查透露，如果将月收入在685至2960美元（1064至4591雷亚尔）的家庭认为是中产阶级，巴西中产阶级的比例已经从2003年（卢拉总统就任）的42.5%增加到2008年的52%。

年金融机构人民币各项贷款余额比年初增加7.95万亿，突破7.5万亿的新增人民币贷款目标。二是自1999年以来的12年中有11年多的一年期存款利率低于3%，利率长期处于较低的水平，12年中有7年的实际利率（一年期存款利率减去用消费物价指数计算的通货膨胀率）出现负值或接近负值。三是国际金融危机重创了各发达国家的金融系统，各主要经济体和发达国家在金融银行系统出现根本改观之前，将延续自1929年大萧条以来持续时间最长的最为宽松的货币政策。在这种情况下，国外过剩流动性向东亚转移，推高资产价格和通胀。四是国内资产替代现象越来越突出。银行存款在价值储存方面（特别是在跨期转移购买力方面）的吸引力下降，导致其他资产（比如，房产、股票、黄金、艺术品等）替代货币发挥财富保值增值的作用。五是Balassa - Samuelson效应的必然出现。随着我国制造业出口部门的生产率大幅度提升，会推高非贸易部门（服务业）价格的提高。房产价格的上涨与非贸商品的价格提高有内在的一致性。相比国外的优质非贸易商品和服务的价格基准而言，国内的价格基准依然低许多。六是产能过剩主要集中在一般加工能力方面，在优质高端商品、服务和资产方面国内并不存在产能过剩，国内优质高端商品、服务和资产的价格基准将逐步向较高的国际价格基准靠拢。另外，不断加强的经济结构调整力度也在逐步缓解一般加工能力产能过剩的程度。

国内通胀预期推动资产替代，推高资产价格，已经开始引发实体经济的人力资本和资源向金融部门过度转移，制造业的企业开始从事房地产业务，房地产企业开始从事资本市场业务，具有企业家精神的稀缺人力资本开始从实体部门抽离。资产市场和金融部门过度扩张的风险增加，泡沫风险慢慢开始积累（Cecchetti and Li, 2007）。一旦资产泡沫破裂，脆弱的金融部门将放大负面的影响，实体部门的薄弱马上暴露出来，可贵的企业家精神和人力资本将难以回归，面临的很可能是信贷需求的长期疲软。到那时，即使流动性和信贷供应再宽松，都难以将信贷注入实体经济，促进就业和经济增长的目的难以实现，结果可能是类似日本所经历的长期经济萧条。

6.1.4　经济持续增长的必要条件：就业状况基本良好

在科技进步、提升人力资本和缩小收入差距的框架下实现的就业是可持续的有质量的就业，需要考虑就业目标与通胀目标之间的合理权衡。美国上世纪70年代以前和平时期的平均通胀率在0～3%之间，70年代通胀率上涨到5%～10%

（70 年代美国的平均通胀率为 7.1%）。70 年代美国的政策制定者认为宏观经济政策可以使得失业率达到非常低的水平，而个位数的通货膨胀成本不高，当时的政策导向是在不增加失业情况下控制通货膨胀。结果是，美国 70 年代后期的通胀率比德国通胀率高出了 4.1%（德国 1976～1979 的平均通胀水平为 3.7% 低于美国同期的 7.79%）（Stein, 1984）。

6.1.5 经济持续增长的必要条件：国际收支基本平衡

2010 年我国的贸易顺差为 1831 亿美元，国际收支状况良好。我国占世界出口的份额 2009 年已经达到 9.7%[①]，超过德国（9.1%）和美国（8.6%）。尽管目前我国的国际收支状况总体上有利于向高收入国家的过渡，但也存在不确定性和问题，表现为以下五个方面：一是出口贸易份额持续增加引发与贸易伙伴的经济摩擦，二是低成本的出口模式虽然增加了就业，但是不利于缩小收入差距，也不利于人力资本质量的提升，三是国际收支顺差带来大量外汇占款，货币政策对冲空间有限，货币政策压力加大，四是对能源原材料大量进口需求可能导致贸易出现逆差，五是升值预期加上较高利率吸引资本流入，一方面推高资产价格和通胀，一方面加剧了金融市场的波动和脆弱性。

根据联合国贸发组织（UNCTAD）2011 年的最新研究表明，根据单位劳动成本（Unit Labor Cost）计算的实际有效汇率（Real Effective Exchange Rate）比基于消费物价指数计算的实际有效汇率和名义汇率更准确地衡量了汇率的竞争性。运用单位劳动成本计算的实际有效汇率数据，人民币在自 1995 年以来已经升值了 100%，而不是 30%。

汇率和国际收支政策要尤其采取审慎的原则，充分考虑最不利的情况。在资本流动不稳定、能源原材料需求大幅度增加、就业压力难以缓解的情况下，保持汇率的缓慢变化，是灵活性和原则性的统一。

6.2 多元经济目标统筹下的货币政策体系

在上述五大经济目标的统筹当中，提升人力资本质量和科技进步是根本目标，其他四方面是稳健性目标。在满足稳健性目标的基础上，追求根本目标的最

① 数据来源：IFS。

大化；稳健性目标如果没有实现，经济发展就失去了稳定的外部环境。随着我国在 2010 年超越日本成为世界第二大经济体，国内经济发展的重点是在平稳的前提下实现中长期的经济增长目标。现在为未来 20 年（那时我国可能成为世界第一大经济体）甚至未来 50 年（那时我国人均国民生产总值可能超过美国）的经济平稳发展打好基础。在长期高速增长遗留的压力和不平衡问题不断积累的背景下，实现稳健性目标更为迫切和艰巨，一方面坚持用平稳发展的办法解决前进中的问题，另一方面防止操之过急、欲速不达，避免由于收入差距拉大和通货膨胀和资产价格过快上涨过快激化各种矛盾。

就货币政策而言，不加调整地采用发达国家的货币政策体系容易导致对经济发展中其他目标重视不够、手段不足，现阶段可考虑使货币信贷流动和利率变化有利于科技进步、人力资本提升、缩小收入差距和平衡外部贸易，通过与发展战略保持一致来维持就业和促进经济增长。我国现阶段货币政策体系应具备三方面特点：一是我国货币政策要运用各种总量和结构性传导渠道，发挥对多元战略目标的中长期影响。放弃对结构性目标的调控可能过分约束了本可以实施的有效政策组合。二是鉴于以往经济增长积累的压力和不平衡越来越显著，我国货币政策要比发达国家的货币政策更注重稳健性目标，更加审慎，必要时为实现通胀、资产价格和就业等稳健性目标短期内做出及时有效的反应。三是面对经济发展的冲动和增加就业的短期目标往往压倒中长期目标的现实，在兼顾多目标的同时，避免将短期内必要采取的（主要是宽松性）政策长期化，避免将必要的结构性政策过度使用、简单化或者僵化，避免出现一有问题就剧烈收缩银根所带来的大幅波动。

西方学者推崇的通胀目标制强调避免干预相对价格，同时也排斥对结构性目标的追求。通胀目标制文献尚未充分探讨稳定通胀与经济长期增长之间的具体传导机制，仅仅将许多国家中长期的通胀率作为横轴，这些国家中长期的经济增长率作为纵轴，发现两者之间的关系基本上是正相关的。可能的途径是，稳定通胀为将资源投入到科技创新、提高人力资本质量、缩小收入差距和实现外部平衡创造了有利的条件。

6.3　多元经济目标统筹下的货币政策工具

为抑制通胀压力和资产价格过快上涨的预期，从总量上控制银根固然重要，由于迫切需要将资金引导到有利于经济中长期发展的方向上去，多样化货币政策工具也同样重要。具体来说，完全采取利率调节和资产负债总量调节方式，将货币政策工具局限在效果直接和明确的短期运作当中，可能不是最佳的选择。面对目标的多元化、长期化、货币政策传导机制的不确定性，我国的货币政策体系需要采取数量调节和价格调节并存、总量调节和结构性调节并存、短期调控与中长期调控并举的做法。将货币政策工具从短期化和总量化运作中部分释放出来，使其与经济发展的中长期目标建立传导关系，并逐渐通过研究明确传导的量化效果。

货币政策在融资结构、资金流向和利率确定方面可更好地将增加就业与提高人力资本质量结合起来。人力资本的收益不仅高于物质资本的收益，而且缓解了收入差距拉大的问题和失业问题，增加了年轻人成为中产阶级的机会，缩小了社会两极分化的趋势，增加了人们对价格上涨的承受能力。例如，我国目前有许多年轻人离开学校以后没有机会再次进入正规教育系统，只能放弃提高自身素质的愿望，继续从事低收入的工作甚至继续处于待业状态。在现有助学贷款的基础上，通过包括货币政策在内各项政策的协调实施，将更多的目前属于低收入群体希望提升自身人力资本的年轻人吸纳到正规的教育系统中来，是对我国未来人力资本的一笔有意义的投资。根据舒尔茨（1961 年）的研究，从 1919 年到 1957 年美国的生产总值增长额，49% 是人力资本投资的结果。在美国这段时间内，物质资本投资增加了 4. 5 倍，收益增加 3. 5 倍；人力资本投资增加了 3. 5 倍，收益增加了 17. 5 倍。货币政策在促进欠发达地区经济发展方面，可考虑鼓励这些地区将资金投入到提升人力资本质量方面。

我国有 3 万亿美元的外汇储备，在财富创造、积累和管理方面有较大的提升空间。在没有市场定价权、依赖国外原材料和投入品、企业利润空间往往受到挤压的条件下，积累起如此大规模的外汇储备并不容易。外汇储备的使用不能仅局限在增加一般商品进口和金融市场跨期替代式的投资等传统运用方式上，而是要帮助我国企业尽快从低层次发展模式过渡到高层次的发展模式，调整产品结构，增加产品竞争力，摆脱对进口原料和投入品的过度依赖，增加产品的定价权。第一次工业革命成就了英国“世界工厂”的地位，第二次工业革命成就了美国和德国的世界经济发达国家地位，我国要成为高收入国家可能要出现新的工业革命，需要不断出现革命性的技术进步，需要大量高质量的人力资本。外汇储备使用收益最高的方法是用来吸引高质量的国际人力资本，将其消化吸收用来提升本国的人力资本质量。

长期以来，我国货币政策始终坚持结构性与总量相结合、数量调节与价格调节相结合的做法，为产业结构、区域结构等经济结构调整作出了很多贡献。例如，2005 年，氧化铝和铁合金加工贸易出现过热，铜和铝等有色金属行业出现供求失衡，钢铁和汽车行业出现产能过剩，部分省份房地产市场出现投资泡沫，面对这些问题，中央银行及时对金融机构进行了风险提示和信贷“窗口指导”，在促进信贷资金在不同行业间优化配置方面，发挥了信贷政策的积极作用。对于国家产业政策鼓励和支持的行业，2005 年煤、电、油、运等行业有 50 家企业率先获准发行短期融资券，发行金额累计达 1121 亿元。

现代经济增长究竟是从什么时候开始的，学术界一直有争论。比较主流的观点是强调生产技术的进步，更新的观点认为人力资本更重要①。除了人力资本质量不高、自主科技进步不够以外，我国还面临收入差距逐步拉大、外部失衡不断积累、资产价格不断上涨等问题。增加大多数人利益的根本办法是实现经济的长期增长，促进科技进步和人力资本质量的提升，通过改革摆脱“中等收入陷阱”。

在经济发展的特殊阶段，货币政策目标的多元化决定了工具的多元化。合理运用结构性和政策性工具，可以引导市场资金配置有利于科技进步、提升人力资本质量、缩小收入差距。发展是硬道理。只有多元目标得到兼顾，出台的政策才会有可持续性，不会出现“一松就乱，一紧就死”的局面，人们才会越来越支持改革而且越来越有承受能力，人均收入水平与人们生活质量的提高才能实现和谐。

日本和美国等许多国家的经历都说明，保持相当长时间（甚至数十年的）的经济增长相对容易实现，始终不出现经济大起大落却很难。在未来的二十年内，只要我国不出现严重的通货膨胀和资产泡沫、收入分配比较合理，即使经济增长速度略微低些，也可能在经济总量上达到世界第一。进一步通过科学进步和人力资本提升加强经济增长的驱动力，完成从中等收入向高收入国家转变的目标是完全能够实现的。

---

① Pereira, A. S. (2006).

第 7 章　世纪叠代模型中资产替代与通货膨胀

2010 年下半年，国内学者和政策决策者对经济形势的判断存在较大分歧，一种观点认为国内经济的主要风险依然是经济增速放缓，另一种观点则认为通货膨胀已经成为今后经济运行的主要风险。两种意见在注重长期经济增长方面观点一致，分歧在于短期内宏观调控的主要内容是抑制通货膨胀还是促进经济增长。本章运用世纪叠代模型分析资产替代和通货膨胀的关系，并为回答上述政策问题提供一个独特的视角。

7.1　我国货币政策抉择的现实背景

2008 年全球金融危机爆发以来，我国经济增速虽然从 2007 年的 13% 降到 2009 年的 8.7%，但是经济结构合理化、经济发展质量提高的趋势已经有所显现。2010 年 GDP 增速达 10.3%。在经济结构调整力度不断加强的前提下，经济回升向好的势头有望得到巩固。保持经济平稳较快发展，除了适时地出台宏观调控措施（积极的财政政策和适度宽松的货币政策）所创造的有利条件以外，还得益于我国城市化进程中经济发展长期向好的基本面。在我国城市化率向 60% 水平不断靠近的过程中，由住房和汽车消费拉动的经济强劲增势是我国经济能够保持平稳增长的基础。2010 年汽车销量在 2009 年 1364 万辆的基础上增长 32.4%，2010 年商品房销售 10.43 亿平方米，增长 10.1%。外部需求下降不会改变国内经济发展的长期趋势，也难以削弱在城市化过程中逐渐释放出的需求。总体而言，我国经济平稳较快发展的内在基础还是稳固的。

回顾 1994 ~ 1995 年以来的经济增速和通胀形势可以发现，在特定时期采取阶段性的政策是必要的，效果是显著的，是落实“发展是硬道理”的有效措施。1999 ~ 2004 年期间，面对需求不足和外部经济环境严峻的情况，作为一种阶段性政策，政府实施了积极的财政政策。事实证明，只要运用好财政资金，不一哄而起，乱铺摊子，大搞重复建设和劣质工程，确保资金的合理投向，把扩大内需和调整经济结构紧密结合起来，多在基础设施建设方面进行投入，同时增加对农业、科技和教育的投入，支持企业技术改造，注意向中西部地区倾斜，并不会引发通货膨胀。在将经济下行期转换为机遇期的过程中，利用生产资料生产能力相对富余的时机，办成了一些多年想办而没有办成的大事，既拉动当前经济增长，又增强经济发展后劲，培植和扩大了财源。1999～2004 年实施积极财政政策期间的平均通胀率仅为 0.64%，财政政策退出以后的 2005～2006 年期间平均通胀率为 1.64%，同期经济增速从 1999 年的 7.6% 增加到 2006 年的 11.6%。1999～2004 年阶段性积极财政政策的适时退出效果良好，财政政策在 2004 年经济出现过热迹象、通胀率达到 3.88% 的背景下于 2005 年回归稳健。

2008 年金融危机以来，各国纷纷实施了积极的相机抉择的财政政策和宽松的货币政策。我国于 2009 年适时地推出了积极的财政政策和适度宽松的货币政策。2010 年在保持政策连续性和稳定性、危机复苏前景尚不明朗等多重考虑之下，我国继续实施积极的财政政策和适度宽松的货币政策。作为一种特定条件下阶段性的政策，积极的财政政策和适度宽松的货币政策是必要的，对保持经济平稳较快增长起到了关键的作用。

宽松的货币政策是在通货紧缩或者经济停滞状况下实施的阶段性政策。我国 2009 年通胀率为 -0.7%，到 2010 年已经出现了通胀预期。在考虑中国的宏观调控政策时，美国和其他发达国家的经济政策往往仅具有有限的参考意义，因为这些国家的形势与我国的形势缺乏可比性。

2008 年金融危机爆发以来，我国和美欧各国所面对的形势截然不同。我国的金融部门受危机直接影响不大，主要是通过受到影响的实体经济间接地对金融部门产生了不利影响。美国的金融危机起源于金融部门，由金融部门蔓延到实体经济。面对外部需求的减少，我国内部的需求可以持续支持相对较快的经济增速；美国的需求疲软相对我国来说只会越来越明显。我国的生产率还处于上升阶段，而美国的生产率从上世纪 70 年代就开始下降了。我国经济的发展已经不依赖于美国的经济周期，具有自身独特的周期性特点。例如，早在 1993～1995 年，美国陷入经济萧条，日本步入通货紧缩，我国却出现了两位数的通货膨胀。

美国过快发展的资产市场和资产价格吸引实体经济的人力资本和资源投入金融部门；一旦资产价格出现回调，实体经济的空虚就暴露无遗；如果没有实体经济对信贷的需求，即使美联储流动性再宽松，也无法刺激投入实体经济的信贷规模有所扩张，从而也就无法提升经济增长和增加就业（李连发，2008）。作为最悲观的估计，如果金融危机之后，美国陷入与日本上世纪 90 年代所经历的长期通货紧缩状态，欧洲经济缓慢增长，我国继续实施适度宽松的货币政策是否会带来通胀和资产价格过快上涨的压力？完全有可能。在未来一段时间内，通货膨胀和资产价格上涨过快依然是国内经济发展的主要风险。担忧本国通胀和资产价格上涨的国家并非只有我国，2010 年，澳大利亚、巴西、印度、加拿大、韩国等十多个国家和经济体出于本国经济发展形势的考虑已经先后提高存款准备金率或者加息。

2010 年《政府工作报告》中提出要“处理好保持经济平稳较快发展、调整经济结构和管理通胀预期的关系。既要保持足够的政策力度、巩固经济回升向好的势头，又要加快经济结构调整、推动经济发展方式转变取得实质性进展，还要管理好通胀预期、稳定物价总水平。”在宏观调控的各项工作中，通胀预期管理已经被提到与经济总量、经济结构调整相并列的地位。

价格在合理程度以内的上涨说明需求旺盛，一定程度上说明了经济结构调整的效果。在计划经济条件下，缺乏品质可比的交易对象，价格想涨也涨不起来。关键是价格上涨的程度要与收入水平增长相一致，不影响货币当局控制通胀的长期声誉。在人民币汇率保持基本稳定的前提下，国内物价的上涨幅度本来就要比汇率波动幅度较大条件下要大些。随着国内需求的释放，国内外价差的缩小，国内商品、服务和资产价格缓慢上涨难以避免。

2011 年推动通胀和资产价格上涨过快的一些结构性因素可能继续存在，比如国外能源、原材料、国内粮食和食品等紧缺商品的价格上涨，特定资产（比如房产）的供应短期内难以满足需求。针对结构性的商品价格上涨，2008 年采取的措施主要是行政性和局部的，归纳起来包括：落实支持发展紧缺商品生产的政策措施，搞好产运销衔接；控制工业用粮和粮食出口；制止粮食深加工能力盲目扩张；健全储备体系；调整资源性产品价格和公共服务收费从严控制，防止出现轮番涨价；健全大宗农产品、初级产品供求和价格变动的监测预警制度，做好市场供应和价格应急预案；加强市场和价格监管；遏制生产资料尤其是农业生产资料价格过快上涨；实行“米袋子”省长负责制和“菜篮子”市长负责制。针对房地产价格上涨，2010 年已经连续出台的一系列政策，包括关于购房首付和贷款利率的政策，14 个城市已经对个人购房数量进行了限制。2011 年继续采用上述的结构性政策可能仍然会有些效果，但有效性将随时间推移而有所下降，这些措施可能难以缓解中长期通胀和资产价格过快上涨的压力。

除了上述结构性因素以外，推动通胀和资产价格过快上涨的原因之一是人民币作为跨期转移购买力载体的效率和吸引力下降。结构性政策无法提升货币作为跨期储存价值载体的吸引力。在资产价格快速上涨、存款利率小幅调整的条件下，人们财富积累的主要途径不是劳动收入和银行储蓄存款，而是投资于各种迅速增值的资产。个人拥有财富的标志已经不是能够购买多少消费品，而是拥有资产的数量。面对资产价格的上涨，以单位货币能够购买的资产数量来衡量，货币的“资产购买力”不如以前；商品和服务价格的上升显得合理。

当购买力跨期转移效率发生变化时，消费者可能从持有货币转移到持有其他资产，这种现象被称为资产替代。国内资产替代现象较为明显，加速了通胀预期的蔓延。作为资产替代的表现，当 2007 年上证综合指数接近 6000 点时，储蓄存款大量向股市分流，新增证券投资基金规模从 2006 年的 1506 亿元增加到 2007 年的 16119 亿元。仅以南京市为例，根据朱国陵和宗怿斌（2009，p13）提供的数据，“在股市最为火爆的 2007 年二季度累计有 111 亿元储蓄存款流向资本市场；尽管 2008 年股市下挫导致部分储蓄回流银行，但 2009 年以来，储蓄向股市‘搬家’的倾向又重新抬头。至 2009 年 2 月末，流向股市的居民储蓄约占全部储蓄存款的十分之一。2009 年一季度南京人民银行储蓄问卷调查显示：有 18% 的居民将‘股票或基金’列为家庭的主要金融资产，这一比例比 2006 年上升了 4 个百分点，有 56% 的居民将‘储蓄’列为家庭的主要金融资产，比 2006 年下降了 3 个百分点。”长期的储蓄存款负利率，强化了资产替代现象，推高了资产价格，形成了通胀预期，最终导致实际的通胀均衡水平向高通胀的均衡状态靠拢。

7.2　资产替代框架内的通货膨胀和资产价格

通货膨胀越是严重，人们越是倾向持有黄金、房产等有价资产规避通胀风险，换言之，资产替代现象越是明显。以下在一个包含资产替代的世代交叠模型中，考察资产替代条件下资产价格上涨和通货膨胀的形成条件和相互关系。

7.2.1　模型结构

模型采用世代交叠（OG）的结构，每代人仅生活年轻和年老两期，人口增长率为 $n \geq 1$，固定不变。时间是离散的。第 t 期年轻人的人口数量为 N_t，同期老年人的人数为 N_{t-1}，满足 $n = N_t / N_{t-1}$。消费品被抽象为一种商品，来自年轻人的禀赋。第 t 期年轻人（以消费品衡量）的禀赋为 y_t，老年人没有禀赋。第 t 期年轻人禀赋与上期年轻人禀赋之间的固定变化率为 $\xi \geq 1$，满足 $\xi = y_t/y_{t-1}$。

第 t 期（第 $t-1$ 代）年轻人和（第 $t-1$ 代）老年人的消费分别为 c_{1t} 和 c_{2t}。效用最大化不考虑后代的效用，代表性第 t 代年轻人优化在年轻和年老时的消费（分别用 c_{1t} 和 c_{2t+1} 表示）配置。效用函数 $u(c_{1t}, c_{2t+1})$ 满足两次可导、严格凸性、非饱和性等新古典条件。跨期消费之间的边际替代率递减，用老年人消费作为纵轴，年轻人消费作为横轴，消费之间的边际替代率 MRS 为 $-[\partial u(c_{1t}, c_{2t+1})/\partial c_{1t}]/[\partial u(c_{1t}, c_{2t+1})/\partial c_{2t+1}]$。效用函数严格凸性的假定排除了仅有替代效应、没有收入效应的情况，跨期消费的平均配置一般总是优于极端配置。当 $c_{1t}/c_{2t+1} \to 0$ 时，边际替代率趋于无穷大；当 $c_{1t}/c_{2t+1} \to \infty$ 时，边际替代率趋于零。年轻时选择的最优消费跨期分配，年老时也是最优的，不存在时间不一致性（Time Inconsistency）问题。

消费品要么被年轻人和老年人消费掉，要么就变成消费品囤积。第 t 期的消费品囤积（用消费品衡量）为 k_t，转换为下期消费品（同样用消费品衡量）的比率为 χ——第 t 期一个单位的消费品可以转换为第 $t+1$ 期 χ 单位的消费品。

第 t 期货币购买力 φ_t 的定义为单位货币可以交换到的消费品。消费物价指数（CPI）衡量的是价格水平，是货币购买力的倒数；第 t 期的通货膨胀率 π_t 被定义为 $\pi_t = \varphi_{t-1}/\varphi_t$。第 t 期持有货币的利率为 $i_t \geq 1$。货币发行的增速 $\zeta \geq 1$ 不变，满足 $\zeta = M_t/M_{t-1}$——第 t 期老年人持有的货币总量（M_t）是第 $t-1$ 期老年人持有的货币总量（M_{t-1}）的 ζ 倍。忽略不计生产货币的成本。假定货币被平均地分配给 OG 模型中年老的居民，换言之，年老的居民平均地享有了所有的铸币收入。假定最初生活在第 1 期的第 0 代老年人持有货币总量为 $M_1 \geq 0$，并拥有足够的消费品作为禀赋。

除了货币以外，其他资产（比如，房产或证券）可以作为替代载体实现跨期转移购买力的功能。这里仅考虑这些资产作为跨期购买力转移载体的特性，除此特性之外的资产差异都被忽略不计，资产使用所带来的效用已经作为消费的一部分进入了效用函数。假定资产物理上的损耗可以忽略不计。第 t 期资产（转换为消费品）的购买力为 ϑ_t。假定资产的供给完全由老年人在没有生产成本的情况下提供，资产供给的增速 ϕ 不随时间变化，满足 $\phi = H_t/H_{t-1}$——第 t 期老年人持有的资产总量（H_t）是第 $t-1$ 期老年人持有的资产总量（H_{t-1}）的 ϕ 倍。老年人持有的资产总量在老年人之间平均分配。房屋和股票证券储存购买力具有规模效应不变（Constant Return to Scale）的特征，购买房屋和股票证券数量的上升不会改变储存购买力的效率。假定最初生活在第1期的第0代老年人持有资产总量为 H_1，并拥有足够的消费品作为禀赋。

7.2.2 对称性均衡的定义

根据对称性，第 t 期年轻人的人均消费（$c_{1t} = C_{1t}/N_t, C_{1t}$ 是第 t 期年轻人的消费总量）相等，第 t 期货币和资产人均持有量（分别为 $m_1 = M_t/N_t$ 和 $h_t = H_t/N_t$）都相同。由第 t 期年轻人（人均）消费 $c_{1t} \geq 0$、第 $t+1$ 期老年人（人均）消费 $c_{2t+1} \geq 0$、第 t 期（人均）货币持有量 $m_t \geq 0$、第 t 期（人均）资产持有量 $h_t \geq 0$、第 t 期资产用消费品表示的购买力为 $\vartheta_t \geq 0$、第 t 期货币购买力 $\varphi_t \geq 0$ 和第 t 期物理储存 $k_t \geq 0$ 组成向量 $[c_{1t}, c_{2t+1}, m_t, h_t, k_t, \vartheta_t, \varphi_t]$。对称性均衡就是一系列向量 $[c_{1t}, c_{2t+1}, m_t, h_t, k_t, \vartheta_t, \varphi_t], t = 1, 2, \cdots$，满足以下条件：

①给定 $\varphi(t)$ 和 $\vartheta(t)$，$c_{1t}, c_{2t+1}, m_t, k_t$ 和 h_t 是代表第 t 期年轻人在完全预见情况下效用最大化的选择。

②货币和资产在总量和个体持有量之间满足 $M_t = \sum m_t$，$H_t = \sum h_t$。

③第 t 期货币购买力 φ_t 使得第 t 期对货币的需求和供给相等。

④第 t 期以货币标价的资产价格 ϑ_t 使得第 t 期对资产的需求和供给相等。

7.2.3 效用最大化

代表年轻人需要解决的问题是，给定货币、资产当前和未来的价格（φ_t、ϑ_t 和 φ_{t+1}、ϑ_{t+1}）、利率 i_t 以及 χ、ξ、ζ 和 ϕ 的数值，选择 c_{1t}，c_{2t+1}，m_t，k_t 和 h_t，使得其终生的效用 u（c_{1t}，c_{2t+1}）最大化。约束条件是：

$$\begin{aligned} & c_{1t} + k_t + \varphi_t m_t + \vartheta_t h_t - y(1)\xi^{t-1} = 0 \\ & c_{2t+1} - \chi k_t - \varphi_{t+1}[i_t m_t + \frac{(\zeta - 1)M_t i_t}{N_t}] - \vartheta_{t+1}[h_t + \frac{(\phi - 1)H_t}{N_t}] = 0 \end{aligned} \tag{7.1}$$

其中，$\varphi_t \geq, \varphi_{t+1} \geq 0, \vartheta_t \geq 0, \vartheta_{t+1} \geq 0$。最优化的充要条件是：

$$u_1 - \lambda_1 \leq 0 \qquad \text{当 } c_{1t} > 0 \text{ 时}, u_1 - \lambda_1 = 0 \tag{7.2}$$

$$u_2 - \lambda_2 \leq 0 \qquad \text{当 } c_{2t+1} > 0 \text{ 时}, u_2 - \lambda_2 = 0 \tag{7.3}$$

$$-\lambda_1 + \chi\lambda_2 \leq 0 \qquad \text{当 } k_t > 0 \text{ 时}, -\lambda_1 + \chi\lambda_2 = 0 \tag{7.4}$$

$$-\lambda_1\varphi_t + \lambda_2 i(t)\varphi_{t+1} \leq 0 \qquad \text{当 } m_t > 0 \text{ 时}, -\lambda_1\varphi_t + \lambda_2 i_t\varphi_{t+1} = 0 \tag{7.5}$$

$$-\lambda_1\vartheta_t + \lambda_2\vartheta_{t+1} \leq 0 \qquad \text{当 } h_t > 0 \text{ 时}, -\lambda_1\vartheta_t + \lambda_2\vartheta_{t+1} = 0 \tag{7.6}$$

其中，λ_j 是等式（7.1）第 j 个约束条件的非负乘数。（7.2）中的 λ_1 代表增加年轻人一单位禀赋（以消费品衡量）所带来的边际效用。当年轻人消费大于零时，禀赋增加所带来的边际效用等于年轻人消费所带来的边际效用。当 λ_1（严格地）大于年轻人消费所带来的边际效用时，消费越少越好；但如果第 t 期年轻人的消费已经为零时，消费已经无法再减少了，禀赋的边际效用大于等于消费的边际效用。（7.3）中的 λ_2 代表老年人增加禀赋所带来的边际效用；由于老年人将所有剩余禀赋和从年轻转移来的消费品都消费掉，当老年人消费严格大于零时，增加禀赋所带来的边际效用等于老年人消费所带来的边际效用。如果老年人消费的边际效用严格低于增加禀赋的边际效用，老年人消费相对过“多”了，这种情况出现的唯一可能是老年人消费已经为零。

7.3 资产替代条件下通货膨胀和资产价格过快上涨的风险

未来推动国内通胀和资产价格过快上涨的原因是，货币相对房产等资产作为跨期价值储存载体的吸引力下降。通货膨胀率越是高，人们越是倾向持有黄金、房产等资产规避通胀风险，资产替代现象越是明显。资产替代现象反过来增加了通货膨胀风险，推动通货膨胀向更高的水平发展。

在模型中可以推导出货币作为跨期价值储存载体具有吸引力的条件。货币正常运行意味着货币购买力在任何时期都严格大于零，$\varphi_t>0$（对任意 t 期），货币跨期转移购买力的效率不低于物理储存。年轻消费者效用最大化、持有货币规模严格大于零且不囤积消费品的充要条件是：

$$\frac{\partial u(c_{1t},c_{2t+1})/\partial c_{1t}}{\partial u(c_{1t},c_{2t+1})/\partial c_{2t+1}}=\frac{\varphi_{t+1}i_t}{\varphi_t}\geqslant\chi \tag{7.7}$$

根据（7.7），当 $\varphi_t>0$（对所有 t）和 $i_t\geq 1$（对所有 t）时，货币数量严格大于零的充要条件（证明见附录 D）是：

$$\zeta\chi\leqslant i_t n\xi \tag{7.8}$$

实际收入增速 ξ 可以小于名义货币的增速 ζ，但是前者比上后者的值必须大于某个下界（$\chi/i_t n$）；货币增速的上限确保了货币增长不会突破收入增长的上界。货币的吸引力受四个方面的影响：一是货币和其他资产的投放速度。给定其他条件不变，货币的投放速度相对其他资产不能过快。二是物理储存技术转换率。给定其他条件不变，物理储存技术越先进，货币越有可能失去吸引力。三是人口增速和禀赋增速。给定其他条件不变，人口和禀赋增速越快，下一代人口所持有的禀赋总量越多，货币越是有购买力。四是利率。利率越高，货币转换购买力的效率越高，货币越是有吸引力。

为考察资产替代，假定除了物理储存方式以外，存在其他资产可以替代货币发挥跨期价值储存功能。人们同时持有货币和资产，没有人囤积消费品。在这种稳定状态（人们持有的资产用消费品衡量为 $f_t = h_t\vartheta_t$，持有的货币用消费品衡量为 $q_t = m_t\varphi_t$，以下称为 $\breve{q}-\breve{f}$ 均衡），存在 $\breve{f}_t = \breve{f}_1\xi^{t-1} \in (0, y_1\xi^{t-1}]$ 和 $\breve{q}_t = \breve{q}_1\xi^{t-1} \in (0, y_1\xi^{t-1}], k_t = 0$。

人们持有资产意味着资产的“购买力”在任何时期都严格大于零，$\vartheta_t > 0$（对任意 t 期）。年轻消费者效用最大化、同时持有货币和资产规模严格大于零且不囤积消费品的充要条件是货币和资产跨期转移购买力的效率相等且不低于物理储存。

$$\frac{\partial u(c_{1t}, c_{2t+1}) / \partial c_{1t}}{\partial u(c_{1t}, c_{2t+1}) / \partial c_{2t+1}} = \frac{\vartheta_{t+1}}{\vartheta_t} = \frac{\varphi_{t+1} i_t}{\varphi_t} \geqslant \chi \tag{7.9}$$

货币的实际利率对货币发挥跨期储存价值功能非常重要。实际情况也是如此，2004 年以来大部分年份里（除 2007 年以外）一年期存款利率低于通胀率的负利率现象开始影响越来越多人的储蓄投资决策。资产替代现象近年来越来越突出。2010 年，全国商品住宅销售面积达到 9.3 亿平方米，上市公司通过境内市场累计筹资 10257 亿元。股票市场从 2007 年最高点一度回落，商品住房的销售价格却越来越高。2010 年 10 月以来抑制房价政策频频出台，房价上涨暂时受到影响，交易量有所萎缩，但人们普遍认为房价难以下降。近来，房产、股票、黄金、珠宝、艺术品、茶叶甚至大蒜、绿豆、生姜价格的大幅度上涨都与负利率有关系。

上述模型分析的主要结论是：给定其他条件不变，跨期转移购买力效率的高低是相对的。如果资产跨期转移购买力的效率高于货币，即使通货膨胀不高，实际利率为正，人们还是会选择资产作为跨期价值储存的载体。如果通货膨胀趋高，实际利率为负，资产价格上涨的财富收益较大，持有货币不划算。

当越来越多的人转而持有资产（不仅将收入流量而且将货币存量转而持有资产），资产价格上涨可能变成自我实现（Self - fulfilling）的过程，持有资产的购买力跨期转移效率变得更高，货币作为跨期转移购买力载体的吸引力进一步下降。此时，用资产持有量来衡量一个人的财富存量更加具有说服力。一个人收入的高低也倾向于通过与资产价格进行比较来确定。当资产价格与收入的比率（资产价格/收入）迅速增大时，提高收入的愿望“膨胀”，增加收入会促使价格上升；价格的上涨会引发普遍性的通胀预期，进一步引发通货膨胀。在这种情况下，即使增加部分商品供应，抑制部分商品的价格，资产价格过快上涨和通货膨胀都难以通过局部的行政性的结构性措施加以控制。

资产价格的上涨不是特定的某一类资产价格的问题，而是资产价格普遍性的上涨。单单控制某一类资产的供求，抑制某些资产的价格，依旧难以控制资产价格普遍上涨的趋势。比如，控制了房产价格，股票价格却上来了。资产价格上涨过快背后有许多特殊因素，采取行政性的和局部的措施加以控制难免挂一漏万。

7.4 稳健货币政策的利弊权衡

如果要比较国内外的经济发展阶段差异，我国目前的经济形势可能更像上世纪70年代初期生产率持续下降之前的美国。如果美国政策决策者没有吸取上世纪70年代的教训，在80年代将控制通货膨胀作为首要政策目标，美国经济就不可能出现金融危机之前持续近30年的高增长、低通胀阶段。美国经济史提供的资料说明，过度依赖货币政策刺激就业不仅结果不理想，而且可能付出代价。美国学者Delong（1998）认为，美国大萧条的阴影带来的对持续失业的恐惧、过度依赖货币政策解决就业问题是美国上世纪70年代出现通货膨胀的根本原因。美国上世纪70年代以前和平时期的平均通胀率在0～3%之间，70年代通胀率上涨到5%～10%（70年代美国的平均通胀率为7.1%）。其实，美国60年代的经济政策实验已经说明，政府制定的失业率目标过低（比如，美国60年代的失业率目标如果低于4%），会带来加速的通货膨胀。70年代美国的政策制定者继续认为宏观经济政策可以使得失业率达到非常低的水平，而个位数的通货膨胀成本不高，当时的政策导向是在不增加失业情况下控制通货膨胀（Stein，1984）。结果是，与将控制通胀放在货币政策目标首位的联邦德国相比，美国70年代后期的通胀率比德国通胀率高出了4.1%（德国1976～1979的平均通胀水平为3.7%低于美国同期的7.79%）。经过70年代通胀经历之后，美国的政策决策者认识到，宏观经济政策可以实现的可持续的最低失业率相对而言是比较高的，个位数的通货膨胀也要付出巨大的经济和政治代价。

国内有关通胀的分析将从统计价格指数的技术分析逐渐过渡到全面和深入的经济学分析。单单分析消费物价指数的各个构成部分及其变化，人们很容易将国内通胀与特定商品（比如，燃油、粮食、食用植物油、肉类等基本生活必需品和其他商品生产）的紧缺联系在一起。美国学者 Blinder（1982）也曾将美国 70 年代的通胀归结于来自少数类型商品的供应扰动（Supply Shock），认为美国 70 年代的原因是遇到了“坏运气”。诺奖得主 Friedman（1975）反对这种分析方法。他认为，将全面的通胀归因于结构性因素理论上缺乏依据：一部分商品价格上涨将导致消费者对这部分商品支出增加，同时必然导致消费者在其他商品的支出减少，按照同样逻辑，将导致其他商品的价格下降；从这个意义上讲，全面性通胀难以通过部分商品价格上涨的“坏运气”得到解释，必然有其系统性的根源。进一步对国内的数据进行分析可以发现，针对特定商品的行政性和局部性政策在短期内可以导致特定商品的价格下降，但无法确保价格变化率在中长期内稳定在合理的水平。2008 年的通胀率达到 5.86%，通过采取行政性的和局部调控的结构性措施，2009 年通胀率降为 -0.7%，但是 2011 年的通胀率很快恢复到（2011 年 7 月）6.5% 的水平。

出于发展是硬道理的考虑，在 2008 年金融危机之后，政策当局果断地将从紧的货币政策调整为适度宽松的货币政策，从控制通胀转为出台各项经济政策刺激经济增长。特殊时期的阶段性政策是必要的。本轮金融危机之后，我国采取的积极财政政策和适度宽松的货币政策已经取得成效，我国经济已经从底部开始回升，通胀预期已有所显现。

坚持发展是硬道理，尤其需要坚持确保经济长期平稳发展的这个硬道理。正如 2010 年《政府工作报告》所提出的，宏观调控政策要“处理好保持经济平稳较快发展、调整经济结构和管理通胀预期的关系”。日本和美国的经历都说明，保持相当长时间（甚至数十年的）的经济增长是相对容易实现的，但是要想始终不出现经济大起大落却很难。国内通胀预期推动资产替代，推高资产价格，资产价格迅速上涨的势头已经开始引发实体经济的人力资本和资源向金融部门转移，制造业的企业开始从事房地产业务，房地产企业开始从事资本市场业务，具有企业家精神的稀缺人力资本开始从实体部门抽离。资产市场和金融部门过度扩张的风险增加，资产泡沫的风险开始积累。如果未来一旦出现资产泡沫破裂，实体部门的薄弱马上暴露出来，可贵的企业家精神将难以回归，面临的很可能是信贷需求的长期疲软。到那时，即使流动性和信贷供应再宽松，都难以将信贷注入实体经济，促进就业和经济增长的目的难以实现，结果可能是类似日本所经历的长期经济萧条。

随着金融危机最糟糕的阶段逐渐过去，在国内2010年下半年经济发展的基础上，进一步落实“发展是硬道理”的做法有两种。第一种做法是继续实施全面的刺激经济政策，短期内将控制通胀的目标放在实现就业的目标之后，在保持积极财政政策的同时继续实施适度宽松的货币政策。这种做法的优点是可以抵御美国和国际经济形势未来可能的糟糕局面（比如美国步入持续通货紧缩），在短期内保持国内经济的发展势头；风险是中长期通胀和资产价格可能失控。

第二种做法是短期内将控制通胀的目标重新放到实现就业的目标前面。这种做法的风险是短期的就业压力可能会大些，优点是保持国内通胀和资产价格在中长期内处于可控的状态，确保了经济增长的中长期趋势不会由于通胀和资产价格失控而被打断，经济向好的趋势不会被逆转。

在未来的二十年内，只要我国不出现严重的通货膨胀和资产泡沫，即使经济增长速度略微低些，也能在经济总量上达到世界第一。反之，如果我国未来出现严重的通货膨胀，或者出现资产价格泡沫，那么我国很可能重蹈日本的覆辙，陷入长期的经济萧条和通货紧缩，难以实现成为世界一流经济强国的目标。从未来经济平稳发展这个硬道理和大局出发，第二种做法更为稳妥。

随着我国在2010年超越日本成为世界第二大经济体，一方面坚持用平稳发展的办法解决前进中的问题，另一方面要防止操之过急、欲速不达，避免由于通货膨胀和资产价格过快上涨过快激化各种社会矛盾。2010年在收入分配领域普遍反映出来的各种问题已经说明，经济运行当中的一些不稳定因素已经积累到不能不加以治理的程度；如果继续放任资产价格过快上涨和通货膨胀发展下去，老百姓对政府的宏观调控将逐渐失去信心，一旦这种预期形成，政府需要下猛药才能扭转。老百姓不需要好看的经济数字，对收入和财富存量的实际价值不断缩水难以接受。此外，通胀和资产价格领域的调控滞后还非常可能增加金融部门的风险积累，通过增加金融部门的脆弱性放大经济波动（Cecchetti & Li，2007）。

分析国内今后经济政策的合理取向，一方面要认识到经济增长的强劲基本面和经济结构调整的成效将持续得到释放，另一方面要考虑到增加大量就业岗位的难度将增加。在全社会就业压力较大的情况下，尤其要防止通货膨胀的抬头和资产价格的过快上涨。增加就业机会固然重要，危害更大的是劳动者实际收入和财富的缩水。考虑到国内资产价格已经开始抬头（而且难以回头），国内通胀预期逐渐积累，2011年在保持积极财政政策的同时，短期内将控制通货膨胀作为首要的政策目标，回归稳健的货币政策，是明智的做法。如何进一步发挥利率在控制通货膨胀过程中应该发挥的重要作用，值得深入研究。

同时，加快落实有关收入分配领域的各项改革和调整措施，保证老百姓实际的收入水平不会下降，加强对通胀预期的引导，确保收入增速高于通胀预期。在国内经济向好，生产率不断提高的过程中，保证劳动者实际财富存量不缩水是可以实现的。然而，2010 年末我国面临的形势是，大部分劳动者依靠劳动收入（加上储蓄存款）致富的速度远不及投资于资产的财富增值速度。即使储蓄存款利率有所提高，依然不能改变上述格局。如果将投资于资产从而实现财富增值的人群称为投资致富人群，将依靠劳动收入（加上储蓄存款）积累个人财富的人群称为劳动收入人群。目前较大的收入分配问题是，劳动收入人群在收入分配中所占的比重越来越低。

改革和发展的出发点是为了增加大多数人的利益，不论出于何种理由，宏观调控政策都不能任由大多数老百姓的实际利益有可能受到损失。实施稳健的货币政策，使得货币发行和信贷发放处于合理的增速，从流动性源头上抑制资产价格的过快增长和物价上涨，有利于缓解收入分配方面的不平衡，化解各种社会矛盾。只要收入分配政策合理，货币政策和财政政策方面总体上保持稳健，可以实现中长期经济的平稳发展，防止大起大落的风险。

第二篇　实证篇

第8章　实际汇率实证分析

实际汇率（Real Exchange Rate，实际汇率）分为外部实际汇率和内部实际汇率两种（Hinkle & Montiel，1999）。外部实际汇率综合了名义汇率和各国之间价格水平差异的调整。内部实际汇率指一国内部贸易品价格与非贸易品价格之比，它描述国内在贸易部门和非贸易部门之间资源配置动机的强弱。衡量内部实际汇率的意义在于比较生产和消费贸易品和非贸易品的动机。生产贸易品的企业利润越多，一方面导致资源从非贸易品部门流向贸易品部门，一方面使得消费者用非贸易品替代贸易品。发达国家学者主要关注外部实际汇率，内部实际汇率则对新兴和发展中国家更为重要。

本国货币升值对应的是基于外国货币的实际汇率指数上升或者基于本国货币的实际汇率指数下降。外部实际汇率根据理论假设不同分为三类：基于支出和购买力平价的外部实际汇率、Mundell – Fleming 外部实际汇率和贸易品外部实际汇率。以下对三类外部实际汇率分别加以说明。

8.1　外部实际汇率实证分析

8.1.1　基于支出和购买力平价的外部实际汇率

由于考虑各国相对的购买力，外部实际汇率计算中采用支出价格（消费者价格），而不采用生产成本价格。绝对购买力平价成立意味着外部实际汇率为1。在采用标准支出篮子和假定绝对购买力平价成立的条件下，名义汇率（一单位外国货币等于多少本国货币）可表示为：

$$\mathcal{E}_{Ht} = \frac{P_t}{P_t^*} \tag{8.1}$$

《Economist》杂志的“Big Mac Index”通过同一商品“Big Mac”在各国的售价之比计算出名义汇率，运用的就是绝对的购买力平价。国际比较项目（International Comparison Programme，ICP）采用标准化的支出篮子，基于绝对购买力平价理论，可以推导出 ICP 名义汇率。

相对购买力平价成立条件下，外部实际汇率为常数。名义汇率（一单位外国货币等于多少本国货币）与支出价格之间满足：

$$\mathcal{E}_{Ht}=\left(\frac{P_t}{P_t^*}\right)\times k \tag{8.2}$$

这里的支出价格指数包括贸易品、非贸易品，针对代表性支出篮子。代表性支出篮子采用特定国家贸易品和非贸易品实际性的支出份额，与标准支出篮子相比较，代表性支出篮子不需求对支出主体的行为设定过于不切实际的限制条件。

双边基于本国货币的外部实际汇率定义为：

$$BRER_{Ht}=\frac{\mathcal{E}_{Ht}P_t^*}{P_t} \tag{8.3}$$

基于本国货币的外部实际汇率下降，本国商品价格或成本相对外国商品上升，本币实际升值。双边基于外国货币的外部实际汇率定义为：

$$BRER_{Ft}=\frac{\mathcal{E}_{Ft}P_t}{P_t^*}=\frac{1}{BRER_{Ht}} \tag{8.4}$$

基于支出和购买力平价的外部实际汇率通常采用消费者价格指数（Consumption Price Index，CPI），因为消费者价格指数包含贸易品和非贸易品。批发价格指数（Wholesale Price Index，WPI）给予贸易品更多的权重，而给予非贸易品较少的权重。

根据（8.3），计算人民币兑美元的双边实际汇率，名义汇率是全年的平均汇率水平，消费者价格指数以 1987 年为 100。1987～2005 年期间，人民币实际贬值与主动的人民币名义贬值相一致，通胀率差异导致人民币实际升值是次要的。2005 年 7 月汇率改革以后，由人民币主动的名义升值导致的人民币实际升值是主要的①。

① 1987～1989 年、1993 年、1995～1997 年和 2004 年人民币实际升值的原因来自中国较美国更高的通胀率，因为在这些时间段内人民币要么贬值、要么汇率没有变化。2006 年和 2009 年人民币实际升值的原因来自人民币名义升值，而中国通胀率较美国更低。根据同样的逻辑，1992 年和 1994 年人民币的实际贬值来自人民币名义贬值，同期中国通胀率较美国通胀率高。2005 年人民币的实际贬值，来自美国更高的通胀率，同期人民币名义升值。自 1987 年到 1998 年，人民币名义上持续贬值，从 1 美元兑 3.72 元人民币贬到 1 美元兑 8.28 元人民币（均采用年平均汇率）。1998 年到 2004 年，人民币名义汇率没有变化，保持在 1 美元兑 8.28 元人民币。2005 年到 2011 年 10 月，人民币名义上开始升值，从 1 美元兑 8.28 元人民币升到 1 美元兑 6.3 元人民币左右。

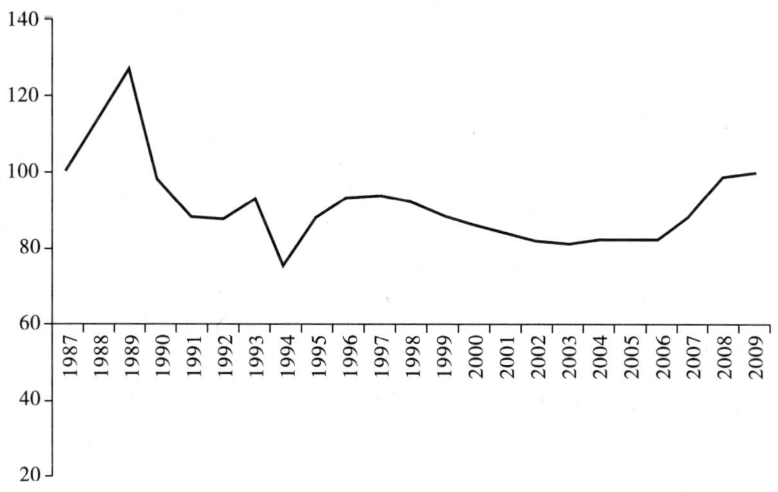

图 8.1　人民币兑美元双边实际汇率（1987～2009）

注：实际汇率数值变大是人民币实际升值，采用消费者物价指数，1987＝100。

资料来源：IFS。

实际有效汇率（REER）是多边汇率，基于本国货币的实际有效汇率定义为：

$$REER_{Ht}=\frac{\prod_{j=1}^{m}\left(\mathcal{E}_{Hjt}P_{jt}^{*}\right)^{\omega_j}}{P_t} \tag{8.5}$$

其中，j 代表本国贸易伙伴国，ω_j 是 j 国的贸易权重①。基于外国货币的实际有效汇率定义为：

$$REER_{Ft}=\prod_{j=1}^{m}\left(\frac{\mathcal{E}_{Fjt}}{P_{jt}^{*}}\right)^{\omega_j}P_t=\frac{1}{REER_{Ht}} \tag{8.6}$$

计算实际有效汇率的方面有两种：一种是作为双边实际汇率的加权平均，二是通过计算名义有效汇率（NEER）。第一种方法的计算公式是：

$$REER_{Ht}=\prod_{j=1}^{m}BRER_{Hjt}^{\omega_j} \tag{8.7}$$

第二种方法的计算公式是：

$$REER_{Ht}=\frac{NEER_{Ht}\prod_{j=1}^{m}\left(P_{jt}^{*}\right)^{\omega_j}}{P_t}=\frac{\prod_{j=1}^{m}\mathcal{E}_{Ht}^{\omega_j}\times\prod_{j=1}^{m}\left(P_{jt}^{*}\right)^{\omega_j}}{P_t} \tag{8.8}$$

---

①　对比算术加权平均，几何加权平均具有需要的对称性和一致性。几何加权平均数的优势具体在于，在计算两个时间之间实际汇率变化时，基期的选择不影响变化率。几何加权平均对称地对待大幅贬值或升值的货币，而算术加权平均不具有这种对称性。

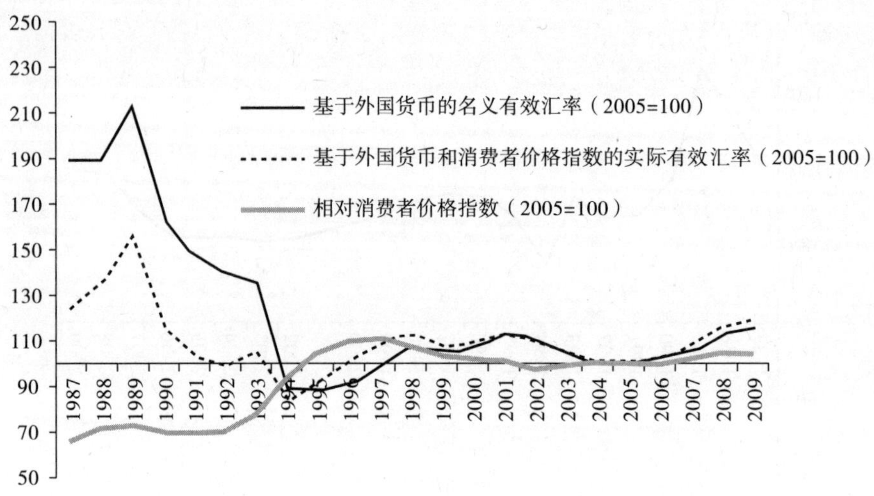

图 8.2　人民币 NEER、REER 和相对消费者价格指数

数据来源：IFS

只要国内通胀比国外通胀高，名义有效汇率就大于实际有效汇率。根据图 8.2，1994 年名义汇率下降（人民币贬值）似乎很大，但实际汇率下降（人民币贬值）并不大，因为国内的通胀水平比国外的高。2005 年到 2009 年，名义汇率上升（人民币升值）小于人民币实际升值的程度，因为国内通胀同期比国外低。

1994 ~ 2005 年期间，人民币与美元的名义汇率在很小的范围内（8.28 ~ 8.7）浮动。人民币名义有效汇率波动完全来自美元和其他货币之间的汇率波动。自 1994 年到 1998 年，美元和人民币都处于升值状况。亚洲金融危机以后，美元和人民币出现小幅度贬值以后，继续升值直到 2003 年。2003 年到 2005 年，美元和人民币名义上都是贬值的。2005 年以后人民币汇率体制改革，人民币和美元之间的联动关系有所松动。

1994 年以后我国汇率市场统一，平行外汇市场消失。在经常项目实现可兑换之后，直到 2011 年为止，我国资本和金融项目下的交易外汇还不能自由兑换。即使本国汇率市场统一，如果其他国家存在平行汇率市场和多重汇率，有效汇率的计算会受影响。计算我国有效汇率涉及贸易权重。我国进口权重和出口权重差距很大，不仅如此，我国对外贸易中大部分以美元计价，贸易的目的地和出发地权重与计价货币权重相差很大。如果我国与潜在出口竞争国之间没有贸易，并不等于说该国汇率变化对我国出口没有影响。理想的权重是经济处于均衡状态时的权重。不同的国家可能有不同的均衡年份。最常用的权重计算方法是用进口加出口权重。根据 IFS，国际货币基金计算两种有效汇率，一种以 2005 年为基期，一种以 2000 年为基期。这两者都可以用来评估以往实际汇率偏离均衡实际汇率的程度。如果要考虑未来政策的效果，最好采用最新的贸易权重。

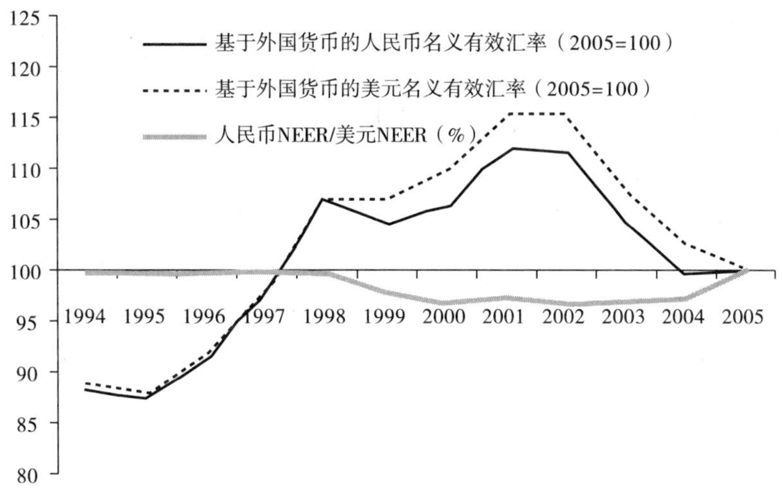

图 8.3　人民币 NEER 和美元 NEER（1994～2005）

资料来源：IFS。

为了考虑贸易之间存在的第三方竞争关系，理想的有效汇率权重不仅考虑现实的贸易权重，而且要考虑出口市场竞争对贸易的影响。国际货币基金的 Information Notice System（INS）计算有效汇率的权重考虑了第三方面竞争的影响。这种权重给予第三方竞争经济体的权重高于其贸易权重。

8.1.2　Mundell - Fleming 或者基于总生产成本的外部实际汇率

在 Mundell – Fleming 模型中，一国生产的所有商品被汇总为单一的商品，一部分本国消费，一部分出口。不同国家的汇总商品之间不完全替代，企业面对向下倾斜的需求函数。为衡量一国包括贸易品和非贸易品在内所有商品在生产成本方面的竞争力，计算外部实际汇率采用产出价格指数。消费者价格指数包括内销商品价格和进口商品价格，产出价格指数包括内销商品价格和出口商品价格；前者与生活成本有关，而后者与生产成本有关。一国生产成本方面的优势，不仅来自贸易品生产部门，也来自非贸易品生产部门，来自生产要素的机会成本。具体计算中采用 GDP 平减指数（GDP Deflator）。

采用 GDP 平减指数计算的外部实际汇率为：

$$MFRER_{Ft} = \frac{\mathcal{E}_{Ft} P_{Ht}(\ell)}{P_{Ft}^{*}(\ell^{*})} \tag{8.9}$$

本国商品汇总为一种商品，用 ℓ 表示，外国商品汇总为另一种商品，用 ℓ^* 表示。在 Mundell - Fleming 模型中，企业采取 PCP 定价方式，各种价格之间满足：

$$P_{Ht}(\ell)=\mathcal{E}_{Ht}P_{Ht}^*(\ell);P_{Ft}(\ell^*)=\mathcal{E}_{Ht}P_{Ft}^*(\ell^*) \tag{8.10}$$

定义本国的贸易条件为 S_t— 本国出口产品价格（以本国货币计价）除以本国进口产品价格（以本国货币计价）：

$$\mathcal{S}_t=\frac{P_t(\Upsilon_X)}{P_t(\Upsilon_M)} \tag{8.11}$$

Υ 表示商品。根据（8.9），结合（8.11）和（8.10），得到实际汇率与贸易条件相等的结论：

$$MFRER_{Ft}=\frac{\mathcal{E}_{Ft}P_{Ht}}{P_{Ft}^*}=\frac{P_t^*(\Upsilon_X)}{P_t^*(\Upsilon_M)}=\mathcal{S}_t \tag{8.12}$$

对于贸易条件变化不是非常显著的国家，消费者价格指数和 GDP 平减指数变动的情况会比较一致。对于贸易条件变化比较大的国家，GDP 平减指数和消费者价格指数差别较大，前一指数没有包含进口最终产品的价格，只包含了出口最终产品的价格，消费者价格指数则相反；在这种情况下，有必要区分外部实际汇率和贸易条件。

8.1.3 贸易品的外部实际汇率

对同质贸易品而言，生产者是价格的接受者，面对完全有弹性的市场需求，需求（而不是成本）决定价格。假定交易成本可以被忽略，一价定律和绝对购买力平价成立。现实情况是，贸易品之间通常存在异质性和替代性，价格相等的程度有所减弱。贸易品的外部实际汇率是一国对外部门竞争力的指标，通常在一国贸易等式中作为相对价格变量。计算贸易品外部实际汇率所使用的价格可选择四种：一是制造业部门单位增加值的劳动成本，二是批发价格指数，三是制造业部门的增加值平减价格指数，四是出口单位价值（Export Unit Values）。以下将分别对这四种价格指数进行说明：

国际货币基金认为，对于发达国家来说，制造业部门的单位增加值劳动成本（Unit Labor Cost，ULC）（用同一种货币衡量）是贸易品生产竞争力的较好指标。制造业部门面对国际竞争，劳动是最不具有流动性的生产要素之一，劳动成本是这个部门可变成本的重要组成部分，直接影响这个部门的盈利性。实际汇率和实际工资通常相关性很高。单位增加值劳动成本的计算方法，一是用劳动成本除以总增加值，二是平均工资除以劳动生产率。

在发达国家的贸易等式当中，批发价格指数被作为相对价格变量，因为该价格指数中的贸易品权重较高。采用制造业部门代替贸易品部门的前提是，农产品贸易在对外贸易中的比重不大。制造业部门的增加值平减价格指数是（市场价格）增加值的当前价格值与不变价格值的比例。出口单位价值是一国出口成本或者价格的替代指标，出口价格下降，竞争力增加。

8.1.4　实际汇率、名义汇率与贸易条件的关系

实际汇率的计算公式中包含名义汇率。在浮动汇率制度下，一旦出现货币和实际冲击，名义汇率会出现大幅度地波动。过去 30 年，美元和欧元的汇率波动幅度超过 60%，美元和加拿大元的汇率波动幅度也超过 35%，名义汇率的波动幅度大于物价变动的幅度，名义汇率和实际汇率之间在统计上出现很强的相关性。1987～2009 年，我国名义人民币汇率与实际汇率（用 CPI 价格指数）的相关系数为 0.746。

贸易条件变化使得不同计算方式所得出的外部实际汇率相距甚远。当贸易条件改善时，进口价格下降或者出口价格上升，GDP 平减指数比消费物价指数上涨更快。如图 8.4 所示，我国 1986～2008 年期间，GDP 平减指数比消费物价指数上涨得慢，说明我国贸易条件向不利方向发展。到 2008 年，两种价格指数与 1986 年相比上涨幅度相同，这说明我国贸易条件 2008 年与 1986 年大致相当，既没有大幅度改善，也没有大幅度恶化。

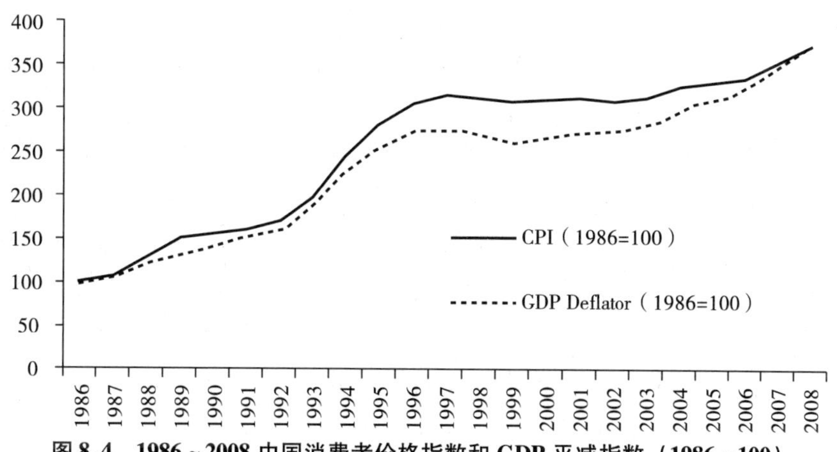

图 8.4　1986～2008 中国消费者价格指数和 GDP 平减指数（1986＝100）

资料来源：IFS。

8.1.5 外部实际汇率与竞争力的关系

如果本国货币（基于外部实际汇率的计算）长期处于过度升值状态，本国商品的价格长期偏高，这意味着在本国商品方面的支出将转为对外国商品的支出，本国产出下降。本国贸易部门的利益受到损害，而消费者福利可能会增加。

关于外部实际汇率与竞争力的关系需要一个模型框架①。最终产品（贸易品和非贸易品）的实际价值（Q）等于增加（实际）值（V）、资本投入（K）、劳动投入（L）、非贸易品投入（I_N）和进口中间产品（I_M）的实际价值，这些变量在以下函数中联系在一起：

$$Q_j = F_j[V_j(L_j, K_j), I_{Nj}, I_{Mj}], j = T, N \tag{8.13}$$

假定增加值函数、非贸易品投入和进口中间产品满足：

$$V_j = A_j L_j^{\alpha} K_j^{1-\alpha} \tag{8.14}$$

$$I_{Nj} = \varphi_{Nj} Q_j \tag{8.15}$$

$$I_{Mj} = \varphi_{Mj} Q_j \tag{8.16}$$

其中，增加值函数包含了技术进步或生产率参数（A），各种中间投入品占最终产品的比重为 φ_{Nj} 和 φ_{Mj}。假定企业完全竞争，增加值与投入价值相当：

$$P_{Vj} V_j = w_j L_j + r_j K_j \tag{8.17}$$

其中，增加值的价格指数是平减价格指数（P_V），w_j 和 r_j 分别是名义工资和利率。由（8.17）得到：

$$P_{Vj} = \frac{w_j L_j}{V_j} + \frac{r_j K_j}{V_j} = a_{Lj} w_j + a_{Kj} r_j \tag{8.18}$$

增加值的平减价格指数等于工资和资本回报的加权平均，权重是单位增加值所雇佣的劳动和资本。（8.18）说明增加值的价格指数等于单位增加值劳动成本（ULC）和资本成本之和。单位增加值当中的资本成本就是利润在增加值中的份额。如果资本跨国流动性很高，资本回报趋于相等。给定单位增加值的利润率（UP），以下等式成立：

$$P_{Vj} = ULC_j + UP_j \tag{8.19}$$

---

① Lipschitz, L., Donogh McDonald (1991).

定义基于外国货币和 ULC 的贸易部门外部实际汇率（加上时间下标 t）为：

$$BRERT_{F,ULCt}=\frac{\mathcal{E}_{Ft}ULC_{HTt}}{ULC_{FTt}} \tag{8.20}$$

其中，

$$ULC_{kTt}=\frac{w_{kTt}L_{kTt}}{V_{kTt}}=w_{kTt}a_{kLTt},k=H,F \tag{8.21}$$

ULC 是一个经济体生产率、国内生产成本和要素收入的基本指标。外部实际汇率与实际工资之间可以联系起来。当各国贸易品异质（且存在中间投入）时，各国商品的增加值平减价格指数不满足“一价定律”，这时定义外部实际汇率为各国单位增加值劳动份额之比，它提供了一国相对利润率的信息，是体现一国竞争力的指标。

运用 ULC 计算外部实际汇率，假设没有进口中间投入，各国技术一样，贸易品价格由国际市场决定，资本存量固定。运用 ULC 概念，基于外国货币外部实际汇率的计算公式为：

$$BRERT_{PRFt}=\frac{ULC_{HTt}/P_{VTt}}{ULC_{FTt}/P_{VTt}^{*}} \tag{8.22}$$

相对别国 ULC 增加，本国贸易部门竞争力下降。实际中，虽然 ULC 没有变，贸易部门的竞争力依然会受到影响；原因是各国资本－劳动比率不同、中间产品在成本的比重各国不同以及中间投入品价格变化等。

以下考虑基于贸易品和非贸易品盈利性的竞争力指标。假设国内和国外产出价格指标是各自国家贸易和非贸易品的几何平均。

$$P_{Ht}=P_t(\Upsilon_N)^{\alpha}P_t(\Upsilon_T)^{1-\alpha};0<\alpha<1 \tag{8.23}$$

$$P_{Ft}^{*}=P_t^{*}(\Upsilon_N)^{\delta}P_t^{*}(\Upsilon_T)^{1-\delta};0<\delta<1 \tag{8.24}$$

基于国外货币的外部实际汇率定义为：

$$BRER_{Ft}=\frac{\mathcal{E}_{Ft}P_t(\Upsilon_N)^{\alpha}P_t(\Upsilon_T)^{1-\alpha}}{P_t^{*}(\Upsilon_N)^{\delta}P_t^{*}(\Upsilon_T)^{1-\delta}} \tag{8.25}$$

完全竞争使得最终产出的价值等于增加值和各种中介投入的价值，为此满足：

$$P_t(\Upsilon_T)Q_{Tt}=P_{VTt}V_{Tt}+P_t(\Upsilon_N)I_{NTt}+P_t(\Upsilon_M)I_{MTt} \tag{8.26}$$

$$P_t(\Upsilon_N)Q_{Nt}=P_{VNt}V_{Nt}+P_t(\Upsilon_N)I_{NNt}+P_t(\Upsilon_M)I_{MNt} \tag{8.27}$$

其中，贸易品和非贸易品的价格指数为 $P(Y_j)(j = T,N)$，进口中间产品的价格指数为 $P(Y_M)$。定义增加值占最终产品的比重为 $\varphi_{Vj}(j = T,N)$，（8.26）和（8.27）变为：

$$\begin{aligned} P_t(\Upsilon_T) &= \varphi_{VTt}P_{VTt} + P_t(\Upsilon_N)\varphi_{NTt} + P_t(\Upsilon_M)\varphi_{MTt} \\ &= \varphi_{VTt}(ULC_{Tt} + UP_{Tt}) + P_t(\Upsilon_N)\varphi_{NTt} + P_t(\Upsilon_M)\varphi_{MTt} \end{aligned} \tag{8.28}$$

$$\begin{aligned} P_t(\Upsilon_N) &= \varphi_{VNt}P_{VNt} + P_t(\Upsilon_N)\varphi_{NNt} + P_t(\Upsilon_M)\varphi_{MNt} \\ &= \varphi_{VNt}(ULC_{Nt} + UP_{Nt}) + P_t(\Upsilon_N)\varphi_{NNt} + P_t(\Upsilon_M)\varphi_{MNt} \end{aligned} \tag{8.29}$$

由此可见，同时考虑贸易和非贸易品的汇总价格指数包含了劳动和其他中间投入的成本信息。（8.25）给出的外部实际汇率越大（实际升值），本国成本相对外国成本越高，本国竞争力越低。

8.2 基于数据的内部实际汇率分析方法

用Y表示商品，不区分本国和外国商品之间的差异，仅考虑贸易品（Y_T和非贸易品（Y_N两类商品，将所有进口和出口商品都归为贸易品。在贸易和非贸易两部门的经济当中，用“本国货币”表示的内部实际汇率被定义为：

$$IRERT_{Nt} = \frac{P_t(\Upsilon_T)}{P_t(\Upsilon_N)} \tag{8.30}$$

$P_t(Y_T)$ 和 $P_t(Y_N)$ 分别是贸易品和非贸易品的本国货币价格。内部实际汇率上涨意味着非贸易品相对贸易品变得便宜，贸易品企业更有动力（利润）从事贸易活动，出口企业更加盈利，进口企业减少进口用国内非贸易品进行替代，贸易状况好转，内部实际汇率上涨相当于本国货币的实际贬值。随着本国货币实际贬值，国内资源配置随着人们动机从非贸易品部门向贸易品部门转移。为了保持本币实际升值为汇率上升之间的一致，定义用“外国货币”表示的内部实际汇率为：

$$IRERN_{Tt} = \frac{P_t(\Upsilon_N)}{P_t(\Upsilon_T)} = \frac{1}{IRERT_{Nt}} \tag{8.31}$$

贸易品包括在当前汇率水平上已经贸易的商品和在当前汇率水平没有发生贸易但是具有贸易潜在可能的商品。已贸易品（Traded Goods）包括出口内销商品、出口外销商品、进口商品和国内生产的进口商品替代品。出口外销商品和进口商品的总和为商品进出口贸易总量（Total Trade）。出口商品内销部分、国内生产的进口商品替代品和其他国内生产和消费的商品包括在国内商品（Domestic Goods）之内。用进口商品和出口商品的数据来计算内部实际汇率低估了贸易部门的重要性（Hinkle & Montiel，1999）。

计算内部实际汇率仅需要国内价格，贸易结构的变化只要不影响国内价格，就不会影响内部实际汇率。由于假定进口品和出口品可以被汇总为贸易品，理论上只要用进口品价格和出口品价格中的一个就可以了。实际上，进口和出口具有不同的商品篮子，价格波动存在差异（尤其当贸易条件发生变化时）。经验处理中的做法是，用进出口贸易中的出口和进口的份额作为权重对出口价格和进口价格进行加权。

这种贸易品加权价格指数与国民核算体系中的其他价格指数没有关系。具体来说，贸易品当中进出口贸易部分的生产和吸收分别在不同的经济体中，基于支出的贸易品价格指数与基于生产的贸易品价格指数不同。国民核算体系中，进口价格是支出方面价格指数的一部分，出口价格是生产方面价格指数的一部分。非贸易品（Nontraded Goods）的生产和吸收在本国范围之内，基于支出的非贸易品价格指数与基于生产的非贸易品价格指数相同。

Devarajan，Lewis，and Robinson（1993）① 给出了在两部门假设条件下从国民核算帐户数据计算内部实际汇率的方法。国民核算帐户统计中有进口和出口的平减指数，国内生产并在国内销售的非贸易品（Nontraded Goods）价格平减指数也可以计算出来。出口和进口商品当中包括进口的投入。利用出口品当中进口中间投入数据，可以计算出口品增加值的价格指数。

为从国民核算帐户直接计算内部实际汇率，将商品分为：出口商品（Exported Goods）、进口商品（Imported Goods）和国内非贸易商品（Domestic Not Traded Goods）。国内非贸易商品（Domestic Not Traded Goods）在国内生产并在国内被吸收，这类商品中可能有进口的投入。

国内生产总值是国内增加值的总和，它不包括（不论是在国内生产还是国外生产的）中间投入。出口品可以是国内生产的（可能包括进口投入），也可以是进口品的再出口。进口品可以是国外生产的最终产品、国外生产的中间产品或者出口品的再进口。不考虑出口品的再进口，按市场价格计算的进口（M）包括三

① Devarajan，S.，Jeffrey D. Lewis，Sherman Robinson（1993）.

部分：直接进入最终消费的进口品（M_C）、直接进入总投资的进口品（M_I）、中间产品（M_V）。

$$M = M_C + M_I + M_V \tag{8.32}$$

进口中间品一部分用于生产国内产品（M_{VD}），一部分用于生产出口产品（M_{VX}）。扣除进口品的最终消费为对本国商品的最终消费（C_D），扣除进口品的总投资为由本国商品构成的总投资（I_D），两者都可能包括进口中间投入，两者之和为非贸易品（Total Nontraded Goods）。根据上述关系，以下等式成立：

$$C = C_D + M_C \tag{8.33}$$

$$I = I_D + M_I \tag{8.34}$$

$$M_V = M_{VD} + M_{VX} \tag{8.35}$$

$$GDP + M_V = C_D + I_D + X \tag{8.36}$$

$$GDP = (C_D + I_D - M_{VD}) + (X - M_{VX}) \tag{8.37}$$

（8.36）左边的国内增加值总和加上进口中间投入得到国内最终产品的总产出。国内生产的最终产品是国内增加值加上进口的中间投入，不加国内生产的中间投入以避免重复计算；国内生产的最终产品一部分是国内增加值，一部分是国外增加值，一部分被国内吸收，一部分被国外吸收。（8.36）中国内商品（$C_D + I_D$）和出口（X）的价格指数是最终产品价格（Final Product Prices）。最终产品中被国内吸收的产品所对应的价格指数是 $P_{1t}(Y_N)$。计算这一价格指数要求国民核算帐户中关于进口的分类，并对不同类别的进口需要有当前价格和不变价格。（8.36）中最终产品中被国外吸收的产品（出口）所对应的价格指数是 $P_{1t}(Y_X)$。

（8.37）右边第一项是国内增加值在本国被吸收的部分，第二项是国内增加值在外国被吸收的部分；与第一项对应的增加值平减指数是 $P_{2t}(Y_N)$，与第二项对应的增加值平减指数是 $P_{2t}(Y_X)$。

如果缺乏计算价格指数的数据，可以假设被国内吸收的最终产品当中中间产品占比与出口的最终产品当中中间产品占比相等：

$$\frac{M_{VD}}{C_D + I_D} = \frac{M_{VX}}{X} \tag{8.38}$$

这进一步意味着以下等式成立：

$$\frac{M_{VD}}{C_D + I_D} = \frac{M_{VX}}{X} = \frac{M_V}{GDP + M_V} \tag{8.39}$$

考虑到进口数据有当前价格和不变价格，可以假设进口中间产品的平减指数与进口最终产品的平减指数相等：

$$\frac{M_V(\text{现价})}{M(\text{现价})}=\frac{M_V(\text{不变价})}{M(\text{不变价})} \tag{8.40}$$

有关出口的两个平减价格指数计算方法为：

$$P_1(\Upsilon_X)=\frac{X(\text{现价})}{X(\text{不变价})} \tag{8.41}$$

$$P_2(\Upsilon_X)=\frac{X-M_{VX}(\text{现价})}{X-M_{VX}(\text{不变价})}=\frac{\left(1-\dfrac{M_V}{GDP+M_V}\right)X(\text{现价})}{\left(1-\dfrac{M_V}{GDP+M_V}\right)X(\text{不变价})} \tag{8.42}$$

进口的平减价格指数有两种，分别为：

$$P_1(\Upsilon_M)=\frac{M(\text{现价})}{M(\text{不变价})} \tag{8.43}$$

$$P_2(\Upsilon_M)=\frac{M-M_V(\text{现价})}{M-M_V(\text{不变价})} \tag{8.44}$$

由于出口和进口产出和吸收的经济体不同，出口用增加值或最终产品的平减价格指数，进口用支出方面的最终产品或最终产品加中间产品的平减价格指数。$P_{2t}(Y_M)$ 是进口最终产品的价格指数，与 $P_{2t}(Y_X)$ 不同，$P_{2t}(Y_M)$ 不是增加值价格指数，它是支出方面的价格指数。

国内生产并在国内吸收的商品被定义为国内商品。假定国民帐户恒等式在现价和不变价格意义上都成立，从支出方面计算的国内商品价格指数将等于从供给方面计算的国内商品价格指数。从供给角度，国内商品有增加值（$C_D+I_D-M_{VD}$）和最终产品（C_D+I_D）的区别。有关国内商品增加值的推导如下：

$$C_D+I_D=GDP+M_V-X \tag{8.45}$$

$$C_D+I_D-M_{VD}=GDP-(X-M_{VX})=GDP-\left(1-\frac{M_V}{GDP+M_V}\right)X \tag{8.46}$$

根据（8.45）和（8.46），国内产品的平减价格指数计算公式分别为：

$$P_1(\Upsilon_N)=\frac{(GDP+M_V-X)(\text{现价})}{(GDP+M_V-X)(\text{不变价})} \tag{8.47}$$

$$P_2(\Upsilon_N)=\frac{\left[GDP-\left(1-\frac{M_V}{GDP+M_V}\right)X\right](现价)}{\left[GDP-\left(1-\frac{M_V}{GDP+M_V}\right)X\right](不变价)} \tag{8.48}$$

根据（8.46），GDP 平减指数与 $P_{2t}(Y_N)$ 和 $P_{2t}(Y_X)$ 之间满足：

$$\frac{GDP(现价)}{GDP(不变价)}=\frac{\left(1-\frac{M_V}{GDP+M_V}\right)X(现价)}{\left(1-\frac{M_V}{GDP+M_V}\right)X(不变价)}\frac{\left(1-\frac{M_V}{GDP+M_V}\right)X(不变价)}{GDP\ (不变价)}$$
$$+\frac{\left[GDP-\left(1-\frac{M_V}{GDP+M_V}\right)X\right](现价)}{\left[GDP-\left(1-\frac{M_V}{GDP+M_V}\right)X\right](不变价)}\frac{\left[GDP-\left(1-\frac{M_V}{GDP+M_V}\right)X\right](不变价)}{GDP\ (不变价)} \tag{8.49}$$

（8.49）说明，GDP 平减价格指数是 $P_{2t}(Y_N)$ 和 $P_{2t}(Y_X)$ 的加权平均数，权重是：

$$\tau=\frac{\left(1-\frac{M_V}{GDP+M_V}\right)X(不变价)}{GDP\ (不变价)} \tag{8.50}$$

根据（8.49），已知 GDP 平减价格指数和出口增加值平减价格指数可以推算出国内商品（非贸易品）增加值的平减价格指数。

从支出方面计算国内商品平减价格指数运用有关吸收构成的等式：

$$\begin{aligned}A&=C+I\\&=C_D+I_D+M_C+M_I\\&=\left(C_D+I_D+M_{VD}\right)+(M_C+M_I-M_{VD})\\&=\left(C_D+I_D+M_{VD}\right)+(M-M_{VX})\end{aligned} \tag{8.51}$$

关于被国内吸收的最终产品价格指数和被国内吸收的增加值价格指数分别为：

$$P_1(\Upsilon_N)=\frac{(C+I-M_C-M_I)(现价)}{(C+I-M_C-M_I)(不变价)} \tag{8.52}$$

$$P_2(\Upsilon_N)=\frac{\left(C+I-\left(M-\frac{M_V}{GDP+M_V}X\right)\right)(\text{现价})}{\left(C+I-\left(M-\frac{M_V}{GDP+M_V}X\right)\right)(\text{不变价})} \tag{8.53}$$

由于缺乏进口分类的现价和不变价数据，需要额外的假设。假设进口投入可以被忽略意味着以下等式成立：

$$M_{VD}=M_{VX}=M_V \tag{8.54}$$

$$GDP=GDP+M_V \tag{8.55}$$

依据上述假设，国内最终产品等于国内增加值，一部分在国内吸收，一部分在国外吸收（出口）。这种情况下，从生产和供应角度，国内商品是 GDP 扣除被外国吸收的部分：

$$P_1(\Upsilon_N)=P_2(\Upsilon_N)=\frac{(GDP-X)(\text{现价})}{(GDP-X)(\text{不变价})} \tag{8.56}$$

从支出角度，国内商品是最终消费和总投资当中减去进口的部分。

$$P_1(\Upsilon_N)=P_2(\Upsilon_N)=\frac{(C+I-M)(\text{现价})}{(C+I-M)(\text{不变价})} \tag{8.57}$$

吸收是最终消费和总投资之和，其中进口部分包括：①直接消费国外的最终消费品 M_C 和购买国外的最终投资品 M_I，②国内生产国内吸收的最终产品当中的进口中间品 M_{VD}。出口当中包括进口中间品 M_{VX}。与上述假设相比，假定吸收中的进口部分和出口中的进口成分相等看起来更加容易被接受。

$$\frac{M_C+M_I+M_{VD}}{C+I}=\frac{M_{VX}}{X} \tag{8.58}$$

假定吸收中的进口部分和出口中的进口成分相等意味着：

$$\begin{aligned}\frac{M}{GDP+M}&=\frac{M_C+M_I+M_{VD}+M_{VX}}{C+I+X}\\&=\frac{M_C+M_I+M_{VD}}{C+I}\frac{C+I}{C+I+X}+\frac{M_{VX}}{X}\frac{X}{C+I+X}\end{aligned} \tag{8.59}$$

被国内吸收的增加值计算根据以下等式：

$$\begin{aligned}A&=C+I\\&=\left(C_D+I_D-M_{VD}\right)+\left(M_C+M_I+M_{VD}\right)\\&=\left(C_D+I_D-M_{VD}\right)+\left(M-M_{VX}\right)\end{aligned} \tag{8.60}$$

根据假设（8.58），计算被国内吸收的增加值价格指数 $P_2(Y_N)$ 为：

$$P_2(\Upsilon_N)=\frac{\left(C+I-\left(M-\dfrac{M}{GDP+M}X\right)\right)(\text{现价})}{\left(C+I-\left(M-\dfrac{M}{GDP+M}X\right)\right)(\text{不变价})} \tag{8.61}$$

同时，出口增加值价格指数为：

$$P_2(\Upsilon_X)=\frac{\left(X-\dfrac{M}{GDP+M}X\right)(\text{现价})}{\left(X-\dfrac{M}{GDP+M}X\right)(\text{不变价})} \tag{8.62}$$

进口平减价格指数用进口最终产品的价格指数 $P_1(Y_M)$。这样可以计算内部实际汇率，还可以分别计算进口的内部实际汇率和出口的内部实际汇率。

在有进口分类数据的情况下，应该根据分类数据计算内部实际汇率。在没有进口分类数据时，以上第二种假设较第一种假设更为合理，完全忽视进口中间品带来更大的误差。

对于出口的内部实际汇率，基于最终产品的出口价格指数 $P_1(Y_X)$ 必须与基于最终产品的国内产品价格指数 $P_1(Y_N)$ 匹配使用，基于增加值的出口价格指数 $P_2(Y_X)$ 必须与基于最终产品的国内产品价格指数 $P_2(Y_N)$ 匹配使用。这样，基于最终产品出口内部实际汇率为：

$$IRERX_{1N}=\frac{P_1(\Upsilon_X)}{P_1(\Upsilon_N)} \tag{8.63}$$

基于增加值的出口内部实际汇率为：

$$IRERX_{2N}=\frac{P_2(\Upsilon_X)}{P_2(\Upsilon_N)} \tag{8.64}$$

进口内部实际汇率所使用的进口平减价格指数有两种，一是所有进口 $P_1(Y_M)$，二是进口最终产品 $P_2(Y_M)$。通常采用所有进口的平减价格指数。对应的国内商品价格指数应该是 $P_1(Y_N)$，在数据缺乏的情况下，用 $P_2(Y_N)$ 来代替。进口内部实际汇率的计算公式有两种：

$$IRERM_{1N}=\frac{P_1(\Upsilon_M)}{P_1(\Upsilon_N)} \tag{8.65}$$

$$IRERM_{2N}=\frac{P_1(\Upsilon_M)}{P_2(\Upsilon_N)} \tag{8.66}$$

忽略进口和出口之间的差异（将它们统称为贸易品），贸易品与非贸易品组成两类商品的模型。内部实际汇率是上述出口内部实际汇率和进口内部实际汇率的加权平均。内部实际汇率的计算公式为：

$$IRERT_N = IRERM_N^{\alpha} IRERX_N^{1-\alpha} \tag{8.67}$$

其中，α 是进口在进出口贸易中占的比重。在加权平均的过程中，进出口总额中出口和进口所占的比重是权重。基期不变权重和现期权重都可以使用。当基期被认为是均衡状态时，使用基期权重作为内部实际汇率权重；当经济自基期以来已经发生结构性变化，现期权重将更合适。

缺乏我国进口分类的现价和不变价数据是计算我国内部实际汇率的困难。假设吸收中的进口部分和出口中的进口成分相等，采用基于增加值的价格指数。出口增加值价格指数为：

$$P_2(\Upsilon_X)=\frac{\left(X-\frac{M}{GDP+M}X\right)(\text{现价})}{\left(X-\frac{M}{GDP+M}X\right)(\text{不变价})} \tag{8.68}$$

被国内吸收的增加值价格指数 $P_2(Y_N)$ 为：

$$P_2(\Upsilon_N)=\frac{\left(C+I-\left(M-\frac{M}{GDP+M}X\right)\right)(\text{现价})}{\left(C+I-\left(M-\frac{M}{GDP+M}X\right)\right)(\text{不变价})} \tag{8.69}$$

进口价格指数包括所有进口为：

$$P_1(\Upsilon_M)=\frac{M(\text{现价})}{M(\text{不变价})} \tag{8.70}$$

《中国统计年鉴 2010 年》表 2 -20 给出了三大需求对国内生产总值增长的贡献率和拉动（按不变价格），这为计算我国内部实际汇率提供了数据。三大需求指支出法国内生产总值的三大构成项目，即最终消费支出、资本形成总额、货物和服务净出口。贡献率指三大需求增量与支出法国内生产总值增量之比。该表提供的是净出口数据，不是出口和进口的不变价格数据。进一步假设基于所有进口品的进口平减价格指数与基于所有出口品的出口平减价格指数相等：

$$P_1(\Upsilon_X)=P_1(\Upsilon_M) \tag{8.71}$$

这样净出口的平减价格指数与上述两个相等的价格指数之间存在相等的关系：

$$P_1(\Upsilon_{NE})=P_1(\Upsilon_X)=P_1(\Upsilon_M) \tag{8.72}$$

根据（8.72），可以推导出进口（不变价）值和出口（不变价）值，并运用（8.67）~（8.70）计算我国内部实际汇率。

8.3 我国内部实际汇率的实证分析

我国不变价 GDP 数据来自 IFS（2005 = 100）。GDP 增加值平减指数 $P_2(Y_Q)$ 以特定时期 t_0 为 100 的计算公式为：

$$\frac{P_{2t}(\Upsilon_Q)}{P_{2t_0}(\Upsilon_Q)}\times 100=\frac{\dfrac{GDP_t(\text{现价})}{GDP_{t_0}(\text{现价})}}{\dfrac{GDP_t(\text{不变价})}{GDP_{t_0}(\text{不变价})}}\times 100 \tag{8.73}$$

根据（8.73），以特定时期 t_0 为 100 的不变价 GDP 计算公式为：

$$\frac{GDP_t(\text{不变价})}{GDP_{t_0}(\text{不变价})}\times 100=\frac{GDP_t(\text{现价})}{P_{2t}(\Upsilon_Q)}\frac{P_{2t_0}(\Upsilon_Q)}{GDP_{t_0}(\text{现价})}\times 100$$

$$=\begin{bmatrix}\dfrac{C_t(\text{不变价})}{C_{t_0}(\text{不变价})}\dfrac{C_{t_0}(\text{不变价})}{GDP_{t_0}(\text{不变价})}+\\ \dfrac{I_t(\text{不变价})}{I_{t_0}(\text{不变价})}\dfrac{I_{t_0}(\text{不变价})}{GDP_{t_0}(\text{不变价})}+\\ \dfrac{NX_t(\text{不变价})}{NX_{t_0}(\text{不变价})}\dfrac{NX_{t_0}(\text{不变价})}{GDP_{t_0}(\text{不变价})}\end{bmatrix}\times 100 \tag{8.74}$$

根据（8.74）对以特定时期 t_0 为 100 的不变价 GDP 增量按照支出法的三大需求进行分解：

$$\left[\frac{GDP_t(不变价)}{GDP_{t_0}(不变价)}-\frac{GDP_{t-1}(不变价)}{GDP_{t_0}(不变价)}\right]\times 100$$

$$=\left[\frac{GDP_t(现价)}{P_{2t}(\Upsilon_Q)}-\frac{GDP_{t-1}(现价)}{P_{2t-1}(\Upsilon_Q)}\right]\times\frac{P_{2t_0}(\Upsilon_Q)}{GDP_{t_0}(现价)}\times 100$$

$$=\left[\begin{array}{l}\dfrac{C_t(不变价)-C_{t-1}(不变价)}{C_{t_0}(不变价)}\dfrac{C_{t_0}(不变价)}{GDP_{t_0}(不变价)}+\\ \dfrac{I_t(不变价)-I_{t-1}(不变价)}{I_{t_0}(不变价)}\dfrac{I_{t_0}(不变价)}{GDP_{t_0}(不变价)}+\\ \dfrac{NX_t(不变价)-NX_{t-1}(不变价)}{NX_{t_0}(不变价)}\dfrac{NX_{t_0}(不变价)}{GDP_{t_0}(不变价)}\end{array}\right]\times 100 \tag{8.75}$$

对以特定时期 t_0 为 100 的不变价 GDP 增速按照支出法的三大需求各自的贡献率和拉动进行分解，定义三大需求各自的贡献率为：

$$\begin{aligned}\phi_{Ct}&=\frac{\dfrac{C_t(不变价)-C_{t-1}(不变价)}{C_{t_0}(不变价)}\dfrac{C_{t_0}(不变价)}{GDP_{t_0}(不变价)}}{\left[\dfrac{GDP_t(不变价)}{GDP_{t_0}(不变价)}-\dfrac{GDP_{t-1}(不变价)}{GDP_{t_0}(不变价)}\right]}\times 100\\ \phi_{It}&=\frac{\dfrac{I_t(不变价)-I_{t-1}(不变价)}{I_{t_0}(不变价)}\dfrac{I_{t_0}(不变价)}{GDP_{t_0}(不变价)}}{\left[\dfrac{GDP_t(不变价)}{GDP_{t_0}(不变价)}-\dfrac{GDP_{t-1}(不变价)}{GDP_{t_0}(不变价)}\right]}\times 100\\ \phi_{NEt}&=\frac{\dfrac{NE_t(不变价)-NE_{t-1}(不变价)}{NE_{t_0}(不变价)}\dfrac{NE_{t_0}(不变价)}{GDP_{t_0}(不变价)}}{\left[\dfrac{GDP_t(不变价)}{GDP_{t_0}(不变价)}-\dfrac{GDP_{t-1}(不变价)}{GDP_{t_0}(不变价)}\right]}\times 100\end{aligned} \tag{8.76}$$

为计算内部实际汇率需要的 GDP 支出分解（不变价）值，需要计算各支出部分的平减价格指数。我国数据最早从 1983 年开始，从《中国统计年鉴 2010》可以得到以特定时期 $t_0=1983$ 为 100 的不变价 GDP 增量和不变价各支出部分的贡献率 。

最终消费的贡献率为 ϕ_{ct} 是（8.76）的第一项，由此可以推算出：

$$100\times\left(\frac{C_t(\text{不变价})-C_{t-1}(\text{不变价})}{C_{t_0}(\text{不变价})}\right)\frac{C_{t_0}(\text{不变价})}{GDP_{t_0}(\text{不变价})}$$

$$=\frac{\phi_{Ct}}{100}\left(\frac{100GDP_t(\text{不变价})}{GDP_{t_0}(\text{不变价})}-\frac{100GDP_{t-1}(\text{不变价})}{GDP_{t_0}(\text{不变价})}\right)$$

$$=\frac{100\times\left(\frac{\frac{C_t(\text{现价})}{C_{t_0}(\text{现价})}}{\frac{P_{1t}(\Upsilon_C)}{P_{1t_0}(\Upsilon_C)}}-\frac{\frac{C_{t-1}(\text{现价})}{C_{t_0}(\text{现价})}}{\frac{P_{1t-1}(\Upsilon_C)}{P_{1t_0}(\Upsilon_C)}}\right)C_{t_0}(\text{不变价})}{GDP_{t_0}(\text{不变价})} \tag{8.77}$$

假设不变价和现价的最终消费支出权重相等：

$$\frac{C_{t_0}(\text{不变价})}{GDP_{t_0}(\text{不变价})}=\frac{C_{t_0}(\text{现价})}{GDP_{t_0}(\text{现价})} \tag{8.78}$$

从第 t_0期开始推导第 t_0+1 期的最终消费平减价格指数为：

$$\frac{100P_{1t_0+1}(\Upsilon_C)}{P_{1t_0}(\Upsilon_C)}=\frac{100\frac{C_{t_0+1}(\text{现价})}{C_{t_0}(\text{现价})}}{100+\frac{\frac{\phi_{Ct_0+1}}{100}\left(\frac{100GDP_{t_0+1}(\text{不变价})}{GDP_{t_0}(\text{不变价})}-100\right)}{C_{t_0}(\text{现价})/GDP_{t_0}(\text{现价})}} \tag{8.79}$$

定义

$$\phi_{Ct_0+j\#}=\frac{\sum_{k=1}^{j}\left(\frac{100GDP_{t_0+k}(\text{不变价})}{GDP_{t_0}(\text{不变价})}-\frac{100GDP_{t_0+k-1}(\text{不变价})}{GDP_{t_0}(\text{不变价})}\right)\frac{\phi_{Ct_0+k}}{100}}{\left[\frac{100GDP_{t_0+j}(\text{不变价})}{GDP_{t_0}(\text{不变价})}-\frac{100GDP_{t_0}(\text{不变价})}{GDP_{t_0}(\text{不变价})}\right]}\times100 \tag{8.80}$$

最终消费平减价格指数的计算公式为：

$$\frac{100P_{1t_0+j}(\Upsilon_C)}{P_{1t_0}(\Upsilon_C)}=\frac{100\frac{C_{t_0+j}(\text{现价})}{C_{t_0}(\text{现价})}}{100+\frac{\frac{\phi_{Ct_0+j\#}}{100}\left(\frac{100GDP_{t_0+j}(\text{不变价})}{GDP_{t_0}(\text{不变价})}-100\right)}{C_{t_0}(\text{现价})/GDP_{t_0}(\text{现价})}} \tag{8.81}$$

假设不变价和现价的总投资权重相等：

$$\frac{I_{t_0}(\text{不变价})}{GDP_{t_0}(\text{不变价})}=\frac{I_{t_0}(\text{现价})}{GDP_{t_0}(\text{现价})} \tag{8.82}$$

定义

$$\phi_{It_0+j\#}=\frac{\sum_{k=1}^{j}\left(\dfrac{100GDP_{t_0+k}(\text{不变价})}{GDP_{t_0}(\text{不变价})}-\dfrac{100GDP_{t_0+k-1}(\text{不变价})}{GDP_{t_0}(\text{不变价})}\right)\dfrac{\phi_{It_0+k}}{100}}{\left[\dfrac{100GDP_{t_0+j}(\text{不变价})}{GDP_{t_0}(\text{不变价})}-\dfrac{100GDP_{t_0}(\text{不变价})}{GDP_{t_0}(\text{不变价})}\right]}\times 100 \tag{8.83}$$

总投资平减价格指数的计算公式为：

$$\frac{100P_{1t_0+j}(\Upsilon_I)}{P_{1t_0}(\Upsilon_I)}=\frac{100\dfrac{I_{t_0+j}(\text{现价})}{I_{t_0}(\text{现价})}}{100+\dfrac{\dfrac{\phi_{It_0+j\#}}{100}\left(\dfrac{100GDP_{t_0+j}(\text{不变价})}{GDP_{t_0}(\text{不变价})}-100\right)}{I_{t_0}(\text{现价})/GDP_{t_0}(\text{现价})}} \tag{8.84}$$

假设不变价和现价的净出口权重相等：

$$\frac{NX_{t_0}(\text{不变价})}{GDP_{t_0}(\text{不变价})}=\frac{NX_{t_0}(\text{现价})}{GDP_{t_0}(\text{现价})} \tag{8.85}$$

定义

$$\phi_{NXt_0+j\#}=\frac{\sum_{k=1}^{j}\left(\dfrac{100GDP_{t_0+k}(\text{不变价})}{GDP_{t_0}(\text{不变价})}-\dfrac{100GDP_{t_0+k-1}(\text{不变价})}{GDP_{t_0}(\text{不变价})}\right)\dfrac{\phi_{NXt_0+k}}{100}}{\left[\dfrac{100GDP_{t_0+j}(\text{不变价})}{GDP_{t_0}(\text{不变价})}-\dfrac{100GDP_{t_0}(\text{不变价})}{GDP_{t_0}(\text{不变价})}\right]}\times 100 \tag{8.86}$$

净出口平减价格指数的计算公式为：

$$\frac{100P_{1t_0+j}(\Upsilon_{NX})}{P_{1t_0}(\Upsilon_{NX})}=\frac{100\dfrac{NX_{t_0+j}(\text{现价})}{NX_{t_0}(\text{现价})}}{100+\dfrac{\dfrac{\phi_{NXt_0+j\#}}{100}\left(\dfrac{100GDP_{t_0+j}(\text{不变价})}{GDP_{t_0}(\text{不变价})}-100\right)}{NX_{t_0}(\text{现价})/GDP_{t_0}(\text{现价})}} \tag{8.87}$$

根据最终消费和投资的平减价格指数，计算最终消费和总投资的（不变价）支出值分别为：

$$\frac{C_t(\text{不变价})}{C_{t_0}(\text{不变价})}=\frac{\dfrac{C_t(\text{现价})}{C_{t_0}(\text{现价})}}{\dfrac{P_{1t}(\Upsilon_C)}{P_{1t_0}(\Upsilon_C)}} \tag{8.88}$$

$$\frac{I_t(\text{不变价})}{I_{t_0}(\text{不变价})}=\frac{\dfrac{I_t(\text{现价})}{I_{t_0}(\text{现价})}}{\dfrac{P_{1t}(\Upsilon_I)}{P_{1t_0}(\Upsilon_I)}} \tag{8.89}$$

出口和进口价格平减价格指数相等的假设意味着：

$$P_{1t}(\Upsilon_X)=P_{1t}(\Upsilon_M)=P_{1t}(\Upsilon_{NX}) \tag{8.90}$$

根据净出口平减价格指数，计算出口和进口的（不变价）支出值分别为：

$$\frac{X_t(\text{不变价})}{X_{t_0}(\text{不变价})}=\frac{\dfrac{X_t(\text{现价})}{X_{t_0}(\text{现价})}}{\dfrac{P_{1t}(\Upsilon_{NX})}{P_{1t_0}(\Upsilon_{NX})}} \tag{8.91}$$

$$\frac{M_t(\text{不变价})}{M_{t_0}(\text{不变价})}=\frac{\dfrac{M_t(\text{现价})}{M_{t_0}(\text{现价})}}{\dfrac{P_{1t}(\Upsilon_{NX})}{P_{1t_0}(\Upsilon_{NX})}} \tag{8.92}$$

最后，不变价国内生产总值的恒等式成立：

$$\frac{GDP_t(\text{不变价})}{GDP_{t_0}(\text{不变价})}=\frac{C_t(\text{不变价})}{C_{t_0}(\text{不变价})}\frac{C_{t_0}(\text{不变价})}{GDP_{t_0}(\text{不变价})}+\frac{I_t(\text{不变价})}{I_{t_0}(\text{不变价})}\frac{I_{t_0}(\text{不变价})}{GDP_{t_0}(\text{不变价})}$$
$$+\frac{X_t(\text{不变价})}{X_{t_0}(\text{不变价})}\frac{X_{t_0}(\text{不变价})}{GDP_{t_0}(\text{不变价})}-\frac{M_t(\text{不变价})}{M_{t_0}(\text{不变价})}\frac{M_{t_0}(\text{不变价})}{GDP_{t_0}(\text{不变价})} \tag{8.93}$$

出口（现价）值和进口（现价）值需要通过原始数据计算出来。支出法计算的国内生产总值中的出口是商品和非要素服务出口，按购买者价格计算，最终购买者支付的价格，包括产品税减补贴、运输费。支出法计算的国内生产总值中进口是商品和非要素服务进口，按离岸价计算，不包括进口税和补贴。国际收支核算中货物进出口都根据离岸价计价（F. O. B.）。根据许宪春（2000），国内生产总值中货物和服务进口和出口均运用国际收支平衡表中的数据，货物和服务出口数据来自贷方，货物和服务进口数据来自借方，均乘以人民币对美元的年平均汇率（来自 IFS，924. WF. ZF）。计算我国内部实际汇率中的 α 是出口在进出口贸易中占的比重（1982 年和 2008 年出口比重接近）。

基于以上计算方法和假设条件，我国内部实际实际汇率的变化情况见图 8. 5。我国出口动机在 1995 年左右达到最强，随后经历 1998 年亚洲金融危机的低谷，2004 年开始出口动机有所恢复，2008 年全球金融危机之后出口动机出现轻微的弱化趋势。

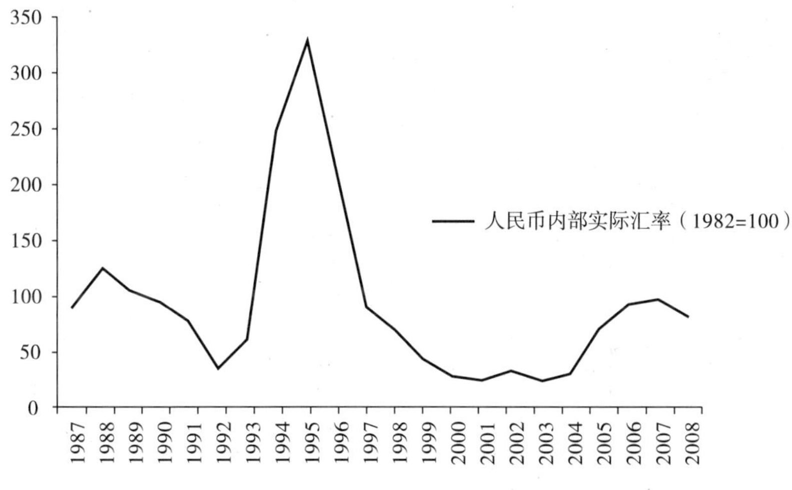

图 8. 5　人民币内部实际汇率（1982 = 100）

内部和外部实际汇率通常被用来讨论一国的竞争力。关于汇率、生产率和竞争力的争论参见 Krugman（1994）[①]。根据贸易品的同质性（比如初级产品之间的完全替代性）或者异质性（制造业之间的不完全替代性），竞争力分为两个基本概念：内部竞争力和外部竞争力。对异质商品，通常卖方对不同市场进行歧视定价，汇率对进口价格的传递不充分。本国卖方企业相对其他国家竞争企业的价格（本国贸易品价格）越低，外部竞争力越强。本国卖方企业相对生产其他非贸易商品的利润也很重要，生产贸易品的利润越大，内部竞争力越强。由此，一国内部和外部实际汇率（竞争力）就联系起来。

对于同质产品要么按照国际价格出售，要么根本就没有贸易。传统上，发展

① Krugman，P.（1994）.

中国家出口初级同质产品，而进口异质产品；对发展中国家而言，在出口商品价格方面比进口商品价格方面更符合一价定律。在初级产品的卖方市场上，想卖多少就可以卖多少，卖方生产多少取决卖方内部的动机。这样，卖方国内生产贸易品的动机（盈利性）越强，内部的竞争力就越强。

Rogoff（1996）指出“除了极小部分同质商品以外，短期国际套利对国际商品价格均等的作用有限”。对于汇率传递效应充分的国家，一价定律通常接近成立。对于异质商品，卖方面对向下的需求曲线，要卖出更多产品，需要接受较低的价格。市场份额是异质产品价格竞争力的重要标志，具有竞争力的价格带来稳定而且更大的市场份额。

内部实际汇率假设同质贸易品，一价定律成立，内部竞争力自然意味着外部竞争力。采用宏观平衡的方法分析外部竞争力集中在所有商品的外部实际汇率。均衡的外部实际汇率使得本国实现外部和内部均衡。本国实际贬值等价于竞争力增加。采用国际贸易市场份额方法看待外部竞争力集中在贸易品的外部实际汇率[①]。

在两国模型中，国内和国外价格指数是非贸易品价格和贸易品价格的几何平均：

$$P_{Ht} = P_{Ht}(\Upsilon_N)^{\alpha} P_{Ht}(\Upsilon_T)^{1-\alpha} \tag{8.94}$$

$$P_{Ft}^{*} = P_{Ft}^{*}(\Upsilon_N)^{\beta} P_{Ft}^{*}(\Upsilon_T)^{1-\beta} \tag{8.95}$$

（8.94）和（8.95）的价格指数既可以是支出价格指数（消费者价格指数），也可以是产出价格指数（GDP平减价格指数）。外部实际汇率的计算公式经过改写变为：

$$\begin{aligned} BRER_{Ft} &= \frac{\mathcal{E}_{Ft} P_{Ht}}{P_{Ft}^{*}} = \frac{\mathcal{E}_{Ft} P_{Ht}(\Upsilon_N)^{\alpha} P_{Ht}(\Upsilon_T)^{1-\alpha}}{P_{Ft}^{*}(\Upsilon_N)^{\beta} P_{Ft}^{*}(\Upsilon_T)^{1-\beta}} \\ &= \frac{P_{Ht}(\Upsilon_N)^{\alpha} P_{Ht}(\Upsilon_T)^{-\alpha}}{P_{Ft}^{*}(\Upsilon_N)^{\beta} P_{Ft}^{*}(\Upsilon_T)^{-\beta}} \frac{\mathcal{E}_{Ft} P_{Ht}(\Upsilon_T)}{P_{Ft}^{*}(\Upsilon_T)} \\ &= \frac{IRERN_{Tt}^{\alpha}}{\left(IRERN_{Tt}^{*}\right)^{\beta}} \frac{\mathcal{E}_{Ft} P_{Ht}(\Upsilon_T)}{P_{Ft}^{*}(\Upsilon_T)} \end{aligned} \tag{8.96}$$

在贸易品部门一价定律成立（两国模型中一国的出口等于另一国的进口篮子相同）的条件下，（8.96）变为：

---

① Clark, P., Leonardo Bartolini, Tamim Bayoumi, Steven Symansky (1994).

$$BRER_{Ft} = \frac{IRERN_{Tt}^{\alpha}}{\left(IRERN_{Tt}^{*}\right)^{\beta}} \tag{8.97}$$

基于外部实际汇率计算公式，本国外部实际汇率上升（本币升值）或者来自本国货币名义升值（外国货币名义贬值），或者来自本国高于外国的通货膨胀。在贸易部门，名义汇率变化与贸易品价格之间变化相互抵消，一价定律成立使得外部实际汇率等于 1。基于外部实际汇率的本国货币实际升值，在贸易部门实际汇率不变的情况下，一定是本国非贸易品部门的外部实际汇率上升，本国非贸易品相对外国非贸易品价格上升，本国内部实际汇率相对外国内部实际汇率上升。

本国外部实际汇率和内部实际汇率并不总是同方向变化。本国国内需求对贸易品部门和非贸易部门的不同影响，将改变本国内部实际汇率，并进而改变本国外部实际汇率。经验研究表明，一国生产率提升，（基于外国货币的）内部实际汇率上升，（基于外国货币的）外部实际汇率上升幅度会小些，贸易部门的（基于外国货币的）外部实际汇率保持稳定或下降①。

如果贸易品部门的一价定律不成立，贸易品部门外部实际汇率不为 1，内部和外部实际汇率之间的关系将受企业价格歧视、汇率不完全传递影响。当汇率传递不完全时，名义汇率对内部实际汇率的影响会比汇率完全传递时来得小。

根据图 8.5，1994 年我国内部实际汇率较 1993 年大幅度提高了 298%，1994 年的人民币对美元名义汇率从 5.76 贬值到 8.62。自 1995 年到 2004 年，我国内部实际汇率下降了 91%。2005 年汇率体制改革以后，名义汇率升值幅度明显，但我国内部实际汇率不仅没有下降，反而上升，出口动机增强。到 2008 年，根据内部实际汇率，贸易品价格相对非贸易品价格相对上升了 17%。

外部实际汇率采用汇总的价格指数，内部实际汇率涉及的贸易品价格指数一般波动较大（波动性大于汇总的价格指数），这导致内部实际汇率比外部实际汇率波动幅度更大。我国自 1987 年以来的外部实际汇率和内部实际汇率见图 8.6。

① Samuelson, P. A. (1964), Balassa, B. (1964).

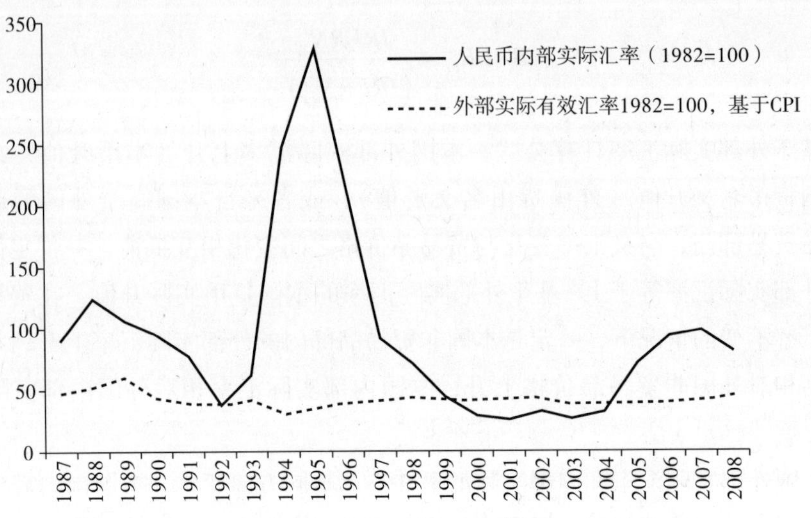

图 8.6　人民币内部实际汇率和实际有效汇率（IFS）

内部实际汇率和外部实际汇率的差异来自贸易品价格的波动。外国生产率变化也会改变本国内部实际汇率和外部实际汇率的关系。除了主要发达国家以外，关于韩国和台湾地区的经验分析已经发现了 Balassa - Samuelson 效应的存在①。对许多没有生产率数据的经济体，人均国内生产总值的增速是长期生产率增长的指标，在有关汇率的回归等式中用人均国内生产总值的增速代替生产率增长(2008 中国的人均实际 GDP 是 1987 年的 5.73)。如果有总体生产率数据或者分部门的生产率数据，就可以分析一国货币实际升值有多少来自生产率增长，有多少来自实际出口价格的变化。

商品的边境价格和国内市场价格会由于税收的存在而不同，这会影响内部实际汇率和外部实际汇率的关系。由于税收的存在，贸易品之间的价格关系变成：

$$\frac{\mathcal{E}_{Ft} P_{Ht}(\Upsilon_T)}{P^*_{Ft}(\Upsilon_T)} = 1+\tau_t \tag{8.98}$$

(8.97) 变为：

$$BRER_{Ft} = \frac{IRERN_{Tt}^{\alpha}}{\left(IRERN^*_{Tt}\right)^{\beta}} \times (1+\tau_t) \tag{8.99}$$

出口内部实际汇率与进口内部实际汇率之间满足：

① Caramazza, F., Jahangir Aziz (1998).

$$IRERX_{Nt} = \frac{P_t(\Upsilon_X)}{P_t(\Upsilon_N)} = \frac{P_t(\Upsilon_X)}{P_t(\Upsilon_M)} \frac{P_t(\Upsilon_M)}{P_t(\Upsilon_N)} = \mathcal{S}_t \times IRERM_{Nt} \tag{8.100}$$

传统的主要货币区包括：美元区、欧元和日元区。2010 年，三大主要货币区总体的经常项目逆差与中国的经常项目顺差基本相当（3000 亿美元左右）。就汇率管理和货币政策的运作而言，三大主要货币区与中国的货币当局选择何种政策将对世界经济和金融秩序产生显著的影响。即使是浮动汇率的支持者也会同意货币当局对汇率一定程度上的干预是必要的。那么，问题就如 John Williamson 所提出[①]的那样摆在人们面前，如何把握汇率的灵活性和对这种灵活性的限制？如何确定与一国实体经济和货币金融状况等基本面因素相一致的长期均衡汇率？

测量和观察到的实际汇率与均衡实际汇率之间存在差距，后者是与经济基本面相一致的实际汇率。长期均衡实际汇率是与内部和外部平衡相一致的实际汇率[②]。外部平衡指经常项目逆差与可持续的资本流入相等，内部均衡指国内生产商品市场供需处于持续均衡状态。可持续的概念意味着是长期的。对发达国家长期实际汇率的估计集中在对购买力平价的检验。

基本均衡实际汇率（FEER）采用一般均衡方法得出与内部和外部平衡一致的实际汇率[③]。Williamson（1994）设定内部平衡是无通胀的充分就业，外部平衡是可持续而且是合意的经常项目逆差。合意的经常项目余额根据合意的投资和储蓄得出，前者来自于劳动力规模相一致的资本存量规模，后者来自生命周期的储蓄假设[④]。在设定出合意的通货膨胀和经常项目占 GDP 比例以后，为达到上述目标和自然产出水平的内生实际汇率就是基本均衡实际汇率[⑤]。与局部均衡的“贸易等式”方法相比，一般均衡方法所产生的长期实际汇率同样对参数值敏感。与局部均衡的“贸易等式”方法相同，一般均衡方法同样要求以下等式满足：

$$CA = RE(RER, Y, Y^*, ...) + rD \tag{8.101}$$

其中，CA 是经常项目，D 是净国际负债余额，Y 和 Y^* 分别是国内和国外产出，利率。给定合意的经常项目 CA^o，外生决定的利率 r，自然的产出水平 Y^o 和 Y^{*o}。长期实际汇率是与下式一致的实际汇率：

---

① John Williamson 是世界银行南亚洲区的首席经济学家。较早提出均衡汇率的想法是 John Williamson，时间是 1983 年。

② Nurkse, R.（1945）.

③ Williamson, J.（1994）.

④ Williamson, J., and Molly Mahar（1998）.

⑤ Bayoumi, T., Peter Clark, Steve Symansky, Mark Taylor（1994）.

$$CA^o = RE(RER, Y^o, Y^{*o}, \ldots) + rD \quad (8.102)$$

一般均衡模型将净国际负债余额 D，自然的产出水平 Y^o和 Y^{*o}内生化了，考虑了实际汇率对这些变量的反馈影响。

自然均衡实际汇率（NATREX）没有规范的事先设定，是一个实证的概念，它的定义是同时与（1）国内自然失业率（2）经常项目等于长期资本流动（不考虑资本投机性和周期性流动）相一致的实际汇率①。上述关于均衡实际汇率的方法都值得我国学者借鉴。

8.4 汇率失调和贸易条件

一价定律成立意味着同一商品（或者相似且可完全替代的商品）在不同国家经市场汇率换算价格相同。商品无成本跨境套利是一价定律成立的保证。现实当中，各国价格指数权重不同，一价定律未必能直接推导出购买力平价成立。价格指数是齐次一阶的（Homogeneous of Degree One），各商品价格同时上涨特定的幅度导致价格指数上涨相同的幅度，虽然各国权重不同，购买力平价在相对基期变化的意义上还是成立的。各国支出权重不同所带来的问题并不影响相对购买力平价的成立。

本国产品和外国产品分别用 ℓ 和 ℓ^* 表示。H 国企业产品 ℓ 其在 H 国价格用 H 国货币表示为 $P_{Ht}(\ell)$，定义 $p_{Ht} = \log[P_{Ht}(\ell)]$，在 F 国价格以 F 国货币标示为 $P^*_{Ft}(\ell)$，定义 $p^*_{Ht} = \log[P^*_{Ft}(\ell)]$。F 国企业产品 ℓ^* 其在 F 国价格用 F 国货币表示为 $P^*_{Ft}(\ell^*)$，定义 $p^*_{Ft} = \log[P^*_{Ft}(\ell^*)]$；在 H 国价格以 H 国货币计价 $P_{Ft}(\ell^*)$，定义 $p_{Ft} = \log[P_{Ft}(\ell^*)]$。以上价格右上角带“*”的是在 F 国销售的 F 国货币价格，没有“*”的价格是在 H 国销售的 H 国货币价格。所有变量都有代表时期 t 的下标。

以下举例中考察美元和人民币双边汇率，F 国用美国代替，H 国用中国表示，1 美元 =6.6 人民币（接近 2011 年 5 月 30 日的汇率水平）。假如同样一只杯子，通过市场汇率换算在国外卖得比在中国卖得贵，一价定律不成立。如果所有的产品都参加国际贸易，且都出现上述情况，那么购买力平价 PPP 不成立。表 8.1 给出了具体的例子。同样一只杯子在中国卖 10 元人民币，在美国卖 2 美元。按照市场汇率换算，杯子在两国的价格不等，美国卖

① Stein, J. L. , P. Allen, Associates (1995).

得贵。恢复购买力平价的方法有三种，一是中国出现通货膨胀（杯子的人民币价格上升到 13.2 人民币），二是美国出现通货紧缩（杯子的美元价格下降到 1.52 美元），三是人民币相对美元名义升值，或者美元相对人民币名义贬值，人民币要名义升值（美元要名义贬值）到 1 美元等于 5 人民币时，一价定律才成立。

表 8.1　　一价定律、通胀与名义汇率：杯子的例子

中国价格	美国价格
一价定律不成立	
10 元人民币	2 美元
1 美元 =6.6 元人民币	
	相当于 13.2 元人民币
恢复一价定律：中国通胀情况	
13.2 元人民币	2 美元
1 美元 =6.6 元人民币	
	相当于 13.2 元人民币
恢复一价定律：美国通缩情况	
10 元人民币	1.515152 美元
1 美元 =6.6 元人民币	
	相当于 10 元人民币
恢复一价定律：人民币升值或美元贬值情况	
10 元人民币	2 美元
1 美元 =5 元人民币	
	相当于 10 元人民币

表 8.2 给出了具体的例子。名义汇率为 1 美元等于 6.6 人民币。同样一双耐克鞋在中国卖 300 元人民币，在美国卖 30 美元。按照市场汇率换算，耐克鞋在两国的价格不等，美国卖得便宜。恢复购买力平价的方法有三种，一是中国出现通货紧缩（耐克鞋的人民币价格降到 198 元人民币）；二是美国出现通货膨胀（耐克鞋的美元价格上升到 45.46 美元）；三是人民币相对美元名义贬值，或者美元相对人民币名义升值。当 1 美元等于 10 元人民币时，一价定律才成立。

表 8.2　　一价定律、通胀与名义汇率：耐克鞋的例子

中国价格	美国价格
一价定律不成立	
300 元人民币	30 美元
1 美元 =6.6 元人民币	
	相当于 198 元人民币
恢复一价定律：中国通缩情况	
198 元人民币	30 美元
1 美元 =6.6 元人民币	
	相当于 198 元人民币
恢复一价定律：美国通胀情况	
300 元人民币	45.455 美元
1 美元 =6.6 元人民币	
	相当于 300 元人民币
恢复一价定律：人民币升值或美元贬值情况	
300 元人民币	30 美元
1 美元 =10 元人民币	
	相当于 300 元人民币

根据 Engel（2010），汇率失调（Currency Misalignment）的指标为：

$$\begin{aligned} m_t &= \frac{1}{2}\left\{[e_t + p_{Ht}^* - p_{Ht}] + [e_t + p_{Ft}^* - p_{Ft}]\right\} \\ &= \frac{1}{2}\left[m_t(\ell) + m_t(\ell^*)\right] \end{aligned} \tag{8.103}$$

其中，$e_t = \log \mathcal{E}_t$，$\mathcal{E}_t$是名义汇率——1 单位 F 国货币所能交换到的 H 国货币的数量。（8.103）中的商品价格省略了 ℓ 和 ℓ^*。

汇率失调的指标是一个平均数，平均的对象是（1）H 国商品的 F 国货币价格与 H 国货币价格用同一货币衡量的差距（“体现在 H 国商品价格上的汇率失调程度” $m_t(\ell)$）（2）F 国商品的 F 国货币价格与 H 国货币价格用同一货币衡量的差距（“体现在 F 国商品价格上的汇率失调程度” $m_t(\ell^*)$）。

举例说明：定义在水平意义上（而非在对数线性化意义上）的“体现在 H 国商品价格上的汇率失调程度”的指标为：

$$\mathfrak{M}_t(\ell)=\frac{\mathcal{E}_t P_{Ht}^*}{P_{Ht}} \tag{8.104}$$

表 8.3　　　　贸易条件与汇率失调：中国杯子和美国耐克鞋的例子

中国杯子在美国的销售价格	$P_{Ht}^*=2$ 美元	中国杯子在中国的销售价格	$P_{Ht}=$ 10 人民币	体现在中国杯子上的汇率失调程度	$\mathfrak{M}_t(\ell)=\frac{6.6\times 2USD}{10RMB}=1.32$
美国耐克鞋在美国销售价格	$P_{Ft}^*=30$ 美元	美国耐克鞋在中国销售价格	$P_{Ft}=$ 300 人民币	体现在美国耐克鞋上的汇率失调程度	$\mathfrak{M}_t(\ell^*)=\frac{6.6\times 30USD}{300RMB}=0.66$
美国的贸易条件	$S_t^*=\frac{P_{Ht}^*}{P_{Ft}^*}=\frac{2}{30}=\frac{1}{15}$	中国的贸易条件	$S_t=\frac{P_{Ft}}{P_{Ht}}=\frac{300}{10}=30$		
汇率失调程度的总体指标			$\mathfrak{M}_t=\sqrt{\mathfrak{M}_t(\ell^*)\mathfrak{M}_t(\ell)}=\sqrt{1.32\times 0.66}\approx 0.93$		
贸易条件的总体指标			$\mathfrak{Z}_t=\sqrt{S_tS_t^*}=\sqrt{30\times(1/15)}=\sqrt{2}\approx 1.4$		

在水平意义上（而非在对数线性化意义上）的“体现在 F 国商品价格上的汇率失调程度”的指标为：

$$\mathfrak{M}_t(\ell^*)=\frac{\mathcal{E}_t P_{Ft}^*}{P_{Ft}} \tag{8.105}$$

在水平意义上（而非在对数线性化意义上）的汇率失调程度的总体指标为：

$$\mathfrak{M}_t=\sqrt{\mathfrak{M}_t(\ell^*)\mathfrak{M}_t(\ell)} \tag{8.106}$$

在水平意义上（而非在对数线性化意义上）的贸易条件总体指标为本国贸易条件 S 和外部贸易条件 S^* 的平均（贸易条件定义见表 8.3）：

$$\mathfrak{Z}_t=\sqrt{\mathcal{S}_t\mathcal{S}_t^*} \tag{8.107}$$

就 8.3 的数据而言，“体现在中国杯子上的汇率失调程度”说明人民币要升值，“体现在美国耐克鞋上的汇率失调程度”说明美元要升值；总体汇率失调指标为0.93，小于1，说明商品在美国售价总体比在中国售价便宜，美元升值更为合理。虽然这仅是例子，但与消费者的感受，比较接近。

就贸易条件而言，中国的进口品价格相对偏高，贸易条件不利；美国的进口品价格相对偏低，贸易条件有利。中国出口品价格没有抵消美国出口价格的作用，总体上看，世界贸易条件不利于进口，贸易条件指数大于1。

第 9 章　外汇占款、银行与货币政策工具

货币当局资产负债表和存款性公司资产负债表组成了货币概览的内容，存款性公司包括了货币当局和其他存款性公司。货币政策工具包括数量类调控工具和价格类调控工具。数量类调控工具通过改变货币当局资产负债的规模和结构，影响存款性公司的资产负债；价格类调控工具通过影响利率、汇率等相对价格对经济运行施加影响。理解数量类调控工具需要了解货币当局和存款性公司的资产负债表，货币当局资产负债表反映了年末时间点上货币当局资产负债存量的规模，存款性公司资产负债表反映了年末时间点上存款性公司资产负债存量的规模。

传统的数量类调控工具直接控制存款性公司的国内信贷。1998 年我国取消了对信贷规模的控制，将信贷规模变为指导性指标；2010 年我国货币当局不再公布信贷规模增量的指导性目标数值。目前我国的数量类调控工具都是间接工具，通过行政性手段控制存款性公司资产负债规模总量的工具已经被取消。间接数量调控工具包括存款准备金、再贴现、公开市场业务等工具。以下将基于我国货币当局和存款性公司的资产负债表，讨论各种货币工具的概念、运用和效果。

9.1　外汇占款对货币政策工具操作的影响

9.1.1　存款准备金

存款准备金指金融机构为保证客户提取存款和资金清算需要而准备的资金，金融机构按规定向中央银行缴纳的存款准备金占其存款总额的比例是存款准备金率。存款准备金制度是在中央银行体制下建立起来的，世界上最早是美国以法律形式规定商业银行向中央银行缴存存款准备金。存款准备金制度的初始作用是保证存款的支付和清算，之后才逐渐演变成为货币政策工具，中央银行通过调整存款准备金率，影响金融机构的信贷资金供应能力，从而间接调控

货币供应量。

经国务院同意，中国人民银行决定 1998 年实施存款准备金制度改革。自 1998 年 3 月 21 日起，对存款准备金制度进行改革①。改革之前，银行向中央银行缴存准备金、保留备付金的数量大部分时间低于从中央银行所获得的贷款。

1998 年存款准备金改革以后，由于存款准备金比率下调，存款性公司用剩余可用资金归还再贷款。1998 年改革以后，存款性公司存放中央银行的存款准备金越来越大，再贷款余额有所减少（见图 9.1）。这反映了中央银行资产负债表结构的重大调整 。

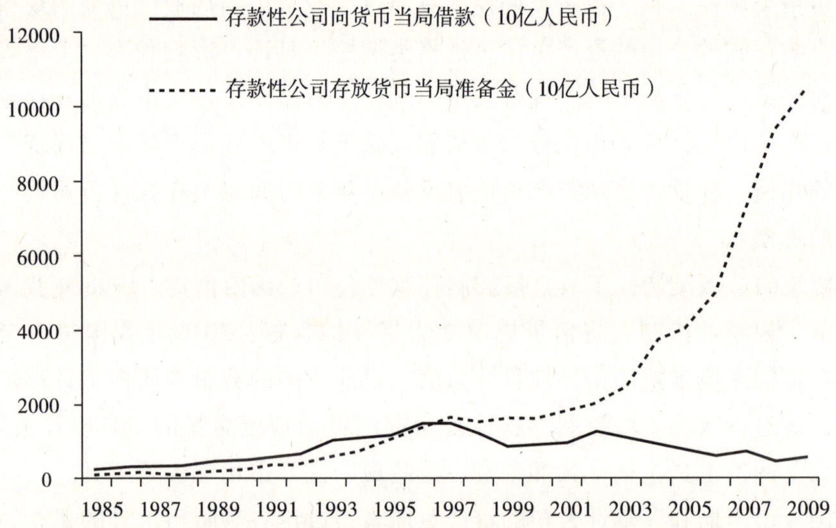

图 9.1　存款性公司存款准备金和向货币当局借款（1985 ~ 2009）

资料来源：IFS。

---

① 1998 年改革的主要内容有以下七项：①将原各金融机构在人民银行的“准备金存款”和“备付金存款”两个帐户合并，称为“准备金存款”帐户。②法定存款准备金率从 13% 下调到 8%。准备金存款帐户超额部分的总量及分布由各金融机构自行确定。③对各金融机构的法定存款准备金按法人统一考核。④对各金融机构法定存款准备金按旬考核。⑤金融机构按法人统一存入人民银行的准备金存款低于上旬末一般存款余额的 8%，人民银行对其不足部分按每日万分之六的利率处以罚息。金融机构分支机构在人民银行准备金存款帐户出现透支，人民银行按有关规定予以处罚。金融机构不按时报送旬末一般存款余额表和按月报送月末日计表的，依据《中华人民共和国商业银行法》第七十八条予以处罚。上述处罚可以并处。⑥金融机构准备金存款利率由缴来一般存款利率 7.56% 和备付金存款利率 7.02%（加权平均 7.35%）统一下调到 5.22%。⑦调整金融机构一般存款范围。将金融机构代理人民银行财政性存款中的机关团体存款、财政预算外存款，划为金融机构的一般存款。金融机构按规定比例将一般存款的一部分作为法定存款准备金存入人民银行。

表9.1　　**我国存款性公司概览（2010）**　　单位：亿元

报表项目 Items	2010.12
国外净资产 Net Foreign Assets	226044.95
国内信贷 Domestic Credits	587324.02
对政府债权（净）Claims on Government (net)	34604.25
对非金融部门债权 Claims on Non - financial Sectors	521658.47
对其他金融部门债权 Claims on Other Financial Sectors	31061.30
货币和准货币 Money & Quasi Money	725851.79
货币 Money	266621.54
流通中现金 Currency in Circulation	44628.17
活期存款 Demand Deposits	221993.37
准货币 Quasi Money	459230.25
定期存款 Time Deposits	143232.08
储蓄存款 Saving Deposits	303093.01
其他存款 Other Deposits	12905.15
不纳入广义货币的存款 Deposits Excluded from Broad Money	13566.09
债券 Bonds	59105.24
实收资本 Paid - in Capital	26726.53
其他（净）Other Items (net)	-11880.67

资料来源：中国人民银行网站 http://www.pbc.gov.cn/

存款准备金从最初保持银行体系流动性的作用，逐步发展到现在成为货币政策工具。中央银行提高存款准备金比率，改变了货币当局负债方面储备货币（Reserve Currency）当中金融性公司存款的规模。货币当局的储备货币就是基础货币。广义货币是存款性公司概览中的“货币和准货币”一项，基础货币与广义货币之间扩张倍数是货币乘数。基础货币是货币当局直接控制的对象，广义货币是中间目标。两者之间的比例（货币乘数）反映了货币政策从操作目标到中间目标之间传导的程度。

根据图9.2，我国货币乘数的波动比较明显。2006达到4.42最高水平以后回落到2009年3.97的水平。2009年的货币乘数与2003年的乘数水平相当。为进一步了解存款准备金比率的传导渠道，必须详细分析从存款准备金到广义货币的微观基础。金融机构利益最大化与存款准备金比率之间的关系是货币传导渠道的微观基础。

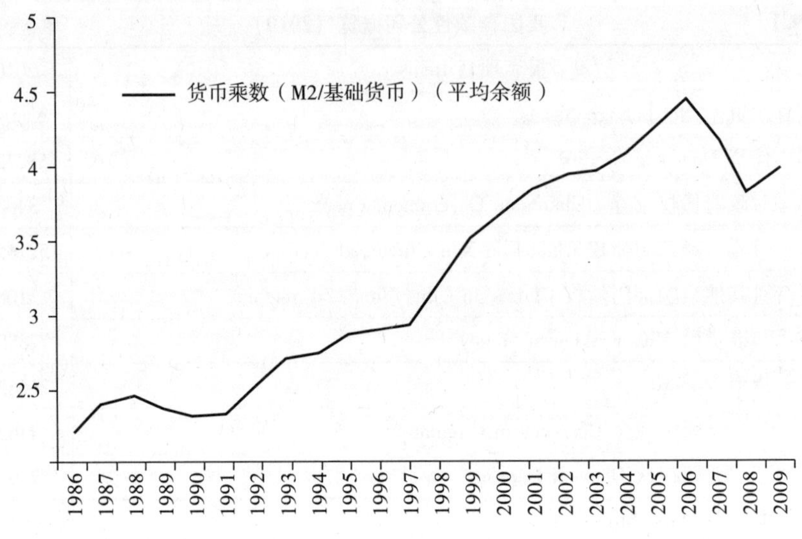

图 9.2　我国货币乘数（1986～2009）

资料来源：IFS。

国内学者对存款准备金制度的研究取得了不少成果，但尚待进一步加强。魏永芬（2006）针对一些学者主张取消存款准备金付息制度的观点，指出在利率市场化的情况下，超额准备金利率成为货币市场利率的底线，对于防止利率过度"低调"具有其他工具所不可替代的作用。因此，不应当取消存款准备金付息制度。辛树人（2005）指出差额准备金制度存在缺陷，实际发挥的作用还不明显，他提出了建立富有弹性的差别准备金制度的政策建议。朱恩涛、朱瑾（2007）认为存款准备金制度不仅包括存款准备金率的调整，中央银行还可以对需缴存款准备金的机构、不同类型存款的准备金率、可以作为存款准备金的资产类型、存款准备金的计提方式等进行确定和调整，以使存款准备金工具更加完善。

戴根有（2000）认为选择我国货币政策操作目标要考虑我国货币市场的实际条件。目前许多国家已经放弃了部分存款准备金制度，实行零准备率。主要原因是近些年来债券市场得到了快速发展，商业银行资产结构中债券的比重大幅度上升。商业银行通过债券市场管理流动性变得十分方便，以至于再没有必要由法律规定保留部分现金准备。我国这两年债券市场发展也很快，但是总体上讲，商业银行债券资产比重还相对较低，还没有达到那一步。我们在货币政策日常操作中，还是要经常监测银行的超额准备金水平，超额准备金仍然是央行货币政策的重要监测指标。赵文杰（1994）论证了超额储备率作为我国货币政策操作目标的可行性和必要性，同时也阐述了中央银行调控超额储备率的困难和宏观操作。

9.1.2　公开市场操作

公开市场操作是中央银行吞吐基础货币，调节市场流动性的主要货币政策工具，通过中央银行与指定交易商进行有价证券和外汇交易，实现货币政策调控目标。货币当局资产负债表负债方“债券发行”是中央银行发行中央银行票据的余额。中央银行票据是中国人民银行发行的短期债券，央行通过发行央行票据可以回笼基础货币，央行票据到期则体现为投放基础货币。在货币当局资产规模给定的情况下，债券发行余额越大，基础货币回笼越多，基础货币的规模就越小。如图 9.3 所示，如果没有债券发行余额自 2002 年以来的增加，中央银行资产的被动扩张将直接转化为基础货币的扩张，基础货币将以比现在更高的增速增长①。

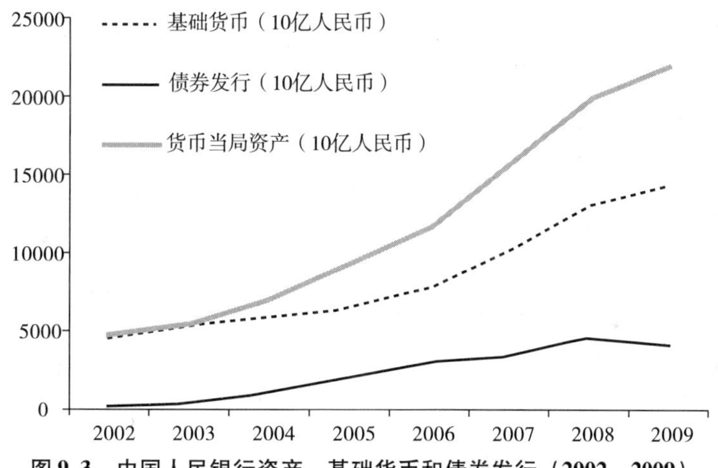

图 9.3　中国人民银行资产、基础货币和债券发行（2002 ~ 2009）

资料来源：IFS。

---

① 我国公开市场操作包括人民币操作和外汇操作两部分。外汇公开市场操作 1994 年 3 月启动，人民币公开市场操作 1998 年 5 月 26 日恢复交易，规模逐步扩大。1999 年以来，公开市场操作已成为中国人民银行货币政策日常操作的重要工具，对于调控货币供应量、调节商业银行流动性水平、引导货币市场利率走势发挥了积极的作用。中国人民银行从 1998 年开始建立公开市场业务一级交易商制度，选择了一批能够承担大额债券交易的商业银行作为公开市场业务的交易对象，目前公开市场业务一级交易商共包括 40 家商业银行。这些交易商可以运用国债、政策性金融债券等作为交易工具与中国人民银行开展公开市场业务。从交易品种看，中国人民银行公开市场业务债券交易主要包括回购交易、现券交易和发行中央银行票据。其中回购交易分为正回购和逆回购两种，正回购为中国人民银行向一级交易商卖出有价证券，并约定在未来特定日期买回有价证券的交易行为，正回购为央行从市场收回流动性的操作，正回购到期则为央行向市场投放流动性的操作；逆回购为中国人民银行向一级交易商购买有价证券，并约定在未来特定日期将有价证券卖给一级交易商的交易行为，逆回购为央行向市场上投放流动性的操作，逆回购到期则为央行从市场收回流动性的操作。现券交易分为现券买断和现券卖断两种，前者为央行直接从二级市场买入债券，一次性地投放基础货币；后者为央行直接卖出持有债券，一次性地回笼基础货币。

国内学者对我国公开市场操作方面的问题进行了一些初步的探讨。戴根有（2000）对各项货币政策工具的排序为：公开市场操作、利率、法定存款准备金率、再贷款、再贴现以及信贷政策。谢多（2000）描述了我国公开市场操作的实践，并就正在变化过程中的货币政策操作方式进行了讨论。他指出，我国间接货币政策调控方式的构架已经初步建立，但公开市场操作仍处于起步阶段，还受到各方面条件的制约，并对间接调控框架的构建提出了建议。张红地、叶阳（2002）分析了我国公开市场操作的基本原理，并对我国公开市场业务的操作对象进行了讨论。黄宪、赵伟（2003）以国债为研究对象，对比分析了中美公开市场业务的运行机制，认为当前我国公开市场业务薄弱和不完善的运行机制是严重制约因素。戴根有（2003）回顾了公开市场操作的实践，在此基础上指出了中国公开市场业务操作目标、框架及基本经验，并对未来公开市场业务做了展望。

9.1.3 中央银行再贷款

中央银行贷款指中央银行对金融机构的贷款，简称再贷款，是中央银行资产组成部分之一。中央银行通过适时调整再贷款的总量及利率，促进实现货币信贷总量中介调控目标。自1984年人民银行行使中央银行职能以来，再贷款一直是我国中央银行的重要货币政策工具。如图9.4所示，2002年来，再贷款所占中央银行资产的比重逐步下降，结构和投向发生重要变化。新增再贷款主要用于促进信贷结构调整，引导扩大县域和“三农”信贷投放。

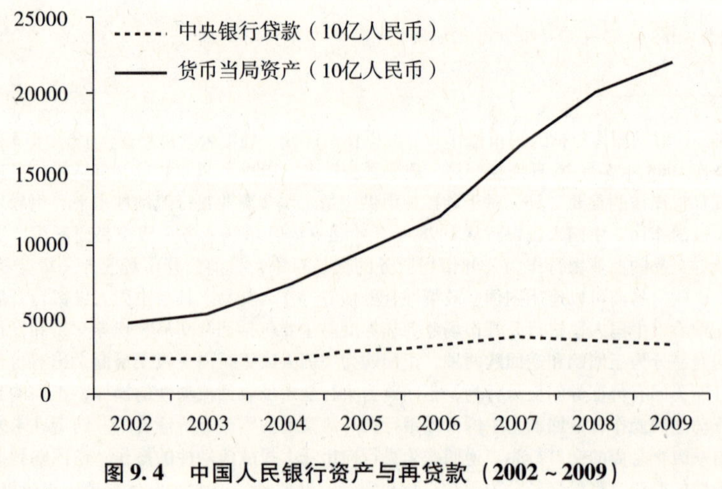

图9.4　中国人民银行资产与再贷款（2002～2009）

资料来源：IFS。

再贴现是中央银行对金融机构持有的未到期已贴现商业汇票予以贴现的行为。在我国，中央银行通过适时调整再贴现总量及利率，明确再贴现票据选择，达到影响存款性公司资产负债中间目标的目的[①]。施海松（2003）提出了再贴现政策的选择应充分结合经济金融形势的主要矛盾、货币政策传导机制的梗阻问题、货币政策工具体系的完善程度等实际情况，阐明了现今再贴现尚不能退出历史舞台的六个理由，并建议未来再贴现职能定位作三方面的调整。胡安庆（2004）指出，虽然当前的再贴现政策存在许多局限性，但是再贴现政策在我国相当一段时期内还将发挥重要作用，因此必须加以完善。

9.1.4 利率政策

利率政策是货币政策的价格类调控工具。中国人民银行通过调整利率水平和利率结构，实现货币政策的既定市场利率中间目标。中国人民银行采用的利率工具主要有：①调整中央银行基准利率，包括再贷款利率（中国人民银行向金融机构发放再贷款所采用的利）、再贴现利率（金融机构将所持有的已贴现票据向中国人民银行办理再贴现所采用的利率）、存款准备金利率（中国人民银行对金融机构交存的法定存款准备金支付的利率）、超额存款准备金利率（中央银行对金融机构交存的准备金中超过法定存款准备金水平的部分支付的利率）。②调整金融机构法定存贷款利率。③制定金融机构存贷款利率的浮动范围。④制定相关政策对各类利率结构和档次进行调整等。随着利率市场化改革的逐步推进，中国人民银行逐步从对利率的直接调控向间接调控转化。

存贷款利率水平在我国由国家统一管理，它不仅影响资金需求，而且改变消费、储蓄和实物投资的跨期动态决策。图9.5给出了人民币存贷款基准利率自1980年以来的走势。中央银行通过改变市场利率水平，影响金融机构、金融市场和实物交易的各部门各微观企业的决策，利率工具的影响较其他货币政策工具更加广泛。

国内关于利率作为操作目标的研究尚未形成一致意见。刘飞（2003）认为我国货币政策调控机制在转型过程中以商业银行流动性为操作目标有其必然性，在

---

① 1986年，人民银行下发了《中国人民银行再贴现试行办法》，决定在北京、上海等10个城市对专业银行试办再贴现业务，首次进行的再贴现实践。1995年末，人民银行规范再贴现业务操作，开始把再贴现作为货币政策工具体系的组成部分，并注重通过再贴现传递货币政策信号。2008年以来，人民银行适当增加再贴现转授权窗口，适当扩大再贴现的对象和机构范围，推广使用商业承兑汇票。

转型完成后货币政策操作目标有向货币市场利率转变的必要。郭田勇（2005）认为金融体系的流动性，是我国货币政策操作目标的一个现实可行的选择，而同业拆借利率还不具备作为操作目标的条件。谢平、袁沁敔（2003）分析了我国利率政策的运行环境、利率调整模式、利率对通胀、产出、储蓄和消费的影响，得出了五个结论：第一，利率管制、中央银行过高贷款利率、金融机构实际负利率是利率政策运行环境的三个事实；第二，利率政策的时滞为 6 ~ 10 个月；第三，利率对通货膨胀影响不显著；第四，利率对产出的预测能力高于其他金融变量；第五，利率变化对居民的消费和储蓄决策存在影响。周立群、伍志文（2004）利用我国 1997 年 5 月至 2004 年 5 月的数据对利率政策调控的有效性进行了综合评估。研究表明，利率调整对于产量、物价等宏观经济变量的影响并不直接和明显，存在不同的时滞效应。利率对国内经济部门和国外经济部门、对资产价格和产品价格的影响存在不对称性，利率的综合效应很不确定。

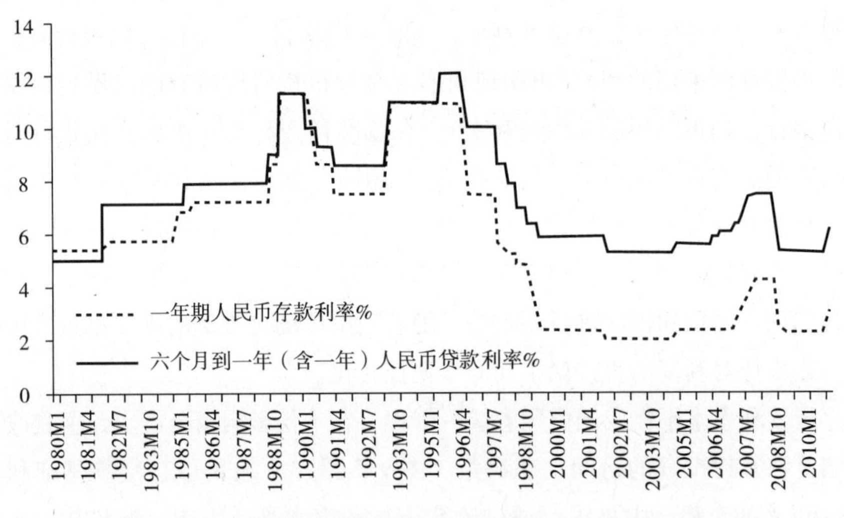

图 9.5　人民币存贷款基准利率走势（1980 年 1 月 ~ 2011 年 1 月）

资料来源：IFS。

9.1.5　外汇占款对货币政策工具实施的影响

由于经常项目顺差持续较大，我国长期以来积累了许多国外资产。我国中央银行资产中“国外资产”主要由外汇组成，其他黄金和其他资产占较小。外汇资产又被称为外汇占款。国外资产大幅度增加，拉动了基础货币。即使通过发行债券，基础货币增长的速度还是很快。如图 9.6 所示，2005 年以来，由于公开市场操作的影响，基础货币增长的速度才慢于国外资产的增速。国外资产增加既不是货币政策中间目标，也不是货币政策最终目标，它对货币政策工具实现货币政策中间目标和最终目标却有着不可忽视的影响。

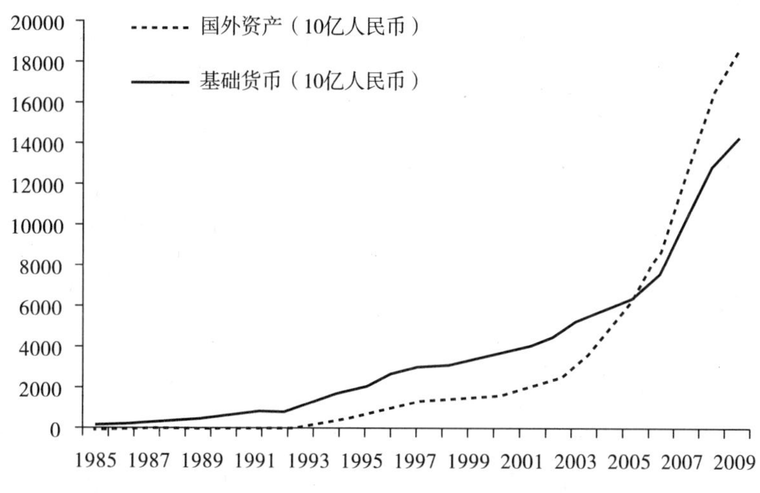

图 9.6　中国人民银行国外资产和基础货币规模（1985 ~ 2009）

资料来源：IFS。

9.2　银行资产负债与货币政策工具

本节研究银行资产负债与货币政策传导之间的关系。相关的研究说明银行的信贷是重要的货币政策传导渠道。蒋瑛琨、刘艳武、赵振全（2005）运用协整检验、向量自回归、脉冲相应函数等方法对我国 1992 ~ 2004 年间的货币政策传导机制进行了实证分析，发现信贷渠道在我国货币政策传导渠道中占重要地位。

9.2.1　模型分析

在资金流量表中，银行部门是重要部门，银行将储蓄集中起来，通过资产负债表转换，将储蓄转换成为支出。以下通过一个银行资产负债动态模型描述各种货币政策工具对银行资产负债的影响。

假定银行贷款期限为一期，政府短期债券是一期，政府长期债券期限无限。政府决定存款准备金比率、税率、政府支出、政府支付的劳动报酬、短期和长期债券发行。政府支出小于收入的余额等于短期和长期政府债券的变化和储备货币的变化。银行债务价值总额来自两部分，一部分是短期政府债券的价值，一部分是长期政府债券的价值。

$$VBB_{it} = VBILLB_{it} + BONDB_{it} / R_t \tag{9.1}$$

表 9.2　　银行资产负债模型变量表

$BONDB_{it}$	银行资产方——政府长期债券数量（每单位债务每期收益 1 元）
BR_{it}	银行资产方——存放政府（货币当局是政府一部分）准备金
BR_{it}^{*}	银行资产方——存放政府（货币当局是政府一部分）法定准备金
d1	所得税率
d2	针对银行资产组合的税率
DDB_{it}	银行负债方——活期存款（来自住户部门、企业和证券交易商）
$DIVB_{it}$	银行股利
$EMAXDD_{i}$	银行以往过高估计活期存款所出现的最大差错
$EMAXSD_{i}$	银行以往过高估计定期存款所出现的最大差错
$FUNDS_{it}^{e}$	银行可放贷（给住户部门和企业的）和购买债券的资金总和，即使银行在估计活期和定期存款方面出现了以往出现过的最大差错
g_1	存款准备金比率
g_2	税前银行资产组合中持有政府短期和长期债券的比重
i	银行标识
L_t	银行部门贷款总量（对住户部门和企业发放）
LB_{it}	银行资产方——贷款（对住户部门和企业发放）
$LBMAX_{it}$	银行意愿或计划发放的最大贷款（对住户部门和企业发放）
LUN_t	住户和企业部门对贷款的需求（无约束条件下）
RB_{it}	银行 i 贷款利率
RB_t	经济中平均贷款利率
R_t	政府长期债券利率
r_t	政府短期债券利率（等于银行定期存款利率）
SDB_{it}	银行负债方——定期存款（来自住户部门）
$TAXB_{it}$	银行支付的税收
T+1	决策期限的长度
VBB_{it}	银行资产方——政府短期债券和长期债券价值之和
$VBILLB_{it}$	银行资产方——政府短期债券价值
ΠB_{it}	银行税前利润

长期政府债券期限无限，现金流每年一元。长期政府债券的价格等于用短期政府债券利率（及其预期）作为贴现率的现金流现值：

$$\frac{1}{R_t}=\frac{1}{1+r_t}+\frac{1}{(1+r_t)(1+r_{t+1}^e)}+\frac{1}{(1+r_t)(1+r_{t+1}^e)(1+r_{t+2}^e)}+\cdots \tag{9.2}$$

银行存款利率等于短期政府债务利率。资本利得来自政府长期债券。银行利润考虑资本利得：

$$\begin{aligned}\prod B_{it} &= RB_{it}LB_{it}+r_tVILLB_{it}+BONDB_{it}-r_tSDB_{it} \\ &+(BONDB_{it}/R_{t+1}-BONDB_{it}/R_t)\end{aligned} \tag{9.3}$$

银行税收考虑所得税和资产配置税：

$$TAXB_{it}=d_1\prod B_{it}+d_2[VBB_{it}-g_2(VBB_{it}+LB_{it})]^2 \tag{9.4}$$

为促使银行资产中持有 g_2 比例的债券，政府会对偏离该比例的银行收税。实际上，传统计划体制下控制信贷规模是直接限制银行的资产配置。

银行股利包括来自政府长期债券的资本利得。银行的税后利润全部分红。

$$DIVB_{it}=\prod B_{it}-TAB_{it} \tag{9.5}$$

银行存款准备金是基础货币的主要部分，其余组成基础货币的部分包括流通现金和库存现金，与银行存款准备金相比规模都较小。

$$BR_{it}=DDB_{it}+SDB_{it}-LB_{it}-VBB_{it}-(BONDB_{it}/R_{t+1}-BONDB_{it}/R_t) \tag{9.6}$$

资本利得一部分以所得税方式提交政府，一部分以股利方式分配给住户部门，不构成银行的资产，所以如果银行出现资本利得（Capital Gain），从存款准备金中扣除。如果银行出现资本利损（Capital Loss），税盾（Tax Shelter）效应使得银行的所得税减少，股利分配也减少；资本利损由政府和股东承担，这等于政府给银行所得税返还，股东将股利留在银行，所以资本利损要加入银行的存款准备金。

银行存款准备金要大于法定存款准备金：

$$BR_{it}\geqslant BR_{it}^* \tag{9.7}$$

法定存款准备金的规模为：

$$BR_{it}^*=g_1(DDB_{it}+SDB_{it}) \tag{9.8}$$

如果银行预期错误，低估了贷款需求，或者高估了可以用于发放贷款的资金供给，就会出现（给定银行设定的贷款利率）贷款需求大于贷款供应的情况。

银行选择愿意发放贷款的最大数量足够低，总小于贷款需求。银行可投资于债券和发放贷款的资金总量来自活期存款和定期存款，银行对其的预期为：

$$FUNDS_{it}^{e}=(1-g_1)(DDB_{it}^{e}-EMAXDDB_i)+(1-g_1)(SDB_{it}^{e}-EMAXSDB_i) \tag{9.9}$$

银行控制债券持有量，对贷款发放规模的预期为：

$$LB_{it}^{e}=FUNDS_{it}^{e}-VBB_{it} \tag{9.10}$$

控制了债券持有量，银行也就选择了计划的贷款发放量：

$$LBMAX_{it}=LB_{it}^{e} \tag{9.11}$$

银行对定期存款和活期存款的预期与最近的观测值相等，不受存款准备金比率、贷款和债券等变量的影响，银行也不假定活期存款和定期存款增速会大于零。

$$DDB_{it+k}^{e}=DDB_{it-1} \tag{9.12}$$

$$SDB_{it+k}^{e}=SDB_{it-1} \tag{9.13}$$

这样，银行对资金的预测就等于：

$$FUNDS_{it}^{e}=(1-g_1)(DDB_{it-1}-EMAXDDB_i)+(1-g_1)(SDB_{it-1}-EMAXSDB_i) \tag{9.14}$$

银行在决定第 t 期贷款利率时知道证券交易商确定的第 t 期短期债券利率。这是信息单向流动的起源。信息从证券交易商到银行，再到企业，再到消费者，这导致模型有递归（Recursive）特点。

银行 i 对银行 j 贷款利率的预期取决于两方面：如果银行 i 相对银行 j 贷款利率偏高，银行 j 贷款利率会上升，短期债券利率 r 如果上升，银行 i 预期银行 j 贷款利率会上升。

$$\frac{RB_{jt}^{e}}{RB_{jt-1}}=\left(\frac{RB_{it-1}}{RB_{jt-1}}\right)^{\alpha 1}\left(\frac{r_t}{r_{t-1}}\right)^{\alpha 2},\alpha 1>0,\alpha 2>0 \tag{9.15}$$

银行的目标是最大化预期未来税后利润的贴现值：

$$OBJB_{it}=\frac{\prod B_{it}^{e}-TAXB_{it}^{e}}{1+r_t}+\frac{\prod B_{it+1}^{e}-TAXB_{it+1}^{e}}{(1+r_t)(1+r_{t+1}^{e})}+\ldots+\frac{\prod B_{it+T}^{e}-TAXB_{it+T}^{e}}{(1+r_t)(1+r_{t+1}^{e})\ldots(1+r_{t+T}^{e})} \tag{9.16}$$

银行对持有短期和长期政府债券持无差异态度。银行对未来短期政府债券利率的预期和当前短期政府债券利率一起，成为长期政府债券利率定价（预期由银行传递给证券交易商）的贴现率。银行预期长期政府债券和短期政府债券收益相等（税前和税后都相等）。

政府这里既包括货币当局（又包括金融监管当局）的税收功能。如果假定银行完全按照政府的意愿持有资产组合，银行将选择债券规模：

$$VBB_{it+k} = g_2 \times FUNDS^e_{it+k} \tag{9.17}$$

在这样的条件下，银行计划的贷款规模也是政府所希望的：

$$LB^e_{it+k} = FUNDS^e_{it+k} - VBB_{it+k} \tag{9.18}$$

假定贷款利率的整体水平是银行系统中仅有的两家银行贷款利率水平的几何平均，

$$RB^e_{t+k} = \left(RB_{it+k} RB^e_{jt+k}\right)^{1/2} \tag{9.19}$$

住户部门和企业部门对贷款无约束需求将满足：

$$LUN^e_t = LUN_{t-1}\left(\frac{RB_{t-1}}{RB^e_t}\right)^{\alpha 3}, \alpha 3 > 0 \tag{9.20}$$

银行 i 认为从总量上贷款需求不会被拒绝。

$$L^e_{t+k} = LUN^e_{t+k} \tag{9.21}$$

银行 i 市场份额的预期受两方面因素影响：一方面是以往的市场份额，一方面是银行竞争对手相对贷款利率的水平：

$$\frac{LB^e_{it}}{L^e_t} = \frac{LB_{it-1}}{L_{t-1}}\left(\frac{RB_{it}}{RB^e_{jt}}\right)^{\alpha 4}, \alpha 4 < 0 \tag{9.22}$$

给定对贷款发放的预期，从后五个等式（9.15）~（9.22）可以得出贷款利率。重复运用，求出贷款利率的基准路径。给定 RB_{it}，从后五个等式（9.15）~（9.22）得出 LB^e_{it}，可以求出 VBB_{it}。通过搜索求解。

银行没有消费，不雇佣劳动。银行确定贷款数量（给定基准贷款利率）、债券购买数量和银行愿意发放贷款的最大数量。求解模型过程中，决策变量未来值只在求解当期最优决策意义上才重要。求解动态优化问题时，假定随机变量等于其预期值，所得到的最优决策（在非线性情况下）是一种近似，在线性情况下是准确解。30 期是模型假定决策者考虑问题的时间跨度，这个时间跨度基本上可以保证所得到的当期最优决策是一种误差不大的近似。

模型中的货币政策工具包括短期政府债券利率、银行法定存款准备金比率和偏离监管合意资产组合的税率。这些工具与银行的资产负债内容存在内在的联系。比如，银行法定存款准备金比率会影响银行存款准备金，会影响基础货币，进而与银行体系的存款总量（M2）联系在一起。

9.2.2 定量分析参数设定

表9.3给出了定量分析的参数设定。定量分析的参数设定使得银行最优的控制变量与最初的取值一样。在初始状态，银行贷款市场份额相等，都为50%。银行贷款利率相等。银行资产组合与政府希望的组合一致。银行资产组合满足：

表9.3 参数设置

d1	所得税率 =0.5
d2	针对银行资产组合的税率 =0.0028
DDB_{it-1}	银行负债方——活期存款（来自住户部门、企业和证券交易商）=96.1
$EMAXDD_i$	银行以往过高估计活期存款所出现的最大差错 =1.9
$EMAXSD_i$	银行以往过高估计定期存款所出现的最大差错 =10.1
$FUNDS_{it}^e$	银行可放贷（给住户部门和企业的）和购买债券的资金总和，即使银行在估计活期和定期存款方面出现了以往出现过的最大差错 =575.1
g1	存款准备金比率 =0.1667
g2	税前银行资产组合中持有政府短期和长期债券的比重 =0.2956
L_{t-1}	银行部门贷款总量（对住户部门和企业发放）=810.2
LB_{it-1}	银行资产方——贷款（对住户部门和企业发放）=405.1
LUN_{t-1}	住户和企业部门对贷款的需求（无约束条件下）=810.2
RB_{it-1}	银行 i 贷款利率 =0.075
RB_{jt-1}	银行 j 贷款利率 =0.075
r_t	政府短期债券利率（等于银行定期存款利率）=0.065
r_{t-1}	政府短期债券利率（等于银行定期存款利率）=0.065
SDB_{it-1}	银行负债方——定期存款（来自住户部门）=506.7
T+1	决策期限的长度为30
VBB_{it}	银行资产方——政府短期债券和长期债券价值之和 = 170 = $FUNDS_{it}^e - LB_{it-1}$
α_1	0.5
α_2	0.4
α_3	0.2
α_4	-3.6

$$\frac{VBB_{it-1}}{LB_{it-1}+VBB_{it-1}}=g_2 \tag{9.23}$$

9.2.3 定量分析结果

运用GUASS求解的步骤如下：

表9.4 银行模型模拟结果（一）

	基准情况	$FUNDS_{it}^{e}$ 603.9 (+5%)	$FUNDS_{it}^{e}$ 546.3 (-5%)	a	b	r_t 0.0683 (+5%)	r_t 0.0618 (-5%)
RB_{it}	0.075	0.0740	0.0761	0.0760	0.0740	0.0764	0.0736
RB_{it+1}	0.075	0.0745	0.0755	0.0755	0.0745	0.0765	0.0736
RB_{jt}^{e}	0.075	0.0750	0.0750	0.0750	0.0750	0.0765	0.0735
RB_{jt+1}^{e}	0.075	0.0745	0.0755	0.0755	0.0745	0.0765	0.0736
L_t^{e}	810.2	811.2883	809.0212	849.5740	770.7339	807.0715	813.3377
L_{t+1}^{e}	810.2	811.2864	809.0726	849.5721	770.7321	807.0345	813.2984
LB_{it}^{e} ($LBMAX_{it}$)	405.1	425.7274	383.8537	405.0549	404.3937	406.0115	405.2572
LB_{it+1}^{e} ($LBMAX_{it+1}$)	405.1	425.6919	384.7573	405.0220	404.3600	405.3232	404.5337
LB_{it}^{e}/L_t^{e}	0.5	0.5248	0.4745	0.4768	0.5247	0.5031	0.4983
$LB_{it+1}^{e}/L_{t+1}^{e}$	0.5	0.5247	0.4756	0.4767	0.5246	0.5022	0.4974
VBB_{it}	170.0	178.1726	162.4463	170.0451	170.7063	169.0885	169.8428
VBB_{it+1}	170.0	178.2081	161.5427	170.0780	170.7400	169.7768	170.5663
$VBB_{it}/(VBB_{it}+LB_{it}^{e})$	0.2956	0.2950	0.2974	0.2957	0.2968	0.2940	0.2953
$VBB_{it+1}/(VBB_{it+1}+LB_{it+1}^{e})$	0.2956	0.2951	0.2957	0.2957	0.2969	0.2952	0.2966

[a] $LB_{it-1}=425.4(+5\%)$, $L_{t-1}=850.7(+5\%)$, $LUN_{t-1}=850.7(+5\%)$

[b] $LB_{it-1}=384.8(-5\%)$, $L_{t-1}=769.7(-5\%)$, $LUN_{t-1}=769.7(-5\%)$

①假定

$$VBB_{it+k}=g_2\times FUNDS_{it+k}^{e} \tag{9.24}$$

②先求出基准状态下的贷款利率 RB_{jt}^{e}，RB_t^{e}，LUN_t^{e}，L_t^{e}，LB_{it}^{e}，RB_{it}。

③运用

$$\frac{RB_{jt+k}^{e}}{RB_{jt+k-1}^{e}}=\left(\frac{RB_{it+k-1}^{e}}{RB_{jt+k-1}^{e}}\right)^{\alpha_1} \tag{9.25}$$

$$LUN_{t+k}^{e}=LUN_{t+K-1}\left(\frac{RB_{t+k-1}^{e}}{RB_{t+k}^{e}}\right)^{\alpha_3} \tag{9.26}$$

$$\frac{LB_{it+k}^{e}}{L_{t+k}^{e}}=\frac{LB_{it+k-1}^{e}}{L_{t+k-1}^{e}}\left(\frac{RB_{it+k}}{RB_{jt+k}^{e}}\right)^{\alpha_4} \tag{9.27}$$

$$\frac{1}{R_{t+k}^{e}}=\frac{1}{1+r_{t+k}^{e}}+\frac{1}{(1+r_{t+k}^{e})(1+r_{t+k+1}^{e})}+\frac{1}{(1+r_{t+k}^{e})(1+r_{t+k+1}^{e})(1+r_{t+k+2}^{e})}+\ldots \tag{9.28}$$

求出基准状态下的贷款利率 ${RB_{jt+k}}^{e}$，${RB_{t+k}}^{e}$，${LUN_{t+k}}^{e}$，${L_{t+k}}^{e}$，${LB_{it+k}}^{e}$，RB_{it+k}。表9.4 和表9.5 给出了模拟的结果。

表9.5　　银行模型模拟结果（二）

	基准情况	RB_{jt-1} 0.0788 (+5%)	RB_{jt-1} 0.0713 (−5%)	g2 0.3104 (+5%)	g2 0.2808 (−5%)
RB_{it}	0.075	0.0769	0.0731	0.0754	0.0746
RB_{it+1}	0.075	0.0768	0.0731	0.0752	0.0748
${RB_{jt}}^{e}$	0.075	0.0769	0.0731	0.0750	0.0750
${RB_{jt+1}}^{e}$	0.075	0.0769	0.0731	0.0752	0.0748
${L_t}^{e}$	810.2	810.1753	810.2295	809.7692	810.6334
${L_{t+1}}^{e}$	810.2	810.2683	810.2442	809.7689	810.6331
${LB_{it}}^{e}$ ($LBMAX_{it}$)	405.1	404.6426	405.6457	397.2052	413.1952
${LB_{it+1}}^{e}$ ($LBMAX_{it+1}$)	405.1	406.3659	405.9189	397.2000	413.1897
${LB_{it}}^{e}/{L_t}^{e}$	0.5	0.4995	0.5007	0.4905	0.5097
${LB_{it+1}}^{e}/{L_{t+1}}^{e}$	0.5	0.5015	0.5010	0.4905	0.5097
VBB_{it}	170.0	170.4574	169.4543	177.8948	161.9048
VBB_{it+1}	170.0	168.7341	169.1811	177.9000	161.9103
$VBB_{it}/(VBB_{it}+{LB_{it}}^{e})$	0.2956	0.2964	0.2947	0.3093	0.2815
$VBB_{it+1}/(VBB_{it+1}+{LB_{it+1}}^{e})$	0.2956	0.2934	0.2942	0.3093	0.2815

[a] $LB_{it-1}=425.4(+5\%)$，$L_{t-1}=850.7(+5\%)$，$LUN_{t-1}=850.7(+5\%)$

[b] $LB_{it-1}=384.8(-5\%)$，$L_{t-1}=769.7(-5\%)$，$LUN_{t-1}=769.7(-5\%)$

9.3　货币政策短期利率对银行部门资产负债的反应

发达国家货币政策工具主要采用短期利率，短期利率对最终目标进行反应，同时考虑银行资产负债的情况。以下数据分析表明，政策利率对银行资产负债变化的反应各国之间存在很大的差异。数据样本包括美国、联邦德国和日本的数据。

美国联邦储备系统自1980年中期以来短期利率的波动与最终目标当中通胀缺口和产出缺口之间的经验关系在1993年被Taylor所提出。短期利率是联邦基金利率，它与通胀缺口和产出缺口之间的经验关系是：

$$i_t = r^* + \pi_t + 0.5(\pi_t - \pi^*) + 0.5y_t \tag{9.29}$$

其中，r^*是自然实际利率（一般在2%左右），π^*是通胀目标，y_t是产出缺口。Clarida等人（2000）提出估计更具有前瞻性的利率等式如下：

$$i_t^* = r^* + \pi_t^* + \gamma_\pi(E_t\pi_{t,k} - \pi^*) + \gamma_y E_t y_{t,q} \tag{9.30}$$

其中，$\pi_{t,k}$是从第t期到第t+k期的通货膨胀，$y_{t,q}$是第t+q期的产出缺口。通胀前面的系数大于1 。

为了分析短期利率是否对银行资产负债方面的变量进行反应，采用以下短期利率等式：

$$i_t^* = r^* + \pi_t^* + \gamma_\pi(E_t\pi_{t,k} - \pi^*) + \gamma_y E_t y_{t,q} + \gamma_d s_{t-1}^d + \gamma_u s_{t-1}^u \tag{9.31}$$

其中，s^d是当产出缺口为负时银行杠杆率（资产与资本的比率）与杠杆率趋势（HP滤波）的偏离程度，s^u是当产出缺口为正时银行杠杆率与杠杆率趋势（HP滤波）的偏离程度。根据Cecchetti & Li（2006）理论分析的推导，如果产出缺口为负时，杠杆率越高（银行部门“压力”越大），货币当局应该额外地降低利率；如果产出缺口为正，杠杆率越高（银行部门“扩张”越严重），货币当局应该额外地提高利率。这一结论使得（9.31）中的系数有了应有的符号：

$$\gamma_d < 0 \tag{9.32}$$

$$\gamma_u > 0 \tag{9.33}$$

考虑利率的平滑性，假设政策利率对产出和通胀缺口进行平滑反应，满足：

$$i_t = \Psi(L)i_{t-1} + [1 - \Psi(1)]i_t^* + \upsilon_t \tag{9.34}$$

其中，$\Psi(L)$是二次多项式，L是滞后算子，υ_t是i. i. d. 随机变量。估计采用

GMM 方法，用季度数据，利率调整的滞后为两个季度，对通胀预期的前瞻期为四个季度。计量分析结论中包括了对产出缺口前瞻期为四个季度的预期和当期的产出缺口。估计工具变量包括常数，滞后三期的短期利率、通胀、产出缺口、生产者价格指数、广义货币增速（联邦德国为 M3，其他国家为 M2）、长期利率与短期利率之间的期限利差和银行部门的杠杆率。

政策利率是货币当局控制的隔夜利率，通胀率是消费者物价指数，产出缺口是 GDP 与其潜在产出水平的偏离程度，美国银行杠杆比率是银行贷款除以银行资本加上次级债，日本和联邦德国的杠杆比率是银行贷款除以银行资本。美国、日本和联邦德国的通胀目标分别为 2%、2% 和 HP 滤波的趋势值，美国的自然实际利率为 2%，日本和联邦德国的自然实际利率在模型中加以估计。

股票价格偏离采用两个指标：一是实际股票价格相对 HP 滤波趋势的偏离程度，二是股票风险溢价相对其趋势的偏离程度。采用这两个指标的讨论参见 Cecchetti（2003）。房产价格偏离程度采用实际房产价格偏离 HP 滤波趋势的程度。由于银行数据的可得性差异，采取可比的样本区间。仅就政策利率对银行资产负债的反应而言，采取了可比样本区间为：美国的数据从 1989 年到 2000 年，联邦德国数据从 1979 年到 1989 年，日本从 1979 年到 1989 年。引入资产价格之后，样本国家包括了美国（1989 ~ 2000）、澳大利亚（1993 ~ 2003）、加拿大（1991 ~ 2003）、芬兰（1991 ~ 1998）、新西兰（1990 ~ 2003）、瑞典（1993 ~ 2003）。

根据表 9.6，美国联邦储备银行在产出缺口为正时，对银行部门杠杆率高于趋势水平的反应是额外地提高联邦基金利率。当银行杠杆率出现一个标准差的波动时，联邦基金利率在产出缺口为负时下降 0.36 个百分点，在产出缺口为正时上升 2.8 个百分点。

表 9.6　货币政策利率对银行部门压力的反应

国家	通胀缺口	产出缺口	银行部门压力		调整系数
			产出缺口为负	产出缺口为正	
美国	1.82** (0.02)	1.31*** (0.00)	-0.16 (0.73)	1.87** (0.02)	0.92*** (0.01)
联邦德国	1.18* (0.08)	0.40 (0.13)	6.65*** (0.00)	-0.66*** (0.00)	0.73*** (0.01)
日本	1.33 (0.61)	0.61 (0.28)	1.13** (0.01)	0.09 (0.29)	0.75*** (0.01)

从表 9.6 看，联邦德国货币当局对银行高杠杆率的反应方向与 Cecchetti & Li

(2006) 估计的符号不相符合。当银行杠杆率出现一个标准差的上涨时，短期利率在产出缺口为负时上涨 5 个百分点，在产出缺口为正时下降 0.9 个百分点。

从表 9.6 看，日本银行对银行高杠杆率的反应方向也与 Cecchetti & Li (2006) 估计的符号不相符合。当银行杠杆率出现一个标准差的上涨时，短期利率在产出缺口为负时上涨 2 个百分点。

表 9.7 估计的等式是：

$$i_t^* = r^* + \pi_t^* + \gamma_\pi (E_t \pi_{t,k} - \pi^*) + \gamma_y E_t y_{t,q} + \gamma_e e_t + \gamma_b b_t \quad (9.35)$$

其中，e_t是股票价格偏离程度，b_t是银行杠杆率的偏离程度。表 9.7 股票价格偏离程度使用了超额股票溢价，股票风险溢价的计算方法参见 Cecchetti (2003)。

表 9.7　　货币政策利率对银行部门压力和资产价格的反应

国家	通胀缺口	产出缺口	股票价格偏离	银行部门压力	调整系数
美国	1.72 (0.16)	0.45*** (0.00)	0.19 (0.28)	-0.02** (0.03)	0.93*** (0.00)
联邦德国	1.07 (0.61)	1.06** (0.02)	0.06*** (0.01)	-1.07*** (0.00)	0.80*** (0.00)
日本	0.65** (0.02)	0.27 (0.13)	0.01 (0.53)	0.32*** (0.00)	0.59*** (0.00)

据表 9.7，控制了股票价格之后，当银行杠杆率出现一个标准差的波动时，联邦基金利率反应的幅度仅有 0.58 个百分点。从表 9.7 来看，联邦德国货币当局政策利率的确对银行高杠杆率进行反应。当银行杠杆率出现一个标准差的上涨时，短期利率额外下降 1.4 个百分点。联邦德国短期利率所出现的这种似乎不确定的现象也许说明价格型工具对银行部门的反应弱于数量类工具，联邦德国货币当局可对银行的资产组合进行限制。当银行的资产组合偏离货币当局认为合意的水平时，货币当局对银行进行征税。

表 9.7 来看，日本银行政策利率仍然没有对银行高杠杆率进行与 Cecchetti & Li (2006) 结论相一致的反应。当银行杠杆率出现一个标准差的上涨时，短期利率额外上涨 0.74 个百分点。日本银行短期利率对通胀的反应系数为 0.65，使得面对通胀，日本的名义短期利率没有充分的上涨导致实际利率在通胀面前出现了下降。这与上世纪 80 年代的日本银行并没有独立于日本财政部有关 (Okazaki, 1999)。

表 9.7 说明，美国、联邦德国和日本货币当局对股票超额溢价的反应是正

的。当股票超额溢价下降时，股票开始上涨，而货币当局政策利率也额外地下降了。当股票超额溢价下降一个标准差时，美国、联邦德国和日本中央银行的短期利率分别额外下降了 0.12、0.71 和 0.13 个百分点。

表 9.8 和表 9.9 的等式是：

$$i_t^* = r^* + \pi_t^* + \gamma_\pi (E_t \pi_{t,k} - \pi^*) + \gamma_y E_t y_{t,q} + \gamma_h h_t + \gamma_e e_t + \gamma_b b_t \tag{9.36}$$

其中，h_t是房产价格偏离程度。表 9.8 和表 9.9 用实际股票价格相对 HP 滤波趋势的偏离程度作为股票指标。

根据表 9.8，控制了房价偏离指标和股价偏离指标之后，联邦基金利率对银行压力指标（一个标准差的变化）的反应程度更小，仅为 0.15 个百分点。综合起来，当银行杠杆率高于趋势水平的时候，给定其他条件不变，联邦基金利率倾向于略微低些。这说明美国货币政策总体上对银行部门的高杠杆率采取温和而稍有宽松的态度。

表 9.8 和表 9.9 新增加了五个实施通胀目标制的国家。其中，芬兰和瑞典的中央银行对银行高杠杆率实施与 Cecchetti & Li（2006）一致的反应方向。当银行杠杆率出现一个标准差的上涨时，芬兰和瑞典中央银行的短期利率分别额外下降了 0.53 和 0.78 个百分点。澳大利亚和加拿大中央银行的反应估计结果不太确定。新西兰货币当局的反应与日本差不多。当银行杠杆率出现一个标准差的上涨时，新西兰中央银行的短期利率额外上涨了 0.15 个百分点。

美国货币当局对股票超额溢价的反应为负，但是系数不显著。当股票实际价格上涨一个标准差时，美国短期利率额外下降了 0.2 个百分点。澳大利亚、芬兰和瑞典的系数与美国一样。当股票实际价格上涨一个标准差时，澳大利亚、芬兰和瑞典短期利率额外分别下降 0.79、0.62 和 0.63 个百分点。加拿大和新西兰的货币当局在股票上涨时，提高了短期利率。当股票实际价格上涨一个标准差时，加拿大和新西兰短期利率额外分别上涨 1.5 和 7.6 个百分点。

表 9.8 和表 9.9 用实际房产价格相对 HP 滤波趋势的偏离程度作为房价指标。美国货币当局对房价偏离程度的反应为负，但是系数不显著。当房产实际价格上涨一个标准差时，美国短期利率额外下降 0.3 个百分点。澳大利亚和瑞典的系数与美国一样。当房产实际价格上涨一个标准差时，澳大利亚和瑞典短期利率额外分别下降 0.98 和 1.8 个百分点。加拿大和新西兰的货币当局在房价实际上涨时，提高了短期利率。当房产实际价格上涨一个标准差时，加拿大和新西兰短期利率额外分别上涨 2.6 和 0.71 个百分点。芬兰的结论不确定。

表 9.8　货币政策利率对银行部门压力、房价偏离和资产价格的反应

通胀缺口	产出缺口	房价偏离	股票价格偏离	银行部门压力	调整系数	拟合系数调整 R^2
美国：1989～2000						
1.36** (0.02)	0.42*** (0.01)				0.92*** (0.01)	0.95
1.38* (0.05)	0.42*** (0.01)	-0.37* (0.08)			0.91*** (0.01)	0.95
1.42* (0.06)	0.45*** (0.01)	-0.27 (0.21)		-0.07* (0.04)	0.92*** (0.01)	0.95
1.36* (0.06)	0.63** (0.04)		-0.02 (0.53)	-0.02 (0.88)	0.92*** (0.01)	0.95
1.40* (0.09)	0.53 (0.14)	-0.29 (0.18)	-0.01 (0.78)	-0.03 (0.80)	0.92*** (0.01)	0.95
澳大利亚：1993～2003						
0.58*** (0.01)	-0.66* (0.01)				0.91*** (0.01)	0.91
0.29*** (0.01)	-0.87*** (0.01)	-0.07*** (0.01)			0.85*** (0.01)	0.91
0.50*** (0.18)	-1.25*** (0.01)	-0.15** (0.01)		0.05*** (0.01)	0.86*** (0.01)	0.91
0.23** (0.04)	-0.42*** (0.01)		-0.12*** (0.01)	-0.03*** (0.01)	0.81*** (0.01)	0.93
0.23*** (0.04)	-0.91** (0.01)	-0.10*** (0.01)	-0.09*** (0.01)	-0.004 (0.65)	0.73*** (0.01)	0.93
瑞典：1993～2003						
3.40** (0.02)	1.72** (0.00)				0.96*** (0.01)	0.97
3.32*** (0.18)	-0.13* (0.07)	-0.20*** (0.00)			0.86*** (0.01)	0.97
2.57*** (0.39)	-0.04*** (0.40)	-0.19** (0.00)		-0.22*** (0.00)	0.85*** (0.01)	0.98
0.64 (0.15)	0.22 (0.53)		-0.03*** (0.00)	-0.53*** (0.00)	0.94*** (0.01)	0.97
2.09*** (0.00)	-0.25*** (0.00)	-0.15*** (0.00)	-0.02*** (0.00)	-0.13*** (0.00)	0.75*** (0.01)	0.98

表 9.9 货币政策利率对银行部门压力、房价偏离和资产价格的反应（续）

通胀缺口	产出缺口	房价偏离	股票价格偏离	银行部门压力	调整系数	拟合系数调整 R^2
芬兰：1991～1998						
2.74*** (0.00)	-1.70*** (0.00)				0.49*** (0.01)	0.94
1.02*** (0.00)	-1.73*** (0.00)	0.11*** (0.00)			0.56*** (0.01)	0.94
0.68** (0.01)	-1.71*** (0.00)	-0.01*** (0.00)		-0.14*** (0.00)	0.48*** (0.01)	0.94
0.58*** (0.00)	-1.64*** (0.00)		-0.03*** (0.00)	-0.06*** (0.03)	0.38*** (0.01)	0.94
0.57*** (0.00)	-1.64*** (0.00)	0.01 (0.28)	-0.03*** (0.00)	-0.05*** (0.03)	0.39*** (0.01)	0.95
新西兰：1990～2003						
1.75 (0.48)	0.12 (0.66)				0.85*** (0.01)	0.83
4.45*** (0.03)	-0.35 (0.22)	0.27*** (0.00)			0.87*** (0.01)	0.84
4.58 (0.11)	-0.60* (0.07)	0.27** (0.01)		0.05 (0.26)	0.87*** (0.01)	0.83
3.91 (0.15)	-0.79** (0.03)		0.76** (0.02)	0.01 (0.92)	0.89*** (0.01)	0.84
3.93 (0.15)	-0.74* (0.05)	0.11 (0.36)	-0.53 (0.16)	0.01 (0.07)	0.89*** (0.01)	0.84
加拿大：1991～2003						
1.30 (0.72)	0.49** (0.04)				0.82*** (0.01)	0.67
2.69 (0.18)	0.87** (0.03)	0.20** (0.04)			0.83*** (0.01)	0.65
2.52 (0.32)	0.83* (0.08)	0.17 (0.37)		-0.02 (0.84)	0.84*** (0.01)	0.64
1.29 (0.78)	0.41 (0.15)		0.02 (0.49)	-0.12** (0.04)	0.82*** (0.01)	0.65
3.32 (0.30)	1.25* (0.09)	0.48 (0.20)	0.09 (0.18)	0.05 (0.78)	0.88*** (0.01)	0.62

9.4　放开利率管制的影响分析

面对金融自由化进程中出现的大量银行部门问题，许多国家对金融自由化改革的步骤和力度持十分谨慎的态度。银行利率由市场决定、政府不对利率进行管制被称为利率市场化。以下分析放松利率管制的利弊。

9.4.1　利率市场化与银行稳定并存的政策组合

在金融自由化进程尚未展开的国家，银行业务受到很多限制，这些限制一方面阻碍了金融发展以及金融部门对经济增长的支持，另一方面也降低了银行部门出现危机的可能性。在金融自由化已经完成的国家，一方面，银行可以自由地开展多种业务，金融部门为经济增长提供了强有力的支持，另一方面，监管体系比较完备，更重要的是银行的治理水平（在大部分时间）比较高，银行部门的风险也比较可控。

当一国的金融银行体系从前一种状况向后一种状况过渡时，一般称该国处于金融自由化的过程当中。处于这一过程中的银行体系通常有两个特点：一是银行的业务范围不断扩大，银行部门所受的管制日益减少，银行业的竞争越来越激烈，银行从事高风险的机会增加，动机增强。二是银行经营治理水平较低，控制风险能力较弱，银行监管体系不很健全，有待完善，银行的道德风险（Moral Hazard）容易暴露出来，并有可能带来严重的后果。

作为金融中介机构，银行一方面吸收存款，一方面发放贷款或投资于其他风险资产。Cole等人（1995）指出，银行的道德风险至少体现在两方面：在投资方面，银行倾向于投资风险较大、回报较高的资产；这是因为一旦投资成功，银行可以收获大额收益；投资如果出现损失，银行仅承担有限责任，将损失转嫁给储户。在存款方面，道德风险使银行不惜以较高的利息吸收存款；银行部门的道德风险失控，其后果轻则导致部分银行的经营出现问题，重则引发金融系统的系统性危机。

面对金融自由化进程中出现的大量银行部门问题，许多国家采取了旨在维护银行稳定的审慎监管措施。比如，对银行业务经营方式的监管、对银行自有资金投向的限制、资本充足率的要求、对贷款投向的制约和发放银行执业许可的限制等等。我国银行的经营治理水平需要提高，银行监管体系还有待完善。为维持银行稳定，我国长期以来一直对银行存贷款利率进行管制，2004 年 10 月公布的新的利率政策规定了银行存款利率的上限和贷款利率的下限。为防止银行挤兑，我国也在积极准备实施存款保险制度。

从发达国家的银行监管模式来看，随着银行业务的日趋复杂，监管当局对银行是否可以经营或者如何经营某种业务的直接干预和管理愈行愈难，强调银行风险管理体系建设和实施资本充足率管理的做法受到重视。与这一潮流相一致，长期以来，主流理论一直主张取消对银行利率的管制。

自从 Demirguc - Kunt 和 Detragiache（1997，1998）将金融自由化与金融危机联系起来，人们开始对金融自由化（尤其是利率市场化）带来的负面影响予以关注。Hellmann 等人（2000）（以下简称 HMS）从理论上阐述了利率市场化对银行审慎经营行为可能产生的负面影响。利率市场化之后，银行之间通过高息揽储方式展开竞争，竞争的结果是银行利润下降和银行经营权价值（Franchise Value）减少，而后者使银行放弃审慎经营，转而过度承担风险。

HMS（p148）认为利率市场化与银行审慎监管原则不一致，提出了利率管制对银行系统稳定的重要性。HMS 分析的问题是，如果不对利率加以管制，单单要求银行持有足够的资本能否使其在竞争中坚持审慎经营的原则？结论是，仅仅依靠资本充足管理来解决银行的道德风险问题成本太高。如果在实施资本充足管理的同时，采用利率管制，则审慎监管的有效性大大提高，银行所需持有的最低资本水平将显著降低。

HMS 上述的结论依赖于其模型的特殊性。在 HMS（p152）模型中，银行事前决策时，并不考虑一旦投资失败并倒闭的情况下其资本的损失。正是由于银行仅仅考虑资本的成本，而不考虑资本自身的损失，才导致了持有少量资本对促进银行审慎经营的作用有限这一结论。HMS 的模型设计低估了资本对银行决策的影响。

哪种银行决策者不会考虑银行资本的损失？一种解释是，银行是国家所有而且国家作为所有者在银行经营活动中缺位。这种特殊情况具有很重要的现实意义，对于包括中国在内的许多发展中国家，银行的内部治理结构尚未完善。在银行内部治理不完善的状况下，是否应该推进利率市场化成为政策决策者所面对的棘手问题。通过模型分析，可以论证完善银行内部治理应先于利率市场化，否则，银行的道德风险将难以控制。

当银行的治理结构比较完善之后，是否有必要继续实施利率管制？换言之，是否存在与利率市场化、银行监管的有效性原则相一致的审慎监管政策？在放开利率的情况下，单单实施资本充足管理是否足以控制银行的道德风险？还是需要其他政策的配套？本节研究发现，在充分考虑所有者资本损失的模型环境中，在实施资本充足管理的同时，实行灵活的存款保险机制，要求银行按照更为合理的方式缴纳存款保险保费（Deposit Insurance Premium），较低的资本水平可导致银行的审慎经营行为，不必对利率加以管制。

Chan 等人（1992）和 Gianmarino 等人（1993）论证较为成熟的存款保险机制可以减轻银行的道德风险问题。美国从 1995 年开始实施与银行风险挂钩的存款保险制度。目前，按照银行经营状况的差异，银行每年每 100 元存款应该缴纳的保险费率从最低的零费率到最高的 0.27 分不等。由于该项制度的实施，鼓励了银行的审慎经营，大约 92% 的美国银行享受最低费率（零费率）的待遇。由于按照较高费率缴纳保费的银行数量并不多，实施与风险挂钩的存款保险制度既促进了银行的审慎经营，也没有给大多数银行带来过多的负担。

在现实中不难发现市场化的利率和银行稳定并存的现象，存款保险机制和资本充足管理同时实施的情况也是司空见惯。将这两种政策与银行的内部治理状况内在地联系起来，扫除了投在利率市场化上的阴影。

9.4.2　理论模型及分析

美国等国家已经实践了利率市场化、资本充足管理和灵活的存款保险制度。对于尚未完成利率市场化的国家，放松利率管制并不必然导致银行体系失去稳定。以下通过模型分析论证关于利率管制的结论。

①银行内部治理结构不健全情况下的利率管制

银行部门由若干银行组成，这些银行从现在到未来的 T 期内营业。每一营业时期开始，银行先做两件事：第一，公布吸收存款的利率。具体来说，银行 ι 提供的存款利率为 ρ_ι，其他银行制定的存款利率为 $\rho_{-\iota}$；第二，选定银行自有资本的水平。随后，储户根据各银行公布的存款利率选择存款银行。储户选定其银行之后，银行的存款规模就确定了。银行 ι 最终能吸纳的存款 $X(\rho_\iota,\rho_{-\iota})$ 与其公布的存款利率 ρ_ι 正相关（$X_1 > 0$），与其他银行的存款利率 $\rho_{-\iota}$ 负相关（$X_2 < 0$）。综合起来，银行可用资金为存款和资本金之和 $(1+\kappa)X(\rho_\iota,\rho_{-\iota})$，其中，$\kappa$ 为资本金与存款的比例。

银行可投资的资产有两类：一类为无风险资产，该类资产的收益为 η，固定不变；一类为风险资产，该类资产的收益不确定，收益为 λ 的概率为 δ，收益为 ξ（为简单起见，假定为零）的概率为 $1-\delta$。假定风险资产的期望收益低于无风险资产的收益 $\lambda\delta+(1-\delta)\xi<\eta$，因此，审慎的银行经营者应该投资无风险资产。然而，因为风险资产的收益有可能高于无风险资产（$\lambda>\eta$），并且银行可以转嫁投资风险资产带来的损失（Risk - Shifting），银行就有动机投资风险资产。简单的模型构造使得银行的道德风险问题表现为投资风险资产的行为。

在每一营业时期的最后阶段，风险资产的收益实现，银行的经营状况最终体现为银行的财务状况。作为该营业期银行经营决策的结果，银行的利润状况是事后的。影响银行经营决策是事前的（风险资产收益尚未实现状况下）银行预期利润。

考虑银行将营业 T 期，如果银行在均衡状态投资无风险资产，其（事前）营业总利润贴现值为 Φ_φ；如果银行在均衡状态投资有风险的资产，其（事前）营业总利润贴现值为 Φ_γ。在等式（9.37）和（9.38）的表达式中，β 为贴现系数，μ 为银行资本的成本，$\Pi_{t.\varphi}(\rho_\iota,\rho_{-\iota},\kappa)$ 和 $\Pi_{t.\gamma}(\rho_\iota,\rho_{-\iota},\kappa)$ 分别为银行第 t 期投资无风险资产和风险资产的利润，并且是存款利率（$\rho_\iota,\rho_{-\iota}$）和资本水平 κ 的函数。存款期限为 1 期，每一营业时期结束前存款到期，存款人从银行连本带息一起收回其存款 $\rho_\iota X(\rho_\iota,\rho_{-\iota})$。

$$\Phi_\varphi=\sum_{t=0}^{T}\beta^t\Pi_{t.\varphi}(\rho_\iota,\rho_{-\iota},\kappa)=\sum_{t=0}^{T}\beta^t[\eta(1+\kappa)-\mu\kappa-\rho_\iota]X(\rho_\iota,\rho_{-\iota}) \tag{9.37}$$

$$\Phi_\gamma=\sum_{t=0}^{T}\beta^t\Pi_{t.\gamma}(\rho_\iota,\rho_{-\iota},\kappa)=\sum_{t=0}^{T}\beta^t[\delta\lambda(1+\kappa)-\mu\kappa-\delta\rho_\iota]X(\rho_\iota,\rho_{-\iota}) \tag{9.38}$$

在银行进行投资决策时，是否考虑损失银行资本对于形成关于审慎监管和利率市场化的结论至关重要。在本节中，假定资本所有者（比如国家）在银行经营活动中缺位，银行决策者事先不考虑投资失败情况下资本的损失，因此，等式（9.38）$\Pi_{t.\gamma}(\rho_\iota,\rho_{-\iota},\kappa)$ 不包含 $(1-\delta)\kappa$。

值得指出的是，等式（9.37）和（9.38）的表达式中，ρ_ι，$\rho_{-\iota}$ 和 κ 等代表银行经营决策的变量都没有被表示为 t 的函数。这是因为根据 Diamond（1989）和 HMS（p152），如果 T 是一个非常大的数字，在 T 趋向无穷大的极限状态下，银行的决策与无限重复的静态纳什均衡结果一致。

在没有监管政策和利率管制的情况下，存在着对称性均衡。在该均衡状态，当银行之间争夺存款的竞争激烈到一定程度（也就是存款的利率弹性 $\tau\equiv$

$(\partial X/\partial\rho_\iota)(\rho_\iota/X)$ 足够大）时，银行选择不持有资本，同时投资风险资产。银行持有最低资本水平是由于持有资本成本过高使得 $\partial\Phi_\varphi/\partial\kappa$ 和 $\partial\Phi_\gamma/\partial\kappa$ 的值都为负[①]。银行投资风险资产是由于当银行间竞争的激烈程度超过某一临界值时，银行偏离投资无风险资产转而投资风险资产的当期收益增加 $\Pi_{\iota,\gamma}(\rho_\iota,\rho_{-\iota},\kappa)$ - $\Pi_{\iota,\varphi}(\rho_\iota,\rho_{-\iota},\kappa)$ 超过其这样做的预期损失（银行因倒闭而损失的其继续投资无风险资产的营业总利润 $(1-\delta)\beta\Phi_\varphi$）。这样的模型设计突出了监管政策的必要性。

②银行偏离审慎经营的原因分析

银行之所以从事高息揽储，并选择投资风险资产，道德风险或者说银行将风险转嫁是重要原因。银行在偏离审慎经营的过程中，转嫁了另一种风险。如果风险资产投资出现损失，该资产的回报为 $\xi<0$[②]。显然，银行在决策时并没有将这部分损失考虑在内，而是认为该资产可以免于成本地被处置掉。这被称为“免费处置（Free Disposal）”。这种做法大概是银行开展业务的惯例。举例说明，如果银行贷款给一家化工厂，结果化工厂生产出许多不合格的化工产品，不仅没有产生任何收入，而且工厂破产后还必须有人支付费用来处理这些有毒的化学品。很显然，银行在确认这家厂无法归还贷款之后，不会再为处理剩余不合格产品而买单。考虑到风险资产可以被免费处置，银行也有动力偏离审慎经营，转而投资风险资产。

③监管当局的政策工具

银行资本充足管理是审慎监管的重要组成部分，这种管理要求银行必须持有高于最低规定水平的资本，或者（等价地）资本与存款的比例足够大 $\kappa\geq\underline{\kappa}$。如果允许银行自主决定持有多少资本，银行将选择一个过低的资本水平，偏离投资无风险资产转而提高存款利率。用公式表达就是

$$\frac{\partial\Phi_\gamma(\rho_\iota,\rho_{-\iota},\kappa)}{\partial\rho_\iota}\Big|_{(\rho_\iota,\kappa)=\arg\max_{\rho,\kappa}\{\Phi_\varphi(\rho_\iota,\rho_{-\iota},\kappa)\}}>0 \tag{9.39}$$

最低的资本充足水平 $\underline{\kappa}$ 应该使等式（9.39）中的导数值为零。由于银行持有资本的边际成本大于其边际收益，银行不会过多持有资本，其实际持有的资本等于监管要求的最低资本水平（$\kappa=\underline{\kappa}$）。

确定最低资本水平与银行是否充分考虑所有者的利益有关。当银行决策忽视资本所有者可能的所有损失时，等式（9.38）的 $\Pi_{\iota,\gamma}(\rho_\iota,\rho_{-\iota},\kappa)$ 不包括 $(1-\delta)\kappa$

---

① 这一结论基于以下假设，$\mu>\eta$ 和 $1-\delta>\delta\lambda-\eta>0$。

② 因为 $\lambda\delta+(1-\delta)\xi<\eta$ 且 $\lambda\delta>\eta$，所以必然有 $\xi<0$。

。根据（9.39），不论银行资本多么充足，银行总会偏离投资无风险资产转而提高存款利率。为控制银行的道德风险，利率管制是必要的。监管当局很早已经认识到利率管制的作用。Yoshio（1987）指出日本1947年实施的“临时利率调整法”（Temporary Interest Rate Adjustment Law）旨在防止利率竞争对银行风险的负面影响。如果银行决策考虑了资本所有者可能损失的资本 $(1-\delta)\kappa$，实施利率管制也许就没有必要，一个比较合理的最低资本水平会使等式（9.39）的值为零。

除此之外，审慎监管当局还有一些其他选择。比如，Chan et al.（1992）和Gianmarino et al.（1993）等所提倡的较为成熟的存款保险机制。具体来说，在等式（9.38）的 $\Pi_{t,\gamma}(\rho_t,\rho_{-t},\kappa)$ 当中，存款利率 ρ_t 前的 δ 项体现了银行在投资风险资产失败后不准备偿还存款本息，而是准备转嫁损失。消除风险转移的方法之一是在存款利率 ρ_t 前再加上一项 ϑ，使其等于 $1-\delta$。这样，银行在决定调动存款还是资本时，只考虑两者成本的不同。新添加的这项银行成本只有在银行投资风险资产时才发生，并且与银行存款和存款利率成正比，可用来分担存款保险制度的成本，称之为存款保险保费（Deposit Insurance Premium）。这样，等式（9.38）可以改写为：

$$\Phi_\gamma = \sum_{t=0}^{T} \beta^t \Pi_{t,\gamma}(\rho_t,\rho_{-t},\kappa)$$

$$= \sum_{t=0}^{T} \beta^t [\delta\lambda(1+\kappa) - \mu\kappa - \delta\rho_t - \vartheta\rho_t - (1-\delta)\kappa] \mathrm{X}(\rho_t,\rho_{-t}) \tag{9.40}$$

与存款利率直接挂钩的存款保险制度似乎还没有被充分讨论过。通常的存款保险费率（比如美国）与银行监管等级（Supervisory Subgroup）和资本充足状况（Capital Group）挂钩。美国银行从高到低的监管等级和资本充足状况分别为A、B、C和优秀（Well）、充足（Adequate）、不足（Under）。联邦存款保险公司（Federal Deposit Insurance Corporation，FDIC）根据上述情况制定了9种不同保险费率，并称之为基于风险的评估体系（Risk－based Assessment System）。存款保险与银行资本充足状况挂钩，与引入 $(1-\delta)\kappa$ 的效果一样；存款保险与监管等级挂钩使得银行有动力审慎经营，因为银行千方百计地跻身于最好的监管等级，从而降低向存款保险当局缴纳的保费。与存款利率相联系的存款保险制度与此并不矛盾，监管当局更多地关注银行是否过度提高利率来吸引存款。

④银行治理不完善条件下利率管制的必要性

当投资风险资产失败时，HMS研究的银行不仅可以不偿还存款，而且也可以免费处置“不良资产”，更何况银行决策也不考虑银行倒闭所带来的资本损失。在这样条件之下，银行偏离审慎经营的程度会比较严重。

完善银行治理应该先于利率市场化。没有风险转移动机的银行，等式(9.38)中存款利率ρ_ι前的δ系数变为1。由于出资人在银行经营管理中的缺位(银行治理问题)，银行决策考虑的利润函数中不包括$(1-\delta)\kappa$。根据等式(9.38)，这家银行有“免费处置动机”。这家银行会提高存款利率并从转而投资风险资产中获利。

$$\frac{\partial\Phi_\gamma(\rho_\iota,\rho_{-\iota},\kappa)}{\partial\rho_\iota}\Big|_{\rho_\iota=\rho_{-\iota}=\arg\max_\rho\{\Phi_\varphi(\rho_\iota,\rho_{-\iota},\kappa)\}}$$
$$=\frac{(\delta\lambda-\eta)(1+\kappa)}{\eta(1+\kappa)-\mu\kappa-\arg\max_\rho\{\Phi_\varphi(\rho_\iota,\rho_{-\iota},\kappa)\}}\mathrm{X}(\rho_\iota,\rho_{-\iota})>0 \tag{9.41}$$

等式(9.41)中导数的符号与银行持有的资本水平无关。换言之，在银行治理得到改善之前，无论银行的资本存款比例有多大，银行高息揽储的冲动将始终存在。办法之一是解决银行的“免费处置动机”问题，似乎难度较大。比较简单的办法就是直接控制存款利率水平，推迟利率市场化的进程。

⑤银行治理完善条件下的利率市场化和审慎监管政策

完善银行治理扫除了利率市场化进程中的障碍。在合理的银行治理框架之下，银行偏离审慎经营原则的动机可以得到控制。为消除“风险转移动机”，监管当局可将存款保险费率与存款利率挂钩，并且令保险费率与风险资产投资失败的概率相一致$\vartheta=1-\delta$。其次，银行决策考虑的利润函数中包括了$(1-\delta)\kappa$，监管当局可以找到一个银行资本水平$\underline{\kappa}$，使得银行没有动机偏离投资无风险资产并从事高息揽储，消除“免费处置动机”所导致的问题。

$$\frac{\partial\Phi_\gamma(\rho_\iota,\rho_{-\iota},\underline{\kappa})}{\partial\rho_\iota}\Big|_{\rho_\iota=\rho_{-\iota}=\arg\max_\rho\{\Phi_\varphi(\rho_\iota,\rho_{-\iota},\underline{\kappa})\}}$$
$$=\frac{(\delta\lambda-\eta)(1+\underline{\kappa})-(1-\delta)\kappa}{\eta(1+\underline{\kappa})-\mu\underline{\kappa}-\arg\max_\rho\{\Phi_\varphi(\rho_\iota,\rho_{-\iota},\underline{\kappa})\}}\mathrm{X}(\rho_\iota,\rho_{-\iota})=0 \tag{9.42}$$

这样的资本水平$\underline{\kappa}$可以通过求解等式(9.42)得到，而与此相应的银行资本与其资产的比率($\underline{\kappa}/(1+\underline{\kappa})$)(银行的资本充足率)的表达式如(9.43)。

$$\underline{k}\equiv\frac{\underline{\kappa}}{1+\underline{\kappa}}=\frac{\delta\lambda-\eta}{1-\delta} \tag{9.43}$$

图9.7给出直观解释。通过使$\Pi_{\iota,\gamma}(\rho_\iota,\rho_{-\iota},\kappa,\vartheta)_{|\vartheta=1-\delta}-\Pi_{\iota,\varphi}(\rho_\iota,\rho_{-\iota},\kappa)$等于$(1-\delta)\beta\Phi_\varphi$，推导出一条斜率为正的无差异曲线AB，该曲线上方的(ρ_ι,κ)组合

代表银行将投资风险资产，该曲线下方的(ρ_{ι},κ)组合代表银行将投资无风险资产，在曲线上，银行从投资两种资产中的获利相等$\Phi_{\varphi}(\underline{\rho},\underline{\rho},\kappa,\vartheta)_{|\vartheta=1-\delta}=\Phi_{\gamma}(\underline{\rho},\underline{\rho},\kappa)$。*HMS* 也可以推导出类似的无差异曲线 CD，处于曲线 AB 的下方。这说明，与 *HMS* 考察的政策环境相比，监管当局现在有更多的空间来实施审慎监管。两方面因素起了作用，一方面是存款保险机制的引入，另一方面是充分考虑了投资失败时银行资本的损失$(1-\delta)\kappa$。

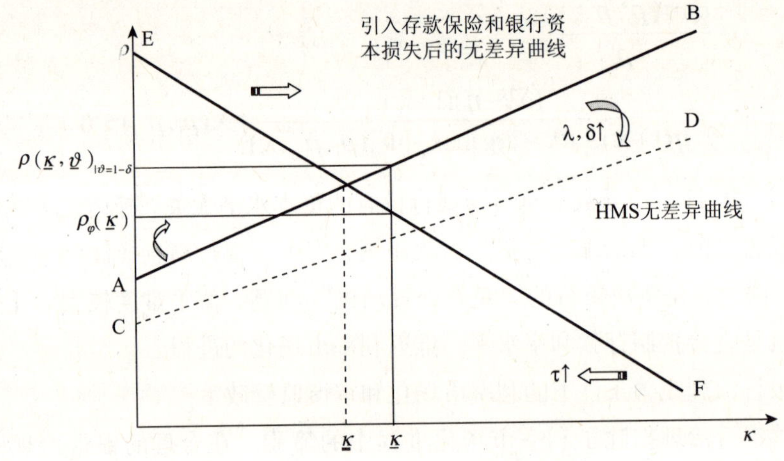

图 9.7　存款保险、银行资本损失和利率

根据银行投资无风险资产的利润最大化原则推导出曲线 *EF* 的表达式，即：

$$\rho_{\varphi}\equiv\arg\max_{\rho_{\iota}}\{\Phi_{\varphi}(\rho_{\iota},\rho_{-\iota},\kappa)\}=(\eta(1+\kappa)-\mu\kappa)\frac{\tau}{1+\tau} \tag{9.44}$$

曲线 *EF* 的斜率为负，因为

$$\frac{\partial\rho_{\varphi}}{\partial\kappa}=(\eta-\mu)\frac{\tau}{1+\tau}<0 \tag{9.45}$$

比较$\underline{\kappa}$所对应的无差异曲线上的利率水平$\rho(\underline{\kappa},\vartheta)_{|\vartheta=1-\delta}$和$\rho_{\varphi}(\underline{\kappa})$，可以发现前者大于后者，因此，$\underline{\kappa}$必然大于无差异曲线 *AB* 与曲线 *CD* 的交点所对应的资本水平。

随着金融自由化进程的推进，银行间竞争加剧，存款的利率弹性增大，曲线 *EF* 会变得陡峭。金融自由化还将使银行有更多的投资机会，因而参数γ和δ的数值将变大，根据等式（9.42），$\underline{\kappa}$将提高，$\rho(\underline{\kappa},\vartheta)_{|\vartheta=1-\delta}$与$\rho_{\varphi}(\underline{\kappa})$之间的差距将缩小，这意味着曲线 *AB* 下方的区域将缩小。

只要银行治理健全，银行监管者也不需要依赖存款利率管制、市场准入和业务直接管制等手段，这些政策手段所带来的副作用是可以避免的。在银行分散决策的环境中，政策制定者可以通过实施资本充足管理和存款保险制度实现银行信贷配置的优化和存款市场的有序竞争。

银行部门高息揽储和过度放贷的冲动始终存在，从 90 年代的中银信托、中农信、海南发展银行，到最近大量农村信用社的流动性危机和证券公司的清理，原因在于银行收益获取与风险承担的非对称性，也就是银行的道德风险。由于担忧道德风险无法得到控制，银行业对内开放的进程不得不推后，监管当局对银行业务进行严格的管制，这增加了银行金融创新的成本，导致银行业务趋于雷同，缺乏竞争力。

第10章　货币政策规则与资本充足率监管

货币政策传导机制微观基础的拓展须考察银行部门的行为及其对银行的监管。同时，许多国家的中央银行和银行监管机构之间出现功能专业化分工和机构分离的现象。正确理解货币政策和银行监管政策之间可能的矛盾性和协调性，不仅有理论意义，而且有实践意义。自2007年下半年以来，美国发生了大规模的次贷危机，银行的资本充足状况严重恶化。美国联邦储备系统面对这样的情况，及时做出反应，大量向货币市场提供流动性，多次下调联邦基金利率的目标值。货币政策如果不考虑银行的资本充足状况，既不利于实现金融稳定，也会对中央银行所追求的经济稳定目标带来不利的影响。这种金融部门与货币政策主管部门之间的相互关联是本章研究的内容。

10.1　文献和模型基本思路

国内外文献鲜见关于中央银行面对银行资本充足状况做出积极调整的理论与实证研究。Blum - Hellwig（1995）指出货币政策和资本充足监管之间可能会发生冲突，他们研究了资本充足监管对经济周期的负面影响：当经济处于下降周期之中，银行资本充足状况恶化，银行监管部门严格实行资本充足监管的后果是促使银行收缩信贷活动，这使本来已经处于下降周期的国民经济“雪上加霜”。Blum - Hellwig（1995）称之为银行资本充足监管的顺周期效应。国际清算银行发布的一份研究报告（BIS，1999）承认，资本充足管理国际标准（巴塞尔协定）可能会放大对一国经济周期的不利影响。显然，这些研究都注意到了货币政策和资本充足监管的关联，但都没有考虑中央银行面对资本充足率顺周期效应有可能采取的行动。

本章在Bernanke和Blinder（1988）的静态模型中重新引入被忽略的银行资本，静态模型的分析虽然简单明了，但货币政策实施的环境是动态的，银行资本充足状况的变化也是动态的。运用动态模型对货币政策和银行资本充足状况进行研究是必要的。即使从理论上可以论证货币政策对银行资本充足状况做出反应，但这种反应的必要性还须看这样做的效果是否明显。如果效果不明显，那么货币政策也许可以在近似的意义上忽略银行资本充足的状况。本章首先引入动态模型，然后进行模拟分析。

Svensson（1999）的动态经济模型是本章的出发点。在本章所扩展的 Svensson（1999）模型当中，除了原来就有的基准利率、通货膨胀率和产业缺口以外，还出现第二个利率——贷款利率。Brunner and Meltzer（1972，1993），Friedman（1970），Tobin（1969），Bernanke and Blinder（1988）和 Gaspar and Kashyap（2006）等许多文献都强调过考虑信贷市场利率对经济周期影响的重要性，认为这是从宏观经济及其政策角度研究信贷市场和其他金融市场的重要途径。许多中央银行（包括美国联邦储备系统、欧洲中央银行等）都高度重视贷款利率对货币政策传导机制的影响。

Svensson（1999）模型用来研究最优货币政策的动态特征，在考虑了信贷市场利率之后，这个模型可用来研究动态货币政策如何对信贷市场做出反应。为此，需要将银行的资本充足状况与信贷市场直接联系起来，这是通过银行资本充足状况影响信贷供给的途径来实现的。在考虑银行资本充足状况对信贷进而对宏观经济的影响的同时，还要将银行资产负债和资本状况与利率、产业缺口等宏观经济变量联系起来。

银行资本充足状况下的信贷供应与银行资本不足状况下的信贷供应都有可能影响模型中的其他变量，这使得本章模型表现出非线性的特征，增加了在动态环境中求解最优货币政策的难度。本章采用了简捷求解的方法。首先构建了最优货币政策的结构性等式，等式中的系数待定。将猜想的这个结构性等式代入需要求解的动态规划问题，选择待定的系数使得目标函数达到最优值，最后再验证猜想的最优货币政策就是事实上的最优解。

可以得到论证的是，最优货币政策规则根据银行系统资本充足状况的不同而不同。在通常情况下，面对资本不足的银行体系，央行要对外部扰动做出更强的反应。只有这样，货币政策才可中和资本充足监管带来的顺周期效应。最优的货币政策一方面抵消了外部扰动的影响，一方面中和了资本充足率对均衡产出和通货膨胀水平的影响。

10.2　关于利率规则和银行部门的静态模型分析

10.2.1　静态模型构造

通过细化银行部门和信贷市场扩展了 Bernanke & Blinder（1988）所使用的模型。

在模型中，存贷款利率是名义变量，其他变量是实际变量。银行持有许多资产，按风险程度不同分为两类。一类是风险资产，比如贷款；另一类是无风险资产。为便于分析，假设银行的资产由贷款和货币组成。贷款收益为正，货币收益为零。

在资本充足率管理之下，按银行资本是否充足分两种情况决定信贷供给。第一种情况，银行资本充足，达到监管要求。在这种情况下，银行可以将（扣除准备金后）存款和资本以贷款的形式全部运用出去，信贷供给为 $B+(1-\theta)D$，其中 θ 是银行缴纳的法定准备金率（在 0 和 1 之间），D 是银行的存款，B 是银行的资本，不考虑超额准备金。第二种情况，银行资本不足，低于法定水平。在这种情况下，银行能够发放的贷款由其资本水平和资本与贷款的法定比率来决定，信贷供给为 cB，其中 c 是资本充足率管理规定的最高的贷款与资本的比率。举例来说，如果资本充足率管理要求资本与贷款的比率不得低于 8%，那么银行贷款与资本的最高比率（c）就是 12.5（8% 的倒数），银行能够发放的贷款就是资本（B）的 12.5 倍。信贷供给的两种情况归结为等式（10.1）。

$$L^s=\min[B+(1-\theta)D,cB],\qquad c>1,\ 0<\theta<1 \tag{10.1}$$

对银行信贷的需求一方面与经济活动水平正相关，另一方面与信贷成本（实际贷款利率）负相关，用等式（10.2）表示，其中 y 代表均衡的产出缺口（产出缺口的定义为实际产出高出或者低于潜在产出的百分比），ρ 代表贷款名义利率，π^e 代表通货膨胀预期，L_ρ 和 L_y 分别代表实际贷款利率和产出缺口前面的系数。

$$L^d=-L_\rho(\rho-\pi^e)+L_y y,\quad L_\rho,L_y>0 \tag{10.2}$$

银行存款和资本与经济活动同方向变化，中央银行设定的基准利率与银行存款负相关，用等式（10.3）和（10.4）表示，其中 i 代表中央银行调控的基准利率，D_y、B_y 和 D_i 分别是银行存款和资本等式中产出缺口前面的系数和存款等式中实际基准利率前面的系数。

$$D=D_y y-D_i(i-\pi^e),\qquad D_y,D_i>0 \tag{10.3}$$

$$B=B_y y\qquad B_y>0 \tag{10.4}$$

实际（基准和贷款）利率和通货膨胀越高，总需求（y^d）水平越低。需求扰动项（η）为白噪音（White Noise），与模型中的其他扰动项不相关。等式（10.5）表示了上述关系，其中 y^d_ρ、y^d_i 和 y^d_π 分别是实际贷款利率、实际基准利率和通货膨胀率前面的系数。

$$y^d=-y^d_\rho(\rho-\pi^e)-y^d_i(i-\pi^e)-y^d_\pi\pi+\eta,\quad y^d_\rho,y^d_i,y^d_\pi>0 \tag{10.5}$$

商品的供给(y^s)与未预期到的通货膨胀($\pi - \pi^e$)呈正比,同时受供求扰动项(ε)的影响。供给扰动项(ε)为白噪音,与需求扰动项(η)不相关。等式(10.6)给出了总供给方程表达式,其中β是未预期到的通货膨胀率前面的系数。

$$y^s = \beta(\pi - \pi^e) + \varepsilon, \quad \beta > 0 \tag{10.6}$$

信贷市场均衡表现为信贷供给等于信贷需求($L^s = L^d$)。商品市场均衡表现为商品供给等于商品需求($y^s = y^d$)。求解市场均衡,根据银行资本是否充足分两种情况可以得出均衡通货膨胀水平(π)和产出(y)的表达式。

① 银行资本充足(相关系数的下标为 u)

$$\pi = -\frac{\Lambda_u}{\Delta_u} i - \frac{\Omega_u}{\Delta_u}\varepsilon + \frac{1}{\Delta_u}\eta \tag{10.7}$$

$$y = -\frac{\Lambda_u \beta}{\Delta_u} i + \frac{y_\pi^d}{\Delta_u}\varepsilon + \frac{\beta}{\Delta_u}\eta \tag{10.8}$$

其中,

$$\begin{aligned}
\Delta_u &= y_\pi^d + [1 + \frac{y_\rho^d}{L_\rho}(L_y - B_y - (1-\theta)D_y)]\beta \\
\Omega_u &= 1 + \frac{y_\rho^d}{L_\rho}(L_y - B_y - (1-\theta)D_y) \\
\Lambda_u &= y_i^d + \frac{y_\rho^d}{L_\rho}(1-\theta)D_i
\end{aligned} \tag{10.9}$$

②银行资本不足(相关系数的下标为 c)

$$\pi = -\frac{y_i^d}{\Delta_c} i - \frac{\Omega_c}{\Delta_c}\varepsilon + \frac{1}{\Delta_c}\eta \tag{10.10}$$

$$y = -\frac{y_i^d \beta}{\Delta_c} i + \frac{y_\pi^d}{\Delta_c}\varepsilon + \frac{\beta}{\Delta_c}\eta \tag{10.11}$$

其中,

$$\begin{aligned}
\Delta_c &= y_\pi^d + [1 + \frac{y_\rho^d}{L_\rho}(L_y - cB_y)]\beta \\
\Omega_c &= 1 + \frac{y_\rho^d}{L_\rho}(L_y - cB_y)
\end{aligned} \tag{10.12}$$

10.2.2 资本充足率管理背景下的经济波动和货币政策

①资本充足率管理背景下的经济波动

不妨先来分析一种最简单的情况，也就是保持基准利率不变的情况。毫无疑问，需求扰动项和供给扰动项将影响商品市场均衡，导致产出水平的波动。需要关注的是，这种波动的幅度是否与银行资本的充足程度有关。推导出以下结论：

$$[\frac{\partial y}{\partial \varepsilon}]_{银行资本不足} > [\frac{\partial y}{\partial \varepsilon}]_{银行资本充足} \tag{10.13}$$

$$[\frac{\partial y}{\partial \eta}]_{银行资本不足} > [\frac{\partial y}{\partial \eta}]_{银行资本充足} \tag{10.14}$$

在同样的外部条件下，银行资本不足时的经济波动幅度要大于银行资本充足时的波动幅度。换言之，资本充足率管理放大了经济波动，具有顺周期效应。图 10.1 给出顺周期效应成立需要的银行资本对产出缺口导数值（B_y）与存款准备金率(θ) 的关系，两条线分别对应存款对产出缺口导数(D_y) 为 0.2 和 0.1 的情况。两条线的斜率表达式为 $-D_y/(c-1)$。图 10.1 显示，存款对产出缺口的导数(D_y) 越小，法定准备金率越高，资本充足率的顺周期效应越容易出现。按同样方法可以推导出，资本充足率(c) 越高，资本充足率的顺周期效应越容易出现。

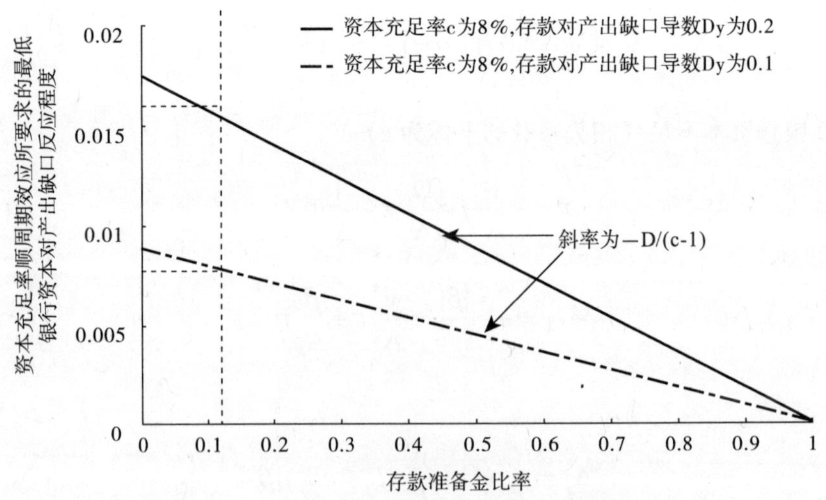

图 10.1 资本充足率顺周期效应与存款准备金率

②资本充足率管理背景下的货币政策优化

在推导最优基准利率的过程中，假定中央银行所追求的目标包括两部分：一是减少通货膨胀水平与目标通货膨胀水平（假定为零）的差距；二是减少实际产出缺口与目标产出缺口（假定为零）差距。目标函数为这两个差距平方之后的线形组合，并假定通货膨胀差距平方项前的权重不能为零。归纳起来，中央银行的目标函数是：

$$\min_{i}\lambda\pi^{2}+(1-\lambda)y^{2} \qquad 0<\lambda\leq 1 \tag{10.15}$$

当通货膨胀平方项前的权重为 1($\lambda = 1$) 时，中央银行只关心通货膨胀率，不介意产出波动的幅度。当通货膨胀平方项前的权重小于 1($\lambda < 1$) 时，中央银行在稳定物价的同时，也不希望产出波动过大。

③资本充足率管理背景下最优利率政策的特征

求解上述最优化问题得到的最优基准利率取决于银行的资本充足状况。在银行资本充足的情况下，最优利率为：

$$i^{*}_{\text{银行资本充足}}=\frac{1}{\Lambda_{u}}\eta+\frac{-\lambda\Omega_{u}+(1-\lambda)\beta y_{\pi}^{d}}{[\lambda+(1-\lambda)\beta^{2}]\Lambda_{u}}\varepsilon \tag{10.16}$$

在银行资本不足的情况下，最优利率为：

$$i^{*}_{\text{银行资本不足}}=\frac{1}{y_{i}^{d}}\eta+\frac{-\lambda\Omega_{c}+(1-\lambda)\beta y_{\pi}^{d}}{[\lambda+(1-\lambda)\beta^{2}]y_{i}^{d}}\varepsilon \tag{10.17}$$

最优利率政策最主要的特征是对扰动项的反应取决于银行的资本充足状况。这种差异表现为等式（10.16）和等式（10.17）中扰动项前系数的差异。经过比较发现，银行资本不足情况下扰动项的系数都要大于银行资本充足情况下扰动项的系数。换言之，面对一个资本不足的银行体系，中央银行需要对外部扰动做出更强的反应。

$$\frac{\partial i^{*}_{\text{银行资本充足}}}{\partial\varepsilon}<\frac{\partial i^{*}_{\text{银行资本不足}}}{\partial\varepsilon} \tag{10.18}$$

$$\frac{\partial i^{*}_{\text{银行资本充足}}}{\partial\eta}<\frac{\partial i^{*}_{\text{银行资本不足}}}{\partial\eta} \tag{10.19}$$

④最优货币政策对经济波动的影响

为分析最优货币政策对经济波动的影响，将等式（10.16）和等式（10.17）代入均衡产出和均衡通货膨胀等式，结果得到等式（10.20）和（10.21）。这说明，货币政策抵消了需求扰动项（η）的影响，完全中和了银行的资本充足状况对经济波动的影响。

$$\pi=-\frac{(1-\lambda)\beta}{\lambda+(1-\lambda)\beta^{2}}\varepsilon \tag{10.20}$$

$$y=\frac{\lambda}{\lambda+(1-\lambda)\beta^{2}}\varepsilon \tag{10.21}$$

⑤最优货币政策曲线

根据等式（10.20）和（10.21），实施最优利率以后的均衡产出与通货膨胀满足：

$$\pi=-\frac{(1-\lambda)\beta}{\lambda}y \tag{10.22}$$

根据等式（10.22），可以在横轴为产出纵轴为通货膨胀的坐标平面上画出一条斜率为负的直线，称之为最优货币政策曲线。中央银行越重视降低通货膨胀，最优货币政策曲线斜率的绝对值就越小。将这条曲线叠加在原先的总需求曲线和Phillips曲线上，可以更清晰地分析最优货币政策的作用。

为得到原先的总需求曲线，假设中央银行设定的利率和需求扰动项为零，在模型中消除供给扰动项，由此得到等式（10.23）和（10.24）是不同银行资本状况下的总需求曲线。

$$\text{银行资本充足情况，}\pi=-\frac{\Omega_{u}}{y_{\pi}^{d}}y \tag{10.23}$$

$$\text{银行资本不足情况，}\pi=-\frac{\Omega_{c}}{y_{\pi}^{d}}y \tag{10.24}$$

等式（10.23）和（10.24）说明，银行资本状况的恶化将使总需求曲线斜率绝对值变小。

根据模型可以得出等式（10.25）中的Phillips曲线：

$$\pi=\frac{1}{\beta}y \tag{10.25}$$

以下将上述三条曲线画在一个坐标轴上，考察最优货币政策对外部冲击的反应。

需求扰动项（η）为正且银行资本充足时的货币政策如图10.2所示。正的需求扰动项（η）使得需求曲线（AD）外移到新的曲线位置（AD′），如果中央银行设定的利率保持不变，均衡点将从原来的 D 点移到 B 点，产出缺口和通货膨胀同时增加。如果中央银行将利率设定到其最优水平，均衡点将从 B 点重新移回到 D 点，最优货币政策完全抵消了需求扰动项对市场均衡的影响。

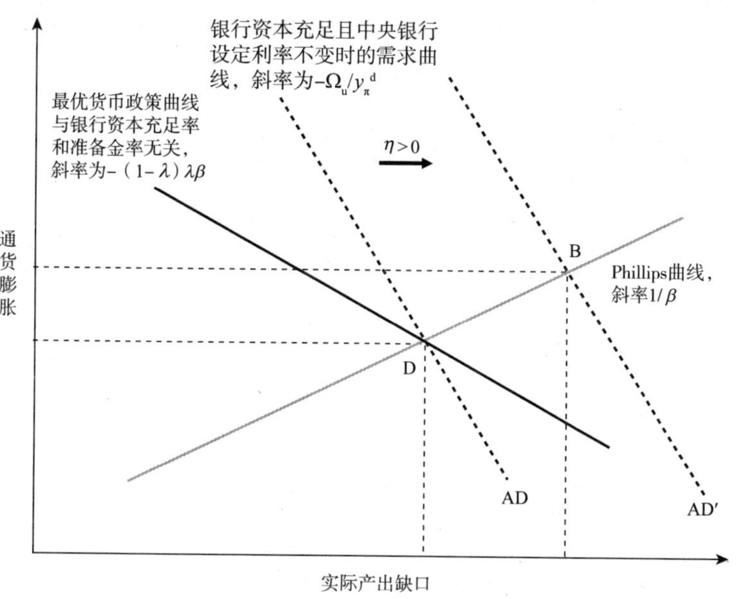

图 10.2 需求扰动项为正、银行资本充足时的货币政策

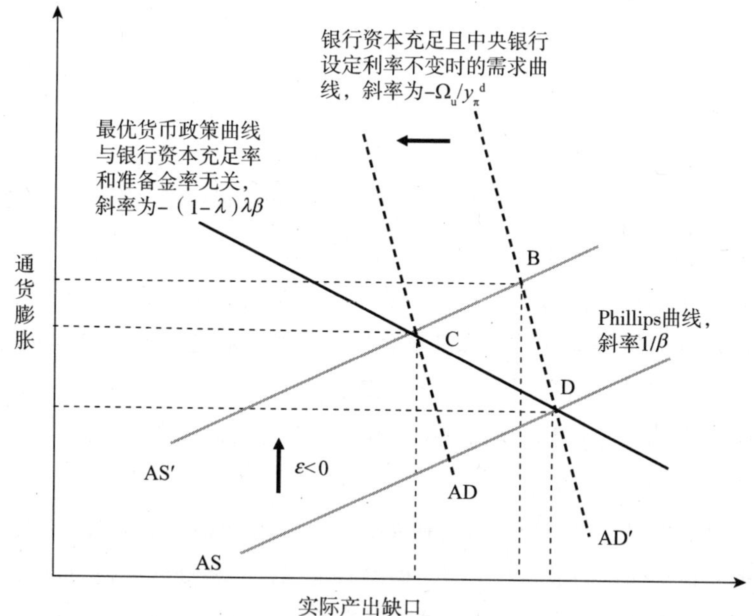

图 10.3 供给扰动项推高通货膨胀、银行资本充足时的货币政策

供给扰动项（ε）推高通货膨胀且银行资本充足时的货币政策如图 10.3 所示。根据模型设定，负的供给扰动项（ε）一方面推高通货膨胀，另一方面降低产出缺口。在图 10.3 中，供给扰动项（ε）使得 Phillips 曲线（AS）上移到新的曲线位置（AS′），如果中央银行设定的利率保持不变，均衡点将从原来的 D 点移到 B 点，均衡产出缺口减少，均衡通货膨胀同时增加。如果中央银行将利率设定到其最优水平，这将使得需求曲线（AD）上移到新的曲线位置（AD′），均衡点将从 B 点重新移到最优货币政策曲线和新 Phillips 曲线（AS′）的交点 C 点。根据中央银行目标函数揭示的其对降低通货膨胀的偏好（λ 的数值），最优货币政策在使市场均衡从 B 点移到 C 点的过程中，部分抵消了供给扰动项（ε）对均衡通货膨胀的影响和对产出缺口的影响。

10.3 关于利率规则和银行部门的动态模拟分析

10.3.1 模型构建

信贷市场上的贷款供应要从银行着手分析。银行的资产负债表包括资产、存款和资本三部分。作为信贷市场的供给方，银行接受资本充足监管和存款准备金管理。模型抽象了银行资产在贷款和固定收益证券等其他风险资产之间的组合配置，假设银行的资产完全由贷款和货币组成。在监管条件允许的情况下，银行选择发放贷款，而不选择持有货币。换句话说，银行持有货币是非自愿的。银行负债全部由存款组成。模型假定银行不持有超额准备金。存款除去准备金就是可用于发放贷款的资金。在实施资本充足监管的条件下，银行的贷款供给并不完全由其可用资金决定，还取决于银行资本的充足状况。

在银行资本充足的情况下，银行贷款不受资本的约束，银行将所有可用资金贷出去，银行的信贷供给等于扣除准备金后存款和资本金之和。这是银行资本充足情况下的信贷市场供给。假定 θ 是存款缴纳的法定准备金率（在 0 和 1 之间），D_t 是银行第 t 期的实际存款，B_t 是银行第 t 期的实际资本金，这种情况下的第 t 期实际信贷供给为 $B_t + (1 - \theta)D_t$。

若银行资本不足，银行贷款将受到资本充足状况的限制。当贷款与资本金的比例高于资本充足率规定的最高水平时，模型假定银行能将贷款变现为货币，而货币是不需要资本金支持的。假定 c 是资本充足率所对应的最高的贷款与资本金的比例（该比例大于 1），这种情况下的实际信贷供给为 cB_t。资本金不足的情形实际上是银行非自愿地持有货币资产，无法将其转为贷款资产的情况。上述第t期信贷实际供给（L_t^s）的两种情况归结为等式（10.26）。当 $B_t + (1-\theta)D_t > cB_t$ 时，银行资本不足，贷款供给由 cB_t 决定。当 $B_t + (1-\theta)D_t < cB_t$ 时，银行资本充足，贷款供给由银行可贷资金 $B_t + (1-\theta)D_t$ 决定。

$$L_t^s = \min[B_t + (1-\theta)D_t, cB_t], \qquad c>1,\ 0<\theta<1 \tag{10.26}$$

假设银行资本与经济活动总量正相关。假定 y_t 代表第 t 期均衡的产出缺口（产出缺口的定义为实际产出高出或者低于潜在产出的百分比），i_t 代表中央银行调控的第 t 期基准利率，$\pi_{t+1|t}$ 代表对第 $t+1$ 期通货膨胀条件期望，等式（10.26）中银行存款和资本与经济活动水平、基准利率的关系为等式（10.27）和（10.28）。银行存款和资本与经济活动同方向变化，银行存款与中央银行设定的基准利率负相关。

$$D_t = D_y y_t - D_i(i_t - \pi_{t+1|t}), \qquad D_y, D_i > 0 \tag{10.27}$$

$$B_t = B_y y_t \qquad B_y > 0 \tag{10.28}$$

假定 ρ_t 代表第t期贷款名义利率，第t期信贷实际需求（L_t^d）由等式（10.29）表示。贷款实际需求一方面与经济活动水平正相关，另一方面与第 t 期信贷成本（实际贷款利率）负相关。

$$L_t^d = -L_\rho(\rho_t - \pi_{t+1|t}) + L_y y_t, \quad L_\rho, L_y > 0 \tag{10.29}$$

以上已经分别描述了信贷市场的贷款需求、贷款供给以及银行负债资本的内生关系，宏观经济模型有两个等式，一个等式描述产出的动态变化过程，另一个描述通货膨胀率的变化过程。等式（10.30）列出了产出缺口与第t期贷款利率（ρ_t）、货币当局调控的基准利率（i_t）、第 t 期对 $t+1$ 期通货膨胀的预期（$\pi_{t+1|t}$）、第 $t+1$ 期扰动项（η_{t+1}）和第 t 期产出缺口（y_t）关系。实际利率越高，产出水平越低。扰动项（η_t）为白噪音（White Noise），并与其他扰动项不相关。如果没有贷款利率（ρ_t）这一项，等式（10.30）与 Svensson（1999）的模型相同。

$$y_{t+1} = \alpha_y y_t - \alpha_i(i_t - \pi_{t+1|t}) - \alpha_\rho(\rho_t - \pi_{t+1|t}) + \eta_{t+1}, \quad 1>\alpha_y>0, \alpha_\rho>0, \alpha_i>0 \tag{10.30}$$

等式(10.31)表明，第 $t+1$ 期相对第 t 期通货膨胀的变化（$\pi_{t+1} - \pi_t$）与第 t 期产出缺口（y_t）正相关，并受第 $t+1$ 期扰动项（ε_{t+1}）的影响。扰动项（ε_t）为白噪音，

与扰动项(η_t) 不相关。

$$\pi_{t+1} = \pi_t + \beta_y y_t + \varepsilon_{t+1}, \quad \beta > 0 \tag{10.31}$$

以下将要让信贷市场和宏观经济变量在市场均衡的条件下结合起来。根据信贷市场均衡的条件,可解出信贷市场均衡利率,将其代入等式(10.30),代替贷款利率(ρ_t);同时用等式(10.31) 得出的通货膨胀预期代替等式(10.30) 中的通货膨胀的预期($\pi_{t+1|t}$)。经过这一转换后得到等式,产出缺口取决于银行资本充足状况,因为信贷供给和信贷利率都受银行资本充足状况的影响。

$$y_{t+1} = -\varphi_i^j (i_t - \pi_t) + \varphi_y^j y_t + \eta_{t+1}, \quad \varphi_y^j > 0, \varphi_i^j > 0 \tag{10.32}$$

在等式(10.32) 中,上标 j 代表银行资本充足状况($j = c$ 表示银行资本不足,$j = u$ 表示银行资本充足)。等式(10.32) 中的参数 φ_i^j 和 φ_y^j 分别为模型中其他参数的函数(等式(10.33) –(10.35))。

$$\varphi_i^u = \alpha_i = \varphi_i^c \tag{10.33}$$

$$\varphi_y^u = \alpha_y + \alpha_i \beta_y - \alpha_\rho L_y / L_\rho + \alpha_\rho B_y / L_\rho + \alpha_\rho (1-\theta) D_y / L_\rho \tag{10.34}$$

$$\varphi_y^c = \alpha_y + \alpha_i \beta_y - \alpha_\rho L_y / L_\rho + \alpha_\rho c B_y / L_\rho \tag{10.35}$$

10.3.2 货币政策利率规则与资产充足率监管

货币政策的目标包括两部分:(1)减少通货膨胀水平与目标通货膨胀水平(假定为零)的差距;(2)减少实际产出缺口与目标产出缺口(假定为零)差距。目标函数为这两个差距平方之后的加权线性组合(假定通货膨胀差距平方项前的权重不能为零)的贴现值。

$$\min_{\{i_{t+k}\}_{k=0}^{\infty}} \frac{1}{2} E_t \sum_{k=1}^{\infty} \delta^k [\lambda \pi_{t+k}^2 + (1-\lambda) y_{y+k}^2], \quad 0 < \lambda \le 1,\ 0 < \delta < 1 \tag{10.36}$$

其中,δ 是贴现系数。当通货膨胀平方项前的权重为 1($\lambda = 1$) 时,中央银行只关心通货膨胀率,不介意产出波动的幅度。当通货膨胀平方项前的权重小于 1($\lambda < 1$) 时,中央银行在稳定物价的同时,也不希望产出波动过大。这一货币政策目标体系也被称为通货膨胀目标制①。

货币政策的实施工具可以是数量工具,也可以是价格工具。采用数量工具的缺点之一是可能导致金融市场利率的大幅波动,影响金融稳定。所以,大多数国

① 关于通货膨胀目标制和最优利率政策的全面讨论参见 Woodford(2003)。

家采用价格工具，也就是调节货币市场基准利率，以实现货币政策的目标。简单地讲，最优货币政策包括两部分：①发现基准利率的最优目标水平；②使市场利率与基准利率的目标接近。本章以下将从理论上求解最优的基准利率目标水平。

为确定基准利率的目标水平，要求解等式（10.37）所给出的动态规划问题：使得中央银行所关心的目标函数值最小化，将基准利率作为控制变量，同时满足两个约束条件等式（10.38）和（10.39）。约束条件反映的是信贷市场均衡之后产业缺口和通货膨胀率变化的轨迹，中央银行通过将基准利率设定在目标水平影响宏观经济变量的运行轨迹，以达到既定的政策目标。

$$\min_{\{i_{t+k}\}_{k=0}^{\infty}} \frac{1}{2} E_t \sum_{k=1}^{\infty} \delta^k [\lambda \pi_{t+k}^2 + (1-\lambda) y_{y+k}^2], \quad 0 < \lambda \leq 1,\ 0 < \delta < 1 \quad (10.37)$$

约束条件：

$$y_{t+1} = -\varphi_i^j (i_t - \pi_t) + \varphi_y^j y_t + \eta_{t+1}, \qquad \varphi_y^j > 0, \varphi_i^j > 0 \quad (10.38)$$

$$\pi_{t+1} = \pi_t + \beta_y y_t + \varepsilon_{t+1}, \qquad \beta > 0 \quad (10.39)$$

根据 Stokey & Lucas（1989），求解中央银行动态规划问题需要列出关于值函数（$v(\cdot)$）的 Bellman 方程。值函数（$v(\cdot)$）是状态变量（State Variables）的函数，状态变量是描述动态系统的关键特征变量。就动态规划问题（10.37）来说，状态变量是通货膨胀和产出缺口。由于目标函数涉及无穷期以后的未来，根据 Stokey & Lucas（1989），Bellman 方程中变量的下标都可被省略。为简化计算，假设 D_i 为零①。在这一简化条件下，如果产出缺口为正（$y \geqslant 0$），银行资本就处于充足状态。如果产出缺口为负（$y < 0$），银行资本就处于不足状态。考虑到约束条件中的参数与银行资本充足状况相关，Bellman 方程的形式如下：

$$v(\pi, y) = \min_i \frac{1}{2}\{E[\lambda(\pi + \beta_y y + \varepsilon)^2 + (1-\lambda)(\varphi_y^u y - \alpha_i (i-\pi) + \eta)^2] + \delta E v(\pi + \beta_y y + \varepsilon,\ \varphi_y^u y - \alpha_i (i-\pi) + \eta)\} \quad \text{if} \quad y \geq 0 \quad (10.40)$$

$$v(\pi, y) = \min_i \frac{1}{2}\{E[\lambda(\pi + \beta_y y + \varepsilon)^2 + (1-\lambda)(\varphi_y^c y - \alpha_i (i-\pi) + \eta)^2] + \delta E v(\pi + \beta_y y + \varepsilon,\ \varphi_y^c y - \alpha_i (i-\pi) + \eta)\} \quad \text{if} \quad y < 0 \quad (10.41)$$

等式（10.40）中 φ_y^u（orφ_y^c）的上标说明银行资本情况（上标 u 说明银行资本充足，上标 c 说明银行资本不足）。

---

① 这一简化没有改变银行资本状况对信贷市场的影响，所以不会影响主要结论。

求解最优货币政策的方法是先给出最优货币政策的猜想，然后再验证或者证明这种猜想是正确的。经过求解（过程见附录 D），发现最优利率是通货膨胀和产出缺口的线性函数。最优利率政策最主要的特征是对扰动项的反应取决于银行的资本充足状况。这种差异表现为等式（10.42）和等式（10.43）中扰动项前系数的差异。经过比较发现，银行资本不足情况下扰动项的系数都要大于银行资本充足情况下扰动项的系数。当银行资本不足时，基准利率对产出缺口波动的反应更大，因为 $\varphi_y^c > \varphi_y^u$。换言之，面对一个资本不足的银行体系，中央银行需要对外部扰动做出更强的反应。

$$i^*_{t\,\text{银行资本充足}} = (1-\frac{b}{\alpha_i})\pi_t + (\frac{\varphi_y^u}{\alpha_i} - \frac{b\beta_y}{\alpha_i})y_t \tag{10.42}$$

$$i^*_{t\,\text{银行资本不足}} = (1-\frac{b}{\alpha_i})\pi_t + (\frac{\varphi_y^c}{\alpha_i} - \frac{b\beta_y}{\alpha_i})y_t \tag{10.43}$$

为分析最优货币政策对经济波动的影响，将等式（10.42）和（10.43）代入等式（10.37）中的产出和通货膨胀等式，就可以得到等式（10.44）①。最优货币政策充分考虑了银行资本的充足状况以后，产出变量与银行资本充足状况没有关系。最优货币政策抵消或中和了银行资本充足状况对经济波动的影响。

$$y_t = \eta_t - [1-\phi(\beta_y,\delta,\lambda)](\beta_y\eta_{t-1} + \varepsilon_{t-1}) / [\beta_y(1-\phi(\beta_y,\delta,\lambda)L)] \tag{10.44}$$

10.3.3 数据模拟及结果分析

在资产充足率管理背景之下，如果货币政策没有按照等式（10.42）和（10.43）随银行资本充足状况不同而进行调整，会对经济波动产生怎样的影响？如果货币政策忽视银行资本充足状况对经济波动的影响不大，即使理论上已经论证了货币政策应该随银行资本状况而调整，在近似的意义上，货币政策仍然可以大体上不考虑银行的资本充足状况。如果这种情况出现，本章的结论在实践中可能就显得不那么重要了。为说明本章的结论与货币政策实践的相关性，以下对动态模型进行必要的模拟分析。

不同政策对经济波动会有不同影响，关键看等式（10.37）中的目标函数。具体来说，在实施最优货币政策的情况下，将上述等式（10.42）和（10.43）的最优政策代回到模型中，可以计算出每期的目标函数贴现值。同样地，在实施

---

① L 是滞后算子。

其他政策时，可以得出对应的每期目标函数贴现值。将这两个数据序列放在一起，按照目标函数的计算方法加以比较，可以比较不同政策对经济波动的影响。

以下模拟分析当中，与最优政策进行比较的是次优政策。两种政策的区别在于：最优政策随着银行资本充足状况不同而调整。当银行资本充足时，采用等式（10.42）；当银行资本不足时，采用等式（10.43）。而次优政策不论银行资本是否充足，始终采用等式（10.42）。两种政策实施效果的差异反映了货币政策随银行资本状况而调整的必要性究竟有多大。

模拟参数的设定首先要满足模型对参数数值的限制，其次尽可能与文献中的相关参数取值一致。表 10.1 中的参数参考了 Jensen（2002）的取值，这些参数的取值是经济周期模型中通常的取值。与信贷市场相关的参数缺乏文献的参考，这些参数的取值主要考虑方便模拟。同时，对于一些关键的参数（比如银行资本和存款对产出的敏感程度等），在模拟中会多重取值，给出不同取值情况下的模拟结果。需要说明的是，巴塞尔协议要求的资本充足率是 8%。如果不考虑风险调整的影响，这意味着银行的杠杆比例为 12.5。实际上，银行持有的资本通常要高于 8%。根据巴塞尔银行监管委员会的数据，1996 年 G10 国家银行的资本充足率平均值为 11.2%，标准差为 1.6%。我国现在商业银行的资本充足率也已经基本上达到 8% 以上。在模拟中，采用的杠杆比例为 10，与银行持有高于 8% 资本的情况一致。实际上，如果杠杆比例为 12.5，模拟结果不会变化很大。

模拟中假设相关的扰动在第一期产生，扰动的规模为一个标准差，以后各期扰动项为零，也就是说，扰动是暂时的。不仅如此，模拟还假设扰动是单一的，不考虑同时发生多重扰动的情况。

表 10.1　　模拟参数的设定

α_y	0.50	α_i	0.75	α_p	0.75	σ_η	1.00
D_y	0.20	σ_ε	1.00	B_y	0.15	θ	0.10
c	10.00	L_p	1.00	L_y	0.00	β_y	0.10

图 10.4 给出了扰动项 ε 的模拟中最优政策和次优政策的前 20 期目标函数贴现值。目标函数贴现值越小，说明经济波动越小。当银行资本对产出的变化比较敏感（$B_y = 0.15$）时，最优政策对经济波动的稳定作用明显强于次优政策。表 10.2 将前 100 期目标函数贴现值加总。最优政策的累计目标函数数值是次优政策函数值的 41%（$B_y = 0.15, D_y = 0.2$）和 50%（$B_y = 0.15, D_y = 0.3$）。反之，当银行资本对产出的变化敏感度比较小时（$B_y = 0.05$ 或者 $B_y = 0.10$），据图 10.4 显示，最优政策

对经济波动的稳定作用与次优政策的差异不大。最优政策的累计目标函数数值是次优政策函数值的86%（$B_y = 0.10, D_y = 0.3$）和98%（$B_y = 0.05, D_y = 0.25$）。

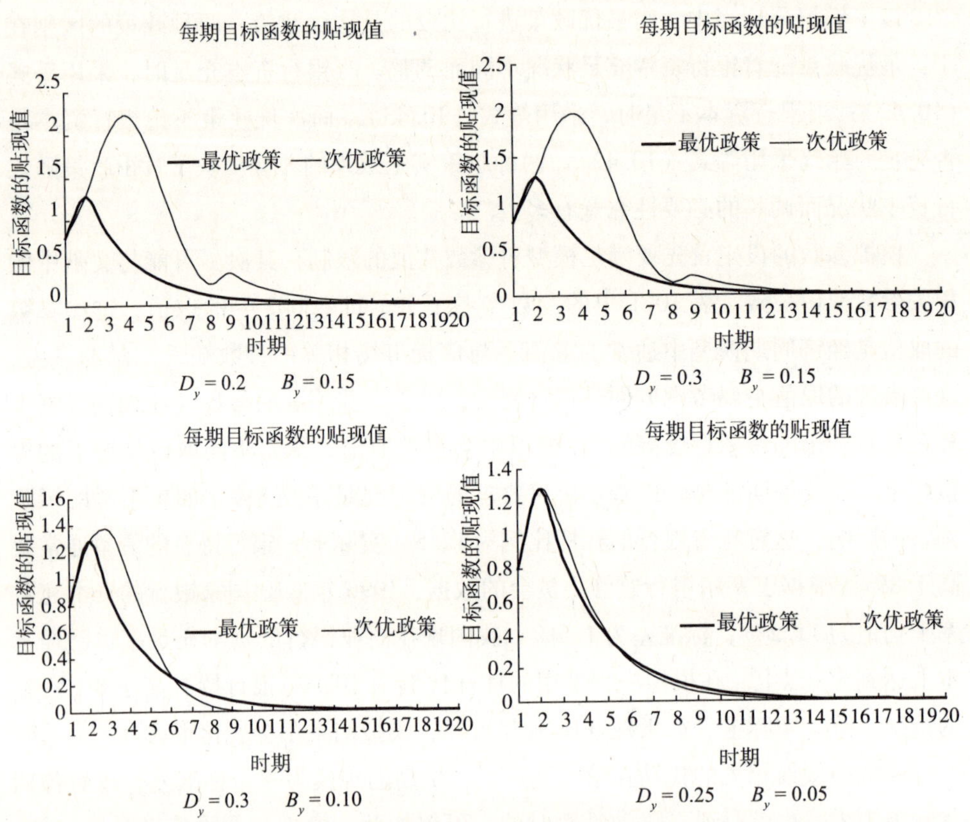

图 10.4　一期扰动项 ε 的每期目标函数贴现值：最优政策与次优政策

表 10.2　不同政策累计前 100 期目标函数贴现值比较

	累计前 100 期目标函数贴现值 第一期发生扰动 ε		累计前 100 期目标函数贴现值 第一期发生扰动 η	
参数数值	最优政策	次优政策	最优政策	次优政策
$B_y = 0.15$ $D_y = 0.2$	4.7	11.4	0.24	0.52
$B_y = 0.15$ $D_y = 0.3$	4.7	9.4	0.24	0.46
$B_y = 0.10$ $D_y = 0.3$	4.7	5.45	0.24	0.30
$B_y = 0.05$ $D_y = 0.25$	4.7	4.76	0.24	0.25

对扰动项 η 的模拟得出相同的结论。表10.2的数据显示，当银行资本对产出的变化比较敏感时，最优政策的累计目标函数数值是次优政策函数值的46%（$B_y =$

0.15, $D_y = 0.2$）和52%（$B_y = 0.15, D_y = 0.3$）。反之，当银行资本对产出的变化敏感度比较小时，最优政策的累计目标函数数值是次优政策函数值的80%（$B_y = 0.10, D_y = 0.3$）和96%（$B_y = 0.05, D_y = 0.25$）。

动态模型模拟的结果显示，银行资本对产出缺口的波动越敏感，货币政策针对银行资本充足状况进行调整就越重要。在银行资本对产出波动的敏感度较大的情况下，货币政策如果忽视资本充足率管理的影响，产出的波动幅度将会显著增大。

资本充足率管理可能通过信贷紧缩给实体经济带来不利影响，尤其当经济活动已经出现衰退时，资本充足率管理可能进一步加剧经济衰退。新的资本监管环境给经济周期带来的影响已经引起各国货币政策当局的关注。本章将 Svensson（1999）的动态经济模型与接受资本充足监管的银行部门相结合，分析最优货币政策与资本充足率的关系，发现货币政策实现其稳定经济周期目标的最优策略是抵消银行资本充足管理的顺周期效应。最优货币政策要考虑银行资本的充足状况；当银行资本不足时，中央银行要适当加大对外部扰动的反应力度。动态模型模拟的结果显示，银行资本对产出缺口的波动越敏感，货币政策针对银行资本充足状况进行调整就越重要。

第 11 章　银行资本与金融危机之间关联分析

货币政策传导机制微观基础的拓展须考察银行部门的资本和资产扩张行为。关于金融体系对货币传导机制影响的研究国内还很不系统。Ferhanni（2004）强调了银行竞争、利率刚性及其与货币市场利率调整之间关系的政策意义。兰埃用等（2004）认为金融创新可以降低非系统性金融风险，使商业银行能够对货币信贷政策调控意图作出及时、灵敏、积极的反应，提高中央银行窗口指导的运作效率。林平等（2004）指出，在金融风险环境下，货币政策的效应不能正常体现，要充分考虑金融风险对政策实施的制约因素，提前采取适当的纠偏性措施。

近年来，全球的金融体系发生了三方面的变化：一是金融机构变得更加全球化，使得各种干扰在国家之间的传递变得更加容易；二是金融机构的经营模式已经发生了很大的变化，从传统持有资产模式演变为分销资产模式，这种趋势在证券化过程中表现得很明显；三是监管已经从采用历史成本（historical cost）的会计准则转变为使用公允价值（fair value）的会计准则，金融监管日益依赖模型。这些变化导致货币政策传导机制发生新的变化。金融体系演化与货币政策传导机制是国际清算银行 2008 年 CEPR/ESI 年会的主题。我国的金融机构也正在逐步与国际接轨，关注金融体系演化与货币政策传导机制之间研究的最新发展十分必要。本章的切入点是上述金融体系演化背景下对金融机构资本的重新认识。

主流观点认为，2007 年爆发的金融危机凸现了资本监管的重要性，新资本协议框架的薄弱环节在危机面前有所暴露，需要进一步强化。目前对以资本监管为核心的新资本协议框架的讨论还不够全面和充分，一些重要的理论问题尚未得到解决。例如，银行的资本短缺是否是危机爆发的主要原因？危机发生后资产收缩使得资本变得短缺与危机前资本增加过快带来资产的过度扩张，究竟哪个更重要？任何形式的银行资本增加是否应该在任何情况下都不受约束？这些问题都需要进行仔细分析和深入研究。

11.1 银行资本的功能

2009 年 7 月 13 日，巴塞尔委员会发布了《新资本协议的修改建议》、《市场风险资本计提修改建议》、《交易账户新增风险资本计提指引》，针对本次危机暴露出的漏洞进行修复。同年 9 月，金融稳定理事会发表《改进金融监管报告》，提出了改革金融监管的一揽子方案，其中强化资本监管制度是重中之重。同年 9 月下旬，二十国集团领导人匹兹堡峰会要求巴塞尔委员会 2010 年底前完成资本监管制度的改革，并于 2012 年开始全面执行新的资本监管制度。

银行资本是一种有用的缓冲，有利于控制道德风险，有利于提升公众对银行部门的信心。但是，银行上市以后，股东对资本利润率提出了要求。这直接导致银行总部提高各级分支机构的盈利目标（提高分支机构占用资本的最低回报率）。为了完成总行对盈利和资本利润率的要求，分支行必须提高资产的收益（给定其他条件不变情况下，在少占用资本的同时多增加资产），本不想扩张资产却不得不被逼迫着扩张资产。

银行风险管理能力总是有限的，控制过于复杂的风险很困难。在成熟的公司治理结构之下，银行能够认识到自己能力的边界，确保自己的经营扩张不过度。相反，当银行公司治理不够成熟时，可能会表现出杠杆率过高、不良资产比率过高的现象。分析的前提是，银行内部的公司治理没有完善到可以制止资产过度扩张的程度，表现出风险管理能力不强和脆弱的现象，需要外部监管的介入。

银行抵御风险的能力可以分为两个层次：一是资本所体现的财务实力；二是风险管理能力，包括风险管理战略和风险偏好、风险管理组织体系、风险管理政策和流程、风险管理的工具和方法（中国银监会课题组，2010）。在目前的金融监管框架内，银行获取经济资源（资本）的能力与银行处理动态资产配置时所需要的风险管理能力之间的不一致性未被消除。在处理动态资产配置时，银行不完善的风险管理能力以及在此基础上表现出的不完全预见性（Imperfect Foresight）并未得到实质性的改进，同时，银行获取经济资源（资本）从事资产扩张的能力在任何时候都没有得到制约。单单依靠强化资本新协议之下的资本监管制度不足以避免银行在动态资产配置当中出现的超调和随后带来的严重后果，还需要限制银行资本的增长，否则将难以控制银行资产的过度扩张。

根据西方银行发展过程（即使经历了包括大萧条在内的历次危机）中形成

并为资本协议所接受的基本逻辑，银行获取资本永远不需要受到约束。理论上讲，只要银行的风险管理从结果向过程延伸、由被动反映风险向主动预警风险转变、由静态向动态扩展，真正稳健地、前瞻性地识别和计量所面临的风险，金融危机可以避免。但是，“当音乐响起时，你不得不随之起舞”（白川方明等，2010）。银行或许具有许多人所共有的天性，即“不见棺材不掉泪”，至少在一段时间无法迅速提高其预见性。在这样的情况下，延续以往资本协议的老路子，不对银行获取资本的能力进行制约，割裂资本与资产之间的联系，将使银行监管的薄弱环节继续暴露，监管的整体有效性会下降。

主流的观点将金融危机成因归结为四个方面：一是风险转移幻觉诱使金融机构放松授信标准。二是随着银行组织结构日益复杂和金融产品的不断涌现，银行并表风险管理能力严重弱化。三是评级机构缺乏对结构化产品的评级能力。四是“发起—分销”经营模式下信息不对称加剧（中国银监会课题组，2010）。这些观点的共同之处在于，银行在静态环境中处理经济问题出现了这样或者那样的问题，只要消除幻觉、纠正风险计量和营销等方面短期存在的问题，银行危机就可以避免。这可能把问题简单化了。自 1988 年资本协议实施以来，事前的成本约束机制和事后的风险补偿机制得到了加强，但资本约束机制始终没有被提出来。1988 年资本协议没有对资产证券化提出资本要求，促使银行通过资产证券化手段将资产从表内转移到表外，规避资本约束。逃避资本监管虽然是银行表外机构参与资产证券化交易和资产证券化市场快速发展的最重要诱因之一，但是即使对资产证券化提出了资本要求，银行一方面可以增资，另一方面可以运用高杠杆率，依然可以导致包括证券化资产在内的银行资产过度扩张。

以下构建了一个同时考虑杠杆率、围绕正常水平波动的资产实际损失和资本对资产扩张具有推动作用的动态银行部门模型。在模型中，资产实际损失在一段时间内（只需要有足够的时间完成资产扩张）低于均衡水平，银行就会选择超过均衡水平的资产水平。

11.2 不完全预见性条件下银行资产过度扩张

资产损失发生前表现为资产的风险，发生后就成为资产的实际损失。在银行管理过程中，不良资产分为不同的种类。以下的分析抽象了不良资产之间的差异，实际上假定所有不良资产的回收率（Recovery Rate）为 0%，违约损失

（Loss Given Default，LGD）为100%。不良资产比率综合反映了违约概率（Default Probability，DP）和违约损失两个重要指标。假定不良资产比率和杠杆率由模型以外因素决定，将其作为不变参数。这种近似做法误差不大的条件是，在特定时间点上银行跨行业维度方面资产配置偏离宏观审慎的程度不显著。以下不考虑行业集中度高、敞口头寸相似、交易期限同步和拥挤交易（Crowded Trade）等问题。

将银行资产水平作为横轴，银行资产所带来的损失作为纵轴。银行资产规模越大，银行损失越大。这种关系反映为向上倾斜的直线，直线的斜率反映资产不良资产比率β（$0<\beta<1$）。Koch & MacDonald（2003，p145）详细给出不良资产的技术性定义，不良资产比率定义为不良资产与总资产的比率。资产为零时，实际损失为零。β是平均意义上的正常的损失水平，每期的实际不良资产比率会围绕着这个平均水平波动。在某一特定时期时，不良资产比率可能低于正常水平，也可能高于正常水平①。RR的形式为②：

$$\ell_t = \beta A_t \qquad \beta \in (0,1) \tag{11.1}$$

根据Koch & MacDonald（2003，p474），杠杆率是资本与资产的比率。将资本中损失拨备的部分单列出来，是为了分析损失偏低对资产扩张的影响。给定银行的资本状况κ_t和银行的杠杠率（银行资产与银行资本的比率），银行对资产的需求是一条向下倾斜的直线DD，资产损失越大，银行资本能够支持的资产越少。这条直线的斜率为负，表示的是银行杠杠率的倒数$-1/\alpha$（$\alpha>1$）。DD的形式为：

$$\ell_t = \kappa_t - A_t / \alpha \qquad \alpha \in [1,\infty) \tag{11.2}$$

第t期的资本是冲销第t期资产损失基础上形成的，在形成资产之前需要对当期损失计提100%的损失准备。杠杆率背后是银行对风险的偏好，银行越偏好风险，对风险的忍受度越大，杠杆率越高。对（11.2）中资产损失的理解是：银

① 宏观审慎监管的重要性毋庸置疑。宏观审慎监管的“逆周期行为”是一种预见性（Proactive）政策。这从另一方面也支持了关于银行在评估风险和预见性方面存在不足的观点。这里提出的政策是在宏观审慎监管之外与银行动机更直接联系的一种预见性政策。这里没有讨论约束某些银行的资本增加，对行业内部竞争格局的复杂影响。这里讨论的政策是一种宏观审慎的政策。此外，宏观经济环境向好，普通股股东一般要求更高的资本利润率，银行力争让股东满意的同时，往往低估风险，预见性下降。普通股股东对ROE的追求使得银行具有强烈的逐利动机，由于动机扭曲导致不完全预见性。向好的宏观环境强化了这种趋势。

② 如果（11.1）不是线性的，比如是二次的，$\ell_t=\beta A_t+\gamma A_t^2/2$不良资产比率随着资产呈边际递增$\partial\ell_t/\partial A_t=\beta+\gamma A_t$，基本的定性结论没有变化，具体的均衡解将变得较为复杂。

行具有不完全的预见性。一方面，银行具有一定的预见性。当期不良资产比率低于历史平均水平，银行在选择当期资产时能够完全准确地预见到当期资产（偏低）的损失。另一方面，银行所具有的预见性并不完全，无法预见到未来资产过度扩张以后的动态调整过程。Berger et al.（2010，p10）提出：对灾难预防的近视（Disaster Myopia）使本次金融危机之前所有人都低估了可能的损失。较早采用不完全预见性概念的研究是在汇率方面（Carl，1980；Chang，2001）。Sorger（1998）将不完全预见性与混沌和自我实现的错误联系在一起。De Graaf－Zijl（2005）将产品市场的不确定性（Uncertainty）归结于对未来产品需求的不完全预见；从而使得不完全预见性与Knight（1921）关于可测量风险与不可测量不确定性的区别结合到一起；换言之，不完全预见性所带来的不确定性是难以测量的。Kingston（1991）将不完全预见性的概念运用到了税收领域。

在许多可能的动态均衡当中，分析稳定状态均衡以及此类均衡之间的变化路径。在稳定状态均衡，银行资本水平不随时间变化。因为每期有损失，银行资本必须每期有所补充。资本补充多了和少了，都不是稳定状态均衡。银行的盈利性保证资本每期有所增加。为保证稳定状态的存在，假定每期资本的自动增值部分与均衡时的损失相等。用等式表示，当期资本与上期资本之间满足以下关系：

$$\kappa_{t+1}=(1+\frac{\alpha\beta}{1+\alpha\beta})\kappa_t-\ell_t \qquad (11.3)$$

根据（11.3），当期银行资本取决于上期的损失，当期损失要到下期才会影响银行资本，却会影响当期银行资产规模的选择。将（11.2）和（11.3）结合在一起，银行当期的资产扩张与当期的损失和上期的损失都有关系；银行的资本（经过增值以后）先将上期的损失冲销，再为当期损失提取100%的损失准备，然后再作为杠杆化资产扩张的基础。

假定资产的供给是完全有弹性的，均衡的资产规模由需求确定。在实际损失处于正常水平的情况下，两条曲线的交点M给出了稳定状态的资产损失OH和资产规模OG（分别为稳定状态资本的函数）。通过（11.1）、（11.2）和（11.3），可以得出均衡资产规模与资产损失分别为：

$$\bar{A}=\frac{\alpha\kappa}{1+\alpha\beta};\qquad \bar{\ell}=\frac{\alpha\beta\kappa}{1+\alpha\beta} \qquad (11.4)$$

在均衡状态，其他条件不变，不良资产比率越大，RR曲线的斜率越陡，同样多的银行资本能够支持的均衡资产越少，均衡损失越大；其他银行资本不变，

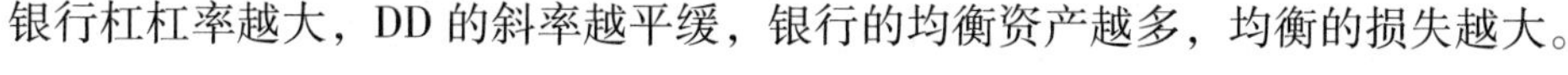

银行杠杆率越大，DD 的斜率越平缓，银行的均衡资产越多，均衡的损失越大。

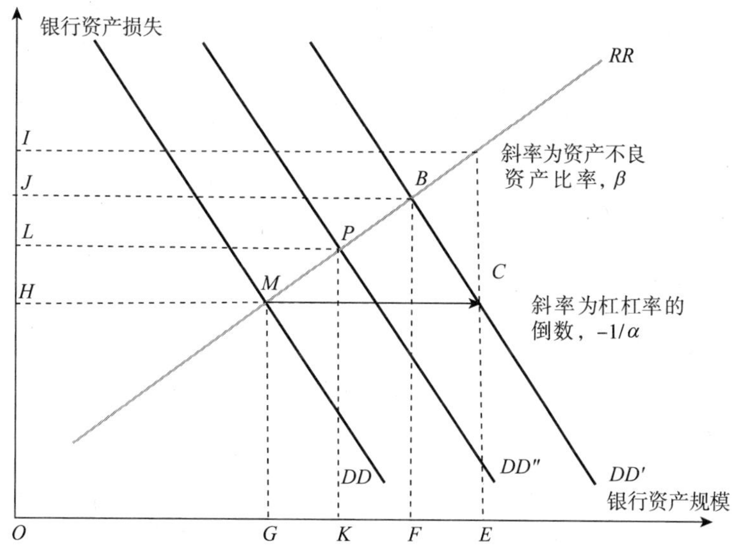

图 11.1 银行资产过度扩张的过程及其后果

如果银行资本被增加到原来的 x 倍，对应的均衡银行资产和损失都会增加为原来水平的 x 倍。用资产来衡量银行部门的规模可以持续的增长，只要有足够的资本支持。分析中抽象掉了资本与资本利润率的关联、不良资产比率与资产规模之间的关联，换回的好处是可以用图 11.1 中简单的直线图分析解释问题。

假定第 t 期银行部门处于均衡状态，银行资本为 κ 。现考察第 $t+1$ 期银行资本因外部原因而增加，（11.3）右边额外地增加了 $(x-1)\kappa$ 的情况，资本由 κ 增加为 $x\kappa, x>1$ 。需求曲线 DD 向右移动到曲线 DD′（RR 不因资本增加而移动）。当实际损失处于正常水平时，均衡点从原来的 M 点移到了 B 点，对应的资产规模为 OF（大于 OG），资产损失为 OJ（大于 OH）。资本增加以后的均衡资产和损失分别为：

$$A_{t+1}=\frac{\alpha x\kappa}{1+\alpha\beta}=xA_t; \qquad \ell_{t+1}=\frac{\alpha\beta x\kappa}{1+\alpha\beta}=x\ell_t \tag{11.5}$$

当 $t+1$ 期实际损失（在资产扩张所需要的短暂时间内）处于偏低水平的时候，假定短期内（在 t+1 期）不良资产比率为零（现实当中也是极有可能）。同样是银行资本增加导致资产需求曲线由 DD 移到 DD′时，给定偏低的资产损失，银行资本增加以后可以支持更多的（相对与被正确估计的银行损失所对应的银行资产 OF（A_{t+1}）而言）银行资产 OE（$\tilde{A}_{t+1}$），OE 大于 OF 的部分就是银行资产的过度扩张。对应地，可以推导出银行资产过度扩张的程度为：

$$\tilde{A}_{t+1}-A_{t+1}=\frac{\alpha^2\beta(x-1)\kappa}{1+\alpha\beta} \tag{11.6}$$

（11.6）在新增资本 $(x-1)\kappa$ 在稳定状态下所支持的资产基础上又乘了一个倍数 $\alpha\beta$。

表 11.1　　损失处于偏低条件下的资产过度扩张及其调整过程

时间	资本	损失	资产
t	κ	$\frac{\alpha\beta\kappa}{\alpha\beta+1}$	$\frac{\alpha\kappa}{\alpha\beta+1}$
$t+1$	$x\kappa$	$\frac{\alpha\beta\kappa}{\alpha\beta+1}$	$\frac{\alpha x\kappa}{\alpha\beta+1}+\frac{\alpha^2\beta(x-1)\kappa}{\alpha\beta+1}$
$t+2$	$x\kappa-\frac{\alpha^2\beta^2(x-1)\kappa}{\alpha\beta+1}$	$\frac{\alpha\beta x\kappa}{\alpha\beta+1}+\frac{\alpha^2\beta^2(x-1)\kappa}{\alpha\beta+1}$	—

银行资本增加以后，事实上的均衡点已经从原来的 M 点移到了 B 点，仅仅由于在 $t+1$ 期实际损失处于不正常的偏低状态，第 $t+1$ 期的银行处于 C 点。损失回到正常水平这一过程在 $t+2$ 期全部完成，在第 $t+2$ 期，银行重新回到 RR 线上。OI 是（与 C 点对应的）资产过度扩张的实际损失，其中一部分（OH）在 $t+1$ 期发生，其余部分在第 $t+2$ 期发生，并使得第 $t+2$ 期银行资本减少。在调整过程中，DD′曲线内移到曲线 DD″，新的均衡为 P 点。第 $t+2$ 期银行并不会从 C 点沿着 DD′线移到 B 点，而是直接从 C 点移到了均衡 P 点。

表 11.1 给出了资产过度扩张及其调整过程中资本、损失和资产在各期的变化情况。第 t 期和第 $t+2$ 期都是稳定状态均衡，区别是经过第 $t+1$ 期的资本过度扩张，过度扩张所带来的资产损失需要 $t+2$ 资本来冲销。表 11.2 列出了资本最终被耗尽（破产）时的条件（x 不能过大，银行资本需要受到约束的结论由此而来）。为了弥补资产过度扩张所带来的损失（$\beta\left(\tilde{A}_{t+1}-A_{t+1}\right)$），银行资本从 $t+1$ 期的基础上减少，对应地资产规模从 OE 减少到 OK。资产能在 $t+2$ 期达到 OK 水平，原因是假定所有调整在 $t+2$ 期全部完成。图 11.1 中 DD″给出的完整说明需要给出资产过度扩张以后调整的三种情况，以下逐一加以分析。

情况一：银行资本的增加即使有可能导致资产过度扩张，最终也不会损害到银行部门最初资本 κ（$\kappa_{t+2}>\kappa$）。换言之，银行不会犯大的错误；即使银行部门偏离了均衡，出现了错误，银行部门内部的资本不仅可以保证银行不依靠外部的帮助而生存下去，而且可以保持最初的资本水平。这对应的是 DD″在原来 DD 的右边（图 11.1），需要满足的条件是：

$$\frac{\alpha^2\beta^2}{1+\alpha\beta} < 1, x > 1 \tag{11.7}$$

（11.7）要求不良资产比率和杠杆率的乘积不能太大，当一个变量较大时，另一个变量必须足够小。

在抽象模型中，银行风险管理能力不强体现为银行的脆弱。在线性近似的意义上，（11.7）中的 $\alpha\beta$ 可以作为表示银行脆弱程度的指数，该指数数值越大，银行越脆弱。

表 11.2　　资产过度扩张以后调整幅度与参数的关系

情况	条件	结果
1	$\frac{\alpha^2\beta^2}{1+\alpha\beta}<1\quad x>1$	$\kappa_{t+2}>\kappa$
2	$1<\frac{\alpha^2\beta^2}{1+\alpha\beta}<\frac{x}{x-1}\quad x>1$	$0<\kappa_{t+2}<\kappa$
3	$\frac{\alpha^2\beta^2}{1+\alpha\beta}>\frac{x}{x-1}\quad x>1$	$\kappa_{t+2}<0$

情况二：银行资本扩张所带来的损害不是致命的（$\kappa_{t+2}>0$），但是有害的（$\kappa_{t+2}<\kappa$）。DD″将移到原来 DD 的左边。为了纠正资产过度扩张的错误，银行部门的规模要收缩得比原有规模更小（$\kappa_{t+2}<\kappa$）；银行资本的增加即使有可能导致资产过度扩张，最终也不会将银行部门的资本耗尽（银行部门最初的资本 κ 会减少，但银行资本依然大于零）。这种情况对应的是：

$$1 < \frac{\alpha^2\beta^2}{1+\alpha\beta} < \frac{x}{x-1}, x > 1 \tag{11.8}$$

情况三：银行的资本扩张超出了适度的范围，结果是致命的。为了纠正银行资产过度扩张的错误，银行所有原有的资本都要被消耗殆尽（$\kappa_{t+2}<0$）。如果没有外部的资本注入，银行部门无法依靠原有的资本而存在下去。银行部门将破产。

与一般企业（比如餐馆）相比，银行的特殊性在于杠杆率（对应文中的 α）和不良资产比率（对应文中的 β），将 $\alpha\beta$ 作为衡量银行脆弱程度的指数体现了这种区别。图 11.2 给出了银行脆弱指标与其构成变量之间的关系。银行脆弱指标临界曲线下方阴影部分对应的是银行部门稳健、资本扩张有利的区域 $\{(\beta,\alpha)$:

$\alpha\beta < \overline{\alpha\beta}\}$；银行脆弱指标临界曲线上方空白部分对应的是银行部门脆弱、资本扩张须谨慎的区域$\{(\beta,\alpha):\alpha\beta > \overline{\alpha\beta}\}$。

过于简单的银行监管可以不允许银行资产相对资本的杠杠率过高，必须在图 11.2 中 CC 线以下；也可以不允许银行持有不良资产比率过高的资产，必须在图 11.2 中 PP 线的左边。这种监管模式之下，银行将不允许处于区域 I（区域 ABC）和区域 II（区域 EFJH）这些本应该允许的区域（为此银行的竞争力将受到影响）；同时在不该允许处于的区域 III（区域 BDE），银行却可以开展业务而不违反监管政策的规定（从而使得银行处于脆弱状态）。

对银行行为进行制约应该具有弹性。对杠杠率的限制应该随着不良资产比率的增加而变得严格（使得 CC 线的右端尽可能与 BEH 曲线相接近），随着不良资产比率的降低而变得宽松（使得 CC 线的左端尽可能与 BC 曲线相接近）；对高不良资产比率资产持有的限制应该随着杠杠率的增加而变得严厉（使得 PP 线的上端尽可能与 CBE 曲线相接近），随着杠杠率的下降而变得宽松（使得 PP 线的下端尽可能与 EH 曲线相接近）。

面对资产超调和随后复杂的动态调整过程，市场原则（Market Principle）不仅可能难以有效地制约银行资产的过度扩张，而且股票市场可能使银行更关注短期盈利的偏好，预见性下降，倾向于忽视资产过度扩张的负面后果。在金融危机之前，资产过度扩张的金融机构（即使杠杠率偏高）往往比那些资产运营稳健的银行更受到股票市场的欢迎。

当银行部门处于稳健区域（临界曲线左下方阴影部分区域）时，银行增加资本可以不受限制。一旦银行处于脆弱区域（临界曲线右上方空白部分区域），银行增加资本须受到制约。脆弱指标越高，对增加资本的制约越要严厉。

当银行处于图 11.2 右上部分空白区域时，银行脆弱指标大于临界值（$\overline{\alpha\beta}$），银行处于脆弱状态。图 11.3 给出了这种情况下资本适度扩张临界值（$\bar{x}$）与银行脆弱指标之间的关系。图 11.3 的横轴是银行脆弱指标，给指标数值越大（横轴上越靠右边），银行部门越是脆弱；图 11.3 的纵轴是资本适度扩张的临界值。银行越是脆弱（指数数值越大），资本适度扩张临界值（$\bar{x}$）越小。或者说，$\partial\bar{x}/\partial(\alpha\beta)<0$。尤其当银行脆弱指标距离临界值不远（图 11.3 中 SS 直线左边）时，资本适度扩张的临界值迅速变小，意味着资本扩张管理政策应该迅速由高度宽松变为严厉。

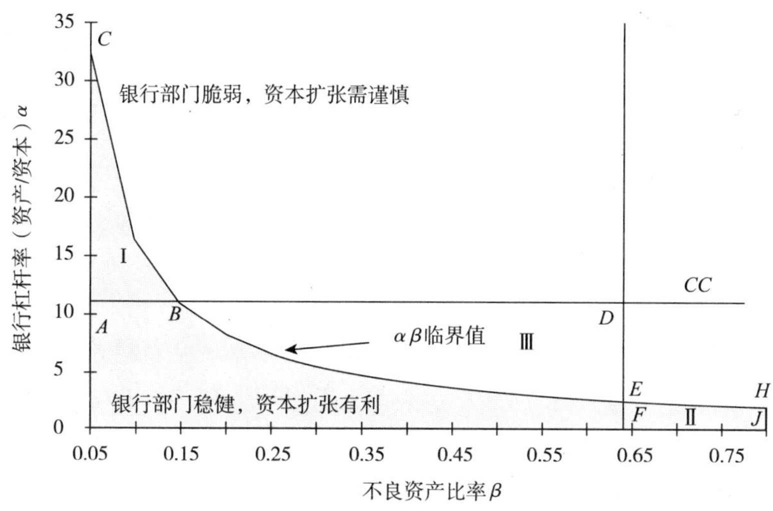

图 11.2　银行部门脆弱指标与其组成变量的关系

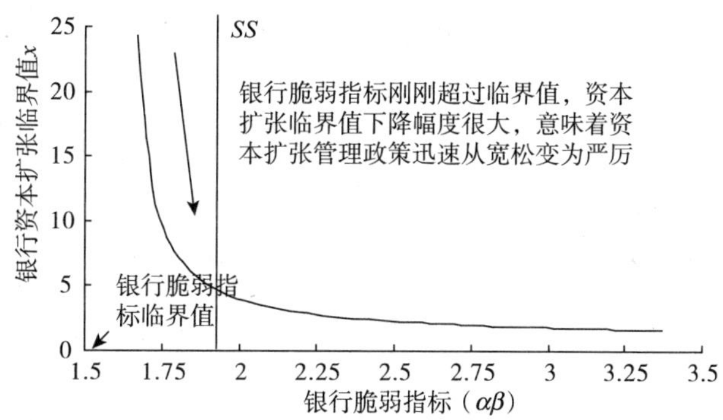

图 11.3　银行资本扩张临界值与银行脆弱指标关系

11.3　均衡点之间调整路径的分析

以上的分析集中在比较均衡点之间的差异，假设银行损失相对于正常水平的偏差一期内得到完全纠正，因偏差导致的额外损失由银行资本抵消。这种假定排除了均衡点之间调整过程中银行盈利给资本增值带来的影响。假定均衡点之间的调整过程是逐步完成的过程，并设定调整的速度为一个固定的参数 γ。当损失低于正常水平时，下一期的资产损失会以事先确定的速度上升。反之，当损失高于与均衡状态相对应的水平时，下一期的资产损失就会以事先确定的速度下降。出于分析简单的考虑，假定损失下降的速度与损失上升的速度相等。与均衡状态相对应的损失水平定义来自（11.4），损失水平与资产规模之间在平均正常的意义上存在不良资产比率β。

在调整过程中，根据（11.3），银行资本会随着损失的不断变化而变化，图11.1中的DD曲线会不断移动。第t期是稳定状态均衡，经过第$t+1$期的资产过度扩张以后，第$t+2$期依然处于向新的稳定均衡移动过程当中，移动的速度由一个新的式子加以描述，这就是（11.9）：

$$\ell_{t+1}=\ell_t+\gamma(\beta A_t-\ell_t)\quad \gamma>0 \tag{11.9}$$

其中损失调整系数γ大于零。（11.9）似乎给模型带来一个新的差分方程，加上原来模型中的差分方程关系（11.3），表面上看是由（11.9）和（11.3）组成的关于银行损失和银行资本的二元一次差分方程组。图11.1给出的资产过度扩张图示与Dornbusch（1976）汇率超调图示表面上非常相似，模型的内在机理却存在很大的不同。模型中的二元一次差分方程组系数矩阵的秩为1，银行资本与损失的关系是：

$$\kappa_{t+1}-\kappa_t=\frac{\ell_{t+1}-\ell_t}{\gamma(1+\alpha\beta)} \tag{11.10}$$

为了确保动态系统收敛到新的稳定状态，（11.9）中的损失调整系数γ必须大于临界值$\alpha\beta/(1+\alpha\beta)^2$。只有损失调整系数大于临界值，特征根$\alpha\beta/(1+\alpha\beta)-\gamma(1+\alpha\beta)$才会小于零，系统才会收敛到稳定状态，这是动态系统回归到新平衡点的必要和充分条件。当$\gamma>(1+2\alpha\beta)/(1+\alpha\beta)^2$时，特征根小于-1，系统在收敛的同时呈现震荡波动的特征。系统收敛之所以要求较大的γ值是因为资本会自动增值，调整过程中不断有新的资本进入银行系统，且资本增值速度不变；银行的资本利润率不随需要冲销的上期资产损失而变化。上述调整路径的设定和对γ值的要求，保证了银行损失会从偏离的水平逐步回到正常的水平，从长期来看会在均衡的水平上保持稳定。

模拟的参数设定为：不良资产比率定为0.08，损失调整系数γ设为0.4（保证特征根在0和1之间）。模拟比较两种资本扩张的情况：第一种情况，资本最初为10，由于外部因素导致资本扩张到20，但损失在资本扩张为20的同时维持在资本为10的水平，以后各期的损失调整按照（11.9）进行。第二种情况与第一种情况基本相同，只是资本从最初的10扩张到30。图11.4给出的模拟结果描述了调整过程中各变量之间的关系，以下分别加以说明。

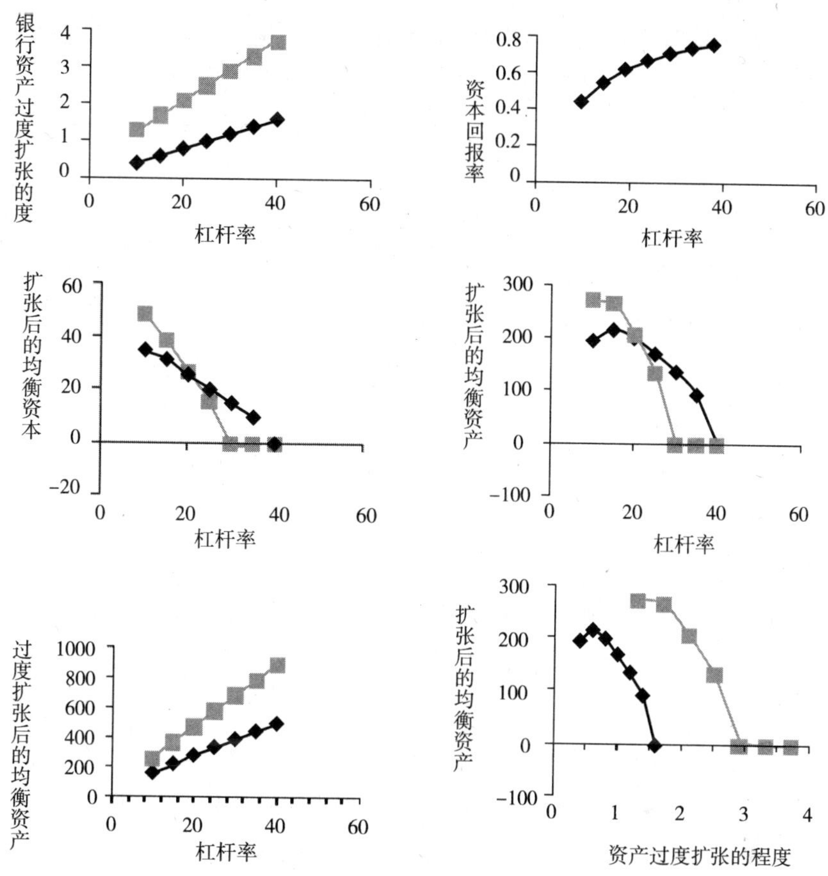

图 11.4　银行杠杆率、资本过度扩张程度与相关指标

（不良资产比率 β 为 0.08，损失调整系数 γ 为 0.4，对比两种资本增幅：（1）资本 κ 由 10 扩张为 20，对应的是菱形点连线；（2）资本 κ 由 10 扩张为 30，对应的是方形点连线）

①随着杠杆率增加，银行资产扩张相对当期均衡资产水平的超调程度越来越大。杠杆率越大，资产越是过度扩张。资本增加的幅度越大，给定杠杆率不变，资产扩张的程度越大。(见图 11.4 左上图)。

②随着杠杆率增加，银行的资本利润率增加。不同资本增加的幅度对此图没有影响（见图 11.4 右上图）。

③经过动态调整以后，达到新的稳定状态。图 11.4 左中图给出的杠杆率与新资本水平的负相关关系。杠杆率越大，新稳定状态的资本水平越低。当资本增加幅度为 2 时，最大的杠杆率为 35，一旦杠杆率达到 40，资本水平已经为零，低于最初的资本水平 10，银行破产。当资本增加幅度为 3 时，最大的杠杆率为 25，一旦杠杆率达到 30，银行破产。这与前面的分析一致，当杠杆率较高时，资

本增加的幅度不能太大。资本增幅越大，低杠杆率对应的稳定资本水平越高，高杠杆率对应的稳定资本水平越低。

④图 11.4 右中图给出的杠杆率与新资产水平的相关关系。杠杆率越大，新稳定状态的资产水平越低。当资本增加幅度为2时，杠杆率达到40，资产水平为零，低于最初的资产水平95，银行破产。当资本增加幅度为3时，杠杆率只要达到30，银行就会破产。资本增幅越大，低杠杆率对应的稳定资产水平越高，高杠杆率对应的稳定资产水平越低。

⑤随着杠杆率的增加，资产扩张可以达到的水平越高。资本增加幅度越大，给定杠杆率，资产可以超调的程度越大。当杠杆率为40时，资产最初水平为95，资本增幅为2时的资产扩张可以达到495的水平（当期均衡的资产水平为190），资本增幅为3时的资产扩张可以达到895的水平（当期均衡的资产水平同样为190）。

⑥资产超调程度对均衡资产的影响是持久的。当资本增加幅度为2时，资产超调幅度达到1.6倍（对应杠杆率为40），新稳定状态的资产低于最初的资产水平（0 <95）。当超调幅度低于1.4倍（对应杠杆率小于35）的时候，新稳定状态的资产高于最初的资产水平。当杠杆率达到35时，银行要暂时将所有资产全部出售，在调整的初期使得资产水平为零。当杠杆率为40时，银行暂时出售所有资产已经无济于事，只有破产。如果资本增幅为3，允许的资产超调幅度为2.5。资产扩张超过这个幅度，银行破产。

考虑调整路径所得出的结果，与11.2的结果完全一致。虽然假定不良资产比率围绕平均值β波动，模拟中依然采取损失一开始低于正常水平，随后回到正常水平的不对称设定。如果考虑资产损失随后有可能高于正常水平的情况，模拟分析得出的结论将与基准结果更加接近。为尽可能简化模型中的非线性关系，抽象了变量之间的相互联系。出于同样的原因，将信息不对称和竞争所带来的复杂性隐含在杠杆率和不良资产比率两个参数之中，这些重要因素在一个完整的监管框架中应该作为内生变量加以考察。

11.4 政策建议

资本增加对资产扩张内生的推动作用，具有现实意义；它与资本市场改善银行公司治理、监督银行行为的正面作用并存，却被忽视。特别在扭曲的动机之下，对风险的评估更加容易偏离正确的轨道。严格来讲，并非所有的资本增加都会带来盈利压力和资产扩张的冲动，最促使银行资产扩张动机增强的是通过发行普通股所带来的资本增加，银行发行（保证合理而非过高收益的最简单的）优先股或者次级债（以及未分配利润）都会好许多。2008 年 11 月，在通过动用 TARP 基金购买 Citigroup 250 亿美元优先股的基础上，美国政府继续购买 200 亿美元 Citigroup 的优先股，优先股的股利回报为 8%。这种类型的资本增加和优先股收益不会导致银行追求过高资本利润率。

建议不要任由风险管理能力不强的银行随意发行普通股增加资本，但不约束其通过未分配利润、发行优先股和次级债增加资本；需要约束的仅仅是会导致银行过度扩张资产的那种资本增加。预见性政策应该在危机前识别出问题银行。

道德风险在银行研究文献中得到充分的重视，它对银行过度扩张资产的影响经常被强调。诉诸道德风险并非解释银行过度扩张的唯一方法。不良资产比率短期内出现偏低的现象需要银行解决复杂的动态规划问题，最优的资产水平与资本、当期偏低的损失和当期正常的损失等变量之间应该满足不同于等式（11.2）的关系。当银行受资本市场资本利润率要求的影响而出现动机扭曲时，银行无法正确地进行动态资产配置方式，采用等式（11.2）的方式确定资产规模，最终不能避免资产超调现象。

在模型中，识别出问题银行比较简单，只要看银行的脆弱指标，具体操作上有一定难度。为提高政策可操作性，考虑到对银行资本增长的约束程度应该与银行的风险管理能力相一致，建议具体操作当中将银行事前对风险的评估（可以作为其资本充足的依据）低于事后实际损失的程度作为监管部门约束银行资本增长的依据，事前风险评估越是低于实际损失的银行表明其风险管理能力越差，监管部门对其资本增长的约束力度就越强。采用实际损失评估方法，事前允许银行根据自己对风险的评估提取资本，银行自己应该充分考虑（而不是监管规定）"再证券化风险暴露"的风险权重、"尽职调查"和流动性便利的信用风险等问题。银行处理这些问题越是恰当，事后损失与事前的风险评估差距越小，监管部门对此类银行的资本增长约束越少。

随着风险属性的复杂化，运用上述事后实际损失评估方法具有稳健性的优点将越来越明显。它可以覆盖银行对从事资产证券化业务的表外实体提供的短期流动性便利被迫长期化，从而被放大了的风险，可以克服基于风险价值（VaR）计提的资本不能覆盖交易业务风险的问题，可以克服资本监管框架未能充分反映商业银行集团层面风险治理的缺陷，还可以克服低估极端尾部事件的影响。不论风险如何组合、拆分和打包，事后实际的损失是确定的。在监管中采用事后实际的损失，对事前风险估计低于实际损失的银行进行惩罚，可以增加银行过度金融创新的成本，抑制银行的过度金融创新，鼓励银行获取与复杂资产动态配置相适应的先进的风险管理能力。银行避免资本增长约束的方法之一是远离那些距离基础资产的距离较远、风险特征较模糊、传染性较强，系统性风险较为复杂的金融工具。

中国各家银行近年来出现了资产扩张速度加快、不良资产比例低于正常水平、资本增加的幅度不受约束等现象。据中国银监会统计，2003 年到 2009 年，中国银行业金融机构总资产增加了 1. 85 倍，达到 78. 53 万亿元，其中同期中国大型银行的增速相对慢许多，但也增长了 1. 5 倍，达到 40. 09 万亿元。同期，银行不良贷款余额除 2007 年有所反弹以外，其余年份均下降。2009 年，制造业的不良贷款余额最多，达到 1716. 7 亿元，不良比例为 2. 58%；不良贷款比率最高的行业是农、林、牧、渔业，不良贷款比率高达 4. 52%。2009 年银行平均资本充足率 11. 4%，保持 2008 年底的水平；239 家商业银行资本充足率全部达标（这意味着这些银行的资本增长幅度非常大）。

公布这些数据的监管部门将这些数据作为中国银行业稳健发展的依据。在这些数据当中，比较令人宽慰的一个数据是中国各家银行的杠杆率尚处于较为合理的水平。2009 年中国银行业金融机构资本利润率为 16. 2%，资产利润率为 0. 9%，杠杆率为 18。从股份制银行的表现可以发现，这些银行资产扩张的程度最快，资本利润率的增加也最为显著。据中国银监会统计，2003 年到 2009 年，中国 12 家股份制银行的资产规模增长了 3 倍，达到 11. 78 万亿元。当然，那些在过去六年中资产扩张较快的银行未必就属于不稳健的金融机构，需要具体分析。

如果不吸取金融危机的教训，弥补监管体系的漏洞，不对银行资本自由增加和伴随的资产过度扩张进行有效的监管，中国的银行部门出现系统性危机并非完全不可能。目前最为迫切的是建立一个更全面地、更平衡地将损失、资本和资产统一起来加以考察的银行监管理论框架。现在西方流行的风险管理和资本管理框架对待事先风险、资本和资产的关系处理上极不平衡，在危机面前已经暴露了许多问题。

中国的银行部门应吸取教训，运用更加全面的监管框架确保银行部门的稳健运营。中国各家银行在积极健全风险管理体系的同时，也已经开始从事必要的数据积累，提高对违约概率和违约损失等关键参数估计的准确性。根据所提出的框架，上述有关资产损失的指标只是判断银行稳健与否的一个方面，另一个方面是银行的杠杆率。中国的银行部门应该在控制不良资产比率的同时，将杠杆率控制在合理的范围之内。

中国银行业从金融危机中可学到的最主要教训是，如果银行风险管理能力不强，不能充分预见资产超调在未来带来的调整过程，银行的资本扩张要非常谨慎。监管制度可以给银行的转变提供动机，针对那些有较强风险管理能力的银行，资本增长方面的约束可以放宽（李连发，2008）。

2010 年 9 月 12 日，巴塞尔银行监管委员会通过了加强银行体系资本要求的改革方案，将银行普通股最低要求从 2% 提升至 4.5%，建立 2.5% 的资本留存缓冲和 0% ~2.5% 的逆周期资本缓冲。巴塞尔银行监管委员会加强银行体系资本要求改革方案的最新发展（尤其关于普通股票的政策）与这里的结论差异很大。这里的政策建议更接近于银行经营者的动机。巴塞尔银行监管委员会让银行多发行普通股，有利于提高资本的质量，但是普通股股东话语权的提升可能意味着银行将更加变成逐利的工具，动机更加扭曲了。这种扭曲的逐利动机足以导致银行危机。同时实施巴塞尔 III 资本措施和这里所建议的政策，意味着银行既要保证资本的质量，又有可能失去发行普通股的许可，银行过度扩张资产所带来的损失将很可能难以通过增发普通股票来弥补。银行犯错误的成本增加了。从宏观审慎角度出发，银行危机的可能性下降。

在本轮金融危机的背景下，对银行部门的研究不仅对未来银行监管框架的改革具有现实的借鉴意义，而且与货币政策当局的政策制定有关联。本轮全球危机之前，美国和其他发达国家的宏观经济长期处于高增长、低通胀、低利率和低市场波动的状态，在宽松的货币政策之下，资产的实际损失与人们对损失和风险的乐观估计相符（Holmer，2008）。货币当局如果能够预见到银行监管部门对脆弱银行不充分进行事先识别和资本约束的严重后果，提前采取措施弥补银行监管部门的不足，也许会避免事后的被动（美国联储金融危机之后还是全面接管金融监管的责任）。在不完全预见性的情况下，最优货币政策应该采取何种具体形式？这是下一步可以研究的课题。不仅如此，从货币政策传导机制的角度来看，也是关于货币政策通过银行资本和资产向产出和通胀传导过程的研究（李连发，2007）。

银行资产扩张到超过可持续的稳定状态水平是屡次金融危机前往往会出现的现象。道德风险模型的预测是，当银行资产过度扩张所带来的损失充分反映这种行为对整个经济的全面影响，且这种损失完全由银行（而非纳税人）承担（不存在银行将损失向纳税人进行转移的情况）时，银行理性决策会正确地选择资产水平，使其处于稳定状态的水平。道德风险模型对金融危机的解释是银行存在严重的道德风险。虽然为金融危机提出了一种新的解释，但仅是概念性的探讨；没有说明与道德风险模型相比，哪种解释更能符合本轮金融危机的情况？这需要进一步的实证分析。或许道德风险模型也能得出与这里相同的结论，这同样需要进一步的理论研究。

第 12 章　相机抉择条件下的货币政策最终目标

货币当局承诺实行一个固定的货币政策规则，在未来保持不变。这种情况比较少见，通常是货币当局采取相机抉择的做法，根据当前的具体情况随时调整政策工具。很少有中央银行完全按照事先承诺的政策规则行事（Clarida，1999）。本章分析货币政策当局在相机抉择条件下的最终目标选择。结论是：相机抉择条件下的货币当局应采取混合的最终目标。混合目标中包括的具体目标越多，在最优权重设定的情况下，最能够复制货币当局承诺条件下的货币政策惯性特征，与承诺条件下货币政策的状态最为接近。这项研究意味着，汇率政策与货币政策的协调在货币当局相机抉择条件下比货币当局承诺条件下更加重要。

20 世纪 80 年代以来，在评价货币政策体系优劣的标准上，西方经济学界存在两种针锋相对的观点，即“单一规则”与“相机抉择”之争（胡代光，1999）。“单一规则论”认为，相机抉择的货币政策对央行缺乏有效的约束，并且容易产生“时间不一致问题”。但是，“相机抉择论”又指责“单一规则”的货币政策无法应付各种冲击，并且要制定良好的规则也相当困难。方卫星（2003）在西方相关文献进行综述的基础上，认为规则模式与权变模式各有利弊，一国货币政策应当是两者的结合物，并且在很大程度上还需诉诸特定的经济环境和经济制度。总体来说，国内对相机抉择问题的理解还存在一定误区，需要准确化和深化。

12.1　相机抉择条件下不同最终目标的福利效果

以美国联邦储备系统而言，联邦公开市场委员会（Federal Open Market Committee，FOMC）每六周会重新决定一次联邦基金利率的水平。未来货币工具的具体路径很难受到事先任何承诺的制约。即使事先承诺了按货币政策规则行事，到了决策时刻，货币当局也有动力偏离事先承诺的路径，货币当局总是可以按照自己的意愿设定货币工具的路径。这种“时间不一致性”（Time Inconsistency）带来相机抉择政策的福利损失。Kydland 和 Prescott（1977）著名的“通货膨胀偏向”（Inflationary Bias）论文研究的就是在货币当局相机抉择情况下所带来的额外的通货膨胀。货币当局希望将产出水平推到自然水平之上，理性的私人部门预期到货币当局的这种动机，均衡的通货膨胀比目标的通货膨胀水平高，导致次优的结果。

表 12.1　　货币当局四种最终目标对应的损失函数

货币政策最终目标名称	损失函数
通胀目标制 Inflation Targeting，IT	$\pi^2 + \lambda_{IT} x^2$
价格水平目标制 Price Level Targeting，PT	$p^2 + \lambda_{PT} x^2$
混合通胀和价格水平目标制 Hybrid Inflation & Price Level Targeting，HIPT	$(p_t p_{t-1})^2 + \lambda_{HIPT} x_t^2$
产出缺口变化目标制 Speed Limit Targeting，SLT	$\pi_t^2 + \lambda_{SLT}(x_t - x_{t-1})^2$
名义收入增长目标制 Nominal Income Growth Targeting，HIGT	$\lambda_{NIGT} x_t^2 + \psi(\pi_t^2 + y_t - y_{t-1})^2$
混合目标制 Hybrid Targeting，HT	$(p_t - \eta p_{t-1})^2 + \lambda_{HT}(x_t \delta x_{t-1})^2$

在另一种情况下，私人部门的前瞻性特性带来福利的损失（Woodford，2003）。根据私人部门前瞻性的特征，当前的通胀是对未来通胀预期的函数。如果当前出现成本推动型通胀的外部扰动，通胀高于目标通胀水平，货币当局当期减少产出，最优的货币政策（承诺意义上的）会具有惯性的特点，在下一期继续降低产出。如果承诺的政策得以实施，私人部门将预期未来通胀下降，这导致当前通胀的下降。现实当中，货币当局会相机抉择，偏离事先承诺的政策规则，货币政策会在下期不再具有惯性（减少产出），私人部门会预计到货币当局的相机抉择（不论货币当局口头上如何承诺），成本推动型的扰动（在实现中货币当局相机抉择的情况下）带来更高的通胀水平。

相机抉择条件下的货币当局会偏离具有惯性的货币政策规则，在成本推动型扰动（短期）到达之后的一期内，使得产出水平恢复到其扰动前的水平。解决方案是，改变货币当局最终目标，使得其在相机抉择条件下的货币政策具有惯性，与承诺条件下的货币政策规则尽可能接近。

Vestin（2003）认为，货币当局采用价格水平作为最终目标（PT）比采用通货膨胀作为最终目标福利更高。Jensen（2002）建议采用名义收入增长作为最终目标（NIGT）。Batini & Yates（2003）建议采用通胀和价格水平目标混合（HIPT）。

Walsh（2003）则提倡采用以产出缺口变化作为最终目标（SLP），而不是以产出缺口水平作为最终目标。上述研究都强调各自的优势，没有相互比较。表12.1列出货币当局不同最终目标所对应的损失函数。

表12.1中具体的符号说明如下：π是通货膨胀，x是产出缺口，y是名义收入，p是价格水平。最后一种混合目标制可以将前面五种目标制都作为特殊情况。以下分析的主要结论是混合目标制所带来的（在相机抉择的情况下）货币政策工具路径与最优的（事先承诺具有惯性）货币政策最为接近。尤其考虑各种产出和通胀惯性的不同情况以后，上述结论具有稳健性，对不同程度私人部门的前瞻性特征都成立。模拟分析可以确定不同货币政策最终目标的最优权重，其中最优权重λ对通胀惯性、通胀与产出之间的弹性比较敏感。

12.2　相机抉择货币政策模型分析

私人经济部门具有前瞻性，产出和通胀具有惯性，价格具有名义刚性。在总需求方面，私人部门产出的调整与对产出缺口的预期、实际利率相关：

$$x_t = \theta x_{t-1} + (1-\theta)E_t x_{t+1} - (1-\theta)\sigma(i_t - E_t\pi_{t+1}) + \mu_t, 0 \le \theta < 1, \sigma > 0 \quad (12.1)$$

其中，

$$\mu_t = g_t - y_t^n + \theta y_{t-1}^n + (1-\theta)E_t y_{t+1}^n \quad (12.2)$$

实际产出缺口的定义是：

$$x_t = y_t - y_t^n \quad (12.3)$$

y^n是自然产出水平的对数，i是名义利率。通货膨胀是：

$$\pi_t = p_t - p_{t-1} \quad (12.4)$$

当θ=0，（12.1）变成了纯前瞻性的IS曲线，σ是跨期替代弹性，描述实际利率影响长期产出增长的程度，μ_t是需求扰动。g是其他部门的支出（比如，政府部门的支出），满足：

$$g_t = \gamma_g g_{t-1} + \varsigma_t^g, 0 < \gamma_g < 1 \quad (12.5)$$

其中，ς_t^g是白噪音，预期为零，标准差为σ_g。

在总供给方面，新凯恩斯菲利普斯曲线（NKPC）描述了私人部门的价格调整过程。假定企业如同Calvo（1983）粘性定价，部分企业有机会可以将价格设定在最优的水平，其余企业的价格保持不变，当前的通胀依赖于以往的通货膨胀。通胀具有惯性：

$$\pi_t = \phi\pi_{t-1} + (1-\phi)\beta E_t\pi_{t+1} + (1-\phi)\kappa x_t + \varepsilon_t, 0 \le \phi < 1, \kappa > 0, 0 < \beta < 1 \quad (12.6)$$

其中，后顾性价格联系的程度由 ϕ 加以描述，ϕ 数值越大，后顾性价格联系越密切。当 $\phi=0$ 时，（12.6）变成纯前瞻性的新凯恩斯菲利普斯曲线（NKPC）。未来通胀预期对当前通胀的影响程度为 $(1-\phi)\beta$。κ 包含三方面内容：价格调整的频率、价格对边际成本的敏感程度、边际成本与产出缺口之间的比例。$(1-\phi)\kappa$ 描述当前通胀对产出缺口的敏感程度。ε 是成本推动型扰动，服从以下随机过程：

$$\varepsilon_t = \gamma_\varepsilon \varepsilon_{t-1} + \varsigma_t^\varepsilon, 0 < \gamma_\varepsilon < 1 \quad (12.7)$$

其中，ς_t^ε 是白噪音，预期为零，标准差为 σ_ε。

假定产出缺口服从 AR（1）过程：

$$y_t^n = \gamma_y y_{t-1}^n + \varsigma_t^y, 0 < \gamma_y < 1 \quad (12.8)$$

其中，ς_t^y 是白噪音，预期为零，标准差为 σ_y。三种白噪音 ς_t^g、ς_t^ε、ς_t^y 所有滞后项和前瞻项之间都统计无关。

社会损失函数为：

$$L^s = E_0 \sum_{t=1}^{\infty} \beta^{t-1}\left(\pi_t^2 + \lambda_s x_t^2\right), \lambda_s > 0 \quad (12.9)$$

其中，λ_s 是社会在产出缺口前面的权重。（12.9）中的通胀目标设为零，产出缺口目标设为零。以下所以货币当局最终目标的选择都根据社会目标函数（12.9）。

12.3 承诺条件的货币政策与混合最终目标制

作为基准状况，货币当局在承诺条件下求解最优货币政策，需要解决的问题是最小化（12.9），约束条件是（12.1）到（12.8）。问题是如何为相机抉择的货币当局选择最终目标，使得货币政策工具的路径与承诺条件下最优货币政策的路径一致？

运用混合最终目标制，而将各种其他最终目标制作为这种混合最终目标制的特例，尚没有在如此宽泛的框架下分析过。混合最终目标制的损失函数是：

$$L^{HT} = E_0 \sum_{t=1}^{\infty} \beta^{t-1}\left((p_t - \eta p_{t-1})^2 + \lambda_{HT}(x_t - \delta x_{t-1})^2\right) \quad (12.10)$$

其中，价格差一项可以写成：

$$p_t - \eta p_{t-1} = \eta(p_t - p_{t-1}) + (1-\eta)p_t = \eta\pi_t + (1-\eta)p_t \quad (12.11)$$

产出差一项可以写成：

$$x_t-\delta x_{t-1}=\delta(x_t-x_{t-1})+(1-\delta)x_t \tag{12.12}$$

η 和 δ 的取值范围为 0 和 2 之间，可以出现负的权重，这也是为了保证大部分其他最终目标制是混合制的特殊情况。

产出和通胀都具有前瞻性，通常无法得到分析解。采用数值分析的方法求解相机抉择条件下的最优化问题。将模型写成状态空间的形式。定义事前决定变量的列向量为：

$$Z_t=[X_t^{'},\chi_t^{'}]^{'} \tag{12.13}$$

其中：

$$X_t=[g_t\ y_t^n\ y_{t-1}^n\ \varepsilon_t\ y_{t-1}\ p_{t-2}\ p_{t-1}]^{'}$$

$$\chi=[y_t\ p_t]^{'}$$

模型的动态结构如下：

$$\begin{bmatrix}X_{t+1}\\E_t\chi_{t+1}\end{bmatrix}=A\begin{bmatrix}X_t\\\chi_t\end{bmatrix}+Bi_t+\begin{bmatrix}\varsigma_{t+1}\\0_{(2\times1)}\end{bmatrix} \tag{12.14}$$

中央银行的政策工具是利率 i_t。（12.14）中矩阵 A 是 9×9 矩阵，B 是 9×1 矩阵，ς_{t+1}是 7×1 矩阵。

混合最终目标制的损失函数可以写成：

$$E_0\sum_{t=1}^{\infty}\beta^{t-1}Z_t^{'}QZ_t \tag{12.15}$$

其中，Q 是 9×9 矩阵。

相机抉择的货币当局每期都要解以下最优化问题：

$$J(X_1)=\min E_1\sum_{t=1}^{\infty}\beta^{t-1}Z_t^{'}QZ_t \tag{12.16}$$

约束条件是（12.14）。预期是当前已知变量的未知线性函数：

$$\chi_t=CX_t \tag{12.17}$$

其中 C 是未知的矩阵，可通过模拟过程中整个系统收敛到平稳状态加以确定。最终相机抉择政策解的特征是：

$$X_t=PX_{t-1}+\varsigma_t \tag{12.18}$$

$$i_t=-FX_t \tag{12.19}$$

数据模拟考虑暂时的成本推动型扰动。在得到相机抉择政策解的基础上，对每个（相机抉择条件下的）最终目标制的优劣依据社会损失函数进行评估，从中选择最佳的（相机抉择条件下的）最终目标制。

混合最终目标制包含了三个参数：η、δ 和 λ。η 是通货膨胀目标前面的权重，$1-\eta$ 是价格目标前面的权重，δ 是产出缺口变化前面的权重，$1-\delta$ 是产出缺口前面的权重，λ 是实体经济目标相对名义目标的权重。重点是前两个参数。模拟分析技术上仅允许确定两个参数，这里的做法是，给定 λ，搜索最优的 η 和 δ。方法是网格搜索（Grid - Searching），每格为 0.025，η 和 δ 相关的区间分别为 [0，2]。模拟结果是 80×80 损失矩阵，从 6400 矩阵项中选取最小值。从最小损失可以发现对应的 η 和 δ。

12.4 关于相机抉择最终目标制的模拟结果

12.4.1 模拟取值

模型中除了 η 和 δ，还有 12 个未知参数。ϕ 是通胀惯性参数，具有关键的意义。文献关于通胀系数的估计存在差异。具体见表 12.2。数据模拟采用的通胀惯性系数将选择从 0 到 0.9 的区间。其余的参数参考 Jensen（2002）年度数据的基准值设定。具体参数的设定数值见表 12.2。

表 12.2　通胀惯性参数的选择

Vestin（2003）	$\phi=0$
Gali 等人（2001）	$\phi=0.3$
Jensen（2002）	$\phi=0.3$
Roberts（1997）	$\phi=0.4$
McCallum and Nelson（2000）	$\phi=0.5$
Rudebusch（2002）	$\phi=0.7$
Batini and Yates（2003）	$\phi=0.8$
Fuhrer（1997）	$\phi\to1$

滞后的产出缺口系数 θ 取值为 0.5，产出缺口对实际利率的系数（$1-\theta$）σ 取值为 0.75，σ 对应的值是 1.5 。通胀对产出缺口的敏感度（$1-\phi$）κ 被设为 0.1。因为 ϕ 的取值范围从 0 到 0.9，κ 的取值范围对应地列在表 12.3 中。贴现

因子取值为 0.99。在基准分析状况下，λ 的取值为 0.25，中央银行和社会的值都一样，随后将考虑中央银行的 λ 与社会的 λ 取值不同的情况。政府支出扰动的标准差 σ_g 被设为 0.015，扰动的惯性系数 γ_g 为 0.3；自然产出扰动的标准差 σ_y 为 0.005，自然产出的扰动惯性系数 γ_y 为 0.97；成本推动型通胀扰动的标准差 σ_ε 为 0.015，成本推动型通胀扰动惯性系数 γ_ε 为 0。

表 12.3　基准参数值

参数	取值
θ	0.5
σ	1.5
ϕ	0, 0.1, 0.2, 0.3, 0.4, 0.5, 0.6, 0.7, 0.8, 0.9
κ	0.1, 0.111, 0.125, 0.142, 0.166, 0.2, 0.25, 0.333, 0.5, 1
λ	0.25
β	0.99
σ_g	0.015
σ_y	0.005
σ_ε	0.015
γ_g	0.3
γ_y	0.97
γ_ε	0

评价各种最终目标制优劣的方法是比较它们的最小社会损失。承诺条件下最优的货币政策为最小社会损失的基准（下界）。最优的相机抉择货币政策所产生的社会损失与承诺的社会损失下界最为接近。

表 12.4　不同通胀惯性系数下各最终目标制相对基准状况的社会损失百分比

ϕ	0	0.1	0.2	0.3	0.4	0.5	0.6	0.7	0.8	0.9	平均
HT	0.00	0.05	0.28	0.82	1.56	0.61	0.14	0.22	0.03	0.00	0.37
HIPT	0.44	0.68	1.27	2.54	4.97	8.40	9.18	5.82	2.52	0.52	3.63
SLT	6.66	6.59	6.25	5.32	3.34	1.02	0.83	3.99	9.42	15.86	5.93
NIGT	9.05	7.47	5.44	3.19	1.45	2.42	6.86	10.8	12.2	12.35	7.12
IT	16.9	19.7	23.6	28.3	30.7	25.03	14.8	6.94	2.52	0.52	16.91
PT	5.26	6.83	9.30	13.4	19.6	28.85	42.1	59.5	79.6	101.3	36.57

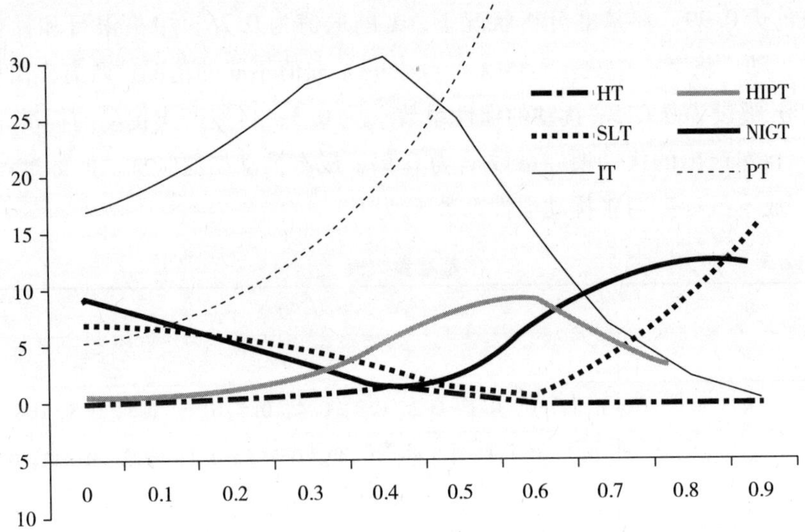

图 12.1　不同通胀惯性系数下各最终目标制相对基准状况的损失百分比（%，横轴是 ϕ）

12.4.2　各种最终目标制的选择

根据表 12.4，比较相机抉择的各种最终目标制，混合目标制的相对损失最小，与承诺条件下最优政策的社会损失最为接近。相机抉择的混合目标制仅比承诺条件下最优政策平均增加损失 0.37%。处于次位的相机抉择政策（HIPT）比承诺条件下最优政策平均增加损失 3.63%。混合最终目标制几乎可以和承诺条件下最优政策的结果一致（最大的差异是在 $\phi=0.4$ 时的 1.56% 损失差距，90% 情况下损失差距都在 1% 以下，40% 情况下损失差距在 0.05% 以下）。

12.4.3　相机抉择最终目标制的最优权重选取

表 12.5 列出了相机抉择条件下混合最终目标制最优的权重（给定不同的通胀惯性系数）。$1-\eta$ 代表的是价格最终目标制的权重，δ 是产出缺口变化最终目标制的权重。可以发现最优权重的选取对通胀惯性系数非常敏感。私人部门前瞻性的特征对价格最终目标制和产出缺口变化最终目标制所应发挥作用的程度起到关键的作用。

根据表 12.5，价格最终目标制的权重 $1-\eta$ 和产出缺口变化最终目标制的权重 δ，随通胀惯性系数的增加而变得越来越小。当私人部门的前瞻性特征非常明显（ϕ 值较小）时，价格最终目标制的权重 $1-\eta$ 和产出缺口变化最终目标制的权重 δ

的取值都很大；当私人部门的前瞻性特征变得越来越不明显（ϕ 值较大）时，价格最终目标制的权重 $1-\eta$ 和产出缺口变化最终目标制的权重 δ 的取值都变得越来越小。这与 Vestin（2003）和 Walsh（2003）的发现一致，价格最终目标制的权重和产出缺口变化最终目标制的重要性体现在私人部门具有前瞻性的环境当中。

从表 12.5 中可以发现，不论 ϕ 的取值，产出缺口变化最终目标制的权重 δ 总是大于价格最终目标制的权重 $1-\eta$。价格最终目标制适用于私人部门非常前瞻性（$\phi<0.5$）。当私人部门前瞻性特征减弱（$\phi>0.5$）时，相机抉择价格最终目标制前面的系数变为零。产出缺口变化最终目标制比价格最终目标制的适用范围更大，即使当私人部门前瞻性特征减弱（$\phi>0.5$）时也继续适用。

表 12.5　　相机抉择最终目标制的最优权重选取（基准设定）

ϕ	0	0.1	0.2	0.3	0.4	0.5	0.6	0.7	0.8	0.9
$1-\eta$	0.225	0.225	0.2	0.175	0.1	0	0	0	0	0
δ	1.45	1.45	1.4	1.375	1.275	1.15	1.25	0.35	0.225	0.1

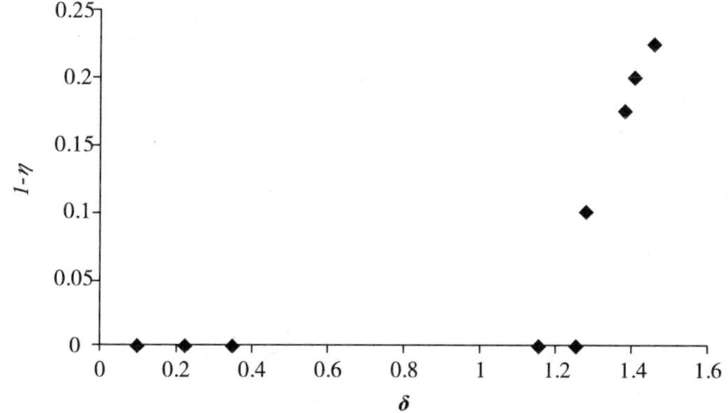

图 12.2　抉择最终目标制的最优权重选取（基准设定）

价格最终目标制和产出缺口最终目标制在平抑当前通胀方面采用不同的路径，不同的路径取决于不同的前瞻性预期的程度。Svensson（1999），Vestin（2003）和 Batini and Yates（2003）都曾指出，价格最终目标制对于任何价格水平偏离目标的变动都要进行“惩罚”，如果成本推动型扰动推动当前通胀，使得当前通胀水平高于平均水平，这必然会伴随随后低于平均通胀水平的过程，才能最终达到价格最终目标。只有当私人部门非常具有前瞻性时，才能预期到对未来低于平均水平的通胀，从而带来更稳定的当前通胀。

产出缺口变动最终目标制关注的是产出缺口变化，而不是产出缺口本身。滞后的产出缺口是内生的状态变量。如果成本推动型干扰导致通胀暂时上涨，产出缺口变动最终目标制将会保持产出缺口负向变化持续一段时间，产出缺口回复到原来的路径上需要很长的时间。具有前瞻性的私人部门预期产出缺口负向变化会持续，带来未来较低的通胀，导致当前较低的通胀水平。产出缺口变化最终目标制所要求的私人部门前瞻性不如价格最终目标制所要求得那么严格。

当ϕ小于0.7时，产出缺口变化前面的权重大于1，这说明产出缺口前面的权重为负（$1-\delta<0$）。当私人部门比较具有前瞻性时，最优相机抉择货币政策应该“惩罚”产出缺口，突出产出变化缺口的重要性。目的是平抑当前的通胀，使得产出缺口负向变化持续时间可以长些，使得相机抉择的货币政策惯性越长越好。

当通胀惯性系数处于某些特定值附近时，最优权重变化幅度非常大。比如，当ϕ处于0.5附近时，对于大于0.5的ϕ，价格最终目标前面的系数变为零，价格最终目标在相机抉择货币政策不再发挥任何作用。当ϕ处于0.75附近时，对于大于0.5的ϕ，产出缺口变化目标的权重δ从1.25下降到0.35。更仔细的分析发现，权重大幅度变化发生在ϕ处于0.6和0.7之间，具体是当$\phi=0.63$和0.64之间，产出缺口变化目标的权重δ从1.275下降到0.45。当ϕ处于0.5和0.7之间时，私人部门前瞻性预期的程度和性质发生了显著变化。当$\phi<0.5$时，私人部门出现强烈的前瞻性行为，当$\phi>0.7$时，私人部门出现强烈的后顾性行为。

当$\phi<0.5$，私人部门出现强烈的前瞻性行为时，混合目标制要求在通胀目标和产出缺口变化目标前面的权重大于价格目标和产出缺口前面的权重。比如，通胀目标权重可以是0.8，价格目标权重可以是0.2，产出缺口变化目标权重可以是1.4，产出缺口前面的权重可以是-0.4。当$\phi>0.7$，私人部门出现强烈的后顾性行为时，只需要轻微程度的产出缺口变化目标权重（0.2）。当ϕ处于0.5和0.7之间，私人部门具有温和的前瞻性特征，这时产出缺口变化最终部门的权重（1.3）大于价格最终目标的权重（0）。

12.4.4 稳健性分析

偏离基准参数设定情况的分析说明上述结论对参数设定的敏感程度，也说明上述主要结论是否稳健。参数的稳健性分析涉及$(1-\phi)\kappa$和λ，前者是通胀对产出缺口的弹性，后者是名义变量和实际变量之间的相对权重。

当（$1-\phi$）κ 从基准的 0.1 改变为 0.05 时，混合最终目标仍然是相机抉择各种最终目标中最接近承诺最优目标的一种。关于价格目标和产出缺口变化目标的权重所呈现出的随通胀惯性变化而变化的特征基本上与基准情况一样，具体见表 12.6。

表 12.6　相机抉择最终目标制的最优权重选取（($1-\phi$)κ = 0.05）

ϕ	0	0.1	0.2	0.3	0.4	0.5	0.6	0.7	0.8	0.9
$1-\eta$	0.2	0.2	0.2	0.175	0.125	0	0	0	0	0
δ	1.65	1.65	1.675	1.625	1.525	1.325	1.45	0.325	0.2	0.1

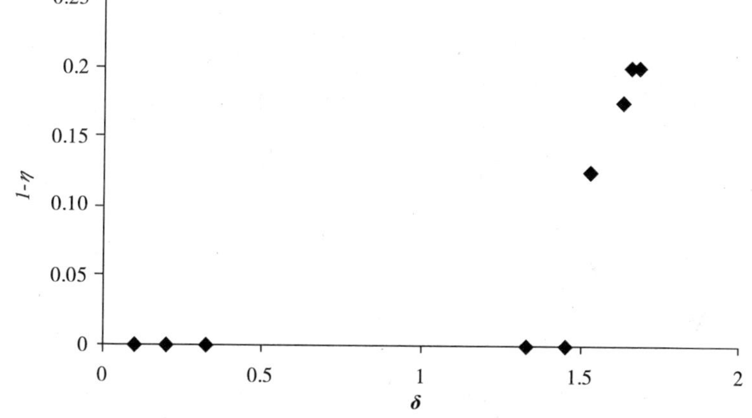

图 12.3　抉择最终目标制的最优权重选取（($1-\phi$)κ = 0.05）

减小通胀对产出缺口的弹性，导致相机抉择货币政策产出缺口变化目标的权重变大。随着通胀对产出缺口的弹性变小，通胀和产出缺口之间的转换变得更加困难。最优相机抉择的混合目标政策更加依赖产出缺口变化目标，在产出缺口目标前面设定更小权重或更负面的惩罚。

当（$1-\phi$）κ 从基准的 0.1 改变为 0.2 时，混合最终目标仍然是相机抉择各种最终目标中最接近承诺最优目标的一种。关于价格目标和产出缺口变化目标的权重所呈现出的随通胀惯性变化而变化的特征基本上与基准情况相似，具体见表 12.7。

表 12.7　　相机抉择最终目标制的最优权重选取（$(1-\phi)\kappa=0.2$）

ϕ	0	0.1	0.2	0.3	0.4	0.5	0.6	0.7	0.8	0.9
$1-\eta$	−0.725	0.25	0.225	0.2	0.1	0	0	0	0	0
δ	1.975	1.075	1.025	0.975	0.925	0.9	0.725	0.425	0.25	0.125

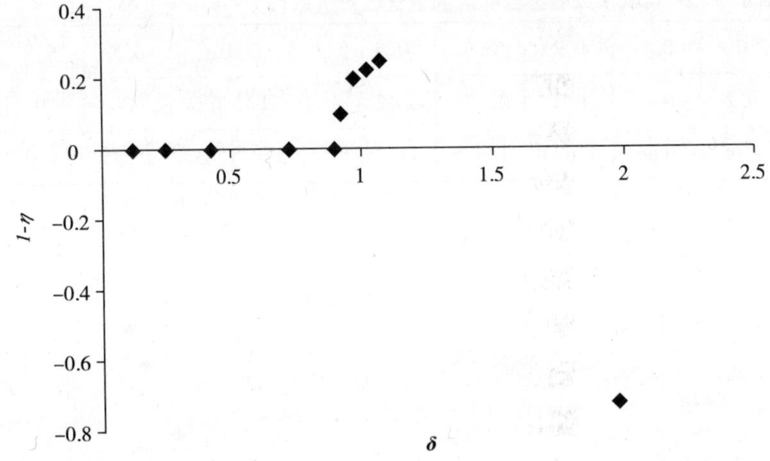

图 12.4　抉择最终目标制的最优权重选取（$(1-\phi)\kappa=0.2$）

在纯粹的前瞻性（$\phi=0$）情况下，相机抉择价格目标权重变为负的，产出缺口变化权重变得更大。其他通胀惯性系数情况下，产出缺口变化权重与基准情况相比变得更小；换言之，产出缺口正值权重变得更大，负值权重变得更小。这时，通胀与产出缺口之间的转变变得更加容易，相机抉择政策对产出缺口变化最终目标的依赖程度（以及这种最终目标的重要性）下降。

图 12.5 说明，随着通胀对产出缺口敏感性增加，产出和通胀之间的转换变得更加容易，相机抉择政策对产出缺口变化最终目标的依赖程度越低。

关于名义变量和实际变量相对权重 λ 的不同取值从两个角度加以检验。一种做法是继续保持货币当局的权重 λ_{CB} 与社会的权重 λ_s 一致：

$$\lambda_{CB}=\lambda_s \tag{12.20}$$

假定 λ 从 0.25 变为 1，最优权重变化的结果见表 12.8。与基准相比，在私人部门前瞻性特征明显的情况下，产出缺口变化目标的权重变得更大。

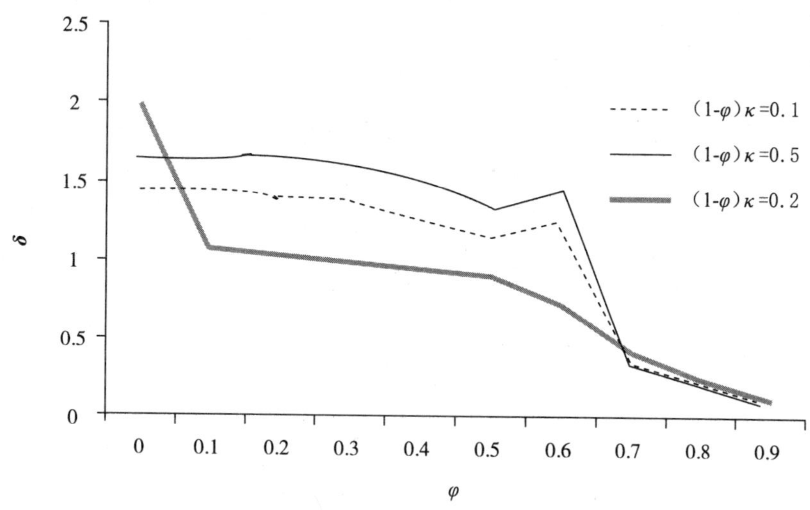

图 12.5　产出缺口变化权重与通胀对产出缺口敏感程度

表 12.8　相机抉择最终目标制的最优权重选取（$\lambda=1$）

ϕ	0	0.1	0.2	0.3	0.4	0.5	0.6	0.7	0.8	0.9
$1-\eta$	0.2	0.2	0.2	0.175	0.125	0	0	0	0	0
δ	1.65	1.65	1.675	1.625	1.525	1.325	1.45	0.325	0.2	0.1

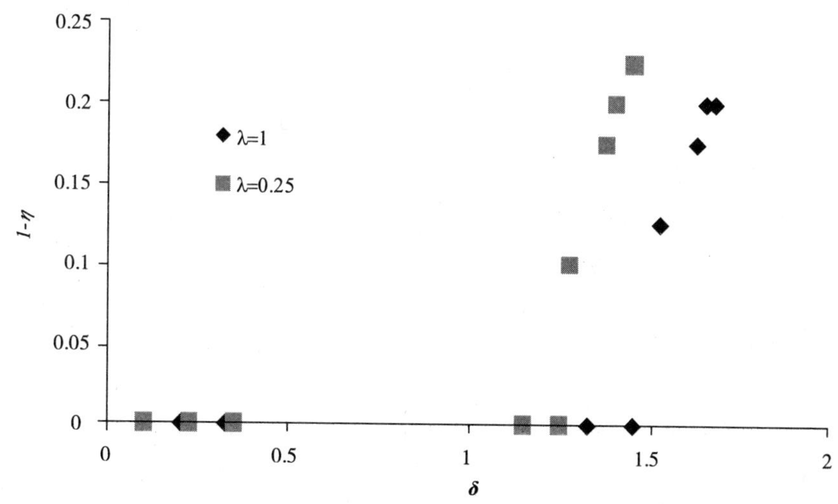

图 12.6　抉择最终目标制的最优权重选取

另一个做法是使得货币当局的权重 λ_{CB} 与社会的权重 λ_s 不同，使得货币当局更为保守。具体做法是，假定货币当局的权重 λ_{CB} 为 0.1，社会的权重 λ_s 为 0.25。

最优权重变化的结果见表 12.9。与基准相比，不论私人部门前瞻性特征是否明显，产出缺口变化目标的权重变得更大。

表 12.9　相机抉择最终目标制的最优权重选取（$\lambda_{CB}=0.1$，$\lambda_s=0.25$）

ϕ	0	0.1	0.2	0.3	0.4	0.5	0.6	0.7	0.8	0.9
$1-\eta$	0.3	0.2	0.275	0.275	0.225	0.025	0	0	0	0
δ	2	2	2	2	2	1.725	1.775	1.925	2	2

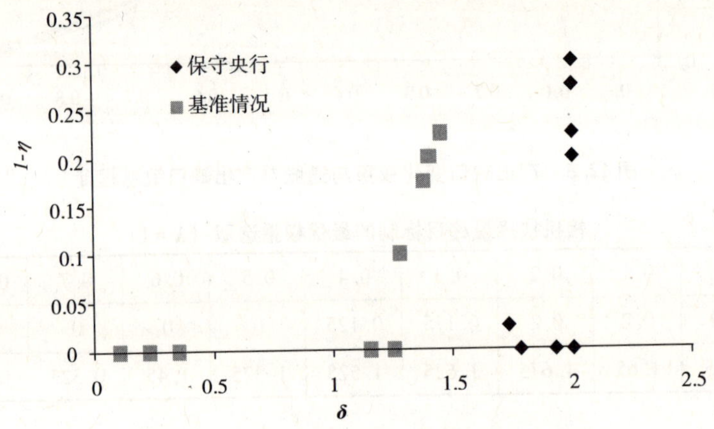

图 12.7　抉择最终目标制的最优权重选取

本章的结论是推荐混合最终目标制作为相机抉择条件下货币当局的最终目标，这种最终目标制的优势来自它是其他最终目标制的混合，不同最终目标制的优点可以兼顾而有之。

附录 A（第 3 章推导）

一、世界消费和产出的推导

在市场均衡状态，H 国产品的生产与 H 国和 F 国对 H 国产品消费数量相等：

$$
\begin{aligned}
Y_t &= C_{Ht} + C_{Ht}^* \\
&= \gamma \frac{P_t C_t}{P_{Ht}} + (1-\gamma)\frac{P_t^* C_t^*}{P_{Ht}^*} \\
&= k^{-1}\left[\gamma \mathcal{S}_t^{1-\gamma} C_t + (1-\gamma)\left(\mathcal{S}_t^*\right)^{-\gamma} C_t^*\right]
\end{aligned}
\tag{A. 1}
$$

F 国产品的生产与 H 国和 F 国对 F 国产品消费数量相等：

$$
\begin{aligned}
Y_t^* &= C_{Ft} + C_{Ft}^* \\
&= (1-\gamma)\frac{P_t C_t}{P_{Ft}} + \gamma \frac{P_t^* C_t^*}{P_{Ft}^*} \\
&= k^{-1}[(1-\gamma)\mathcal{S}_t^{-\gamma} C_t + \gamma\left(\mathcal{S}_t^*\right)^{1-\gamma} C_t^*]
\end{aligned}
\tag{A. 2}
$$

对等式（A. 1）进行对数线性化，得到：

$$y_t = \gamma c_t + \gamma(1-\gamma)s_t + (1-\gamma)c_t^* - (1-\gamma)\gamma s_t^* \tag{A. 3}$$

对等式（A. 2）进行对数线性化，得到：

$$y_t^* = (1-\gamma)c_t - \gamma(1-\gamma)s_t + \gamma c_t^* + \gamma(1-\gamma)s_t^* \tag{A. 4}$$

将（A. 3）和（A. 4）相加，得到：

$$y_t^W = c_t^W \tag{A. 5}$$

二、相对消费、相对产出和汇率失调

当 PPP 在两国 CPI 之间不成立时，以下等式成立：

$$\left(\frac{C_t(z)}{C_t^*(z^*)}\right)^{\sigma}=\frac{\mathcal{E}_t P_t^*}{P_t}=\frac{\mathcal{E}_t\left(P_{Ft}^*\right)^{\gamma}\left(P_{Ht}^*\right)^{1-\gamma}}{\left(P_{Ht}\right)^{\gamma}\left(P_{Ft}\right)^{1-\gamma}}$$

$$=\mathcal{E}_t\frac{\left(P_{Ft}\right)^{\gamma-1/2}}{\left(P_{Ht}\right)^{\gamma-1/2}}\frac{\left(P_{Ht}^*\right)^{-\gamma+1/2}}{\left(P_{Ft}^*\right)^{-\gamma+1/2}}\frac{\left(P_{Ht}^*\right)^{1/2}}{\left(P_{Ft}\right)^{1/2}}\frac{\left(P_{Ft}^*\right)^{1/2}}{\left(P_{Ht}\right)^{1/2}}$$

$$=\mathcal{S}_t^{\gamma-1/2}\left(\mathcal{S}_t^*\right)^{-\gamma+1/2}\mathcal{E}_t\frac{\left(P_{Ht}^*\right)^{1/2}}{\left(P_{Ft}\right)^{1/2}}\frac{\left(P_{Ft}^*\right)^{1/2}}{\left(P_{Ht}\right)^{1/2}} \tag{A.6}$$

对（A.6）对数线性化的结果是：

$$\sigma c_t(z)-\sigma c_t^*(z^*)=\left(\gamma-\frac{1}{2}\right)s_t+\left(\frac{1}{2}-\gamma\right)s_t^*+m_t \tag{A.7}$$

有关的推导首先让（A.3）减去（A.4）除以2，得到：

$$y_t^R=\gamma c_t^R-(1-\gamma)c_t^R+\gamma(1-\gamma)s_t-\gamma(1-\gamma)s_t^*$$
$$=(2\gamma-1)c_t^R+\gamma(1-\gamma)(s_t-s_t^*) \tag{A.8}$$

再将（A.7）改写为：

$$2\sigma c_t^R=m_t+(\gamma-\frac{1}{2})(s_t-s_t^*) \tag{A.9}$$

结合（A.8）和（A.9），消除 $s_t-s_t^*$，得到：

$$c_t^R=\frac{2\gamma-1}{\mathfrak{S}}y_t^R+\frac{2\gamma(1-\gamma)}{\mathfrak{S}}m_t \tag{A.10}$$

其中，

$$\mathfrak{S}=(2\gamma-1)^2+4\sigma\gamma(1-\gamma)$$

三、消费与相对产出、总资产和汇率失调的关系

用 $2z_t=s_t+s_t^*$ 当中的 s_t 替代（A.9）中的 s_t，得到：

$$s_t^*=\frac{m_t}{2\gamma-1}+z_t-\frac{2c_t^R\sigma}{2\gamma-1} \tag{A.11}$$

用 $2z_t=s_t+s_t^*$ 当中的 s_t^* 替代（A.9）中的 s_t^*，得到：

$$s_t=-\frac{m_t}{2\gamma-1}+z_t+\frac{2c_t^R\sigma}{2\gamma-1} \tag{A.12}$$

分别用（A. 10）替换（A. 11）和（A. 12）中的 c_t^R，得到：

$$s_t = \frac{2\sigma}{\mathfrak{S}} y_t^R + z_t - \frac{2\gamma - 1}{\mathfrak{S}} m_t \tag{A. 13}$$

$$s_t^* = -\frac{2\sigma}{\mathfrak{S}} y_t^R + z_t + \frac{2\gamma - 1}{\mathfrak{S}} m_t \tag{A. 14}$$

运用（A. 10）和（A. 5）推出：

$$c_t = \frac{2\gamma - 1}{\mathfrak{S}} y_t^R + y_t^W + \frac{2\gamma(1-\gamma)}{\mathfrak{S}} m_t \tag{A. 15}$$

$$c_t^* = -\frac{2\gamma - 1}{\mathfrak{S}} y_t^R + y_t^W - \frac{2\gamma(1-\gamma)}{\mathfrak{S}} m_t \tag{A. 16}$$

四、实际工资定价

根据关于企业边际成本和工资的推导，引入贸易条件得到：

$$\frac{W_{Ht}}{P_{Ht}} = \frac{\eta_t}{\eta_t - 1} \frac{N_{Ht}{}^{\phi}}{C_t^{-\sigma}} k^{-1} P_{Ht}^{\gamma-1} P_{Ft}^{1-\gamma} = \frac{\eta_t}{\eta_t - 1} \frac{N_{Ht}{}^{\phi}}{C_t^{-\sigma}} k^{-1} \mathcal{S}_t^{1-\gamma} \tag{A. 17}$$

$$\frac{W_{Ft}}{P_{Ft}^*} = \frac{\varsigma_t}{\varsigma_t - 1} \frac{N_{Ft}^{\phi}}{C_t^{*-\sigma}} \left(\mathcal{S}_t^*\right)^{1-\gamma} k^{-1} \tag{A. 18}$$

其中,$k = \gamma^{\gamma}(1-\gamma)^{1-\gamma}$。再令

$$\mu_t = \frac{1}{\eta_t - 1}, \mu_t^* = \frac{1}{\varsigma_t - 1} \tag{A. 19}$$

将（A. 17）和（A. 18）进行对数线性化得到：

$$w_{Ht} - p_{Ht} = \sigma c_t + \phi n_{Ht} + (1-\gamma) s_t + \mu_t \tag{A. 20}$$

$$w_{Ft} - p_{Ft}^* = \sigma c_t^* + \phi n_{Ft} + (1-\gamma) s_t^* + \mu_t^* \tag{A. 21}$$

将（A. 13）、（A. 14）、（A. 15）和（A. 16）代入（A. 20）和（A. 21）得到：

$$w_{Ht} - p_{Ht} = \left(\frac{\sigma}{\mathfrak{S}} + \phi\right) y_t^R + (\phi + \sigma) y_t^W + \left(\frac{\mathfrak{S} - (2\gamma - 1)}{2\mathfrak{S}}\right) m_t + (1-\gamma) z_t - \phi a_{Ht} + \mu_t \tag{A. 22}$$

$$w_{Ft} - p_{Ft}^* = -\left(\frac{\sigma}{\mathfrak{S}} + \phi\right) y_t^R + (\phi + \sigma) y_t^W - \left(\frac{\mathfrak{S} - (2\gamma - 1)}{2\mathfrak{S}}\right) m_t + (1-\gamma) z_t - \phi a_{Ft} + \mu_t^* \tag{A. 23}$$

五、资源有效配置时相对劳动（总劳动）和相对产出（总产出）的关系

根据代表家庭效用最大化必然条件得出：

$$\frac{W_{Ht}(z)}{P_t}=\frac{\eta_t}{\eta_t-1}\frac{N_{Ht}(z)^{\phi}}{C_t(z)^{-\sigma}} \tag{A.24}$$

产品价格与边际成本之间满足：

$$P_{Ht}(\ell)=\frac{\xi}{\xi-1}(1-\tau_t)\frac{W_{Ht}}{A_{Ht}}\equiv(1+\mu^P)(1-\tau_t)\frac{W_{Ht}}{A_{Ht}} \tag{A.25}$$

在资源有效配置的状态，增加一个单位劳动，带来负的边际效用$\overline{N}_{Ht}^{\phi}$，同时增加产出的数量等于边际的劳动产出A_{Ht}，带来产品销售收入为$A_{Ht}\overline{P}_{Ht}$，能够带来的实际消费为$A_{Ht}\overline{P}_{Ht}/\overline{P}_t$，对应这些消费所增加的边际效用为$A_{Ht}\overline{P}_{Ht}\overline{C}_{Ht}^{-\sigma}/\overline{P}_t$；根据资源有效配置的特性，满足：

$$\frac{A_{Ht}\overline{P}_{Ht}\overline{C}_{Ht}^{-\sigma}}{\overline{P}_t}=\overline{N}_H^{\phi} \tag{A.26}$$

根据（A.24）和（A.26），资源有效配置条件可以得出：

$$\frac{\overline{W}_{Ht}}{\overline{P}_t}=\frac{\overline{N}_{Ht}^{\phi}}{\overline{C}_t^{-\sigma}}=\frac{A_{Ht}\overline{P}_{Ht}}{\overline{P}_t} \tag{A.27}$$

或者化简之后表示为：

$$\frac{\overline{W}_{Ht}}{\overline{P}_{Ht}A_{Ht}}=1 \tag{A.28}$$

对（A.28）进行对数线性化得到：

$$\overline{w}_{Ht}=\overline{p}_{Ht}+a_{Ht} \tag{A.29}$$

同样地，对F国企业满足：

$$\overline{w}_{Ft}=\overline{p}_{Ft}^{*}+a_{Ft} \tag{A.30}$$

在资源有效配置条件下，以下关系成立：

$$a_{Ht}=\overline{w}_{Ht}-\overline{p}_{Ht}=\left(\frac{\sigma}{\mathfrak{S}}+\phi\right)\overline{y}_t^{R}+(\phi+\sigma)\overline{y}_t^{W}-\phi a_{Ht} \tag{A.31}$$

$$a_{Ft} = \bar{w}_{Ft} - \bar{p}^*_{Ft} = -\left(\frac{\sigma}{\mathfrak{S}} + \phi\right)\bar{y}^R_t + (\phi + \sigma)\bar{y}^W_t - \phi a_{Ft} \tag{A. 32}$$

由（A. 31）和（A. 32）可以得到：

$$a^R_t = \left(\frac{\sigma}{\mathfrak{S}} + \phi\right)\bar{y}^R_t - \phi a^R_t + o\left(\left\|a^2\right\|\right) \tag{A. 33}$$

$$a^W_t = (\sigma + \phi)\bar{y}^W_t - \phi a^W_t + o\left(\left\|a^2\right\|\right) \tag{A. 34}$$

根据生产函数得出：

$$a^R_t = \bar{y}^R_t - \bar{n}^R_t \tag{A. 35}$$

$$a^W_t = \bar{y}^W_t - \bar{n}^W_t \tag{A. 36}$$

将（A. 35）和（A. 36）代入（A. 33）和（A. 34），得到资源有效配置状态下劳动和产出的关系：

$$\bar{n}^R_t = \frac{1-\sigma}{1+\phi}\left(\frac{(2\gamma-1)^2}{\mathfrak{S}}\right)\bar{y}^R_t + o(\|a^2\|) \tag{A. 37}$$

$$\bar{n}^W_t = \frac{1-\sigma}{1+\phi}\bar{y}^W_t + o(\|a^2\|) \tag{A. 38}$$

六、价格波动、劳动和产出的关系

根据劳动的需求函数，产出总量与劳动总量之间满足：

$$\begin{aligned} A_{Ht}N_{Ht} &= A_{Ht}\int_{\ell=0}^{1} N_{Ht}(\ell)d\ell \\ &= C_{Ht}\int_{\ell=0}^{1}\left(\frac{P_{Ht}(\ell)}{P_{Ht}}\right)^{-\xi}d\ell + C^*_{Ht}\int_{\ell=0}^{1}\left(\frac{P^*_{Ht}(\ell)}{P^*_{Ht}}\right)^{-\xi}d\ell \end{aligned} \tag{A. 39}$$

在 PCP 条件下，H 国商品的国内销售价格与国外销售价格满足一价定律，由此（A. 39）变为：

$$A_{Ht}N_{Ht} = Y_t V_t \tag{A. 40}$$

其中，

$$V_t \equiv \int_{\ell=0}^{1}\left(\frac{P_{Ht}(\ell)}{P_{Ht}}\right)^{-\xi}d\ell$$

对（A. 40）进行对数线性化，得到：

$$a_{Ht}+n_{Ht}=y_t+v_t \tag{A.41}$$

其中，

$$\begin{aligned} v_t &\equiv \ln\int_{\ell=0}^{1} e^{-\xi(\ln P_{Ht}(\ell)-\ln P_{Ht})}d\ell \\ &\equiv \ln\int_{\ell=0}^{1} e^{-\xi(p_{Ht}(\ell)-p_{Ht})}d\ell \\ &\equiv \ln\int_{\ell=0}^{1} e^{-\xi\hat{p}_{Ht}(\ell)}d\ell \end{aligned}$$

根据 P_{Ht} 的定义，

$$\int_{\ell=0}^{1} e^{(1-\xi)\hat{p}_{Ht}(\ell)}d\ell=1 \tag{A.42}$$

对（A.42）运用泰勒二阶展开：

$$\int_{\ell=0}^{1}\left[1+(1-\xi)\hat{p}_{Ht}(\ell)+\frac{(1-\xi)^2}{2}\left(\hat{p}_{Ht}(\ell)\right)^2+o\left(\left\|a^3\right\|\right)\right]d\ell=1 \tag{A.43}$$

进一步得到：

$$\int_{\ell=0}^{1}\hat{p}_{Ht}(\ell)d\ell=\frac{\xi-1}{2}\int_{\ell=0}^{1}\left(\hat{p}_{Ht}(\ell)\right)^2d\ell+o\left(\left\|a^3\right\|\right) \tag{A.44}$$

同样运用泰勒二阶展开公式：

$$e^{-\xi\hat{p}_{Ht}(\ell)}=1-\xi\hat{p}_{Ht}(\ell)+\frac{\xi^2}{2}\left(\hat{p}_{Ht}(\ell)\right)^2+o\left(\left\|a^3\right\|\right) \tag{A.45}$$

运用（A.44）在（A.45）基础上得到：

$$\int_{\ell=0}^{1}e^{-\xi\hat{p}_{Ht}(\ell)}d\ell=1+\frac{\xi}{2}\int_{\ell=0}^{1}\left(\hat{p}_{Ht}(\ell)\right)^2d\ell+o\left(\left\|a^3\right\|\right) \tag{A.46}$$

将 P_{Ht} 泰勒一阶展开得到：

$$\begin{aligned} p_{Ht} &=(\frac{1}{1-\xi})\ln\int_{\ell=0}^{1}\left(P_{Ht}(\ell)\right)^{1-\xi}d\ell \\ &=(\frac{1}{1-\xi})\ln\int_{\ell=0}^{1}e^{(1-\xi)p_{Ht}(\ell)}d\ell \\ &\approx(\frac{1}{1-\xi})\ln\int_{\ell=0}^{1}\left[1+(1-\xi)p_{Ht}(\ell)\right]d\ell \\ &=\frac{1}{1-\xi}\ln\left[1+(1-\xi)\int_{\ell=0}^{1}p_{Ht}(\ell)d\ell\right] \\ &\approx\int_{\ell=0}^{1}p_{Ht}(\ell)d\ell \\ &=E_\ell\, p_{Ht}(\ell) \end{aligned} \tag{A.47}$$

根据（A. 47），可以得出：

$$\begin{aligned}\int_{\ell=0}^{1}\left(\hat{p}_{Ht}(\ell)\right)^{2}d\ell&=\int_{\ell=0}^{1}\left(p_{Ht}(\ell)-E_{\ell}(p_{Ht}(\ell))\right)^{2}d\ell+o\left(\left\|a^{3}\right\|\right)\\&=\operatorname{var}_{\ell}(p_{Ht}(\ell))+o\left(\left\|a^{3}\right\|\right)\\&=\sigma_{p_Ht}^{2}+o\left(\left\|a^{3}\right\|\right)\end{aligned}\tag{A. 48}$$

将（A. 48）代入（A. 46），得到：

$$\begin{aligned}v_t&\equiv\ln\left(\int_{\ell=0}^{1}e^{-\xi\hat{p}_{Ht}(\ell)}d\ell\right)\\&=\ln\left(1+\frac{\xi}{2}\int_{\ell=0}^{1}\left(\hat{p}_{Ht}(\ell)\right)^{2}d\ell\right)\\&\approx\frac{\xi}{2}\sigma_{p_Ht}^{2}+o\left(\left\|a^{3}\right\|\right)\end{aligned}\tag{A. 49}$$

在存在随机干扰但资源配置有效率的状态，存在以下生产函数等式关系：

$$a_{Ht}+\bar{n}_{Ht}=\bar{y}_t\tag{A. 50}$$

将（A. 49）代入（A. 41），得到：

$$a_{Ht}+n_{Ht}=y_t+\frac{\xi}{2}\sigma_{P_Ht}^{2}+o\left(\left\|a^{3}\right\|\right)\tag{A. 51}$$

将（A. 50）从（A. 51）中减去，得到：

$$\tilde{n}_{Ht}=\tilde{y}_t+\frac{\xi}{2}\sigma_{P_Ht}^{2}+o\left(\left\|a^{3}\right\|\right)\tag{A. 52}$$

根据劳动的需求函数，产出总量与劳动总量之间满足：

$$\begin{aligned}A_{Ft}N_{Ft}&=A_{Ft}\int_{\ell^*=0}^{1}N_{Ft}(\ell^*)d\ell^*\\&=C_{Ft}\int_{\ell^*=0}^{1}\left(\frac{P_{Ft}(\ell^*)}{P_{Ft}}\right)^{-\xi}d\ell^*+C_{Ft}^*\int_{\ell^*=0}^{1}\left(\frac{P_{Ft}^*(\ell^*)}{P_{Ft}^*}\right)^{-\xi}d\ell^*\end{aligned}\tag{A. 53}$$

在 PCP 条件下，F 国商品的国内销售价格与国外销售价格满足一价定律，由此（A. 53）变为：

$$A_{Ft}N_{Ft}=Y_t^*V_t^*\tag{A. 54}$$

其中，

$$V_t^*\equiv\int_{\ell^*=0}^{1}\left(\frac{P_{Ft}(\ell^*)}{P_{Ft}}\right)^{-\xi}d\ell^*$$

对（A.54）进行对数线性化，得到：

$$a_{Ft} + n_{Ft} = y_t^* + v_t^* \tag{A.55}$$

其中，

$$v_t^* \equiv \ln\int_{\ell^*=0}^1 e^{-\xi\left(\ln P_{Ft}(\ell^*) - \ln P_{Ft}\right)} d\ell^* \equiv \ln\int_{\ell^*=0}^1 e^{-\xi\left(p_{Ft}(\ell^*) - p_{Ft}\right)} d\ell^* \equiv \ln\int_{\ell^*=0}^1 e^{-\xi \hat{p}_{Ft}(\ell^*)} d\ell^*$$

根据 P_{Ft} 的定义，

$$\int_{\ell^*=0}^1 e^{(1-\xi)\hat{p}_{Ft}(\ell^*)} d\ell^* = 1 \tag{A.56}$$

对（A.56）运用泰勒二阶展开：

$$\int_{\ell^*=0}^1 \left[1 + (1-\xi)\hat{p}_{Ft}(\ell^*) + \frac{(1-\xi)^2}{2}\left(\hat{p}_{Ft}(\ell^*)\right)^2 + o\left(\left\|a^3\right\|\right)\right] d\ell^* = 1 \tag{A.57}$$

进一步得到：

$$\int_{\ell^*=0}^1 \hat{p}_{Ft}(\ell^*) d\ell^* = \frac{\xi-1}{2}\int_{\ell^*=0}^1 \left(\hat{p}_{Ft}(\ell^*)\right)^2 d\ell^* + o\left(\left\|a^3\right\|\right) \tag{A.58}$$

运用泰勒二阶展开公式：

$$e^{-\xi\hat{p}_{Ft}(\ell^*)} = 1 - \xi\hat{p}_{Ft}(\ell^*) + \frac{\xi^2}{2}\left(\hat{p}_{Ft}(\ell^*)\right)^2 + o\left(\left\|a^3\right\|\right) \tag{A.59}$$

运用（A.59）在（A.58）基础上得到：

$$\int_{\ell^*=0}^1 e^{-\xi\hat{p}_{Ft}(\ell^*)} d\ell^* = 1 + \frac{\xi}{2}\int_{\ell^*=0}^1 \left(\hat{p}_{Ft}(\ell^*)\right)^2 d\ell^* + o\left(\left\|a^3\right\|\right) \tag{A.60}$$

将 P_{Ft} 泰勒一阶展开得到：

$$\begin{aligned}
p_{Ft} &= \left(\frac{1}{1-\xi}\right)\ln\int_{\ell^*=0}^1 \left(P_{Ft}(\ell^*)\right)^{1-\xi} d\ell^* \\
&= \left(\frac{1}{1-\xi}\right)\ln\int_{\ell^*=0}^1 e^{(1-\xi)p_{Ft}(\ell^*)} d\ell^* \\
&\approx \left(\frac{1}{1-\xi}\right)\ln\int_{\ell^*=0}^1 \left[1 + (1-\xi)p_{Ft}(\ell^*)\right] d\ell^* \\
&= \frac{1}{1-\xi}\ln\left[1 + (1-\xi)\int_{\ell^*=0}^1 p_{Ft}(\ell^*) d\ell^*\right] \\
&\approx \int_{\ell^*=0}^1 p_{Ft}(\ell^*) d\ell^* \\
&= E_{\ell^*} p_{Ft}(\ell^*)
\end{aligned} \tag{A.61}$$

根据（A.61），可以得出：

$$\int_{\ell^*=0}^{1}\left(\hat{p}_{Ft}(\ell^*)\right)^2 d\ell^* = \int_{\ell^*=0}^{1}\left(p_{Ft}(\ell^*)-E_{\ell^*}(p_{Ft}(\ell^*))\right)^2 d\ell^* + o\left(\left\|a^3\right\|\right)$$
$$= \text{var}_{\ell^*}(p_{Ft}(\ell^*)) + o\left(\left\|a^3\right\|\right)$$
$$= \sigma_{p_F t}^2 + o\left(\left\|a^3\right\|\right) \tag{A.62}$$

将（A. 62）代入（A. 60），得到：

$$v_t^* \equiv \ln\left(\int_{\ell^*=0}^{1} e^{-\xi\hat{p}_{Ft}(\ell^*)} d\ell^*\right) = \ln\left(1+\frac{\xi}{2}\int_{\ell^*=0}^{1}\left(\hat{p}_{Ft}(\ell^*)\right)^2 d\ell^*\right) \approx \frac{\xi}{2}\sigma_{p_F t}^2 + o\left(\left\|a^3\right\|\right) \tag{A.63}$$

在存在随机干扰但资源配置有效率的状态，F 国企业生产函数为：

$$a_{Ft} + \bar{n}_{Ft} = \bar{y}_t^* \tag{A.64}$$

将（A. 63）代入（A. 55），得到：

$$a_{Ft} + n_{Ft} = y_t^* + \frac{\xi}{2}\sigma_{P_F t}^2 + o\left(\left\|a^3\right\|\right) \tag{A.65}$$

将（A. 64）从（A. 65）中减去，得到：

$$\tilde{n}_{Ft} = \tilde{y}_t^* + \frac{\xi}{2}\sigma_{P_F t}^2 + o\left(\left\|a^3\right\|\right) \tag{A.66}$$

由（A. 66）和（A. 52）可以得到：

$$2\tilde{n}_t^W = 2\tilde{y}_t^W + \frac{\xi}{2}\sigma_{p_H t}^2 + \frac{\xi}{2}\sigma_{p_F t}^2 + o\left(\left\|a^3\right\|\right) \tag{A.67}$$

七、效用函数偏离状况的逼近

在货币当局相互合作条件下，目标函数每期的效用函数为：

$$u_t \equiv \frac{C_t^{1-\sigma} + \left(C_t^*\right)^{1-\sigma}}{1-\sigma} - \frac{N_{Ht}^{1+\phi} + N_{Ft}^{1+\phi}}{1+\phi} \tag{A.68}$$

对（A. 68）效用函数在稳定状态进行二次泰勒展开，得到：

$$\begin{aligned}
u_t =& \frac{C^{1-\sigma} + \left(C^*\right)^{1-\sigma}}{1-\sigma} - \frac{N_H^{1+\phi} + N_F^{1+\phi}}{1+\phi} \\
&+C^{-\sigma}(C_t - C) + \left(C^*\right)^{-\sigma}(C_t^* - C^*) - N_H^{\phi}(N_{Ht} - N_H) - N_F^{\phi}(N_{Ft} - N_F) \\
&-\frac{\sigma}{2}C^{-\sigma-1}(C_t - C)^2 - \frac{\sigma}{2}\left(C^*\right)^{-1-\sigma}(C_t^* - C^*)^2 \\
&-\frac{\phi}{2}N_H^{\phi-1}(N_{Ht} - N_H)^2 - \frac{\phi}{2}N_F^{\phi-1}(N_{Ft} - N_F)^2 + o\left(\left\|a^3\right\|\right)
\end{aligned} \tag{A.69}$$

根据效用函数的性质，最大化（A. 69）等同于最大化以下效用函数：

$$u_t = c_t + c_t^* - n_{Ht} - n_{Ft} - \frac{\sigma}{2}(c_t^2 + c_t^{*2}) - \frac{\phi}{2}(n_{Ht}^2 + n_{Ft}^2) + o\left(\| a^3 \|\right) \quad (A.70)$$

当消费和劳动都处于资源有效配置水平时，效用实现最大化：

$$u_t^{\max} = \bar{c}_t + \bar{c}_t^* - \bar{n}_{Ht} - \bar{n}_{Ft} - \frac{\sigma}{2}(\bar{c}_t^2 + \bar{c}_t^{*2}) - \frac{\phi}{2}(\bar{n}_{Ht}^2 + \bar{n}_{Ft}^2) + o\left(\| a^3 \|\right) \quad (A.71)$$

如果经济中存在扭曲，效用最大化可能无法实现。设 $\tilde{x}_t \equiv x_t - \bar{x}_t$，则 $x_t = \bar{x}_t + \tilde{x}_t$。上式可以改写为：

$$\begin{aligned} u_t = & [\bar{c}_t + \bar{c}_t^* - \bar{n}_{Ht} - \bar{n}_{Ft} - \frac{\sigma}{2}(\bar{c}_t^2 + \bar{c}_t^{*2}) - \frac{\phi}{2}(\bar{n}_{Ht}^2 + \bar{n}_{Ft}^2)] \\ & + \tilde{c}_t + \tilde{c}_t^* - \tilde{n}_{Ht} - \tilde{n}_{Ft} - \frac{\sigma}{2}(\tilde{c}_t^2 + \tilde{c}_t^{*2} + 2\bar{c}_t\tilde{c}_t + 2\bar{c}_t^*\tilde{c}_t^*) \\ & - \frac{\phi}{2}(\tilde{n}_{Ht}^2 + \tilde{n}_{Ft}^2 + 2\bar{n}_{Ht}\tilde{n}_{Ht} + 2\bar{n}_{Ft}\tilde{n}_{Ft}) + o(\| a^3 \|) \end{aligned} \quad (A.72)$$

用（A. 71）和（A. 72）可以得到：

$$\begin{aligned} u_t - u_t^{\max} = & \tilde{c}_t + \tilde{c}_t^* - \tilde{n}_{Ht} - \tilde{n}_{Ft} - \frac{\sigma}{2}(\tilde{c}_t^2 + \tilde{c}_t^{*2}) - \frac{\phi}{2}(\tilde{n}_{Ht}^2 + \tilde{n}_{Ft}^2) \\ & - \sigma(\bar{c}_t\tilde{c}_t + \bar{c}_t^*\tilde{c}_t^*) - \phi(\bar{n}_{Ht}\tilde{n}_{Ht} + \bar{n}_{Ft}\tilde{n}_{Ft}) + o(\| a^3 \|) \end{aligned} \quad (A.73)$$

将上式重新写为：

$$\begin{aligned} u_t - u_t^{\max} = & 2\tilde{c}_t^W - 2\tilde{n}_t^W - \sigma((\tilde{c}_t^R)^2 + (\tilde{c}_t^W)^2) - \phi((\tilde{n}_t^R)^2 + (\tilde{n}_t^W)^2) \\ & - 2\sigma(\bar{c}_t^R\tilde{c}_t^R + \bar{c}_t^W\tilde{c}_t^W) - 2\phi(\bar{n}_t^R\tilde{n}_t^R + \bar{n}_t^W\tilde{n}_t^W) + o(\| a^3 \|) \end{aligned} \quad (A.74)$$

其中 $2x_t^W = x_t + x_t^*$，$2x_t^R = x_t - x_t^*$。

为了方便将（A. 74）写成产出缺口的平方和通货膨胀的平方，将式中各项泰勒展开到一次项。回顾前面有：

$$c_t^R = \frac{2\gamma - 1}{\mathfrak{S}} y_t^R + \frac{2\gamma(1-\gamma)}{\mathfrak{S}} m_t \quad (A.75)$$

在 $m_t = 0$ 的 PCP 模型中，（A. 75）和（A. 5）可以重新写成：

$$c_t^R = \frac{2\gamma - 1}{\mathfrak{S}} y_t^R + o(\| a^2 \|) \quad (A.76)$$

$$c_t^W = y_t^W + o(\| a^2 \|) \quad (A.77)$$

从（A. 76）和（A. 77）可以推导出以下等式：

$$\overset{-R}{c_t} = \frac{2\gamma-1}{\mathfrak{S}} \overset{-R}{y_t} + o(\| a^2 \|) \tag{A.78}$$

$$\overset{-W}{c_t} = \overset{-W}{y_t} + o(\| a^2 \|) \tag{A.79}$$

$$\overset{\sim R}{c_t} = \frac{2\gamma-1}{\mathfrak{S}} \overset{\sim R}{y_t} + o(\| a^2 \|) \tag{A.80}$$

$$\overset{\sim W}{c_t} = \overset{\sim W}{y_t} + o(\| a^2 \|) \tag{A.81}$$

对 H 国生产函数和 F 国生产函数进行线性对数化得出：

$$y_t = a_{Ht} + n_{Ht} + o\left(\left\| a^2 \right\|\right) \tag{A.82}$$

$$y_t^* = a_{Ft} + n_{Ft} + o\left(\left\| a^2 \right\|\right) \tag{A.83}$$

根据（A.82）和（A.83）可以推出：

$$y_t^R = n_t^R + a_t^R + o\left(\left\| a^2 \right\|\right) \tag{A.84}$$

$$y_t^W = n_t^W + a_t^W + o\left(\left\| a^2 \right\|\right) \tag{A.85}$$

在存在随机干扰但资源配置有效率（价格灵活调整和最优补贴）的状态，存在以下生产函数关系：

$$\overline{y}_t = a_{Ht} + \overline{n}_{Ht} \tag{A.86}$$

$$\overline{y}_t^* = a_{Ft} + \overline{n}_{Ft} \tag{A.87}$$

根据（A.86）和（A.87），得出：

$$\overline{y}_t^R = a_t^R + \overline{n}_t^R \tag{A.88}$$

$$\overline{y}_t^W = a_t^W + \overline{n}_t^W \tag{A.89}$$

分别从（A.84）减去（A.88），从（A.85）减去（A.89），可以推出：

$$\tilde{y}_t^R = \tilde{n}_t^R + o\left(\left\| a^2 \right\|\right) \tag{A.90}$$

$$\tilde{y}_t^W = \tilde{n}_t^W + o\left(\left\| a^2 \right\|\right) \tag{A.91}$$

回顾有以下等式：

$$a_t^R = \left(\frac{\sigma}{\mathfrak{S}} + \phi\right) \overline{y}_t^R - \phi a_t^R + o\left(\left\| a^2 \right\|\right) \tag{A.92}$$

$$a_t^W = (\sigma + \phi) \overline{y}_t^W - \phi a_t^W + o\left(\left\| a^2 \right\|\right) \tag{A.93}$$

将（A. 88）和（A. 89）代入（A. 92）和（A. 93），得出：

$$\overline{n}_t^{R} = \frac{1-\sigma}{1+\phi}\left(\frac{(2\gamma-1)^2}{\mathfrak{S}}\right)\overline{y}_t^{R} + o(\|a^2\|) \tag{A. 94}$$

$$\overline{n}_t^{W} = \frac{1-\sigma}{1+\phi}\overline{y}_t^{W} + o(\|a^2\|) \tag{A. 95}$$

通过以上变换，（A. 74）除前两项外可以重新写为：

$$\begin{aligned}&-\sigma((\tilde{c}_t^{R})^2+(\tilde{c}_t^{W})^2)-\phi((\tilde{n}_t^{R})^2+(\tilde{n}_t^{W})^2)\\&-2\sigma(\overline{c}_t^{R}\tilde{c}_t^{R}+\overline{c}_t^{W}\tilde{c}_t^{W})-2\phi(\overline{n}_t^{R}\tilde{n}_t^{R}+\overline{n}_t^{W}\tilde{n}_t^{W})\\&=\left[-\sigma\left(\frac{2\gamma-1}{\mathfrak{S}}\right)^2-\phi\right]\left(\tilde{y}_t^{R}\right)^2-(\sigma+\phi)(\tilde{y}_t^{W})^2+\left(\frac{2\gamma-1}{\mathfrak{S}}\right)^2 8\sigma\gamma(\gamma-1)(1-\sigma)\overline{y}_t^{R}\tilde{y}_t^{R}\end{aligned} \tag{A. 96}$$

接下来对（A. 74）的前两项泰勒展开到第二项。

根据（A. 1），在 PCP 模型中运用

$$\mathcal{S}_t^{*} = \mathcal{S}_t^{-1} \tag{A. 97}$$

得出：

$$Y_t = k^{-1}\left[\gamma S_t^{1-\gamma}C_t + (1-\gamma)S_t^{\gamma}C_t^{*}\right] \tag{A. 98}$$

由财富边际效用相等关系，可以得到：

$$C_t^{*} = C_t\mathcal{S}_t^{\frac{1-2\gamma}{\sigma}} \tag{A. 99}$$

代入（A. 98）中，

$$Y_t = \left[\gamma\mathcal{S}_t^{1-\gamma}C_t + (1-\gamma)\mathcal{S}_t^{\gamma+\frac{1-2\gamma}{\sigma}}C_t\right]k^{-1} \tag{A. 100}$$

解得 C_t：

$$C_t = kY_t\left(\gamma\mathcal{S}_t^{1-\gamma} + (1-\gamma)\mathcal{S}_t^{\gamma+\frac{1-2\gamma}{\sigma}}\right)^{-1} \tag{A. 101}$$

对（A. 101）进行二阶泰勒展开：

$$c_t = y_t - \left(\frac{\partial \ln\left(\gamma \mathcal{S}_t^{1-\gamma} + (1-\gamma)\mathcal{S}_t^{\gamma+\frac{1-2\gamma}{\sigma}} \right)}{\partial \ln \mathcal{S}_t} \right)_{\mathcal{S}_t=\mathcal{S}} s_t - \frac{1}{2}\left(\frac{\partial^2 \ln\left(\gamma \mathcal{S}_t^{1-\gamma} + (1-\gamma)\mathcal{S}_t^{\gamma+\frac{1-2\gamma}{\sigma}} \right)}{\partial \left(\ln \mathcal{S}_t\right)^2} \right)_{\mathcal{S}_t=\mathcal{S}} s_t^2$$

$$+o\left(\left\|a^3\right\|\right)$$

$$= y_t - \frac{\left(\mathcal{S}\gamma(1-\gamma)\mathcal{S}^{-\gamma} + \mathcal{S}(1-\gamma)\left(\gamma + \frac{1-2\gamma}{\sigma}\right)\mathcal{S}^{\gamma+\frac{1-2\gamma}{\sigma}-1} \right)}{\gamma\mathcal{S}^{1-\gamma} + (1-\gamma)\mathcal{S}^{\gamma+\frac{1-2\gamma}{\sigma}}} s_t$$

$$-\frac{1}{2}\left(\frac{\partial\left[\frac{\left(\gamma(1-\gamma)\mathcal{S}_t^{1-\gamma} + (1-\gamma)\left(\gamma+\frac{1-2\gamma}{\sigma}\right)\mathcal{S}_t^{\gamma+\frac{1-2\gamma}{\sigma}} \right)}{\gamma\mathcal{S}_t^{1-\gamma} + (1-\gamma)\mathcal{S}_t^{\gamma+\frac{1-2\gamma}{\sigma}}} \right]}{\partial \ln \mathcal{S}_t} \right)_{\mathcal{S}_t=\mathcal{S}} s_t^2 + o\left(\left\|a^3\right\|\right)$$

$$= y_t - (1-\gamma)\left(2\gamma + \frac{1-2\gamma}{\sigma}\right)s_t - \frac{1}{2}\left((1-2\gamma)^2(1-\gamma)\gamma\left(\frac{1-\sigma}{\sigma}\right)^2 \right)s_t^2 + o\left(\left\|a^3\right\|\right)$$

（A. 102）

根据（A. 2），在 PCP 模型中运用：

$$\mathcal{S}_t^* = \mathcal{S}_t^{-1} \tag{A. 103}$$

得出：

$$Y_t^* = k^{-1}[(1-\gamma)\mathcal{S}_t^{-\gamma}C_t + \gamma\left(\mathcal{S}_t\right)^{\gamma-1}C_t^*] \tag{A. 104}$$

由财富边际效用相等关系，可以得到：

$$C_t^* = C_t\mathcal{S}_t^{\frac{1-2\gamma}{\sigma}} \tag{A. 105}$$

代入（A. 98）中，

$$Y_t^* = k^{-1}[(1-\gamma)\mathcal{S}_t^{-\gamma-\frac{1-2\gamma}{\sigma}}C_t^* + \gamma\left(\mathcal{S}_t\right)^{\gamma-1}C_t^*] \tag{A. 106}$$

解得 C_t^*：

$$C_t^* = kY_t^* \left(\gamma \mathcal{S}_t^{\gamma-1} + (1-\gamma)\mathcal{S}_t^{-\gamma-\frac{1-2\gamma}{\sigma}} \right)^{-1} \tag{A. 107}$$

对（A. 107）进行二阶泰勒展开：

$$c_t^* = y_t^* - \left(\frac{\partial \ln\left(\gamma \mathcal{S}_t^{\gamma-1} + (1-\gamma)\mathcal{S}_t^{-\gamma-\frac{1-2\gamma}{\sigma}} \right)}{\partial \ln \mathcal{S}_t} \right)_{\mathcal{S}_t=\mathcal{S}} s_t - \frac{1}{2} \left(\frac{\partial^2 \ln\left(\gamma \mathcal{S}_t^{\gamma-1} + (1-\gamma)\mathcal{S}_t^{-\gamma-\frac{1-2\gamma}{\sigma}} \right)}{\partial (\ln \mathcal{S}_t)^2} \right)_{\mathcal{S}_t=\mathcal{S}}$$

$$s_t^2 + o\left(\left\| a^3 \right\| \right)$$

$$= y_t^* - \frac{\left(\mathcal{S}\gamma(\gamma-1)\mathcal{S}^{\gamma-2} + \mathcal{S}(1-\gamma)\left(-\gamma - \frac{1-2\gamma}{\sigma} \right) \mathcal{S}^{-\gamma-\frac{1-2\gamma}{\sigma}-1} \right)}{\gamma \mathcal{S}^{\gamma-1} + (1-\gamma)\mathcal{S}^{-\gamma-\frac{1-2\gamma}{\sigma}}} s_t$$

$$-\frac{1}{2} \left(\frac{\partial \left[\frac{\left(\gamma(\gamma-1)\mathcal{S}_t^{\gamma-1} - (1-\gamma)\left(\gamma + \frac{1-2\gamma}{\sigma} \right) \mathcal{S}_t^{-\gamma-\frac{1-2\gamma}{\sigma}} \right)}{\gamma \mathcal{S}_t^{\gamma-1} + (1-\gamma)\mathcal{S}_t^{-\gamma-\frac{1-2\gamma}{\sigma}}} \right]}{\partial \ln \mathcal{S}_t} \right)_{\mathcal{S}_t=\mathcal{S}} s_t^2 + o\left(\left\| a^3 \right\| \right)$$

$$= y_t^* + (1-\gamma)\left(2\gamma + \frac{1-2\gamma}{\sigma} \right) s_t - \frac{1}{2} \left((1-2\gamma)^2 (1-\gamma)\gamma \left(\frac{1-\sigma}{\sigma} \right)^2 \right) s_t^2 + o\left(\left\| a^3 \right\| \right)$$

$$\tag{A. 108}$$

根据 $c_t^W = \frac{1}{2}$（$c_t + c_t^*$）可得：

$$c_t^W = y_t^W - \frac{1}{2}(1-\gamma)\gamma(2\gamma-1)^2 \left(\frac{\sigma-1}{\sigma} \right)^2 s_t^2 + o(\| a^3 \|) \tag{A. 109}$$

根据（A. 13），在 PCP 条件 $m_t = 0$ 且 $z_t = 0$ 的情况下，

$$s_t^2 = \frac{4\sigma^2}{\mathfrak{S}^2} (y_t^R)^2 + o(\| a^3 \|) \tag{A. 110}$$

将上式代入（A. 109）中，得到：

$$c_t^W = y_t^W - \frac{2\gamma(2-2\gamma)}{2}\left(\frac{(2\gamma-1)(\sigma-1)}{\mathfrak{S}}\right)^2 (y_t^R)^2 + o(\| a^3 \|) \quad \text{(A. 111)}$$

根据（A. 111），在资源有效配置的情况下，

$$\bar{c}_t^W = \bar{y}_t^W - \frac{2\gamma(2-2\gamma)}{2}\left(\frac{(2\gamma-1)(\sigma-1)}{\mathfrak{S}}\right)^2 (\bar{y}_t^R)^2 + o(\| a^3 \|) \quad \text{(A. 112)}$$

根据 $\tilde{c}_t^W = c_t^W - \bar{c}_t^W$，可得：

$$\tilde{c}_t^W = \tilde{y}_t^W - \frac{2\gamma(2-2\gamma)}{2}\left(\frac{(2\gamma-1)(\sigma-1)}{\mathfrak{S}}\right)^2 \left(\tilde{y}_t^R + 2\bar{y}_t^R \tilde{y}_t^R\right) + o\left(\left\| a^3 \right\|\right) \quad \text{(A. 113)}$$

将（A. 113）、（A. 96）和（A. 67）代入（A. 74）中，推出：

$$\begin{aligned}
u_t - u_t^{\max} &= 2\tilde{c}_t^W - 2\tilde{n}_t^W - \sigma((\tilde{c}_t^R)^2 + (\tilde{c}_t^W)^2) - \phi((\tilde{n}_t^R)^2 + (\tilde{n}_t^W)^2) \\
&\quad -2\sigma(\bar{c}_t^R \tilde{c}_t^R + \bar{c}_t^W \tilde{c}_t^W) - 2\phi(\bar{n}_t^R \tilde{n}_t^R + \bar{n}_t^W \tilde{n}_t^W) \\
&\quad +o(\| a^3 \|) \\
&= 2\left[\tilde{y}_t^W - \frac{2\gamma(2-2\gamma)}{2}\left(\frac{(2\gamma-1)(\sigma-1)}{\mathfrak{S}}\right)^2 \left((\tilde{y}_t^R)^2 + 2\bar{y}_t^R \tilde{y}_t^R\right)\right] \\
&\quad -\left[2\tilde{y}_t^W + \frac{\xi}{2}\sigma_{P_H t}^2 + \frac{\xi}{2}\sigma_{P_F t}^2\right] \\
&\quad -\left[\sigma\left(\frac{2\gamma-1}{\mathfrak{S}}\right)^2 + \phi\right]\left(\tilde{y}_t^R\right)^2 - (\sigma+\phi)(\tilde{y}_t^W)^2 \\
&\quad +2\sigma\left(\frac{2\gamma-1}{\mathfrak{S}}\right)^2 4\gamma(\gamma-1)(1-\sigma)\bar{y}_t^R \tilde{y}_t^R + o(\| a^3 \|)
\end{aligned}$$

（A. 114）

由（A. 114）得到：

$$\begin{aligned}
& u_t - u_t^{\max} = \\
& -\frac{\xi}{2}(\sigma_{P_H t}^2 + \sigma_{P_F t}^2) - \left[\left(\frac{2\gamma-1}{\mathfrak{S}}\right)^2 \left((\sigma-1)\mathfrak{S}+1\right) - \sigma\right]\left(\tilde{y}_t^R\right)^2 \\
& -8\gamma(1-\gamma)\left(\frac{2\gamma-1}{\mathfrak{S}}\right)^2 (1-\sigma)\tilde{y}_t^R \bar{y}_t^R
\end{aligned} \quad \text{(A. 115)}$$

附录 B（第 4 章推导）

一、替代弹性

为证明 $C_{Ht}(z)$ 和 $C_{Ft}(z)$ 之间的替代弹性为 1，对消费指数求全微分，令 $dC_t(z)=0$，得出：

$$(1-\gamma)C_{Ft}^{-\gamma}(z)C_{Ht}^{\gamma}(z)dC_{Ft}(z)+\gamma C_{Ht}^{\gamma-1}(z)C_{Ft}^{1-\gamma}(z)dC_{Ht}(z)=0 \tag{B.1}$$

根据（B.1），得出边际替代率为：

$$MRS=\frac{dC_{Ht}(z)}{dC_{Ft}(z)}=-\frac{(1-\gamma)C_{Ht}(z)}{\gamma C_{Ft}(z)} \tag{B.2}$$

由（B.2）可以得出替代弹性为：

$$\text{替代弹性}=\frac{d\log\left|\frac{C_{Ht}(z)}{C_{Ft}(z)}\right|}{d\log|MRS|}=1 \tag{B.3}$$

二、消费支出权重和消费者价格指数

消费指数的特殊形式使居民家庭消费本国产品的支出比重和消费外国产品的支出比重保持不变。给定消费价格 P_{Ht} 和 P_{Ft}，H 国家庭 z 的消费预算为 $\Psi_t = C_{Ht}(z)P_{Ht} + C_{Ft}(z)P_{Ft}$。以预算为约束条件，选择 H 国和 F 国产品的消费 $C_{Ht}(z)$ 和 $C_{Ft}(z)$，使得 H 国家庭 z 消费 $C_t(z) = (C_{Ht}(z))^{\gamma}(C_{Ft}(z))^{1-\gamma}$ 最大。最优化问题的拉格朗日（Lagrange）式为 $\mathcal{L} = (C_{Ht}(z))^{\gamma}(C_{Ft}(z))^{1-\gamma} + \lambda[\Psi_t - C_{Ht}(z)P_{Ht} - C_{Ft}(z)P_{Ft}]$，λ 是拉格朗日乘数（Lagrange Multiplier）。

关于产品 $C_{Ht}(z)$ 和 $C_{Ft}(z)$ 的一阶必要条件分别为：

$$\frac{\partial\mathcal{L}}{\partial C_{Ht}(z)}=\gamma\left(C_{Ht}(z)\right)^{\gamma-1}\left(C_{Ft}(z)\right)^{1-\gamma}-\lambda P_{Ht}=0 \tag{B.4}$$

和

$$\frac{\partial\mathcal{L}}{\partial C_{Ft}(z)}=(1-\gamma)\left(C_{Ht}(z)\right)^{\gamma}\left(C_{Ft}(z)\right)^{-\gamma}-\lambda P_{Ft}=0 \tag{B.5}$$

对（B.4）和（B.5）分别左右同乘 $C_{Ht}(z)$ 和 $C_{Ft}(z)$，得到

$$\begin{aligned}\gamma\left(C_{Ht}(z)\right)^{\gamma}\left(C_{Ft}(z)\right)^{1-\gamma}&=\lambda P_{Ht}C_{Ht}(z)\\(1-\gamma)\left(C_{Ht}(z)\right)^{\gamma}\left(C_{Ft}(z)\right)^{1-\gamma}&=\lambda P_{Ft}C_{Ft}(z)\end{aligned} \tag{B.6}$$

通过（B.6），等式左面消除 $(C_{Ht}(z))^{\gamma}(C_{Ft}(z))^{1-\gamma}$，等式右面消除 λ 后，得到结论：H 国代表家庭消费预算 Ψ_t 中，F 国产品和 H 国产品消费金额之比是 $1-\gamma$ 和 γ。

$$C_{Ft}(z)=\frac{(1-\gamma)\Psi_t}{P_{Ft}};C_{Ht}(z)=\frac{\gamma\Psi_t}{P_{Ht}} \tag{B.7}$$

将（B.7）代入消费指数的表达式，得到

$$C_t(z)=\left(C_{Ht}(z)\right)^{\gamma}\left(C_{Ft}(z)\right)^{1-\gamma}=\frac{\gamma^{\gamma}(1-\gamma)^{1-\gamma}\Psi_t}{\left(P_{Ft}\right)^{1-\gamma}P_{Ht}^{\gamma}} \tag{B.8}$$

令 $P_t\equiv\gamma^{-\gamma}(1-\gamma)^{\gamma-1}(P_{Ft})^{1-\gamma}P_{Ht}^{\gamma}$，$C_t(z)P_t=\Psi_t$ 成立。P_t 是与 $C_t(z)=(C_{Ht}(z))^{\gamma}(C_{Ft}(z))^{1-\gamma}$ 相对应的 H 国消费者价格指数。

同样地，给定消费价格 P_{Ht}^* 和 P_{Ft}^*，F 国代表家庭的消费预算为：

$$\Psi_t=C_{Ht}^*(z^*)P_{Ht}^*+C_{Ft}^*(z^*)P_{Ft}^* \tag{B.9}$$

以预算为约束条件，选择 H 国和 F 国产品的消费 $C_{Ht}^*(z^*)$ 和 $C_{Ft}^*(z^*)$，使得 F 国家庭 z^* 消费 $C_t^*(z^*)=(C_{Ht}^*(z^*))^{1-\gamma}(C_{Ft}^*(z^*))^{\gamma}$ 最大。拉格朗日（Lagrange）式为 $\mathcal{L}=(C_{Ht}^*(z^*))^{1-\gamma}(C_{Ft}^*(z^*))^{\gamma}+\lambda[\Psi_t-C_{Ht}^*(z^*)P_{Ht}^*-C_{Ft}^*(z^*)P_{Ft}^*]$，$\lambda$ 是拉格朗日乘数（Lagrange Multiplier）。

关于产品 $C_{Ht}^*(z^*)$ 和 $C_{Ft}^*(z^*)$ 的一阶必要条件分别为：

$$\frac{\partial\mathcal{L}}{\partial C_{Ht}^*(z^*)}=(1-\gamma)\left(C_{Ht}^*(z^*)\right)^{-\gamma}\left(C_{Ft}^*(z^*)\right)^{\gamma}-\lambda P_{Ht}^*=0$$

和

$$\frac{\partial\mathcal{L}}{\partial C_{Ft}^*(z^*)}=\gamma\left(C_{Ht}^*(z^*)\right)^{1-\gamma}\left(C_{Ft}^*(z^*)\right)^{\gamma-1}-\lambda P_{Ft}^*=0$$

对上面两式分别左右同乘 $C_{Ht}^*(z^*)$ 和 $C_{Ft}^*(z^*)$，得到

$$(1-\gamma)\left(C_{Ht}^{*}(z^{*})\right)^{1-\gamma}\left(C_{Ft}^{*}(z^{*})\right)^{\gamma}=\lambda P_{Ht}^{*}C_{Ht}^{*}(z^{*})$$

$$\gamma\left(C_{Ht}^{*}(z^{*})\right)^{1-\gamma}\left(C_{Ft}^{*}(z^{*})\right)^{\gamma}=\lambda P_{Ft}^{*}C_{Ft}^{*}(z^{*})$$

由此得到结论：F 国代表家庭消费预算 ψ_t 中，H 国产品和 F 国产品消费金额之比是 $1-\gamma$ 和 γ。

$$C_{Ft}^{*}(z^{*})=\frac{\gamma\Psi_t}{P_{Ft}^{*}};C_{Ht}^{*}(z^{*})=\frac{(1-\gamma)\Psi_t}{P_{Ht}^{*}}$$

F 国的消费者价格指数为 $P_t^{*}\equiv\gamma^{-\gamma}(1-\gamma)^{\gamma-1}(P_{Ft}^{*})^{\gamma}(P_{Ht}^{*})^{1-\gamma}$。

三、产品价格指数

H 国代表性消费者的预算为 $\Psi_t=\int_{\ell=0}^{1}P_{Ht}(\ell)C_{Ht}(\ell,z)d\ell$。H 国代表性消费者以预算为约束条件，选择各种商品 ℓ 的消费使得消费指数最大。这个最优化问题的拉格朗日式子为：$\mathcal{L}=\left[\int_{\ell=0}^{1}C_{Ht}(\ell,z)^{\frac{\xi-1}{\xi}}d\ell\right]^{\frac{\xi}{\xi-1}}+\lambda\left[\Psi_t-\int_{\ell=0}^{1}P_{Ht}(\ell)C_{Ht}(\ell,z)d\ell\right]$。关于 $C_{Ht}(\ell,z)$ 的一阶条件为：

$$\frac{\partial\mathcal{L}}{\partial C_{Ht}(\ell,z)}=\left(\frac{\xi}{\xi-1}\right)\left[\int_{\ell=0}^{1}C_{Ht}(\ell,z)^{\frac{\xi-1}{\xi}}d\ell\right]^{\frac{1}{\xi-1}}\left(\frac{\xi-1}{\xi}\right)C_{Ht}(\ell,z)^{\frac{-1}{\xi}}-\lambda P_{Ht}(\ell)=0 \tag{B.10}$$

或者，

$$C_{Ht}(\ell,z)=\frac{\left[\int_{\ell=0}^{1}C_{Ht}(\ell,z)^{\frac{\xi-1}{\xi}}d\ell\right]^{\frac{\xi}{\xi-1}}}{(\lambda P_{Ht}(\ell))^{\xi}} \tag{B.11}$$

由此，对于另一商品的消费 $C_{Ht}(\ell',z)$，同样满足：

$$C_{Ht}(\ell',z)=\frac{\left[\int_{\ell'=0}^{1}C_{Ht}(\ell',z)^{\frac{\xi-1}{\xi}}d\ell'\right]^{\frac{\xi}{\xi-1}}}{(\lambda P_{Ht}(\ell'))^{\xi}} \tag{B.12}$$

进一步，对于任意两种商品的消费而言，必然满足：

$$\frac{C_{Ht}(\ell,z)}{C_{Ht}(\ell',z)}=\frac{[\int_{\ell=0}^{1}C_{Ht}(\ell,z)^{\frac{\xi-1}{\xi}}d\ell]^{\frac{\xi}{\xi-1}}}{[\int_{\ell=0}^{1}C_{Ht}(\ell',z)^{\frac{\xi-1}{\xi}}d\ell]^{\frac{\xi}{\xi-1}}}\frac{(\lambda P_{Ht}(\ell'))^{\xi}}{(\lambda P_{Ht}(\ell))^{\xi}}=\left(\frac{P_{Ht}(\ell')}{P_{Ht}(\ell)}\right)^{\xi} \tag{B. 13}$$

将上式带入预算约束中得到：

$$\begin{aligned}\Psi_t&=\int_{\ell=0}^{1}P_{Ht}(\ell)C_{Ht}(\ell,z)d\ell\\&=\int_{\ell=0}^{1}P_{Ht}(\ell)\left(\frac{P_{Ht}(\ell')}{P_{Ht}(\ell)}\right)^{\xi}C_{Ht}(\ell',z)d\ell\\&=C_{Ht}(\ell',z)P_{Ht}(\ell')^{\xi}\int_{\ell=0}^{1}P_{Ht}(\ell)^{1-\xi}d\ell\end{aligned} \tag{B. 14}$$

由上式可推出：

$$C_{Ht}(\ell',z)=\frac{\Psi_t}{P_{Ht}(\ell')^{\xi}[\int_{\ell=0}^{1}P_{Ht}(\ell)^{1-\xi}d\ell]} \tag{B. 15}$$

或者，

$$C_{Ht}(\ell,z)=\frac{\Psi_t}{P_{Ht}(\ell)^{\xi}[\int_{\ell=0}^{1}P_{Ht}(\ell)^{1-\xi}d\ell]} \tag{B. 16}$$

代回到消费指数的式子中，

$$\begin{aligned}C_{Ht}(z)&=[\int_{\ell=0}^{1}C_{Ht}(\ell,z)^{\frac{\xi-1}{\xi}}d\ell]^{\frac{\xi}{\xi-1}}=[\int_{\ell=0}^{1}\frac{\Psi_t^{\frac{\xi-1}{\xi}}}{P_{Ht}(\ell)^{\xi-1}[\int_{\ell=0}^{1}P_{Ht}(\ell)^{1-\xi}d\ell]^{\frac{\xi-1}{\xi}}}d\ell]^{\frac{\xi}{\xi-1}}\\&=\left[\frac{\Psi_t^{\frac{\xi-1}{\xi}}}{[\int_{\ell=0}^{1}P_{Ht}(\ell)^{1-\xi}d\ell]^{\frac{\xi-1}{\xi}}}\int_{\ell=0}^{1}\frac{1}{P_{Ht}(\ell)^{\xi-1}}d\ell\right]^{\frac{\xi}{\xi-1}}=\Psi_t\left[\int_{\ell=0}^{1}P_{Ht}(\ell)^{1-\xi}d\ell\right]^{\frac{-1}{1-\xi}}\end{aligned} \tag{B. 17}$$

将与消费指数对应的价格指数定义为：

$$P_{Ht}=\left[\int_{\ell=0}^{1}P_{Ht}(\ell)^{1-\xi}d\ell\right]^{\frac{1}{1-\xi}} \tag{B.18}$$

运用价格指数的定义，消费者对代表商品 ℓ 的需求随相对价格的上涨而下降。

$$\begin{aligned}C_{Ht}(\ell,z)&=\frac{\Psi_t}{P_{Ht}(\ell)^{\xi}[\int_{\ell=0}^{1}P_{Ht}(\ell)^{1-\xi}d\ell]}\\&=\left(\frac{P_{Ht}(\ell)}{P_{Ht}}\right)^{-\xi}\frac{\Psi_t}{P_{Ht}}\\&=\left(\frac{P_{Ht}(\ell)}{P_{Ht}}\right)^{-\xi}C_{Ht}(z)\end{aligned} \tag{B.19}$$

对于H国家庭 z 消费的F国产品 ℓ^* 而言，消费预算为 $\Psi_t=\int_{\ell^*=0}^{1}P_{Ft}(\ell^*)C_{Ft}(\ell^*,z)d\ell^*$。H国代表性消费者以预算为约束条件，选择各种商品 ℓ^* 的消费使得消费指数最大。这个最优化问题的拉格朗日式子为 $\mathcal{L}=\left[\int_{\ell^*=0}^{1}C_{Ft}(\ell^*,z)^{\frac{\xi-1}{\xi}}d\ell^*\right]^{\frac{\xi}{\xi-1}}+\lambda\left[\Psi_t-\int_{\ell^*=0}^{1}P_{Ft}(\ell^*)C_{Ft}(\ell^*,z)d\ell^*\right]$。关于 $C_{Ft}(\ell^*,z)$ 的一阶条件为：

$$\frac{\partial\mathcal{L}}{\partial C_{Ft}(\ell^*,z)}=\left(\frac{\xi}{\xi-1}\right)\left[\int_{\ell^*=0}^{1}C_{Ft}(\ell^*,z)^{\frac{\xi-1}{\xi}}d\ell^*\right]^{\frac{1}{\xi-1}}\left(\frac{\xi-1}{\xi}\right)C_{Ft}(\ell^*,z)^{\frac{-1}{\xi}}-\lambda P_{Ft}(\ell^*)=0$$

或者，

$$C_{Ft}^{*}(\ell^*,z)=\frac{[\int_{\ell^*=0}^{1}C_{Ft}(\ell^*,z)^{\frac{\xi-1}{\xi}}d\ell^*]^{\frac{\xi}{\xi-1}}}{(\lambda P_{Ft}(\ell^*))^{\xi}}$$

由此，对于另一商品的消费 $C_{Ft}(\ell^{*'},z)$，同样满足：

$$C_{Ft}(\ell^{*'},z)=\frac{[\int_{\ell^{*'}=0}^{1}C_{Ft}(\ell^{*'},z)^{\frac{\xi-1}{\xi}}d\ell^{*'}]^{\frac{\xi}{\xi-1}}}{(\lambda P_{Ft}(\ell^{*'}))^{\xi}}$$

进一步，对于任意两种商品的消费而言，必然满足

$$\frac{C_{Ft}(\ell^*,z)}{C_{Ft}(\ell^{*'},z)}=\frac{[\int\limits_{\ell^*=0}^{1}C_{Ft}(\ell^*,z)^{\frac{\xi-1}{\xi}}d\ell^*]^{\frac{\xi}{\xi-1}}}{[\int\limits_{\ell^{*'}=0}^{1}C_{Ft}(\ell^{*'},z)^{\frac{\xi-1}{\xi}}d\ell^{*'}]^{\frac{\xi}{\xi-1}}}\frac{(\lambda P_{Ft}(\ell^{*'}))^{\xi}}{(\lambda P_{Ft}(\ell^*))^{\xi}}=\left(\frac{P_{Ft}(\ell^{*'})}{P_{Ft}(\ell^*)}\right)^{\xi}$$

将上式带入预算约束中得到

$$\begin{aligned}\Psi_t&=\int\limits_{\ell^*=0}^{1}P_{Ft}(\ell^*)C_{Ft}(\ell^*,z)d\ell^*\\&=\int\limits_{\ell^*=0}^{1}P_{Ft}(\ell^*)\left(\frac{P_{Ft}(\ell^{*'})}{P_{Ft}(\ell^*)}\right)^{\xi}C_{Ft}(\ell^{*'},z)d\ell^*\\&=C_{Ft}(\ell^{*'},z)P_{Ft}(\ell^{*'})^{\xi}\int\limits_{\ell^*=0}^{1}P_{Ft}(\ell^*)^{1-\xi}d\ell^*\end{aligned}$$

由上式可推出

$$C_{Ft}(\ell^{*'},z)=\frac{\Psi_t}{P_{Ft}(\ell^{*'})^{\xi}[\int\limits_{\ell^*=0}^{1}P_{Ft}(\ell^*)^{1-\xi}d\ell^*]}$$

或者，

$$C_{Ft}(\ell^*,z)=\frac{\Psi_t}{P_{Ft}(\ell^*)^{\xi}[\int\limits_{\ell^*=0}^{1}P_{Ft}(\ell^*)^{1-\xi}d\ell^*]}$$

代回到消费指数的式子中，

$$C_{Ft}(z)=[\int\limits_{\ell^*=0}^{1}C_{Ft}(\ell^*,z)^{\frac{\xi-1}{\xi}}d\ell^*]^{\frac{\xi}{\xi-1}}=[\int\limits_{\ell^*=0}^{1}\frac{\Psi_t^{\frac{\xi-1}{\xi}}}{P_{Ft}(\ell^*)^{\xi-1}[\int\limits_{\ell^*=0}^{1}P_{Ft}(\ell^*)^{1-\xi}d\ell^*]^{\frac{\xi-1}{\xi}}}d\ell^*]^{\frac{\xi}{\xi-1}}$$

$$=\left[\frac{\Psi_t^{\frac{\xi-1}{\xi}}}{[\int\limits_{\ell^*=0}^{1}P_{Ft}(\ell^*)^{1-\xi}d\ell^*]^{\frac{\xi-1}{\xi}}}\int\limits_{\ell^*=0}^{1}\frac{1}{P_{Ft}(\ell^*)^{\xi-1}}d\ell^*\right]^{\frac{\xi}{\xi-1}}=\Psi_t\left[\int\limits_{\ell^*=0}^{1}P_{Ft}(\ell^*)^{1-\xi}d\ell^*\right]^{\frac{-1}{1-\xi}}$$

将与消费指数对应的价格指数定义为：

$$P_{Ft}=\left[\int_{\ell^*=0}^{1}P_{Ft}(\ell^*)^{1-\xi}d\ell^*\right]^{\frac{1}{1-\xi}} \tag{B.20}$$

运用价格指数的定义，消费者对代表商品 ℓ^* 的需求随相对价格的上涨而下降。

$$\begin{aligned}C_{Ft}(\ell^*,z)&=\frac{\Psi_t}{P_{Ft}(\ell^*)^{\xi}[\int_{\ell^*=0}^{1}P_{Ft}(\ell^*)^{1-\xi}d\ell^*]}\\&=\left(\frac{P_{Ft}(\ell^*)}{P_{Ft}}\right)^{-\xi}\frac{\Psi_t}{P_{Ft}}\\&=\left(\frac{P_{Ft}(\ell^*)}{P_{Ft}}\right)^{-\xi}C_{Ft}(z)\end{aligned}$$

F 国代表性消费者的预算为 $\Psi_t=\int_{\ell^*=0}^{1}P_{Ft}^*(\ell^*)C_{Ft}^*(\ell^*,z^*)d\ell^*$。F 国代表性消费者以预算为约束条件，选择各种商品 ℓ^* 的消费使得消费指数最大。这个最优化问题的拉格朗日式子为 $\mathcal{L}=\left[\int_{\ell^*=0}^{1}C_{Ft}^*(\ell^*,z^*)^{\frac{\xi-1}{\xi}}d\ell^*\right]^{\frac{\xi}{\xi-1}}+\lambda\left[\Psi_t-\int_{\ell^*=0}^{1}P_{Ft}^*(\ell^*)C_{Ft}^*(\ell^*,z^*)d\ell^*\right]$。根据 $C_{Ft}^*(\ell^*,z^*)$ 的一阶条件推出：

$$\begin{aligned}C_{Ft}^*(z^*)&=[\int_{\ell^*=0}^{1}C_{Ft}^*(\ell^*,z^*)^{\frac{\xi-1}{\xi}}d\ell^*]^{\frac{\xi}{\xi-1}}\\&=[\int_{\ell^*=0}^{1}\frac{\Psi_t^{\frac{\xi-1}{\xi}}}{P_{Ft}^*(\ell^*)^{\xi-1}[\int_{\ell=0}^{1}P_{Ft}^*(\ell^*)^{1-\xi}d\ell^*]^{\frac{\xi-1}{\xi}}}d\ell^*]^{\frac{\xi}{\xi-1}}\\&=\left[\frac{\Psi_t^{\frac{\xi-1}{\xi}}}{[\int_{\ell^*=0}^{1}P_{Ft}^*(\ell^*)^{1-\xi}d\ell^*]^{\frac{\xi-1}{\xi}}}\int_{\ell^*=0}^{1}\frac{1}{P_{Ft}^*(\ell^*)^{\xi-1}}d\ell^*\right]^{\frac{\xi}{\xi-1}}\\&=\Psi_t\left[\int_{\ell^*=0}^{1}P_{Ft}^*(\ell^*)^{1-\xi}d\ell^*\right]^{\frac{-1}{1-\xi}}\end{aligned}$$

将与消费指数对应的价格指数定义为：

$$P_{Ft}^{*}=\left[\int_{\ell^{*}=0}^{1}P_{Ft}^{*}(\ell^{*})^{1-\xi}d\ell^{*}\right]^{\frac{1}{1-\xi}} \tag{B.21}$$

运用价格指数的定义，消费者对代表商品 ℓ^{*} 的需求随相对价格的上涨而下降。

$$\begin{aligned}C_{Ft}^{*}(\ell^{*},z^{*})&=\frac{\Psi_{t}}{P_{Ft}^{*}(\ell^{*})^{\xi}[\int_{\ell^{*}=0}^{1}P_{Ft}^{*}(\ell^{*})^{1-\xi}d\ell^{*}]}\\&=\left(\frac{P_{Ft}^{*}(\ell^{*})}{P_{Ft}^{*}}\right)^{-\xi}\frac{\Psi_{t}}{P_{Ft}^{*}}\\&=\left(\frac{P_{Ft}^{*}(\ell^{*})}{P_{Ft}^{*}}\right)^{-\xi}C_{Ft}^{*}(z^{*})\end{aligned}$$

对于 F 国家庭 z^{*} 消费的 H 国产品 ℓ 而言，消费预算为 $\Psi_{t}=\int_{\ell=0}^{1}P_{Ht}^{*}(\ell)C_{Ht}^{*}(\ell,z^{*})d\ell$。H 国代表性消费者以预算为约束条件，选择各种商品 ℓ 的消费使得消费指数最大。这个最优化问题的拉格朗日式子为 $\mathcal{L}=\left[\int_{\ell=0}^{1}C_{Ht}^{*}(\ell,z^{*})^{\frac{\xi-1}{\xi}}d\ell\right]^{\frac{\xi}{\xi-1}}+\lambda\left[\Psi_{t}-\int_{\ell=0}^{1}P_{Ht}^{*}(\ell)C_{Ht}^{*}(\ell,z^{*})d\ell\right]$。根据 $C_{Ht}^{*}(\ell,z^{*})$ 的一阶条件推出：

$$\begin{aligned}C_{Ht}^{*}(z^{*})&=[\int_{\ell=0}^{1}C_{Ht}^{*}(\ell,z^{*})^{\frac{\xi-1}{\xi}}d\ell]^{\frac{\xi}{\xi-1}}\\&=[\int_{\ell=0}^{1}\frac{\Psi_{t}^{\frac{\xi-1}{\xi}}}{P_{Ht}^{*}(\ell)^{\xi-1}[\int_{\ell=0}^{1}P_{Ht}^{*}(\ell)^{1-\xi}d\ell]^{\frac{\xi-1}{\xi}}}d\ell]^{\frac{\xi}{\xi-1}}\\&=\left[\frac{\Psi_{t}^{\frac{\xi-1}{\xi}}}{[\int_{\ell=0}^{1}P_{Ht}^{*}(\ell)^{1-\xi}d\ell]^{\frac{\xi-1}{\xi}}}\int_{\ell=0}^{1}\frac{1}{P_{Ht}^{*}(\ell)^{\xi-1}}d\ell\right]^{\frac{\xi}{\xi-1}}\\&=\Psi_{t}\left[\int_{\ell=0}^{1}P_{Ht}^{*}(\ell)^{1-\xi}d\ell\right]^{\frac{-1}{1-\xi}}\end{aligned}$$

将与消费指数对应的价格指数定义为：

$$P_{Ht}^{*}=\left[\int_{\ell=0}^{1}P_{Ht}^{*}(\ell)^{1-\xi}d\ell\right]^{\frac{1}{1-\xi}} \tag{B. 22}$$

运用价格指数的定义，消费者对代表商品 ℓ 的需求随相对价格的上涨而下降。

$$C_{Ht}^{*}(\ell,z^{*})=\frac{\Psi_{t}}{P_{Ht}^{*}(\ell)^{\xi}[\int_{\ell^{*}=0}^{1}P_{Ht}^{*}(\ell)^{1-\xi}d\ell]}=\left(\frac{P_{Ht}^{*}(\ell)}{P_{Ht}^{*}}\right)^{-\xi}\frac{\Psi_{t}}{P_{Ht}^{*}}=\left(\frac{P_{Ht}^{*}(\ell)}{P_{Ht}^{*}}\right)^{-\xi}C_{Ht}^{*}(z^{*})$$

四、工资指数和劳动需求

H 国企业工资支出预算为 $Z_{t}(\ell)=\int_{0}^{1}W_{Ht}(\ell,z)N_{Ht}(\ell,z)dz$，以工资预算为约束条件，选择 H 国各家庭的劳动小时数使得产品生产企业运用的劳动指数最小。这个最优化问题的拉格朗日式为：

$$\mathcal{L}=\left(\int_{0}^{1}N_{Ht}(\ell,z)^{\frac{\eta_{t}-1}{\eta_{t}}}dz\right)^{\frac{\eta_{t}}{\eta_{t}-1}}+\lambda[Z_{t}(\ell)-\int_{0}^{1}W_{Ht}(\ell,z)N_{Ht}(\ell,z)dz]$$

其中，λ 是拉格朗日乘数。关于 $N_{Ht}(\ell,z)$ 的一阶条件为：

$$\frac{\partial\mathcal{L}}{\partial N_{Ht}(\ell,z)}=\left(\int_{0}^{1}N_{Ht}(\ell,z)^{\frac{\eta_{t}-1}{\eta_{t}}}dz\right)^{\frac{1}{\eta_{t}-1}}N_{Ht}(\ell,z)^{\frac{-1}{\eta_{t}}}-\lambda W_{Ht}(\ell,z)=0$$

或者

$$N_{Ht}(\ell,z)=\frac{\left(\int_{0}^{1}N_{Ht}(\ell,z)^{\frac{\eta_{t}-1}{\eta_{t}}}dz\right)^{\frac{\eta_{t}}{\eta_{t}-1}}}{\lambda^{\eta_{t}}W_{Ht}(\ell,z)^{\eta_{t}}}$$

关于 $N_{Ht}(\ell,z')$ 的一阶条件为：

$$N_{Ht}(\ell,z')=\frac{\left(\int_{0}^{1}N_{Ht}(\ell,z)^{\frac{\eta_{t}-1}{\eta_{t}}}dz\right)^{\frac{\eta_{t}}{\eta_{t}-1}}}{\lambda^{\eta_{t}}W_{Ht}(\ell,z')^{\eta_{t}}}$$

根据上面两式，家庭 z 和家庭 z' 的劳动小时数之比可进一步表达为：

$$\frac{N_{Ht}(\ell,z)}{N_{Ht}(\ell,z')}=\left(\frac{W_{Ht}(\ell,z')}{W_{Ht}(\ell,z)}\right)^{\eta_t}$$

将上式代入工资支出 Z_t（ℓ）表达式中，家庭 z' 的劳动小时数可写成：

$$N_{Ht}(\ell,z')=\frac{Z_t(\ell)}{W_{Ht}(\ell,z')^{\eta_t}\int_0^1 W_{Ht}(\ell,z)^{1-\eta_t}\,dz}$$

由上式，家庭 z 的劳动小时数可以表示为：

$$N_{Ht}(\ell,z)=\frac{Z_t(\ell)}{W_{Ht}(\ell,z)^{\eta_t}\int_0^1 W_{Ht}(\ell,z)^{1-\eta_t}\,dz}$$

将上式代入产品生产企业的 CES 劳动指数，可以发现关于产品生产企业的工资指数同样是 CES 形式。

$$N_{Ht}(\ell)=\frac{Z_t(\ell)}{W_{Ht}(\ell)}$$

其中，$W_{Ht}(\ell)\equiv\left(\int_0^1 W_{Ht}(\ell,z)^{1-\eta_t}dz\right)^{(1-\eta_t)^{-1}}$ 是与 H 国产品生产企业 CES 劳动指数对应的工资指数，且 $Z_t(\ell)=N_{Ht}(\ell)W_{Ht}(\ell)$ 成立。进一步可推导出 H 国对家庭 z 劳动小时数的需求如下：

$$\begin{aligned}N_{Ht}(\ell,z)&=\frac{Z_t(\ell)}{W_{Ht}(\ell,z)^{\eta_t}\int_0^1 W_{Ht}(\ell,z)^{1-\eta_t}\,dz}\\&=\frac{N_{Ht}(\ell)W_{Ht}(\ell)}{W_{Ht}(\ell,z)^{\eta_t}\int_0^1 W_{Ht}(\ell,z)^{1-\eta_t}\,dz}\\&=\frac{N_{Ht}(\ell)W_{Ht}(\ell)}{W_{Ht}(\ell,z)^{\eta_t}W_{Ht}(\ell)^{1-\eta_t}}\\&=N_{Ht}(\ell)\left(\frac{W_{Ht}(\ell,z)}{W_{Ht}(\ell)}\right)^{-\eta_t}\end{aligned}$$

五、对数线性逼近初步

对数线性逼近（loglinear approximation）是将非线性关系线性化的一种方法，

它与线性逼近的区别顾名思义在于“对数”。所谓“对数”，来自以下关系：

$$(X_t - X)/X \cong \ln(X_t / X) \equiv x_t$$

其中，X 是 X_t 的非随机稳态值（Steady State）。动态系统往往包括不同期的变量值，选取稳态值作为对数线性逼近的逼近点，确保整个动态系统可以在同一点被逼近。给定实函数 $Y_t = f(X_t)$，对数线性化不是针对 Y_t 和 X_t 的水平，而是针对 Y_t 和 X_t 偏离其均衡值的程度，这种偏离程度近似用 $\ln(Y_t/Y)$ 和 $\ln(X_t/X)$ 表示，为简便通常用 y_t 和 x_t 表示。对实函数 $Y_t = f(X_t)$ 的对数线性化，得到：

$$y_t = \left(\frac{\partial \log f(X_t)}{\partial \log X_t} |_{X_t = X} \right) x_t$$

这样，原来非线性的函数 $f(X_t)$ 在均衡值附近被一种线性关系所逼近。

六、PCP 企业灵活调价

在 PCP 条件下，假设产品生产函数满足规模效益不变 $Y_t(\ell) = A_{Ht} N_{Ht}(\ell)$，产品生产企业能够灵活调整价格 $P_{Ht}(\ell)$，使得利润最大：

$$\mathfrak{P}_t(\ell) = P_{Ht}(\ell) C_{Ht}(\ell) + \mathcal{E}_t P^*_{Ht}(\ell) C^*_{Ht}(\ell) - (1 - \tau_t) W_{Ht} N_{Ht}(\ell) \qquad (\text{B. }23)$$

其中，τ_t是税收。由于所有 H 国家庭的决策都相同，所以可以省略 $C_{Ht}(\ell, z)$ 和 $C_{Ht}(z)$ 中的 z。利润最大化的约束条件为前面推导的等式：

$$C_{Ht}(\ell) = [\frac{P_{Ht}(\ell)}{P_{Ht}}]^{-\xi} C_{Ht} \qquad (\text{B. }24)$$

$$C^*_{Ht}(\ell) = [\frac{P^*_{Ht}(\ell)}{P^*_{Ht}}]^{-\xi} C^*_{Ht} \qquad (\text{B. }25)$$

在 PCP 条件下，一价定律成立，H 国产品在 H 国销售和 F 国销售的相对价格相等：

$$\frac{P_{Ht}(\ell)}{P_{Ht}} = \frac{P^*_{Ht}(\ell)}{P^*_{Ht}} \qquad (\text{B. }26)$$

同时根据生产函数关系有：

$$N_{Ht}(\ell) = \frac{Y_t(\ell)}{A_{Ht}} = \frac{C_{Ht}(\ell) + C^*_{Ht}(\ell)}{A_{Ht}} \qquad (\text{B. }27)$$

将（B. 24）、（B. 25）、（B. 26）和（B. 27）代入（B. 23）得到：

$$\mathfrak{P}_t(\ell)=P_{Ht}(\ell)([\frac{P_{Ht}(\ell)}{P_{Ht}}]^{-\xi}C_{Ht}+[\frac{P_{Ht}^*(\ell)}{P_{Ht}^*}]^{-\xi}C_{Ht}^*)-(1-\tau_t)W_{Ht}\frac{[\frac{P_{Ht}(\ell)}{P_{Ht}}]^{-\xi}C_{Ht}+[\frac{P_{Ht}^*(\ell)}{P_{Ht}^*}]^{-\xi}C_{Ht}^*}{A_{Ht}} \tag{B. 28}$$

化简以后得到：

$$\begin{aligned}&[\frac{P_{Ht}(\ell)}{P_{Ht}}]^{-\xi}(C_{Ht}+C_{Ht}^*)[P_{Ht}(\ell)-(1-\tau_t)\frac{W_{Ht}}{A_{Ht}}]\\&=P_{Ht}^{\xi}[P_{Ht}(\ell)]^{1-\xi}(C_{Ht}+C_{Ht}^*)-P_{Ht}^{\xi}[P_{Ht}(\ell)]^{-\xi}(C_{Ht}+C_{Ht}^*)(1-\tau_t)\frac{W_{Ht}}{A_{Ht}}\end{aligned} \tag{B. 29}$$

对（B. 29）中的 $P_{Ht}(\ell)$ 求导，得到：

$$(1-\xi)P_{Ht}^{\xi}[P_{Ht}(\ell)]^{-\xi}(C_{Ht}+C_{Ht}^*)+\xi P_{Ht}^{\xi}[P_{Ht}(\ell)]^{-\xi-1}(C_{Ht}+C_{Ht}^*)(1-\tau_t)\frac{W_{Ht}}{A_{Ht}}=0$$

$$\dot{P}_{Ht}(\ell)=\frac{\xi}{\xi-1}(1-\tau_t)\frac{\dot{W}_{Ht}}{A_{Ht}}\equiv(1+\mu^P)(1-\tau_t)\frac{\dot{W}_{Ht}}{A_{Ht}} \tag{B. 30}$$

价格灵活调整但不存在最优补贴的状态，在变量上方加“·”。

七、资源有效配置和最优补贴

在资源有效配置的状态，增加一个单位劳动，带来负的边际效用 $\overline{N}_{Ht}^{\phi}$，同时增加产出的数量等于边际的劳动产出 A_{Ht}，带来产品销售收入为 $A_{Ht}\overline{P}_{Ht}$，能够带来的实际消费为 $A_{Ht}\overline{P}_{Ht}/\overline{P}_t$，对应这些消费所增加的边际效用为 $A_{Ht}\overline{P}_{Ht}\overline{C}_t^{-\sigma}/\overline{P}_t$。根据资源有效配置的条件，以下关系成立：

$$\frac{A_{Ht}\overline{C}_t^{-\sigma}\overline{P}_{Ht}}{\overline{P}_t}=\overline{N}_{Ht}^{\phi} \tag{B. 31}$$

根据资源有效配置条件进一步可以得出：

$$\frac{\overline{W}_{Ht}}{\overline{P}_t}=\frac{\overline{N}_{Ht}^{\phi}}{\overline{C}_t^{-\sigma}}=\frac{A_{Ht}\overline{P}_{Ht}}{\overline{P}_t} \tag{B. 32}$$

化简之后表示为：

$$\frac{\bar{W}_{Ht}}{\bar{P}_{Ht}A_{Ht}}=1 \tag{B.33}$$

PCP 条件下价格灵活调整企业满足：

$$\dot{P}_{Ht}=(1+\mu^{P})(1-\tau_{t})\frac{\dot{W}_{Ht}}{A_{Ht}} \tag{B.34}$$

从家庭提供劳动的条件得到：

$$\frac{W_{Ht}}{A_{Ht}}=\frac{\eta_{t}}{\eta_{t}-1}\frac{N_{Ht}^{\phi}}{C_{t}^{-\sigma}}\frac{P_{t}}{A_{Ht}} \tag{B.35}$$

将（B. 35）代入（B. 34）得到：

$$\frac{P_{Ht}C_{t}^{-\sigma}A_{Ht}}{P_{t}N_{Ht}{}^{\phi}}=(1+\mu^{P})(1-\tau_{t})\frac{\eta_{t}}{\eta_{t}-1} \tag{B.36}$$

在资源有效配置的状态下，根据（B. 31），最优的税收补贴 τ_t 满足：

$$\frac{\eta_{t}}{\eta_{t}-1}\left(1+\mu^{P}\right)\left(1-\tau_{t}\right)=1 \tag{B.37}$$

假定最优税收补贴仅在稳态下成立，没有时间下标：

$$\frac{\eta}{\eta-1}\left(1+\mu^{P}\right)\left(1-\tau\right)=1 \tag{B.38}$$

八、PCP 企业和 LCP 企业粘性定价

（1）PCP 企业粘性定价

假设产品生产函数满足规模效益不变 $Y_t(\ell)=A_{Ht}N_{Ht}(\ell)$。在 PCP 条件下，产品生产企业如果在第 t 期有机会调整价格，它选择 $P_{Ht}^{0}(\ell)$，使得未来利润现值的预期最大：

$$E_{t}\sum_{j=0}^{\infty}\theta^{j}Q_{t,t+j}[P_{Ht}^{0}(\ell)(C_{Ht+j}(\ell)+C_{Ht+j}^{*}(\ell))-(1-\tau_{t+j})W_{Ht+j}N_{Ht+j}(\ell)] \tag{B.39}$$

其中，τ_t是税收。所有 H 国家庭都相同，H 国人均消费等于 H 国每个家庭的消费，可以省略 $C_{Ht}(\ell,z)$ 和 $C_{Ht}(z)$ 中的 z。回顾前面推导的等式：

$$C_{Ht}(\ell)=[\frac{P_{Ht}(\ell)}{P_{Ht}}]^{-\xi}C_{Ht} \tag{B.40}$$

$$C_{Ht}^{*}(\ell)=[\frac{P_{Ht}^{*}(\ell)}{P_{Ht}^{*}}]^{-\xi}C_{Ht}^{*} \tag{B.41}$$

在 PCP 条件下，由于一价定律成立，所以 H 国产品在 H 国销售和 F 国销售的相对价格相等：

$$\frac{P_{Ht}(\ell)}{P_{Ht}}=\frac{P_{Ht}^{*}(\ell)}{P_{Ht}^{*}} \tag{B.42}$$

同时根据生产函数关系有：

$$N_{Ht+j}(\ell)=\frac{Y_{t+j}(\ell)}{A_{Ht+j}}=\frac{C_{Ht+j}(\ell)+C_{Ht+j}^{*}(\ell)}{A_{Ht+j}} \tag{B.43}$$

将（B. 40）、（B. 41）、（B. 42）和（B. 43）代入（B. 39）得到：

$$E_t\sum_{j=0}^{\infty}\left\{\begin{array}{l}\theta^{j}Q_{t,t+j}\\ \left[\begin{array}{l}P_{Ht}^{0}(\ell)([\frac{P_{Ht+j}(\ell)}{P_{Ht+j}}]^{-\xi}C_{Ht+j}+[\frac{P_{Ht+j}^{*}(\ell)}{P_{Ht+j}^{*}}]^{-\xi}C_{Ht+j}^{*})-\\ (1-\tau_{t+j})W_{Ht+j}\dfrac{[\frac{P_{Ht+j}(\ell)}{P_{Ht+j}}]^{-\xi}C_{Ht+j}+[\frac{P_{Ht+j}^{*}(\ell)}{P_{Ht+j}^{*}}]^{-\xi}C_{Ht+j}^{*}}{A_{Ht+j}}\end{array}\right]\end{array}\right\} \tag{B.44}$$

化简以后得到：

$$E_t\sum_{j=0}^{\infty}\theta^{j}Q_{t,t+j}[\frac{P_{Ht+j}(\ell)}{P_{Ht+j}}]^{-\xi}(C_{Ht+j}+C_{Ht+j}^{*})[P_{Ht}^{0}(\ell)-(1-\tau_{t+j})\frac{W_{Ht+j}}{A_{Ht+j}}] \tag{B.45}$$

由于价格粘性，（B. 45）中的价格满足：

$$P_{Ht+j}(\ell)=P_{Ht}^{0}(\ell) \tag{B.46}$$

由此得到：

$$E_t\sum_{j=0}^{\infty}\theta^{j}Q_{t,t+j}[\frac{P_{Ht}^{0}(\ell)}{P_{Ht+j}}]^{-\xi}(C_{Ht+j}+C_{Ht+j}^{*})[P_{Ht}^{0}(\ell)-(1-\tau_{t+j})\frac{W_{Ht+j}}{A_{Ht+j}}] \tag{B.47}$$

进一步化简（B. 47）得到：

$$E_t\sum_{j=0}^{\infty}\theta^{j}Q_{t,t+j}P_{Ht+j}^{\xi}(C_{Ht+j}+C_{Ht+j}^{*})\left([P_{Ht}^{0}(\ell)]^{1-\xi}-(1-\tau_{t+j})\frac{W_{Ht+j}}{A_{Ht+j}}[P_{Ht}^{0}(\ell)]^{-\xi}\right) \tag{B.48}$$

H 国企业选择 $P^0_{Ht}(\ell)$ 实现利润最大化，对（B.48）中的 $P^0_{Ht}(\ell)$ 求导得到：

$$E_t\sum_{j=0}^{\infty}\theta^j Q_{t,t+j}P^{\xi}_{Ht+j}(C_{Ht+j}+C^*_{Ht+j})[P^0_{Ht}(\ell)]^{-\xi-1}\left(P^0_{Ht}(\ell)-\frac{\xi}{\xi-1}(1-\tau_{t+j})\frac{W_{Ht+j}}{A_{Ht+j}}\right)=0 \tag{B.49}$$

（3）LCP 企业粘性定价

假设产品生产函数满足规模效益不变 $Y_t(\ell) = A_{Ht}N_{Ht}(\ell)$。在 LCP 条件下，产品生产企业如果在第 t 期有机会调整价格，它选择 $P^0_{Ht}(\ell)$ 和 $P^{*0}_{Ht}(\ell)$，使得未来利润现值的预期最大：

$$E_t\sum_{j=0}^{\infty}\theta^j Q_{t,t+j}[P^0_{Ht}(\ell)C_{Ht+j}(\ell)+\mathcal{E}_{t+j}P^{*0}_{Ht}(\ell)C^*_{Ht+j}(\ell)-(1-\tau_{t+j})W_{Ht+j}N_{Ht+j}(\ell)] \tag{B.50}$$

回顾前面推导的等式：

$$C_{Ht}(\ell)=[\frac{P_{Ht}(\ell)}{P_{Ht}}]^{-\xi}C_{Ht} \tag{B.51}$$

$$C^*_{Ht}(\ell)=[\frac{P^*_{Ht}(\ell)}{P^*_{Ht}}]^{-\xi}C^*_{Ht} \tag{B.52}$$

在 LCP 条件下，一价定律不成立，H 国产品在 H 国销售和 F 国销售的相对价格不再相等：

$$\frac{P_{Ht}(\ell)}{P_{Ht}}\neq\frac{P^*_{Ht}(\ell)}{P^*_{Ht}} \tag{B.53}$$

根据生产函数关系有：

$$N_{Ht+j}(\ell)=\frac{Y_{t+j}(\ell)}{A_{Ht+j}}=\frac{C_{Ht+j}(\ell)+C^*_{Ht+j}(\ell)}{A_{Ht+j}} \tag{B.54}$$

将（B.51）、（B.52）和（B.54）代入（B.50）得到：

$$E_t\sum_{j=0}^{\infty}\left\{\begin{aligned}&\theta^j Q_{t,t+j}\\&\left[\begin{aligned}&P^0_{Ht}(\ell)[\frac{P_{Ht+j}(\ell)}{P_{Ht+j}}]^{-\xi}C_{Ht+j}+\mathcal{E}_{t+j}P^{*0}_{Ht}(\ell)[\frac{P^*_{Ht+j}(\ell)}{P^*_{Ht+j}}]^{-\xi}C^*_{Ht+j}-\\&(1-\tau_{t+j})W_{Ht+j}\frac{[\frac{P_{Ht+j}(\ell)}{P_{Ht+j}}]^{-\xi}C_{Ht+j}+[\frac{P^*_{Ht+j}(\ell)}{P^*_{Ht+j}}]^{-\xi}C^*_{Ht+j}}{A_{Ht+j}}\end{aligned}\right]\end{aligned}\right\} \tag{B.55}$$

由于价格粘性，（B. 55）中的价格满足：

$$P_{Ht+j}(\ell)=P^0_{Ht}(\ell) \tag{B. 56}$$

$$P^*_{Ht+j}(\ell)=P^{*0}_{Ht}(\ell) \tag{B. 57}$$

由此得到：

$$E_t\sum_{j=0}^{\infty}\left\{\begin{array}{l}\theta^j Q_{t,t+j}\\ \left[\begin{array}{l}P^0_{Ht}(\ell)^{1-\xi}[P_{Ht+j}]^{\xi}C_{Ht+j}+\mathcal{E}_{t+j}P^{*0}_{Ht}(\ell)^{1-\xi}[P^*_{Ht+j}]^{\xi}C^*_{Ht+j}-\\ (1-\tau_{t+j})W_{Ht+j}\dfrac{P^0_{Ht}(\ell)^{-\xi}[P_{Ht+j}]^{\xi}C_{Ht+j}+P^{*0}_{Ht}(\ell)^{-\xi}[P^*_{Ht+j}]^{\xi}C^*_{Ht+j}}{A_{Ht+j}}\end{array}\right]\end{array}\right\} \tag{B. 58}$$

H 国企业选择 $P^0_{Ht}(\ell)$ 和 $P^{*0}_{Ht}(\ell)$ 实现利润最大化，对（B. 58）中的 $P^0_{Ht}(\ell)$ 和 $P^{*0}_{Ht}(\ell)$ 分别求导得到：

$$E_t\sum_{j=0}^{\infty}\theta^j Q_{t,t+j}P^{\xi}_{Ht+j}C_{Ht+j}[P^0_{Ht}(\ell)]^{-\xi-1}\left(P^0_{Ht}(\ell)-\frac{\xi}{\xi-1}(1-\tau_{t+j})\frac{W_{Ht+j}}{A_{Ht+j}}\right)=0 \tag{B. 59}$$

$$E_t\sum_{j=0}^{\infty}\theta^j Q_{t,t+j}\left(P^*_{Ht+j}\right)^{\xi}C^*_{Ht+j}[P^{*0}_{Ht}(\ell)]^{-\xi-1}\left(\mathcal{E}_{t+j}P^{*0}_{Ht}(\ell)-\frac{\xi}{\xi-1}(1-\tau_{t+j})\frac{W_{Ht+j}}{A_{Ht+j}}\right)=0 \tag{B. 60}$$

九、关于市场均衡状态的推导

根据 H 国和 F 国消费者价格指数和贸易条件的定义，可以推出：

$$\frac{P_t}{P_{Ht}}=\frac{\gamma^{-\gamma}(1-\gamma)^{\gamma-1}P_{Ht}{}^{\gamma}\left(P_{Ft}\right)^{1-\gamma}}{P_{Ht}}=\gamma^{-\gamma}(1-\gamma)^{\gamma-1}\left(\frac{P_{Ft}}{P_{Ht}}\right)^{1-\gamma}=k^{-1}\mathcal{S}_t^{1-\gamma} \tag{B. 61}$$

$$\frac{P^*_t}{P^*_{Ht}}=\frac{\gamma^{-\gamma}(1-\gamma)^{\gamma-1}\left(P^*_{Ft}\right)^{\gamma}\left(P^*_{Ht}\right)^{1-\gamma}}{P^*_{Ht}}=\gamma^{-\gamma}(1-\gamma)^{\gamma-1}\left(\frac{P^*_{Ht}}{P^*_{Ft}}\right)^{-\gamma}=k^{-1}\left(\mathcal{S}^*_t\right)^{-\gamma} \tag{B. 62}$$

$$\frac{P_t}{P_{Ft}}=\frac{\gamma^{-\gamma}(1-\gamma)^{\gamma-1}P_{Ht}{}^{\gamma}\left(P_{Ft}\right)^{1-\gamma}}{P_{Ft}}=\gamma^{-\gamma}(1-\gamma)^{\gamma-1}\left(\frac{P_{Ft}}{P_{Ht}}\right)^{-\gamma}=k^{-1}\mathcal{S}_t^{-\gamma} \tag{B. 63}$$

$$\frac{P_t^*}{P_{Ft}^*}=\frac{\gamma^{-\gamma}(1-\gamma)^{\gamma-1}\left(P_{Ft}^*\right)^{\gamma}\left(P_{Ht}^*\right)^{1-\gamma}}{P_{Ft}^*}=\gamma^{-\gamma}(1-\gamma)^{\gamma-1}\left(\frac{P_{Ht}^*}{P_{Ft}^*}\right)^{1-\gamma}=k^{-1}\left(\mathcal{S}_t^*\right)^{1-\gamma} \quad (B.64)$$

在市场均衡状态，H 国产品的生产与 H 国和 F 国对 H 国产品消费数量相等：

$$\begin{aligned} Y_t &= C_{Ht}+C_{Ht}^* \\ &= \gamma\frac{P_tC_t}{P_{Ht}}+(1-\gamma)\frac{P_t^*C_t^*}{P_{Ht}^*} \\ &= k^{-1}\left[\gamma\mathcal{S}_t^{1-\gamma}C_t+(1-\gamma)\left(\mathcal{S}_t^*\right)^{-\gamma}C_t^*\right] \end{aligned} \quad (B.65)$$

F 国产品的生产与 H 国和 F 国对 F 国产品消费数量相等：

$$\begin{aligned} Y_t^* &= C_{Ft}+C_{Ft}^* \\ &= (1-\gamma)\frac{P_tC_t}{P_{Ft}}+\gamma\frac{P_t^*C_t^*}{P_{Ft}^*} \\ &= k^{-1}[(1-\gamma)\mathcal{S}_t^{-\gamma}C_t+\gamma\left(\mathcal{S}_t^*\right)^{1-\gamma}C_t^*] \end{aligned} \quad (B.66)$$

稳态两国消费支出满足：

$$C=C^* \quad (B.67)$$

代入（B. 65）和（B. 66），进行化简得到：

$$\begin{aligned} Y &= k^{-1}\left[\gamma\mathcal{S}^{1-\gamma}+(1-\gamma)\left(\mathcal{S}^*\right)^{-\gamma}\right]C \\ Y^* &= k^{-1}\left[(1-\gamma)\mathcal{S}^{-\gamma}+\gamma\left(\mathcal{S}^*\right)^{1-\gamma}\right]C \end{aligned} \quad (B.68)$$

如果生产函数参数的稳定状态值满足：

$$A_H=A_F=k^{-1} \quad (B.69)$$

$$\mathcal{S}=\mathcal{S}^*=1 \quad (B.70)$$

则有以下等式：

$$N_H=N_F=C=C^* \quad (B.71)$$

根据（B. 71），在稳定状态，满足：

$$dN_H=dN_F=dC=dC^* \quad (B.72)$$

这意味着消费和闲暇之间的边际替代弹性为 1。考虑效用最大化时消费和闲暇之间进行小幅度的调整不会影响效用水平，在最大化效用的无差异曲线上有以下关系：

$$\frac{N_H^{\phi}}{C^{-\sigma}}=\frac{dC}{dN_H}=1 \tag{B. 73}$$

结合（B. 71）和（B. 73），可以得到稳定状态下满足：

$$C^{1-\sigma}=\left(C^*\right)^{1-\sigma}=N_H^{1+\phi}=N_F^{1+\phi} \tag{B. 74}$$

十、生产者价格定价与贸易平衡条件

在 H 国企业 PCP 条件下，对（B. 65）两边同乘 P_{Ht}，运用 $C_{Ht}P_{Ht}=\gamma P_tC_t$、$C_{Ht}^*P_{Ht}^*=(1-\gamma)P_t^*C_t^*$、$\mathcal{E}_tP_t^*=P_t$ 和 $C_t=C_t^*$ 等结论，得到有关 H 国贸易平衡的论证：

$$\begin{aligned}P_{Ht}Y_t&=P_{Ht}C_{Ht}+P_{Ht}C_{Ht}^*\\&=P_{Ht}C_{Ht}+P_{Ht}^*\mathcal{E}_tC_{Ht}^*\\&=\gamma P_tC_t+(1-\gamma)\mathcal{E}_tP_t^*C_t^*\\&=\gamma P_tC_t+(1-\gamma)P_tC_t^*\\&=P_tC_t\end{aligned} \tag{B. 75}$$

在 F 国企业 PCP 条件下，对（B. 66）两边同乘 P_{Ft}^*，得到有关 F 国贸易平衡的论证：

$$\begin{aligned}P_{Ft}^*Y_t^*&=P_{Ft}^*C_{Ft}+P_{Ft}^*C_{Ft}^*\\&=P_{Ft}C_{Ft}/\mathcal{E}_t+P_{Ft}^*C_{Ft}^*\\&=(1-\gamma)P_tC_t/\mathcal{E}_t+\gamma P_t^*C_t^*\\&=(1-\gamma)P_t^*C_t^*+\gamma P_t^*C_t^*\\&=P_t^*C_t^*\end{aligned} \tag{B. 76}$$

十一、产出、消费和贸易条件

在市场均衡状态，H 国产品的生产与 H 国和 F 国对 H 国产品消费数量相等：

$$\begin{aligned} Y_t &= C_{Ht} + C_{Ht}^* \\ &= \gamma \frac{P_t C_t}{P_{Ht}} + (1-\gamma) \frac{P_t^* C_t^*}{P_{Ht}^*} \\ &= k^{-1}\left[\gamma \mathcal{S}_t^{1-\gamma} C_t + (1-\gamma) \left(\mathcal{S}_t^* \right)^{-\gamma} C_t^* \right] \end{aligned} \tag{B. 77}$$

F 国产品的生产与 H 国和 F 国对 F 国产品消费数量相等：

$$\begin{aligned} Y_t^* &= C_{Ft} + C_{Ft}^* \\ &= (1-\gamma) \frac{P_t C_t}{P_{Ft}} + \gamma \frac{P_t^* C_t^*}{P_{Ft}^*} \\ &= k^{-1}[(1-\gamma) \mathcal{S}_t^{-\gamma} C_t + \gamma \left(\mathcal{S}_t^* \right)^{1-\gamma} C_t^*] \end{aligned} \tag{B. 78}$$

对等式（B. 77）进行对数线性化，得到：

$$y_t = \gamma c_t + \gamma(1-\gamma) s_t + (1-\gamma) c_t^* - (1-\gamma)\gamma s_t^* \tag{B. 79}$$

对等式（B. 78）进行对数线性化，得到：

$$y_t^* = (1-\gamma) c_t - \gamma(1-\gamma) s_t + \gamma c_t^* + \gamma(1-\gamma) s_t^* \tag{B. 80}$$

十二、生产者价格定价的 NKPC

这里的推导基于 PCP 的情况。从贸易平衡条件出发，H 国消费可表达为贸易条件和 H 国产出的函数：

$$C_t = \frac{P_{Ht} Y_t}{P_t} = \gamma^{\gamma} (1-\gamma)^{1-\gamma} \mathcal{S}_t^{\gamma-1} Y_t \tag{B. 81}$$

F 国消费可表达为贸易条件和 F 国产出的函数：

$$C_t^* = \frac{P_{Ft}^* Y_t^*}{P_t^*} = \gamma^{\gamma} (1-\gamma)^{1-\gamma} \left(\mathcal{S}_t^* \right)^{\gamma-1} Y_t^* \tag{B. 82}$$

根据（B. 81）和（B. 82），运用 PCP 条件下两国贸易条件互为倒数和消费相等的条件可推出：

$$\mathcal{S}_t = \left(\frac{Y_t}{Y_t^*} \right)^{\frac{1}{2-2\gamma}} \tag{B. 83}$$

由（B. 83）和（B. 81）得到：

$$C_t = kY_t^{1/2}\left(Y_t^*\right)^{1/2} \tag{B.84}$$

回顾（4.79），PCP 条件下企业定价满足：

$$E_t\sum_{j=0}^{\infty}\theta^j Q_{t,t+j}P_{Ht+j}^{\xi}Y_{t+j}\left(P_{Ht}^0(\ell)-\frac{\xi}{\xi-1}(1-\tau_t)\frac{W_{Ht+j}}{A_{Ht+j}}\right)=0 \tag{B.85}$$

运用

$$Q_{t,t+j}=\beta^j\left(\frac{C_{t+j}}{C_t}\right)^{-\sigma}\frac{P_t}{P_{t+j}}$$

代替（B. 85）中的 $Q_{t,t+j}$，得到：

$$E_t\sum_{j=0}^{\infty}\theta^j\beta^j k^{1-\sigma}Y_{t+j}^{-\sigma/2}\left(Y_{t+j}^*\right)^{-\sigma/2}P_{Ht+j}^{\xi-\gamma}P_{Ft+j}^{\gamma-1}Y_{t+j}\left(P_{Ht}^0(\ell)-\frac{\xi}{\xi-1}(1-\tau_t)\frac{W_{Ht+j}}{A_{Ht+j}}\right)$$

$$E_t\sum_{j=0}^{\infty}\theta^j\beta^j k^{1-\sigma}Y_{t+j}^{1-\sigma/2}\left(Y_{t+j}^*\right)^{-\sigma/2}P_{Ht+j}^{\xi-1}Y_{t+j}^{\frac{\gamma-1}{2-2\gamma}}\left(Y_{t+j}^*\right)^{\frac{-\gamma+1}{2-2\gamma}}\left(P_{Ht}^0(\ell)-\frac{\xi}{\xi-1}(1-\tau_t)\frac{W_{Ht+j}}{A_{Ht+j}}\right)=0$$

$$E_t\sum_{j=0}^{\infty}\theta^j\beta^j k^{1-\sigma}Y_{t+j}^{1/2-\sigma/2}\left(Y_{t+j}^*\right)^{1/2-\sigma/2}P_{Ht+j}^{\xi-1}\left(P_{Ht}^0(\ell)-\frac{\xi}{\xi-1}(1-\tau_t)\frac{W_{Ht+j}}{A_{Ht+j}}\right)=0$$

（B. 86）

在 H 国企业 PCP 定价条件下，可以得出：

$$\begin{aligned}N_{Ht}(\ell)&=\frac{Y_t(\ell)}{A_{Ht}}=\frac{C_{Ht}(\ell)+C_{Ht}^*(\ell)}{A_{Ht}}\\&=\frac{C_{Ht}}{A_{Ht}}\left(\frac{P_{Ht}(\ell)}{P_{Ht}}\right)^{-\xi}+\frac{C_{Ht}^*}{A_{Ht}}\left(\frac{P_{Ht}^*(\ell)}{P_{Ht}^*}\right)^{-\xi}\\&=\left(\frac{C_{Ht}+C_{Ht}^*}{A_{Ht}}\right)\left(\frac{P_{Ht}(\ell)}{P_{Ht}}\right)^{-\xi}\\&=\frac{Y_t}{A_{Ht}}\left(\frac{P_{Ht}(\ell)}{P_{Ht}}\right)^{-\xi}\end{aligned} \tag{B.87}$$

运用有关劳动的结论，可以推导出：

$$N_{Ht}=\int_{\ell=0}^{1}N_{Ht}(\ell)d\ell=\frac{Y_t}{A_{Ht}}\int_{\ell=0}^{1}\left(\frac{P_{Ht}(\ell)}{P_{Ht}}\right)^{-\xi}d\ell\equiv\frac{Y_tV_{Ht}}{A_{Ht}} \tag{B.88}$$

假定以下条件成立：

$$\ln V_{Ht} = \ln V_{Ht}^{*} = \ln V_{Ft}^{*} = \ln V_{Ft} = o\left(\left\|a^{2}\right\|\right) \tag{B.89}$$

对（B. 88）进行对数线性化，得到：

$$n_{Ht} = y_{t} - a_{Ht} + o\left(\left\|a^{2}\right\|\right) \tag{B.90}$$

$$n_{Ft} = y_{t}^{*} - a_{Ft} + o\left(\left\|a^{2}\right\|\right) \tag{B.91}$$

根据有关工资的推导，以下关系成立：

$$\frac{W_{Ht+j}}{P_{t+j}} = \frac{\eta_{t+j}}{\eta_{t+j}-1}\frac{N_{Ht+j}{}^{\phi}}{C_{t+j}{}^{-\sigma}} \tag{B.92}$$

或者，

$$\frac{W_{Ht+j}}{A_{Ht+j}} = P_{Ht+j}\frac{\eta_{t+j}}{\eta_{t+j}-1}\frac{\mathcal{S}_{t+j}^{1-\gamma}}{A_{Ht+j}^{1+\phi}}k^{\sigma-1}Y_{t+j}^{\frac{\sigma}{2}+\phi}\left(Y_{t+j}^{*}\right)^{\frac{\sigma}{2}}V_{Ht+j}^{\phi} \tag{B.93}$$

将（B. 83）代入（B. 93）得到：

$$\frac{W_{Ht+j}}{A_{Ht+j}} = P_{Ht+j}\frac{\eta_{t+j}}{\eta_{t+j}-1}\frac{k^{\sigma-1}Y_{t+j}^{\sigma/2+\phi+1/2}\left(Y_{t+j}^{*}\right)^{\sigma/2-1/2}V_{Ht+j}^{\phi}}{A_{Ht+j}^{\phi+1}} \tag{B.94}$$

对（B. 94）进行对数线性化，以小写字母代替对数线性化以后的变量，得到以下等式：

$$w_{Ht+j} - p_{Ht+j} - a_{Ht+j} = \left(\frac{\sigma}{2}+\phi+\frac{1}{2}\right)y_{t+j} + \left(\frac{\sigma}{2}-\frac{1}{2}\right)y_{t+j}^{*} + \phi v_{Ht+j} - (1+\phi)a_{Ht+j} \tag{B.95}$$

省略 P_{Ht}^{0}（ℓ）中的 ℓ，将（B. 94）代入（B. 86）得到：

$$E_{t}\sum_{j=0}^{\infty}\left\{\begin{matrix}\theta^{j}\beta^{j}k^{1-\sigma}Y_{t+j}^{1/2-\sigma/2}\left(Y_{t+j}^{*}\right)^{1/2-\sigma/2}P_{Ht+j}^{\xi-1} \\ \left(P_{Ht}^{0} - \frac{\xi}{\xi-1}(1-\tau_{t})P_{Ht+j}\frac{\eta_{t+j}}{\eta_{t+j}-1}\frac{k^{\sigma-1}Y_{t+j}^{\sigma/2+\phi+1/2}\left(Y_{t+j}^{*}\right)^{\sigma/2-1/2}V_{Ht+j}^{\phi}}{A_{Ht+j}^{\phi+1}}\right)\end{matrix}\right\}$$

$$= \sum_{j=0}^{\infty}\theta^{j}\beta^{j}E_{t}\left\{k^{1-\sigma}Y_{t+j}^{1/2-\sigma/2}\left(Y_{t+j}^{*}\right)^{1/2-\sigma/2}P_{Ht+j}^{\xi-1}P_{Ht}^{0} - P_{Ht+j}^{\xi}\frac{\xi}{\xi-1}(1-\tau_{t})\frac{\eta_{t+j}}{\eta_{t+j}-1}\frac{Y_{t+j}^{\phi+1}V_{Ht+j}^{\phi}}{A_{Ht+j}^{\phi+1}}\right\} = 0 \tag{B.96}$$

对（B. 96）进行对数线性化的结果是：

$$\sum_{j=0}^{\infty}\theta^{j}\beta^{j}E_{t}\left\{\begin{aligned}&\left(\frac{1}{2}-\frac{\sigma}{2}\right)y_{t+j}+\left(\frac{1}{2}-\frac{\sigma}{2}\right)y_{t+j}^{*}+(\xi-1)p_{Ht+j}+\\&p_{Ht}^{0}-\xi p_{Ht+j}-(\phi+1)y_{t+j}-\phi v_{Ht+j}+(1+\phi)a_{Ht+j}\end{aligned}\right\}$$

$$=\sum_{j=0}^{\infty}\theta^{j}\beta^{j}E_{t}\left\{p_{Ht}^{0}-p_{Ht+j}-\left[\left(\frac{1}{2}+\frac{\sigma}{2}+\phi\right)y_{t+j}-\left(\frac{1}{2}-\frac{\sigma}{2}\right)y_{t+j}^{*}+\phi v_{Ht+j}-(1+\phi)a_{Ht+j}\right]\right\}$$

$$=\sum_{j=0}^{\infty}\theta^{j}\beta^{j}E_{t}\left\{p_{Ht}^{0}-p_{Ht+j}-\left(w_{Ht+j}-p_{Ht+j}-a_{Ht+j}\right)\right\}$$

（B. 97）

接下来还要经过一系列的变换才能达到目的。先将上式 P_{Ht}^{0}移到等号另一边，

$$p_{Ht}^{0}=(1-\theta\beta)\sum_{j=0}^{\infty}(\theta\beta)^{j}E_{t}\left\{p_{Ht+j}+\left(w_{Ht+j}-p_{Ht+j}-a_{Ht+j}\right)\right\} \tag{B. 98}$$

再在等式两边同时加上 $\log P_{H}-\log P_{Ht-1}$，

$$\pi_{Ht}^{0}=(1-\theta\beta)\sum_{j=0}^{\infty}(\theta\beta)^{j}E_{t}\left\{p_{Ht+j}-p_{Ht-1}+\left(w_{Ht+j}-p_{Ht+j}-a_{Ht+j}\right)\right\} \tag{B. 99}$$

将（B. 99）右边的价格之差项进行变换，得到：

$$\begin{aligned}p_{Ht+j}-p_{Ht-1}&=\log P_{Ht+j}-\log P_{H}-\log P_{Ht-1}+\log P_{H}\\&=\log P_{Ht+j}-\log P_{Ht+j-1}+\log P_{Ht+j-1}-\log P_{Ht+j-2}\\&\quad+\log P_{Ht+j-2}\ldots+\log P_{Ht}-\log P_{Ht-1}\\&=\pi_{Ht+j}+\pi_{Ht+j-1}+\pi_{Ht+j-2}+\ldots+\pi_{Ht}\\&=\sum_{l=0}^{j}\pi_{Ht+l}\end{aligned}$$

运用上式，（B. 99）变换为：

$$\pi_{Ht}^{0}=(1-\theta\beta)\sum_{j=0}^{\infty}(\theta\beta)^{j}E_{t}\left\{\sum_{l=0}^{j}\pi_{Ht+l}+\left(w_{Ht+j}-p_{Ht+j}-a_{Ht+j}\right)\right\} \tag{B. 100}$$

价格粘性模型中，最终产品价格满足 $P_{Ht}=[(1-\theta)(P_{Ht}^{0})^{1-\xi}+\theta P_{Ht-1}^{1-\xi}]^{(1-\xi)^{-1}}$，对其进行对数线性化变化得到：

$$\log P_{Ht}-\log P_{H}=(1-\theta)(\log P_{Ht}^{0}-\log P_{H})+\theta(\log P_{Ht-1}-\log P_{H}) \tag{B. 101}$$

其中 P_{H} 为价格稳态水平。上式可写为：

$$p_{Ht}=(1-\theta)p_{Ht}^{0}+\theta p_{Ht-1} \tag{B. 102}$$

两边同时减去 P_{Ht-1}，得到：

$$\pi_{Ht}^0 = \frac{\pi_{Ht}}{1-\theta} \tag{B.103}$$

将（B. 103）代入（B. 100）左边整理后为：

$$\pi_{Ht} = (1-\theta\beta)(1-\theta)\sum_{j=0}^{\infty}(\theta\beta)^j E_t\left\{\sum_{l=0}^{j}\pi_{Ht+l} + \left(w_{Ht+j} - p_{Ht+j} - a_{Ht+j}\right)\right\} \tag{B.104}$$

（B. 104）右边有关通胀的式子通过进一步整理可写成：

$$\begin{aligned}&\pi_{Ht}\\&+\theta\beta\left(\pi_{Ht}+\pi_{Ht+1}\right)\\&+\theta^2\beta^2\left(\pi_{Ht}+\pi_{Ht+1}+\pi_{Ht+2}\right)\\&+\theta^3\beta^3\left(\pi_{Ht}+\pi_{Ht+1}+\pi_{Ht+2}+\pi_{Ht+3}\right)\\&+\theta^4\beta^4\left(\pi_{Ht}+\pi_{Ht+1}+\pi_{Ht+2}+\pi_{Ht+3}+\pi_{Ht+4}\right)\\&\ldots\ldots\\&=\frac{\pi_{Ht}}{1-\theta\beta}+\frac{\theta\beta\pi_{Ht+1}}{1-\theta\beta}+\frac{\theta^2\beta^2\pi_{Ht+2}}{1-\theta\beta}+\ldots\end{aligned}$$

将（B. 104）整理后变为：

$$\begin{aligned}\pi_{Ht} &= (1-\theta)\pi_{Ht} + \theta\beta(1-\theta)\sum_{j=0}^{\infty}(\theta\beta)^j E_t\pi_{Ht+j+1}\\&+(1-\theta\beta)(1-\theta)\sum_{j=0}^{\infty}(\theta\beta)^j E_t\left(w_{Ht+j}-p_{Ht+j}-a_{Ht+j}\right)\end{aligned} \tag{B.105}$$

化简以后得到：

$$\begin{aligned}\pi_{Ht} &= \beta(1-\theta)\sum_{j=0}^{\infty}(\theta\beta)^j E_t\pi_{Ht+j+1}\\&+\frac{(1-\theta\beta)(1-\theta)}{\theta}\sum_{j=0}^{\infty}(\theta\beta)^j E_t\left(w_{Ht+j}-p_{Ht+j}-a_{Ht+j}\right)\end{aligned} \tag{B.106}$$

根据（B. 106）往未来推一期，仍基于第 t 期的信息求期望，可发现：

$$\begin{aligned}E_t\pi_{Ht+1} &= \beta(1-\theta)\sum_{j=0}^{\infty}(\theta\beta)^j E_t\pi_{Ht+j+2}\\&+\frac{(1-\theta\beta)(1-\theta)}{\theta}\sum_{j=0}^{\infty}(\theta\beta)^j E_t\left(w_{Ht+j+1}-p_{Ht+j+1}-a_{Ht+j+1}\right)\end{aligned} \tag{B.107}$$

用 $E_t\pi_{Ht+1}$ 的表达式代入上面关于 π_{Ht} 的表达式中，得到：

$$\pi_{Ht} = \beta E_t\pi_{Ht+1} + \frac{(1-\theta\beta)(1-\theta)}{\theta}\left(w_{Ht}-p_{Ht}-a_{Ht}\right) \tag{B.108}$$

运用（B. 95），

$$w_{Ht}-p_{Ht}-a_{Ht}=\left(\frac{\sigma}{2}+\phi+\frac{1}{2}\right)y_t+\left(\frac{\sigma}{2}-\frac{1}{2}\right)y_t^*+\phi v_{Ht}-(1+\phi)a_{Ht} \tag{B. 109}$$

代入（B. 108）得到：

$$\pi_{Ht}=\beta E_t\pi_{Ht+1}+\frac{(1-\theta\beta)(1-\theta)}{\theta}\left(\frac{\sigma}{2}+\phi+\frac{1}{2}\right)y_t+\varepsilon_t \tag{B. 110}$$

其中，

$$\varepsilon_t=\frac{(1-\theta\beta)(1-\theta)}{\theta}\left[\left(\frac{\sigma}{2}-\frac{1}{2}\right)y_t^*+\phi v_{Ht}-(1+\phi)a_{Ht}\right]$$

附录 C（第 5 章推导）

一、中间产品模型中企业产出之间的关系

F 国中间品和 H 国最终产品的生产函数满足：

$$Y_t^*(\ell^*) = A_{Ft} N_{Ft}(\ell^*) \tag{C. 1}$$

$$Y_t(\ell) = A_{Ht}\left(N_{Ht}(\ell)\right)^{\alpha}\left(Y_t^*(\ell^*)\right)^{1-\alpha}, 0<\alpha<1 \tag{C. 2}$$

假定 H 国劳动时间与 F 国劳动时间之间存在固定比例关系：

$$N_{Ft}(\ell^*) = \chi N_{Ht}(\ell) \tag{C. 3}$$

根据（C. 1）-（C. 3），将 H 国生产函数改写成：

$$Y_t(\ell) = A_{Ht}(N_{Ht}(\ell))^{\alpha}(\chi A_{Ft} N_{Ht}(\ell))^{1-\alpha} = \chi^{1-\alpha} A_{Ht} A_{Ft}^{1-\alpha} N_{Ht}(\ell) \tag{C. 4}$$

根据（C. 1）-（C. 4），两国产出之间存在线性关系：

$$Y_t^*(\ell^*) = A_{Ft} N_{Ft}(\ell^*) = A_{Ft}\chi N_{Ht}(\ell) = A_{Ft}\chi \frac{Y_t(\ell)}{\chi^{1-\alpha} A_{Ht} A_{Ft}^{1-\alpha}} = \frac{\chi^{\alpha} A_{Ft}^{\alpha} Y_t(\ell)}{A_{Ht}} \tag{C. 5}$$

二、最终产品企业粘性定价

代表性产品生产企业在第 t 期调整价格为 $P_{Ht}^0(\ell)$，以使未来利润的预期现值最大：

$$E_t \sum_{j=0}^{\infty} \theta^j Q_{t,t+j} \begin{Bmatrix} P_{Ht}^o(\ell) C_{Ht+j}(\ell) + P_{Ht}^o(\ell) C_{Ht+j}^*(\ell) - \\ (1-\tau_{t+j}) W_{Ht+j} N_{Ht+j}(\ell) - (1-\tau_{t+j}) P_{Ft+j} Y_{t+j}^*(\ell^*) \end{Bmatrix} \tag{C. 6}$$

并满足关系：

$$C_{Ht}(\ell) = \left[\frac{P_{Ht}(\ell)}{P_{Ht}}\right]^{-\xi} C_{Ht} \tag{C. 7}$$

$$C_{Ht}^{*}(\ell)=\left[\frac{P_{Ht}^{*}(\ell)}{P_{Ht}^{*}}\right]^{-\xi}C_{Ht}^{*} \tag{C.8}$$

PCP 条件下一价定律成立，H 国产品在 H 国和 F 国销售的价格，相对于各国价格指数比例相等，即：

$$\frac{P_{Ht}(\ell)}{P_{Ht}}=\frac{P_{Ht}^{*}(\ell)}{P_{Ht}^{*}} \tag{C.9}$$

根据生产函数得到：

$$N_{Ht}(\ell)=\frac{Y_t(\ell)}{\chi^{1-\alpha}A_{Ht}A_{Ft}^{1-\alpha}}=\frac{C_{Ht}(\ell)+C_{Ht}^{*}(\ell)}{\chi^{1-\alpha}A_{Ht}A_{Ft}^{1-\alpha}} \tag{C.10}$$

由于价格粘性，

$$P_{Ht+j}(\ell)=P_{Ht}^{0}(\ell) \tag{C.11}$$

合并化简（C.6）得到：

$$E_t\sum_{j=0}^{\infty}\theta^{j}Q_{t,t+j}\left\{\begin{array}{l}P_{Ht+j}^{\xi}\left(C_{Ht+j}+C_{Ht+j}^{*}\right)\\ \left[P_{Ht}^{0}(\ell)^{1-\xi}-P_{Ht}^{0}(\ell)^{-\xi}\left(\frac{(1-\tau_{t+j})W_{Ht+j}}{\chi^{1-\alpha}A_{Ht+j}A_{Ft+j}^{1-\alpha}}+\frac{\chi^{\alpha}A_{Ft+j}^{\alpha}(1-\tau_{t+j})P_{Ft+j}}{A_{Ht+j}}\right)\right]\end{array}\right\} \tag{C.12}$$

满足利润最大化条件下，对 $P_{Ht}^{0}(\ell)$ 求导并化简得到：

$$E_t\sum_{j=0}^{\infty}\theta^{j}Q_{t,t+j}P_{Ht+j}^{\xi}Y_{t+j}\left[P_{Ht}^{0}(\ell)-\frac{\xi}{\xi-1}\left(\frac{(1-\tau_{t+j})W_{Ht+j}}{\chi^{1-\alpha}A_{Ht+j}A_{Ft+j}^{1-\alpha}}+\frac{\chi^{\alpha}A_{Ft+j}^{\alpha}(1-\tau_{t+j})P_{Ft+j}}{A_{Ht+j}}\right)\right]=0 \tag{C.13}$$

三、基于最终产品粘性定价的 NKPC

运用代表性消费者效用最大化的必要条件：

$$Q_{t,t+j}=\beta^{j}(\frac{C_{t+j}}{C_t})^{-\sigma}(\frac{P_t}{P_{t+j}}) \tag{C.14}$$

得到：

$$C_{t+j}=\left(Y_{t+j}\right)^{\frac{2\gamma-1}{2\mathfrak{S}}+\frac{1}{2}}\left(Y_{t+j}^{*}\right)^{\frac{1}{2}-\frac{2\gamma-1}{2\mathfrak{S}}}\mathcal{E}_{t+j}^{\frac{2\gamma(1-\gamma)}{\mathfrak{S}}}\left(P_{Ht+j}^{*}\right)^{\frac{2\gamma(1-\gamma)}{2\mathfrak{S}}}$$
$$\left(P_{Ht+j}\right)^{-\frac{2\gamma(1-\gamma)}{2\mathfrak{S}}}\left(P_{Ft+j}^{*}\right)^{\frac{2\gamma(1-\gamma)}{2\mathfrak{S}}}\left(P_{Ft+j}\right)^{-\frac{2\gamma(1-\gamma)}{2\mathfrak{S}}} \qquad (\text{C. }15)$$

代入（C. 13）得到：

$$E_t\sum_{j=0}^{\infty}\theta^j\beta^j\left\{\begin{array}{l}\left(Y_{t+j}\right)^{(-\sigma)\left(\frac{2\gamma-1}{2\mathfrak{S}}+\frac{1}{2}\right)+1}\left(Y_{t+j}^{*}\right)^{(-\sigma)\left(\frac{1}{2}-\frac{2\gamma-1}{2\mathfrak{S}}\right)}\mathcal{E}_{t+j}^{\frac{2\gamma(1-\gamma)(-\sigma)}{\mathfrak{S}}}\\ \left(P_{Ht+j}^{*}\right)^{\frac{\gamma(1-\gamma)(-\sigma)}{\mathfrak{S}}}\left(P_{Ht+j}\right)^{\xi-\gamma-\frac{\gamma(1-\gamma)(-\sigma)}{\mathfrak{S}}}\left(P_{Ft+j}^{*}\right)^{\frac{\gamma(1-\gamma)(-\sigma)}{\mathfrak{S}}}\left(P_{Ft+j}\right)^{\gamma-1-\frac{\gamma(1-\gamma)(-\sigma)}{\mathfrak{S}}}\\ \left[P_{Ht}^{0}(\ell)-\frac{\xi}{\xi-1}\left(1-\tau_{t+j}\right)\left(\frac{W_{Ht+j}}{\chi^{1-\alpha}A_{Ht+j}A_{Ft+j}^{1-\alpha}}+\frac{\chi^{\alpha}A_{Ft+j}^{\alpha}P_{Ft+j}}{A_{Ht+j}}\right)\right]\end{array}\right\}=0$$

(C. 16)

对数线性化结果为：

$$E_t\sum_{j=0}^{\infty}\theta^j\beta^j\left\{p_{Ht}^{0}(\ell)-p_{Ht+j}-\left[w_{Ht+j}-p_{Ht+j}+2\hat{\tau}_{t+j}-2a_{Ht+j}-(1-2\alpha)a_{Ft+j}+p_{Ft+j}\right]\right\}=0$$

(C. 17)

经整理变换可得：

$$\begin{aligned}\pi_{Ht}&=\beta E_t\pi_{Ht+1}+\frac{(1-\theta\beta)(1-\theta)}{\theta}\left(w_{Ht}-p_{Ht}+2\hat{\tau}_t-2a_{Ht}-(1-2\alpha)a_{Ft}+p_{Ft}\right)\\ &=\beta E_t\pi_{Ht+1}+\frac{(1-\theta\beta)(1-\theta)}{\theta}\\ &\left\{\begin{array}{l}p_{Ft}-(2+\phi)a_{Ht}-\left[(1-\alpha)\phi+(1-2\alpha)\right]a_{Ft}+\phi v_{Ht}\\ +\left[\left(\frac{2\gamma-1}{2\mathfrak{S}}+\frac{1}{2}\right)\sigma+\phi\right]y_t+\left(\frac{1}{2}-\frac{2\gamma-1}{2\mathfrak{S}}\right)\sigma y_t^{*}+\mu_t^{W}+2\hat{\tau}_t\end{array}\right\}\end{aligned} \qquad (\text{C. }18)$$

四、中间产品企业粘性定价

在 LCP 条件下，假设产品生产函数满足规模效益不变 $Y_t^{*}(\ell^{*}) = A_{Ft}N_{Ft}(\ell^{*})$，产品生产企业如果在第 t 期有机会调整价格，它选择 $P_{Ft}^{*0}(\ell^{*})$ 和 $P_{Ft}^{0}(\ell^{*})$，使得未来利润现值的预期最大：

$$E_t\sum_{j=0}^{\infty}\theta^jQ_{t,t+j}^{*}[P_{Ft}^{0}(\ell^{*})Y_{t+j}^{*}(\ell^{*})/\mathcal{E}_{t+j}-(1-\tau_{t+j})W_{Ft+j}N_{Ft+j}(\ell^{*})] \qquad (\text{C. }19)$$

回顾前面推导的等式：

$$Y_t^*(\ell^*)=[\frac{P_{Ft}(\ell^*)}{P_{Ft}}]^{-\xi}Y_t^* \tag{C.20}$$

根据生产函数关系有：

$$N_{Ft+j}(\ell^*)=\frac{Y_{t+j}^*(\ell^*)}{A_{Ft+j}} \tag{C.21}$$

将（C. 21）、（C. 20）代入（C. 19）得到：

$$E_t\sum_{j=0}^{\infty}\left\{\begin{array}{l}\theta^j Q_{t,t+j}^*\\ \left[\frac{P_{Ft}^0(\ell^*)}{\mathcal{E}_{t+j}}[\frac{P_{Ft+j}(\ell^*)}{P_{Ft+j}}]^{-\xi}Y_{t+j}^*-(1-\tau_{t+j})W_{Ft+j}\frac{[\frac{P_{Ft+j}(\ell^*)}{P_{Ft+j}}]^{-\xi}Y_{t+j}^*}{A_{Ft+j}}\right]\end{array}\right\} \tag{C.22}$$

由于价格粘性，（C. 22）中的价格满足：

$$P_{Ft+j}(\ell^*)=P_{Ft}^0(\ell^*) \tag{C.23}$$

由此得到：

$$E_t\sum_{j=0}^{\infty}\left\{\begin{array}{l}\theta^j Q_{t,t+j}^*\\ \left[P_{Ft}^0(\ell^*)^{1-\xi}[P_{Ft+j}]^{\xi}Y_{t+j}^*/\mathcal{E}_{t+j}-(1-\tau_{t+j})W_{Ft+j}\frac{P_{Ft}^0(\ell^*)^{-\xi}[P_{Ft+j}]^{\xi}Y_{t+j}^*}{A_{Ft+j}}\right]\end{array}\right\} \tag{C.24}$$

F 国企业选择 $P_{Ft}^0(\ell^*)$ 实现利润最大化，对（C. 24）中的 $P_{Ft}^0(\ell^*)$ 求导得到：

$$E_t\sum_{j=0}^{\infty}\theta^j Q_{t,t+j}^* P_{Ft+j}^{\xi}Y_{t+j}^*[P_{Ft}^0(\ell^*)]^{-\xi-1}\left(\frac{P_{Ft}^0(\ell^*)}{\mathcal{E}_{t+j}}-\frac{\xi}{\xi-1}(1-\tau_{t+j})\frac{W_{Ft+j}}{A_{Ft+j}}\right)=0 \tag{C.25}$$

五、基于中间产品粘性定价的 NKPC

F 国的 NKPC 是由国外销售带来的。根据各国名义财富边际效用相等得出：

$$c_t^*=-\frac{2\gamma-1}{\mathfrak{S}}y_t^R+y_t^W-\frac{4\gamma(1-\gamma)}{2\mathfrak{S}}m_t \tag{C.26}$$

由（C. 26）得到：

$$C_t^*=\left(Y_t\right)^{\frac{1}{2}-\frac{2\gamma-1}{2\mathfrak{S}}}\left(Y_t^*\right)^{\frac{1}{2}+\frac{2\gamma-1}{2\mathfrak{S}}}\mathcal{E}_t^{-\frac{2\gamma(1-\gamma)}{\mathfrak{S}}}\left(P_{Ht}^*\right)^{-\frac{\gamma(1-\gamma)}{\mathfrak{S}}}P_{Ht}^{\frac{\gamma(1-\gamma)}{\mathfrak{S}}}\left(P_{Ft}^*\right)^{-\frac{\gamma(1-\gamma)}{\mathfrak{S}}}P_{Ft}^{\frac{\gamma(1-\gamma)}{\mathfrak{S}}} \quad \text{(C. 27)}$$

回顾关于效用最大化的结论：

$$Q_{t,t+1}^*=\beta\left(\frac{C_{t+1}^*(z^*)}{C_t^*(z^*)}\right)^{-\sigma}\frac{P_t^*}{P_{t+1}^*} \quad \text{(C. 28)}$$

F 国企业粘性定价，选择 $P_{Ft}^{*0}(\ell^*)$ 实现利润最大化满足：

$$E_t\sum_{j=0}^{\infty}\theta^j Q_{t,t+j}^* P_{Ft+j}^{\xi}Y_{t+j}^*[P_{Ft}^{*0}(\ell^*)]^{-\xi-1}\left(P_{Ft}^{*0}(\ell^*)-\frac{\xi}{\xi-1}(1-\tau_{t+j})\frac{W_{Ft+j}}{A_{Ft+j}}\right)=0 \quad \text{(C. 29)}$$

将（C. 28）和（C. 27）代入（C. 29），进行对数线性化得到：

$$\pi_{Ft}^*=\beta E_t\pi_{Ft+1}^*+\frac{(1-\theta\beta)(1-\theta)}{\theta}(w_{Ft}-p_{Ft}^*-a_{Ft}) \quad \text{(C. 30)}$$

根据 F 国消费者效用最大化得到：

$$\frac{W_{Ft}}{P_t^*}=\frac{\varsigma_t}{\varsigma_t-1}\frac{N_{Ft}^{\phi}}{\left(C_t^*\right)^{-\sigma}} \quad \text{(C. 31)}$$

由（C. 31）化简推出：

$$\frac{W_{Ft}}{P_{Ft}^*A_{Ft}}=\frac{\varsigma_t}{\varsigma_t-1}\frac{V_{Ft}^{\phi}Y_t^{\sigma+\phi}\chi^{\alpha\phi}A_{Ft}^{\alpha\phi-\phi-1}}{S_t^*2^{\sigma}A_{Ht}^{\phi}} \quad \text{(C. 32)}$$

对数线性化（C. 32）得到：

$$w_{Ft}-p_{Ft}^*-a_{Ft}=(\sigma+\phi)y_t+\phi v_{Ft}+(\alpha\phi-\phi-1)a_{Ft}-\phi a_{Ht}-s_t^*+\mu_t^{*W} \quad \text{(C. 33)}$$

其中，μ_t^{*W} 是 F 国企业加价程度的对数线性化。将（C. 33）代入（C. 30），得到 F 国中间产品生产企业的 NKPC 为：

$$\pi_{Ft}^*=\beta E_t\pi_{Ft+1}^*+\frac{(1-\theta\beta)(1-\theta)}{\theta}(\sigma+\phi)y_t+\varepsilon_t \quad \text{(C. 34)}$$

其中，

$$\varepsilon_t=\frac{(1-\theta\beta)(1-\theta)}{\theta}\left[\phi v_{Ft}-s_t^*-\phi a_{Ht}+(\alpha\phi-\phi-1)a_{Ft}+\mu_t^{*W}\right]$$

附录 D

一、关于经济体分类的说明

根据 2010 年 10 月国际货币基金组织发布的《世界经济展望》，发达经济体（Advanced Economies）包括五种可能的分类，具体见表 D.1。除了发达经济体，其余 150 个经济体被称为新兴和发展中经济体（Emerging and Developing Economies）。按地域划分这 150 个经济体分布于 6 个地区：中东欧（Central and Eastern Europe，CEE）、独联体（Commonwealth of Independent States，CIS）、发展中亚洲（Developing Asia）、拉丁美洲和加勒比沿岸（Latin America and the Caribbean，LAC）、中东和北非（Middle East and North Africa）、撒哈拉以南非洲（sub – Saharan Africa，SSA）。

表 D.1　　发达经济体分类

类别	经济体数量	经济体名称
主要发达经济体 Major Advanced Economies	6	加拿大、法国、德国、意大利、日本、英国、美国
其他发达经济体 Other Advanced Economies	13	澳大利亚、新西兰、捷克共和国、丹麦、香港特别行政区、冰岛、以色列、韩国、挪威、新加坡、瑞典、瑞士、中国台湾省
新兴工业化亚洲经济体 Newly Industrialized Asian Economies	4	香港特别行政区、中国台湾省、韩国、新加坡
主要货币区经济体 Major Currency Areas	3	美国、欧元区、日本
欧元区经济体 Euro Area	16	奥地利、比利时、荷兰、法国、德国、希腊、爱尔兰、意大利、卢森堡、芬兰、葡萄牙、斯洛伐克共和国、斯洛文尼亚、西班牙、塞浦路斯、马耳他

注：欧盟有 27 个成员国，《世界经济展望》仅将其中 16 个经济体列为发达经济体。

欧盟（European Union）有27个成员国，表D.1中16个欧元区发达经济体都是欧盟成员；除了这16个国家以外，欧盟还包括立陶宛（Lithuania）、拉脱维亚（Latvia）、罗马尼亚、保加利亚、匈牙利、爱沙尼亚（Estonia）、波兰等非欧元区的新兴发展中国家（这7个国家都是中东欧国家（Central and Eastern Europe，CEE）），以及瑞典、丹麦、捷克共和国、英国等非欧元区的发达国家（英国属于主要发达经济体，瑞典、捷克共和国和丹麦属于其他发达经济体）。欧盟并不包括所有欧洲发达国家，瑞士就不在欧盟内。

新兴和发展中经济体共150个，按地理区域划分的情况见表D.2。

表D.2　新兴和发展中经济体地理分布

区域名称	经济体数量	经济体名称
中东欧 Central and Eastern Europe	15	Albania, Bosnia and Herzegovina, Bulgaria, Croatia, Estonia, Hungary, Kosovo, Latvia, Lithuania, Macedonia Former Yugoslav Republic of, Montenegro, Poland, Romania, Serbia, Turkey
独联体 Commonwealth of Independent States	13	Armenia, Azerbaijan, Belarus, Georgia, Kazakhstan, Kyrgyz Republic, Moldova, Mongolia, Russia, Tajikistan, Turkmenistan, Ukraine, Uzbekistan
发展中亚洲 Developing Asia	26	Afghanistan, Islamic Republic of, Bangladesh, Bhutan, Brunei Darussalam, Cambodia, China, Fiji, India, Indonesia, Kiribati, Lao People's Democratic Republic, Malaysia, Maldives, Myanmar, Nepal, Pakistan, Papua New Guinea, Philippines, Samoa, Solomon, Islands, Sri Lanka, Thailand, Timor – Leste, Tonga, Vanuatu, Vietnam
拉丁美洲和加勒比海沿岸 Latin America and the Caribbean	32	Antigua and Barbuda, Argentina, Bahamas, The, Barbados, Belize, Bolivia, Brazil, Chile, Colombia, Costa Rica, Dominica, Dominican Republic, Ecuador, El Salvador, Grenada, Guatemala, Guyana, Haiti, Honduras, Jamaica, Mexico, Nicaragua, Panama, Paraguay, Peru, St. Kitts and Nevis, St. Lucia, St. Vincent and the Grenadines, Suriname, Trinidad and Tobago, Uruguay, Venezuela

续表

区域名称	经济体数量	经济体名称
中东和北非 Middle East and North Africa	20	Algeria, Bahrain, Djibouti, Egypt, Iran, Islamic Republic of, Iraq, Jordan, Kuwait, Lebanon, Libya, Mauritania, Morocco, Oman, Qatar, Saudi Arabia, Sudan, Syrian Arab Republic, Tunisia, United Arab Emirates, Yemen, Republic of
撒哈拉以南非洲 Sub - Saharan Africa	44	Angola, Benin, Botswana, Burkina Faso, Burundi, Cameroon, Cape Verde Central African Republic, Chad, Comoros, Congo, Democratic Republic of, Congo, Republic of, C? te d' Ivoire, Equatorial Guinea, Eritrea, Ethiopia, Gabon, Gambia, The, Ghana, Guinea, Guinea - Bissau, Kenya, Lesotho, Liberia, Madagascar, Malawi, Mali, Mauritius, Mozambique, Namibia, Niger, Nigeria, Rwanda, S? o Tomé and Príncipe, Senegal, Seychelles, Sierra Leone, South Africa, Swaziland, Tanzania, Togo, Uganda, Zambia, Zimbabwe

资料来源:《世界经济展望》2010 年 10 月。

新兴和发展中经济体当中，2004 ~ 2008 年期间出口收入平均 50% 以上来自出口燃料（fuel, Standard International Trade Classification - SITC 3）的经济体被分为一类（燃料出口经济体），同期出口收入平均 50% 以上来自出口非燃料初级产品（nonfuel primary products, SITCs 0, 1, 2, 4, and 68）的经济体被分为一类（非燃料初级产品出口经济体）。自 1972 年（或者最初有数据的时间开始）到 2008 年累计经常项目为负值的国家被称为净债务国家（Net Debtor Countries），同期累计为正值的国家被称为净债权国家（Net creditor Countries）。在净债务国家当中，2004 ~ 2008 年期间平均 65% 以上债务由官方债权人提供融资的国家被称为官方外部融资国家（Official External Financing）。根据债务服务的经历（Experience with Debt Servicing），2004 ~ 2008 年期间有 43 个国家在国际融资市场上发生了逾期或者出现了官方或商业银行的债务重新安排的合约，这些国家被称为 2004 ~ 2008年期间逾期或债务重新安排国家（Countries with Arrears and/or Rescheduling during 2004 - 2008）。

二、第7章第3节推导

以下证明：当$\varphi_t>0$（对所有t）和$i_t\geqslant 1$（对所有t）时，货币数量严格大于零的充要条件是$\zeta\chi\leqslant i_t n\xi$。

（必要条件）假定必要条件不成立，$\chi\zeta>i_t\xi n$。根据法币存款增速和人口增速的设定，以下等式成立：

$$\frac{\varphi_{t+1}i_t}{\varphi_t}=\frac{\varphi_{t+1}i_tM_{t+1}N_tn}{\varphi_tM_t\zeta N_{t+1}}=\frac{\varphi_{t+1}i_tm_{t+1}n}{\varphi_tm_t\zeta}=\frac{q_{t+1}i_tn}{q_t\zeta} \tag{D.1}$$

其中，$q_t=\varphi_tm_t$。从（D.1）可以推导出：

$$\frac{q_{t+1}i_tn}{q_t\zeta}\geq\chi \tag{D.2}$$

将（D.2）两边同乘ζ/n，得到：

$$\frac{q_{t+1}i_t}{q_t}\geq\frac{\chi\zeta}{n}>i_t\xi \tag{D.3}$$

每代人禀赋的增速为ξ，如果q_t的增速严格大于ξ，最终会突破每代年轻人的禀赋值。任何有界的序列$\{q_t\}$都不可能满足收入约束条件。

（充分条件）在此要证明，只要满足$\chi\zeta\leqslant i_t\xi n$，存在$m_t=m_1\xi^{t-1}>0$。为此，需要找到正的序列$q_t$满足：

$$\upsilon(\cdot,\cdot)=\frac{\partial u/\partial c_{1t}}{\partial u/\partial c_{2t+1}}=\frac{q_{t+1}i_tn}{q_t\zeta}\geq\chi \tag{D.4}$$

如果存在序列$q_t=q_1\xi^{t-1}$满足（D.4）的等式部分，则$\chi\zeta\leqslant i_t\xi n$。同时，（唯一地）存在上述序列是显而易见的，因为当q_t从0到$y_1\xi^{t-1}$变化时，$\upsilon(\cdot,\cdot)$连续地在0到∞之间取值。

三、第10章第3节推导

求解的方法是先给出最优货币政策的猜想（等式（D.5）），然后再验证这种猜想是正确的。根据等式（D.5），央行控制的基准利率（i）和产出缺口（y）一起与下一期的状态变量（通货膨胀率）呈线性关系。

$$\begin{aligned}\varphi_y^u y-\alpha_i(i-\pi)&=b(\pi+\beta_y y),\ \text{if } y\geq 0\\ \varphi_y^c y-\alpha_i(i-\pi)&=b(\pi+\beta_y y),\ \text{if } y<0\end{aligned}\tag{D.5}$$

在等式（D.5）中，φ_y^u 和 φ_y^c 根据（10.33）~（10.35）定义，b 需要进一步求解。

以下证明这一关于最优解的猜想是问题（10.37）~（10.39）的解。通过将等式（D.5）代入目标函数（10.37），可以得出与猜想的政策一致的值函数（$w(\cdot)$）。在等式（D.6）中，$w(\cdot)$ 是 b 和扰动项方差（σ_ε^2 和 σ_η^2）的函数[①]。

$$w(\pi,y)=\delta\frac{\lambda+(1-\lambda)b^2}{1-\delta(1+b\beta_y)^2}\left[(\pi+\beta_y y)^2+\frac{\delta}{1-\delta}(\sigma_\varepsilon^2+\beta_y^2\sigma_\eta^2)\right]+\delta\frac{\lambda\sigma_\varepsilon^2+(1-\lambda)\sigma_\eta^2}{1-\delta}\tag{D.6}$$

为求出 b，需要选取 b 使等式（D.6）中的值函数 $w(\cdot)$ 最小。也就是说，要解以下最小化问题。

$$\min_b\frac{\lambda+(1-\lambda)b^2}{1-\delta(1+b\beta_y)^2}\tag{D.7}$$

在排除不合理解之后，求解（D.7）得到的 b 为：

$$\begin{aligned}b&=\frac{-(1-\lambda)(1-\delta)-\lambda\delta\beta_y^2+\sqrt{[(1-\lambda)(1-\delta)+\lambda\delta\beta_y^2]^2+4\delta^2\beta_y^2\lambda(1-\lambda)}}{-2(1-\lambda)\delta\beta_y}\quad \text{if } \lambda\neq 1\\ &=-\frac{1}{\beta_y}\quad \text{if } \lambda=1\end{aligned}\tag{D.8}$$

将等式（D.8）中的 b 代入（D.6）中，得到 $w(\cdot)$ 的形式为：

$$\begin{aligned}w(\pi+\beta_y y)=&-(1-\lambda)b(\pi+\beta_y y)^2/[2\beta_y(1+b\beta_y)]\\ &-(1-\lambda)b\delta(\sigma_\varepsilon^2+\beta_y^2\sigma_\eta^2)/[2(1-\delta)\beta_y(1+b\beta_y)]\\ &+\delta[\lambda\sigma_\varepsilon^2+(1-\lambda)\sigma_\eta^2]/[2(1-\delta)]\qquad \text{if } \lambda\neq 1\\ w(\pi+\beta_y y)=&\ \delta(\pi+\beta_y y)^2/2+\delta^2(\sigma_\varepsilon^2+\beta_y^2\sigma_\eta^2)/[2(1-\delta)]+\delta\sigma_\varepsilon^2/[2(1-\delta)]\quad \text{if } \lambda=1\end{aligned}\tag{D.9}$$

最后，将等式（D.9）给出的 $w(\cdot)$ 代入等式（10.40）和（10.41）的 Bell-

---

① 所有扰动项假设相互不相关，但分布相同，条件期望基于第 t 期的信息。假设 $\delta(1+b\beta_y)^2<1$，求出 b 以后可以进行验算，这一条件是满足的。

man 方程，验算 $w(\cdot)$ 是 Bellman 方程的解。这样，就证明了猜想的最优政策的确是问题（10.37）~（10.39）的解。

四、价格指数

消费者价格指数（CPI）和批发价格指数（WPI）采用的是拉斯贝尔指数（Laspeyres Index）或者基期加权指数（Base - weighted Index）。用 $\gamma_0(\ell)$ 和 $\gamma_0(\ell^*)$ 分别代表基期（第 0 期）的本国商品 ℓ 和外国商品 ℓ^* 支出篮子权重，$P_t(\ell)$ 和 $P_t^*(\ell^*)$ 分别代表第 t 期本国商品 ℓ 和外国商品 ℓ^* 的价格。消费者价格指数（CPI）的定义为：

$$CPI = \frac{\sum_{\ell} P_t(\ell)\gamma_0(\ell) + \sum_{\ell^*} P_t(\ell^*)\gamma_0(\ell^*)}{\sum_{\ell} P_0(\ell)\gamma_0(\ell) + \sum_{\ell^*} P_0(\ell^*)\gamma_0(\ell^*)} \times 100 \tag{D.10}$$

GDP 平减指数（GDP Deflator）的计算采用派氏指标（Paasche Index）或者现期加权指数（Current - weighted Index）。用 $q_t(\ell)$ 代表第 t 期本国商品 ℓ 的生产数量，$P_t(\ell)$ 代表第 t 期本国商品 ℓ 的价格。GDP 平减指数的定义为：

$$GDP\text{平减指数} = \frac{\sum_{\ell} P_t(\ell)q_t(\ell)}{\sum_{\ell} P_0(\ell)q_t(\ell)} \times 100 \tag{D.11}$$

参考文献

[1] Adam, K., and M. Padula (2002), Inflation Dynamics and Subjective Expectations in the United States. CSEF University of Salerno Working Paper No. 3.

[2] Aghion, P., R. Frydman, J. Stiglitz, M. Woodford (2003), Knowledge, Information, and Expectations in Modern Macroeconomics, In Honor of Edmund S. Phelps, Princeton University Press.

[3] Allen, F., J. Qian, and M. J. Qian (2008), China's Financial System: Past, Present and Future. In China's Great Economic Transformation, by L. Brandt and T. G. Rawski, 506 – 568. Cambridge Press.

[4] Allen, Franklin and Gale, Douglas (2000), Bubbles and Crises. The Economic Journal, 110, (January), 236 – 255.

[5] Allen, W. A. (2004), Impplementing Monetary Policy, Lecture Series no. 4, Centre for Central Banking Studies, Bank of England.

[6] Aschcraft, A. B., & Campello, M. (2007), Firm Balance Sheets and Monetary Policy Transmission. Journal of Monetary Economics, 54, pp. 1515 – 1528.

[7] Bacchetta, P., & Wincoop, E. v. (2003), Why Do Consumers Prices React Less Than Import Prices to Exchange Rates? Journal of the European Economic Association, 1 (2 – 3), pp. 662 – 70.

[8] Bacchetta, P., & Wincoop, E. v. (2005), A Theory of the Currency Denomination of International Trade. Journal of International Economics, 67 (2), pp. 295 – 319.

[9] Balassa, B. (1964), The Purchasing Power Parity Doctrine: A Reappraisal. The Journal of Political Economy 72: 584 – 596.

[10] Barro, R. J., David B. Gordon (1983), Rules, Discretion, and Reputation in a Model of Monetary Policy. Journal of Monetary Economics 12 (1): 101 – 121.

[11] Basel Committee on Banking Supervision (1999), Capital Requirements and Bank Behaviour: The Impact of the Basel Accord. Working Paper 1, Basel, Switzerland.

[12] Batini, N., Anthony Yates (2003), Hybrid Inflation and Price Level Targeting. Journal of Money, Credit and Banking 35 (3).

[13] Batini, N., B. Jackson, and S. Nickell (2005), An Open Economy New Keynesian Phillips Curve for the U. K. Journal of Monetary Economics.

[14] Bayoumi, T. , D. Laxton, P. Pesenti (2004), Benefits and Spillovers of Greater Competition in Europe: A Macroeconomic Assessment. ECB Working Paper 341.

[15] Bayoumi, T. , Peter Clark, Steve Symansky, Mark Taylor (1994), The Robustness of Equilibrium Exchange Rate Calculations to Alternative Assumptions and Methodologies. Estimating Equilibrium Exchange Rates. J. Williamson. Washington, D. C. , Institute for International Economics: 19 -60.

[16] Bean, C. (2003), Asset Prices, Financial Imbalances and Monetary Policy: Are Inflation Targets Enough? BIS Working Paper, 140, pp. 48 -76.

[17] Benigno, G. , and P. Benigno (2003), Price Stability in Open Economies. " Review of Econonics Studies, 743 -764.

[18] Benigno, P. (2001), Price Stability with Imperfect Financial Market Integration. " CEPR Discussion Paper.

[19] Bentolila, Dolado, and Jimenno (2008), Does Immigration Affect the Phillips Curve? Some Evidence for Spain. European Economic Review, 1398 -1423.

[120] Berger, A. N. , Philip Molyneux, John O. S. Wilson, Ed. (2010), Oxford Handbook of Banking, Oxford University Press.

[21] Bernanke, B. S. (1983), Nonmonetary Effects of the Financial Crisis in the Propagation of the Great Depression. American Economic Reivew, 73 (3), pp. 257 -276.

[22] Bernanke, B. S. (2000), Japanese Monetary Policy: A Case of Self - induced Paralysis. In Japan's Financial Crisis and Its Parallels to US Experience.

[23] Bernanke, B. S. (2007), Globalization and Monetary Policy. Speech at the Fourth Economic Summit, Stanford Institute for Economic Policy Research. Stanford, California.

[24] Bernanke, B. S. , & Gertler, M. (1995), Insider the Black Box: The Credit Channel of Monetary Policy Transmission. Journal of Economic Perspectives, 9 (4), pp. 27 -48.

[25] Bernanke, B. S. , & Gertler, M. (1998), The Financial Accelerator in a Quantitative Business Cycle Framework. NBER Working Paper, 6455.

[26] Bernanke, B. , Alan S. Blinder (1988), Credit, Money, and Aggregate Demand. American Economic Review 78 (2): 435 -439.

[27] Bernanke, B. S. and Mark Gertler, (1995), Insider the Black Box: the Credit Channel of Monetary Policy Transmission, Journal of Economic Perspectives, Vol. 9, No. 4, Fall, page 27 -48.

[28] Betts, C. , & Devereux, M. (2000), Exchange Rate Dynamics in a Model of Pricing - To - Market, Journal of International Economics, 50, pp. 215 -244.

[29] Beyer, A. , R. E. A. Farmer, J. Henry, and M. Marcellino (2005), Factor Analysis in a New - Keynesian Model. ECB Working Paper No. 510.

[30] Bhagwati, J. N. (1958), Immiserizing growth: A geometrical note. Review of Economic Studies 25 (6): 201 -205.

[31] Bils, M. and P. J. Klenow (2004), Some Evidence on the Importance of Sticky Prices. The Journal of Political Economy 112 (5): 947 -985.

[32] Blanchard, O. J. , Stanley Fischer (1989), Lectures on Macroeconomics. Cambridge, MA; London, Eng-

land, The MIT Press.

[33] Blinder A. S. (1998), Central Banking in Theory and Practice, Cambridge : MIT Press, 1998.

[34] Blinder, A. (1982), The Anatomy of Double - Digit Inflation in the 1970s. Inflation Causes and Effects. R. E. Hall. Chicago, University of Chicago press: 261 - 282.

[35] Blinder, A. S., Eline R. D. Canetti, David E. Lebow and Jeremy B Rudd (1998), Asking About Prices: A New Approach to Understanding Price Stickness. New York, Russell Sage Foundation.

[36] Blum, Jurg and Martin Hellwig (1995), The Macroeconomic Implication of Capital Adequacy Requirements for Banks, European Economic Review 39 (1995), 739 - 749.

[37] Borio, C., and A. Filardo (2007), Globalisation and Inflation: New Cross - Country Evidence on the Global Determinants of Domestic Inflation. Bank for International Settlements Working Paper, March 2007.

[38] Brunner, K. and A. Meltzer (1972), Money, Debt and Economic Activity, Journal of Political Economy, 80: 951 - 77.

[39] Brunner, K. and A. Meltzer (1993), Money and the Economy: Issues in Monetary Analysis, The Raffaelle Matioli Lectures, Cambridge: Cambridge University Press.

[40] Calvo, G. (1983), Staggered Prices in a Utility - Maximizing Framework. Journal of Monetary Economics, 12, pp. 983 - 998.

[41] Caramazza, F., Jahangir Aziz (1998), Fixed or Flexible? Getting the Exchange Rate Right in the 1990s. Economic Issues 13 (April).

[42] Carl, Van Duyne (1980), Imperfect Foresight and the Insulation Properties of a Flexible Exchange Rate. Scandinavian Journal of Economics, v. 82, iss. 3, pp. 352 - 61.

[43] Carlson, M., G. C. Weinbach (2007), Profits and Balance Sheet Developments at US Commercial Banks in 2006. Federal Reserve Bulletin 93 (July): A38 - A71.

[44] Cecchetti, S. G. (2003), What the FOMC Says and Does When the Stock Market Booms. Asset Prices and Monetary Policy. A. Richards, T. Robinson: 77 - 96.

[45] Cecchetti, S. G. and Lianfa Li (2007), Financial Procyclicality and Monetary Policy, Moneda y Crédito, Vol. 224, pp 163 - 196.

[46] Cecchetti, S. G. and Lianfa Li (2008), Do Capital Adequacy Requirements Matter for Monetary Policy? Economic Inquiry, 46 (4), pp 643 - 659.

[47] Cecchetti, S. G., H. Genberg, and S. Wadhwani, (2002), Asset Pricings in A Flexible Inflation Targeting Framework, NBER Working Paper 8970.

[48] Chan, Yuk - Shee, Greenbaum, Stuart I. And Thakor, Anjan V. (1992), Is Fairly Priced Deposit Insurance Possible? Journal of Finance, March, 47 (1), pp. 227 - 45.

[49] Chang, Byoung - Ky (2001), Exchange Rate Pass - Through in an International Duopoly Model with Brand Loyalty. International Economic Journal, Spring, v. 15, iss. 1, pp. 41 - 59.

[50] Chari, V. V. and P. J. Kehoe (1990), Sustainable Plans. The Journal of Political Economy 98 (4): 783 - 802.

[51] Chari, V. V., J. K. Patrick, and E. R. McGrattan (2000), Sticky Price Models of the Business Cycle: Can the Contract Multiplier Solve the Persistence Problem? Econometrica (68), 1151 - 1179.

[52] Chari, V. V. , Kehoe, P. , & McGrattan, E. (2002), Can Sticky Price Models Generate Volatile and Persistent Real Exchange Rate? Review of Economic Studies (69), pp. 533 – 563.

[53] Chari, V. V. , Patrick J. Kehoe, and Ellen R. McGrattan (2004), A Critique of Structural VARS using Real Business Cycle Theory. Federal Reserve Bank of Minneapolis Working Paper (631).

[54] Christiano, L. J. , Martin S. Eichenbaum, and Charles L. Evans (2001), Nominal Rigidities and the Effects of a Shock to Monetary Policy. NBER Working Paper 8403.

[55] Clarida, R. , J. Gali, M. Gertler (1998), Monetary Policy Rules in Practice: Evidence and Some Theory. Quarterly Journal of Economics 42: 1033 – 1067.

[56] Clarida, R. , J. Gali, M. Gertler (1999), The Science of Monetary Policy: A New Keynesian Perspective. Journal of Economic Literature 37 (4): 1661 – 1707.

[57] Clarida, R. , J. Gali, M. Gertler (2002), A simple framework for international monetary policy analysis. Journal of Monetary Economics (49): 879 – 904.

[58] Clarida, R. , J. Gali, M. Gertler, (2000), Monetary Policy Rules and Macroeconomic Stability: Evidence and Some Theory, The Quarterly Journal of Economics, February, 147 – 180.

[59] Clark, P. , Leonardo Bartolini, Tamim Bayoumi, Steven Symansky (1994), Exchange Rates and Economic Fundamentals: A Framework for Analysis. IMF Occasional Paper 115 (December).

[60] Claudio Borio and Philip Lowe, (2002), Asset Prices, financial and monetary stability: exploring the nexus, BIS working paper No. 114.

[61] Coenen, G. , P. , McAdam, R. Straub (2008), Tax Reform and Labour – Market Performance in the Euro Area: A Simulation – Based Analysis Using the New Area – Wide Model. Journal of Economic Dynamics and Control 32 (8): 2543 – 2583.

[62] Coenen, G. , V. Wieland (2000), A Small Estimated Euro Area Model with Rational Expectations and Nominal Rigidities. ECB Working Paper 30.

[63] Cole, Rebel A. ; McKenzie, Joseph A. and White, Lawrence J. (1995), Deregulation Gone Awry: Moral Hazard in the Savings and Loan Industry, in A. Cottrell, M. Lawlor, and J. Woo, eds. , The Causes and Consequences of Depository Institutions Failures. Boston, MA: Kluwer, pp. 29 – 73.

[64] Comin D. and M. Gertler, (2006), Medium – term Business Cycles, Amercian Economic Review, Vol. 96, No. 3, p523 – 551.

[65] Commission of European Communities, IMF, OECD, UN and WB (1993), System of National Accounts.

[66] Corsetti, G. , & Presenti, P. (2004), Endogenous Pass – Through and Optimal Monetary Policy: A Model of Self – Validating Exchange Rate Regimes. CEPR Working Paper 8737.

[67] De Graaf – Zijl, Marloes (2005), Compensation of On – call and Fixed – term Employment: the Role of Uncertainty, Tinbergen Institute Discussion Papers: 05 – 120/3.

[68] Delong, J. B. (1998), The Shadow of the Great Depression and the Inflation of the 1970s. FRBSF Economic Letter 98 – 14.

[69] Demirguc – Kunt, Asli and Detragiache, Enrica (1998), Financial Liberalization and Financial Fragility, in Boris Pleskovic and Joseph E. Stiglitz, eds. , Annual World Bank Conference on Development Economics,

1997. Washington, DC: World Bank, pp. 303 – 31.

[70] Demirguc – Kunt, Asli and Detragiache, Enrica (1997), The Determinants of Banking Crises: Evidence from Developed and Developing Countries, Mimeo, World Bank.

[71] Demsetz, Rebecca S., Saidenberg, Marc R., and Strahan, Philip E. (1996), Banks with Something to Lose: The Disciplinary Role of Franchise Value. FRBNY Economic Policy Review, October, 1 – 14.

[72] Devarajan, S., Jeffrey D. Lewis, Sherman Robinson (1993), External Shocks, Purchasing Power Parity, and the Equilibrium Real Exchange Rate. World Bank Economic Review 7 (January): 45 – 64.

[73] Devereux, M. B., & Engel, C. M. (2003), Monetary Policy in the Open Economy Revisited: Price Setting and Exchange – Rate Flexibility. Review of Economic Studies, 70 (4), pp. 765 – 83.

[74] Devereux, M. B., Engel, C. M., & Storgaard, P. E. (2004), Endogenous Exchange Rate Pass – Through When Nominal Prices Are Set in Advance. Journal of International Economics, 63 (2), pp. 263 – 91.

[75] Diamond, Douglas W. (1989), Reputation Acquisition in Debt Markets. Journal of Political Economy, August, 97 (4), 828 – 62.

[76] Dornbusch, R. (1976), Expectations and Exchange Rate Dynamics. Journal of Political Economy (84), pp. 1161 – 1176.

[77] Dornbusch, R. (1980), Open Economy Macroeconomics. New York, Basic Books, Inc. Publishers.

[78] Dunlop, J. (1938), The Movement of Real and Money Wages. Economic Journal: 413 – 434.

[79] EC etc (2009). System of National Accounts 2008. New York, EC, IMF, OECD, UN, WB.

[80] Engel, C. (2010), Currency misalignments and optimal monetary policy: a reexamination. American Economic Review, forthcoming.

[81] Engel, C. M. (2006), Equivalence Results for Optimal Pass – Through, Optimal Indexing to Exchange Rates, and Optimal Choice of Currency for Export Pricing. Journal of the European Economic Association, 4 (6), pp. 1249 – 60.

[82] Erceg, C. J., L. Guerrieri, C. Gust (2005), SIGMA: A New Open Economy Model for Policy Analysis. International Finance Discussion Papers, Board of Governors of the Federal Reserve System No. 835.

[83] Erceg, C. A. L., and D. Henderson (2000), Optimal Monetary Policy with Staggered Wage and Price Contracts. Journal of Monetary Economics, 281 – 313.

[84] European Central Bank (2007), EU Banking Sector Stability. Frankfurt, European Central Bank.

[85] Fair, R. C. (2004), Estimating How the Macroeconomy Works, Harvard University Press.

[86] Ferhani, H. J. (2004), 中国银行业的稳健和竞争程度对货币政策传导机制的影响,《中国货币政策传导机制》, 第 79 ~ 92 页, 北京: 中国金融出版社

[87] Fischer, S. (1977), Long – Term Contracts, Rational Expectations, and the Optimal Money Supply Rule. Journal of Political Economy, 85 (1), pp. 191 – 205.

[88] Fleming, J. A. (1962), Domestic Financial Policies under Fixed and Under Floating Exchange Rates. IMF Staff Papers 9, pp. 369 – 379.

[89] Frankel, J. (2009), What's In and Out in Global Money. Finance and Development, 2009, September.

[90] Freeman, S. and G. Tabellini (1998), The Optimality of Nominal Contracts. Economic Theory 11 (3): 545

-562.

[91] Friberg, R. (1998), In Which Currency Should Exporters Set Their Prices? Journal of International Economics, 45 (1), pp. 59-76.

[92] Friedman, B. M. (1986), Money, Credit and Interest Rates in the Business Cycle. In R. J. Gordon, The American Business Cycle: Continuity and Change.

[93] Friedman, B. M. (1988), Monetary Policy Without Quantity Variables. American Economic Review, 78 (2), pp. 440-445.

[94] Friedman, B. M. (2002), Why Japan Should Not Adopt Inflation Targeting. Kobe Gakuin Economic Papers, 34.

[95] Friedman, B. M., & Schwartz, A. J. (1963), A Monetary History of the United States, 1867-1960. Princeton University Press.

[96] Friedman, M. (1975), Perspective on Inflation. Newsweek June 24: 73.

[97] Friedman, M., (1970), A Theoretical Framework for Monetary Analysis, Journal of Political Economy, 78: 193-238.

[98] FriedmanM. B. (1968), The Role of Monetary Policy. American Econonic Review, 58 (1), 1-17.

[99] Frydman, R., M. D. Goldberg (2007), Imperfect Knowledge Economics, Princeton University Press.

[100] Fuhrer, J. C. (1997), The (Un) Importance of Forward-Looking Bahavior in Pricingg Specifications. Journal of Money, Credit and Banking 29 (3): 338-350.

[101] Fuhrer, J., & Tootell, G. (2008), Eyes on the Prize: How Did the Fed Respond to the Stock Market? Journal of Monetary Economics, 55, pp. 796-805.

[102] Gali, & Lopez-Salido (2001), A New Phillips Curve for Spain. Mimeograph, Banco de Espana Spain.

[103] Gali, Gertler, and Lopez-Salido (2001), European Inflation Dynamics. European Economic Review (45), 1237-1270.

[104] Gali, J., & Monacelli, T. (2005), Monetary Policy and Exchange Rate Volatility in a Small Open Economy. Review of Economic Studies, 72.

[105] Gali, J., and M. Gertler (1999), Inflation Dynamics: A Structural Econometric Analysis. Journal of Monetary Economics (44), 195-222.

[106] Ganley, J. (2004), Surplus Liquidity: Implication for Central Banks, Lecture Series no. 3, Centre for Central Banking Studies, Bank of England.

[107] Gapinski, J. H. (2001), The panda that grew. China Economic Review 12, 263-279.

[108] Gaspar, Vítor and Anil K Kashyap (2006), Stability First: Reflections Inspired By Otmar Issing's Success as the ECB's Chief Economist, Manuscript.

[109] Gianmarino, Ronald M., Lewis, Tracy R. and Sappington, David E. M. (1993), An Incentive Approach to Banking Regulation, Journal of Finance, September, 48 (4), pp. 1523-42.

[110] Gilchrist, S., Charles P. Himmelberg (1995), Evidence on the Role of Cash Flow for Investment, Journal of Monetary Economics 36 (3): 541-572.

[111] Giovannini, A. (1988), Exchange Rates and Traded Goods Prices. Journal of International Economics, 24

(1 - 2), pp. 45 - 68.

[112] Goldberg, L. S., & Tille, C. (2008), Vehicle Currency Use in International Trade. Journal of International Economics, 76 (2), pp. 177 - 92.

[113] Goodfriend, Marvin, and Eswar Prasad (2006), A Framework for Independent Monetary Policy in China. IMF Working Paper, WP/06/111, May.

[114] Goodfriend, Marvin, and Robert G. King (1997), The New Neoclassical Synthesis and the Role of Monetary Policy. " NBER Macroeconomics Annual, 231 - 283.

[115] Gopinath, G., Itskhoki, O., & Rigobon, R. (2010), Currency Choice and Exchange Rate Pass - Through. American Economic Review, 100: 1, pp. 304 - 336.

[116] Green, E. J. (2005), A Review of Interest and Prices: Foundations of a Theory of Monetary Policy by Michael Woodford. Journal of Economic Literature 43 (1): 121 - 134.

[117] Groen, J., and H. Mumtaz. (2008) " Investigation the Structural Stability of the Phillips Curve Relationship. " Bank of England Working Paper.

[118] Haan, W. J., Sumner, S. W., & Yamashiro, G. M. (2007), Bank Loan Portfolio and the Monetary Transmission Mechanism. Journal of Monetary Economics, 54, pp. 904 - 924.

[119] Haldane, A. G. (1997), Designing Inflation Targets. Monetary Policy and Inflation Targeting. P. Lowe, Reserve Bank of Australia: 76 - 112.

[120] Hart, Oliver and Holmstrom, Bengt (1987), The Theory of Contracts. In Advances in Economic Theory: Fifth World Congress. (ed. Truman F. Bewley), Cambridge, England: Cambridge University Press, 71 - 155.

[121] Hellmann, Thomas F., Murdock, Kevin C. and Stiglitz, Joseph E. (2000), Liberalization, Moral Hazard in Banking, and Prudential Regulation: Are Capital Requirements Enough? American Economic Review, Vol. 90, No. 1, 147 - 165.

[122] Henzel, T. W. (2008), The New Keynesian Phillips Curve and the Role of Expectations: Evidence from the CESifo World Economic Survey. Economic Modelling (25), 811 - 832.

[123] Hinkle, L. E., Peter Montiel (1999), Exchange Rate Misalignment : Concepts and Measurement for Developing Countries, Oxford University Press.

[124] Holmer, A. F. (2008), Remarks by Special Envoy for China and Strategic Economic Dialogue, at the Symposium on Building the Financial System of the 21st Century Shanghai, China.

[125] IMF (2009). Balance of Payments and International Investment Position Manual 6th, IMF.

[126] Jacquinot, P., R. Straub (2007), The Multi - country Version of the NAWM. mimeo.

[127] Jacquinot, P., R. Straub (2008), Globalisation and the Euro Area. ECB Working Paper No. 907.

[128] Jensen, Henrisk (2002), Targeting Nominal Income Growth or Inflation? American Economic Review, September 2002, Vol. 92, No. (4), pp. 928 - 956.

[129] Kashyap A. K. and J. C. Stein (1993), Monetary Policy and Bank Lending, NBER Working Paper No. 4317.

[130] Kawamura, E. (2007), Exchange Rate Regimes, Banking and the Non - tradable Sector. Journal of Mone-

tary Economics, 54, pp. 325 - 345.

[131] Keeley, Michael (1990), Deposit Insurance, Risk, and Market Power in Banking. American Economic Review, December 1990, 1183 - 1200.

[132] Kimball (1995), The Quantitative Analytics of the Basic Neomonetarist Model." Journal of Money, Credit, and Banking, 27 (4), 1241 - 1278.

[133] King, Mervyn (1996), How Should Central Banks Reduce Inflation? Conceptual Issues, manuscript.

[134] King, R. G. and A. L. Wolman (1996), Inflation Targeting in a St. Louis Model of the 21st Century, NBER Working Paper, No. 5507.

[135] Kingston, Geoffrey (1991), "Should Marginal Tax Rates Be Equalized Through Time?" Quarterly Journal of Economics, August, v. 106, iss. 3, pp. 911 - 24.

[136] Knight, F. H. (1921), Risk, Uncertainty and Profit, Boston: Houghton Mifflin.

[137] Koch, T. W., S. Scott MacDonald (2003), Bank Management, South - Western.

[138] Krause, L., and Lubik (2008), Do Search Frictions Matter for Inflation Dynamics? European Economic Review (52), 1464 - 1479.

[139] Krugman, P. (1994), Competitiveness: A Dangerous Obsession. Foreign Affairs 73 (2): 28 - 44.

[140] Krugman, P. (1994), The myth of Asia's miracle. Foreign Affairs (73): 62 - 78.

[141] Kydland, F. E. and E. C. Prescott (1977), Rules Rather than Discretion: The Inconsistency of Optimal Plans. The Journal of Political Economy 85 (3): 473 - 491.

[142] Kydland, F. E. and E. C. Prescott (1982), Time to Build and Aggregate Fluctuations. Econometrica 50 (6): 1345 - 1370.

[143] Lagos, R., Randall Wright (2005), A Unified Framework for Monetary Theory and Policy Analysis. Journal of Political Economy 113 (3): 463 - 484.

[144] Laurens, Bernard J., and Rodolfo Maino (2007), China: Strengthening Monetary Policy Implementation." IMF Working Paper.

[145] Leeper, E. M., C. A. Sims, et al. (1996), What Does Monetary Policy Do? Brookings Papers on Economic Activity (2): 1 - 78.

[146] Leith, M. (2007), Estimated Open Economy New Keynesian Phillips Curves for the G7. Open Economic Review (18), pp. 405 - 426.

[147] Linde (2005), Estimating New - Keynesian Phillips Curves: A Full Informaiton Maximum Likelihood Approach. Journal of Monetary Economics (52), 1135 - 1149.

[148] Lipschitz, L., Donogh McDonald (1991), Real Exchange Rates and Competitiveness: A Clarification of Concepts, and Some Measurements for Europe. IMF Working Paper WP/91/25.

[149] Litterman, R. B., & Weiss, L. (1985), Money, Real Interest Rates, and Output: A Reinterpretation of Postwar U. S. Data. Econometrica, 53 (1), pp. 129 - 156.

[150] Long, J. B., Jr. and C. I. Plosser (1983), Real Business Cycles. The Journal of Political Economy 91 (1): 39 - 69.

[151] Lubik, T. A., & Schorfheide, F. (2007), Do Central Banks Respond to Exchange Rate Movements? A

Structural Investigation. Journal of Monetary Economics, 54, pp. 1069 – 1087.

[152] Lucas, R. E. (1973), Some International Evidence on Output – Inflation Tradeoffs. American Econonic Review, 63 (3), pp. 326 – 334.

[153] Lucas, R. E. (1977), Understanding Business Cycles. Carnegie – Rochester Conference Series on Public Policy, 5, pp. 7 – 29.

[154] Lucas, R. E. J. (1972), Expectation and the neutrality of money. journal of Economic Theory 4 (2): 103 – 124.

[155] Lucas, R. E. J. (1976), Econometric policy evaluation: a critique. Carnegie – Rochester Conference Series on Public Policy (1): 19 – 46.

[156] Lucas, R. E., Jr. (1980), Two Illustrations of the Quantity Theory of Money. The American Economic Review 70 (5): 1005 – 1014.

[157] Lucas, R. E., Jr. and E. C. Prescott (1971), Investment Under Uncertainty. Econometrica 39 (5): 659 – 681.

[158] Lucas, R. J., Jr., Edward C. Prescott (1974), Equilibrium search and unemployment. Journal of Economic Theory 7 (2): 188 – 209.

[159] Maciejewski, E. B. (1983), Real Effective Exchange Rate Indexes: a Re – examination of the Major Conceptual and Methodological Issues. IMF Staff Papers 30.

[160] Maeso – Fernandez, F., C. Osbat, et al. (2005), Pitfalls in estimating equilibrium exchange rates for transition economies. Economic Systems 29 (2): 130 – 143.

[161] Mahadeva L. and Gabriel Sterne eds. (2000), Monetary Policy Frameworks in a Global Context, Routledge : London.

[162] Mankiw, G. N., & Reis, R. (2002), Sticky Information Versus Sticky Prices: A Proposal To Replace The New Keynesian Phillips Curve. Quarterly Journal of Economics, 107 (4, Nov), pp. 1295 – 1328.

[163] Mankiw, N. G. (2000), The Inexorable and Mysterious Tradeoff Between Inflation and Unemployment, NBER Working Paper No. 7884.

[164] Mankiw, N. G. (2001), U. S. Monetary Policy During the 1990s, NBER Working Paper 8471.

[165] Marsh, I. W., Stephan P. Tokarick (1994), Competitiveness Indicators: A Theoretical and Empirical Assessment. IMF Working Paper WP/94/29.

[166] Marshall, David A. and Prescott, Edward S. (2001), Bank Capital Regulation with and without State – Contingent Penalties, Carnegie – Rochester Conference on Public Policy, 2001, 54, 139 – 84.

[167] McCallum, B. T. (1983), The Role of Overlapping Generation Models in Monetary Economics. Carnegie – Rochester Conference Series on Public Policy (18): 9 – 44.

[168] McCallum, B. T., Edward N. (2000), Timeless Perspective vs. Discretionary Monetary Policy in Foward – looking Models. NBER Working Paper 7915.

[169] McCallum, B. T. and E. Nelson (1999), An Optimizing IS – LM Specification for Monetary Policy and Business Cycle Analysis, Journal of Money, Credit and Banking, Vol. 31, No. 3, page 296 – 316.

[170] McCandless, G. T., W. E. Weber (1995), Some Monetary Facts. Federal Reserve Bank of Minneapolis

Quarterly Review 19 (3): 2 – 11.

[171] McKinnon., R. I. (1973), Money and Capital in Economic Development, The Brookings Institution.

[172] Meltzer, A. H. (1995), Monetary, Credit and (Other) Transmission Processes: A Monetarist Perspective. Journal of Economic Perspectives, 9 (4), pp. 49 – 72.

[173] Mihailov, Rumler, and Scharler (2008), The Small Open Economy New Keynesian Phillips Curve: Empirical Evidence and Implied Inflation Dynamics. Working Paper No. 0817.

[174] Mishkin, F. S. (1995), Symposium on the Monetary Transmission Mechanism. Journal of Economic Perspectives, 9 (4) (Autumn), pp. 3 – 10.

[175] Mishkin, F. S. (2007), Housing and the Monetary Transmission Mechanism. Finance and Economics Discussion Series, 40.

[176] Mishkin, F. S. (1997), Strategies for Controlling Inflation, NBER Working Paper No. 6122.

[177] Monacelli, & Tommaso. (2005), Monetary Policy in a Low Pass – through Environment. Journal of Money, Credit and Banking (37), pp. 1047 – 1066.

[178] Morris, C. S. & Sellon, G. H., 1995, Bank Lending and Monetarr Policy: Evidence on a Credit Channel, Economic Review, Issue Q Ⅱ, 59 – 75.

[179] Mundell, R. A. (1963), Mobility and Stabilization Policy under Fixed and Flexible Exchange Rates. Canadian Journal of Economics and Political Science (29), pp. 475 – 485.

[180] Neiss, Nelson (2005), Inflation Dynamics, Marginal Cost, and the Output Gap: Evidence from Three Countries. Journal of Money, Credit and Banking (37), 1019 – 1045.

[181] Nurkse, R. (1945), Conditions of International Monetary Equilibrium. Essays in International Finance 4 (Spring).

[182] Obstfeld, M., & Rogoff, K. (1995), Exchange Rate Dynamic Redux. Journal of Political Economy, 103, pp. 624 – 660.

[183] Obstfeld, M., & Rogoff, K. (1995), The Mirage of Fixed Exchange Rate. Journal of Economic Perspective, Vol. 9, Fall, pp. 73 – 96.

[184] Obstfeld, M., K. Rogoff (1996), Foundations of International Macroeconomics, The MIT Press.

[185] Oliner, S. & Rudebusch, G., 1996, Is There a Broad Credit Channel for Monetary Policy? Economic Review, 2, 3 – 20.

[186] Okazaki, T. (1999), Monetary Policy and Macroeconomy in Japan: A Historical Perspective. CIRJE – J – 12, University of Tokyo.

[187] Paloviita (2005), The Role of Expectations in Euro Area Inflation Dynamics. Bank of Finland Studies Working Paper No. E. 32.

[188] Peacock C. & Baumann U. (2008), Globalizatin, Import Prices and Inflation Dynamics. Bank of England Working Paper No. 359, 2008.

[189] Pereira, A. S. (2006), When Did Modern Economic Growth Really Start? The Empirics of Malthus to Solow. manuscript.

[190] Peter, T. (2008), Do Interest Rates Drive Inflation Dynamics? An Analysis of the Cost Channel of Monetary

Transmission. Journal of Economic Dynamic & Control (32), 2723 - 2744.

[191] Phelps, E. S. (1967), Phillips Curves, Expectations of Inflation and Optimal Unemployment Over Time. Economica, New Series, 34 (135), pp. 254 - 281.

[192] Phillips, A. W. (1958), The Relation Between Unemployment and The Rate of Change of Money Wage Rates in the United Kingdom, 1861 - 1957. Economica, New Series, 25 (100), pp. 283 - 299.

[193] Prescott, Edward S. (1999), A Primer on Moral Hazard Models. Federal Reserve Bank of Richmond Economic Quarterly, 85, Winter 1999, 47 - 77.

[194] Razin, A., and B. Alon (2007), Flattened Inflation - Output Tradeoff and Enhanced Anti - Inflation Policy: Outcome of Globalization? NBER Working Paper No. W13280.

[195] Razin, A., and C. Yuen (2002), The New Keynesian Phillips Curve: Closed Economy versus Open Economy. Economic Letters, 1 - 9.

[196] Reed, Robert R, and Stacey L Schreft (2007), Phillips Curves, Monetary Policy, and a Labor Market Transmission Mechanism. Research Working Paper, RWP 07 - 12: Federal Reserve Bank of Kansas City.

[197] Robert, J. M. (1997), Is Inflation Sticky? Journal of Monetary Economics 39 (2).

[198] Rodrik, D. (2010), Making room for China in the world economy. American Economic Review 100 (May): 89 - 93.

[199] Rogoff, K. (1996), The Purchasing Power Parity Puzzle. Journal of Economic Literature 34 (June): 647 - 668.

[200] Rotemberg, J. (1982), Sticky Prices in the United States. Journal of Political Economy (90), 1187 - 1211.

[201] Rotemberg, J. J. and M. Woodford (1997), An Optimalization - Based Econometric Framework for the Evaluation of Monetary Policy, NBER Macroecoonomics Annual.

[202] Rubinstein, A. (1998), Modelling Bounded Rationality, the MIT Press.

[203] Rudd, J., and K. Whelan (2005), Modelling Inflation Dynamics: A Critical Review of Recent Research. Board of Governors of he Federal Reserve System Internatonal Finance and Economics Discussioin Papers No. 2005 - 66.

[204] Rudebusch, G., L. E. O. Svensson (1999), Policy Rules for Inflation Targeting. Monetary Policy Rules. J. B. Taylor. Chicago, NBER and University of Chicago Press.

[205] Rumler, F. (2007), Estimates of the Open Economy New Keynesian Phillips Curve for Euro Area Countries. Open Economy Review (18), pp. 427 - 451.

[206] Rumler, F., and M. T. Valderrama (2008), Comparing the New - Keynesian Phillips Curve With Time Series Models to Forecast Inflation. North American Journal of Economics and Finance.

[207] Saint - Paul, G. (1997), Business Cycles and Long - run Growth, Oxford Review of Economic Policy, Vol. 13, No. 3, 145 - 153.

[208] Salehnejad, R. (2007), Rationality, Bounded Rationality and Microfoundations: Foundations of Theoretical Economics, Palgrave MacMillan.

[209] Samuelson, P. A. (1964), Theoretical Notes on Trade Problems. Review of Economics and Statistics 46:

145 - 164.

[210] Samuelson, P. A., & Solow, R. M. (1960), Analytical Aspects of Anti - Inflation Policy. American Economic Review, 50 (2), pp. 177 - 194.

[211] Sargent, T. J. and N. Wallace (1975), Rational Expectations, the Optimal Monetary Instrument, and the Optimal Money Supply Rule. The Journal of Political Economy 83 (2): 241 - 254.

[212] Sargent, T. J. (1993), Bounded Rationality in Macroeconomics, Clarendon Press.

[213] Sbordone, A. M. (2002), Price and Unit Labor Costs: A New Test of Price Stickiness. Journal of Monetary Economics (49), 2002: 265 - 292.

[214] Schumpeter, J. A. (1954), History of Economic Analysis, Oxford University Press.

[215] Smets, F., and R. Wouters (2006), Openness, Imperfect Exchange Rate Pass - through and Monetary Policy.

[216] Smets, F., R. Wouters (2003), An Estimated Stochastic Dynamic General Equilibrium Model of the Euro Area. Journal of European Economic Association 1: 1123 - 1175.

[217] Solow, R. M. (2000), Toward a Macroeconomcis of Medium Run, Journal of Economic Perspectives, Vol. 14, No. 1, p151 - 158.

[218] Sorger, Gerhard (1998), Imperfect Foresight and Chaos: An Example of a Self - Fulfilling Mistake. Journal of Economic Behavior and Organization, Special Issue, January, v. 33, iss. 3 - 4, pp 363 - 83.

[219] Stein, H. (1984), Presidential Economics. New York, Simon and Schuster.

[220] Stein, J. L., P. Allen, Associates (1995), Fundamental Determinants of Exchange Rates. Oxford, Clarendon Press.

[221] Stiglitz, J. (1993), The role of the state in financial markets. Proceedings of the World Bank Annual Conference on Development Economics; Supplement to the World Bank Economic Review and the World bank Research Observer. M. Bruno, B. Pleskovic (eds), Washington, DC.

[222] Stiglitz, J. and Bruce Greenwald (2003), Towards a New Paradigm in Monetary Economics, Cambridge University Press.

[223] Stokey, Nancy L. and Robert E. Lucas, Jr. (1989), Recursive Methods in Economic Dynamics, Harvard University Press.

[224] Straub, R. and C. Thimann (2010), The external and domestic side of macroeconomic adjustment in China. Journal of Asian Economics Forthcoming.

[225] Suzuki, Yoshio (1987), The Japanese Financial System. Oxford: Clarendon.

[226] Sveen, T., & Weinke, L. (2007), Lumpy Investment, Sticky Prices, and the Monetary Transmission Mechanism. Journal of Monetary Economics, 54, pp. 23 - 36.

[227] Svensson, L. E. O. (1999), Price Level Targeting versus Inflation Targeting: A Free Lunch. Journal of Money, Credit and Banking 31 (3).

[228] Svensson, L. E. O. (2000), Open - Economy Inflation Targeting. Journal of International Economics, 155 - 183.

[229] Svensson, L. E. O. and M. Woodford (2002), Implementing Optimal Policy through Inflation - Forcast Targeting, manuscript.

[230] Svensson, L. E. O. (1998), Inflation Targeting: Some Extensions, manuscript.

[231] Svensson, Lars E. O. (1999), Inflation Targeting: Some Extensions. Scandinavian Journal of Economics, September 1999, 101 (3), pp. 337 -61.

[232] Taylor, J. B. (1993), Discretion versus Policy Rules in Practice. Carnegie - Rochester Conference Series on Public Policy 39: 195 -214.

[233] Taylor, J. B. (1999), The Monetary Transmission Mechanism and The Evaluation of Monetary Policy Rules. Stanford University Working Paper .

[234] Taylor, J. B. (2000), Low Inflation, Pass - through, and the Pricing Power of Firms. European Economic Review (44), 1389 -1408.

[235] Taylor, J. B. (1998), Staggered Price and Wage Setting in Macroeconomics, NBER Working Paper No. 6754.

[236] Taylor, John B. (1999), Monetary Policy Rules, NBER - Business Cycles Series, Volume 31.

[237] Tobin, J. (1969), A General Equilibrium Approach To Monetary Theory. Journal of Money, Credit and Bankingl, 1 (1), pp. 15 -29.

[238] Vestin, D. (2003), Price Level Targeting versus Inflation Targeting in a Forward - looking Model. European Central Bank Working Paper.

[239] Walsh, C. E. (2003), Monetary Theory and Policy. Cambridge, MA; London, England, The MIT Press.

[240] Walsh, C. E. (2003), Speed Limit Policies: The Output Gap and Optimal Monetary Policy. The American Economic Review 93 (1) .

[241] Walsh, C. E. (2006), The Contribution of Theory to Practice in Monetary Policy: Recent Developments. An ECB Colloquium held in Honor of Prof. Otmar Issing.

[242] Wicksell, K. (1898), Interest and Prices. London, Macmillan.

[243] Williamson, J. (1994), Estimating Equilibrium Exchange Rates. Institute for International Economics. Washington, D. C.

[244] Williamson, J. , and Molly Mahar (1998), Current Account Targets. Real Exchange Rates for the Year 2000. S. Wren - Lewis, Rebecca Driver. Washington, D. C. , Institute for International Economics.

[245] Wolman, A. L. (1999), Sticky Prices, Marginal Cost, and the Behavior of Inflation. Federal Reserve Bank of Richmond Economic Quarterly (84) .

[246] Woodford, M. (2003), Interest and prices: foundations of a theory of monetary policy, Princeton University Press.

[247] Woodford, M. (2005), Firm - specific Capital and the New Keynesian Phillips Curve. International Journal of Central Banking, 2, pp. 1 -46.

[248] Woodford, M. (2009), Globalization and Monetary Control. International Dimensions of Monetary Policy. J. Gali, Mark Gertler (ed.), The University of Chicago Press.

[249] Zanetti (2008), Effects of Product and Labor Market Regulation on Macroeconomic Outcomes. Journal of Macroeconomics.

[250] 巴曙松. 中国货币政策有效性的经济学分析. 北京：经济科学出版社，2000

[251] 白川方明，何乐. 宏观审慎监管与金融稳定. 中国金融，2010 (4)

[252] 卞志村．开放经济下的最优货币政策、MCI及在中国的检验．数量经济技术经济研究，2008（4）
[253] 曾利飞，徐剑刚，唐国兴．开放经济下中国新凯恩斯混合菲利普斯曲线．数量经济技术研究，2006（3）
[254] 陈飞，赵昕东，高铁梅．我国货币政策工具变量效应的实证分析．金融研究，2002（10）
[255] 陈涛．多目标：中国转轨时期货币政策的现实选择．金融与经济，2006（1）
[256] 陈昭，陈健．菲利普斯曲线：理论与模型的动态演变与评论．经济评论，2007（3）
[257] 崔建军．货币政策有效性述评．经济学家，2004（2）
[258] 戴根有．关于我国货币政策的理论与实践问题．金融研究，2000（9）
[259] 戴根有．中国货币政策传导机制研究．北京：经济科学出版社，2001
[260] 戴根有．中国央行公开市场业务操作实践和经验．金融研究，2003（1）
[261] 丁晨，屠梅曾．论房价在货币政策传导机制中的作用——基于VECM分析．数量经济技术经济研究，2007（11）
[262] 丁文丽，刘学红．中国货币政策中介目标选择的理论研究与实证分析．经济科学，2002（6）
[263] 杜金富．货币与金融统计学．北京：中国金融出版社，2006
[264] 范从来．菲利普斯曲线与我国现阶段的货币政策目标．管理世界，2000（6）
[265] 范从来．论货币政策中间目标的选择．金融研究，2004（6）
[266] 范从来，廖晓萍．开放经济下的货币政策的有效性研究．当代财经，2003（7）
[267] 范恒森．货币政策中介目标的选择：国际经验及启示．财贸经济，2002（8）
[268] 方福前．欧洲中央银行体系能实现它的货币政策目标吗？．国际金融研究，1999（2）
[269] 方卫星．货币政策操作规范的争论：一个文献综述．贵州财经学院学报，2003（2）
[270] 冯玉明，俞自由．中国货币政策中间目标变量的选择．上海交通大学学报，1998（12）
[271] 高嵩．论20世纪中叶美国人力资本理论兴起的历史条件．南昌航空大学学报，2008（3）
[272] 顾铭德，汪其昌，王晟．我国货币政策传导机制的变迁、效应及疏导建议．财经研究，2002，28（11）
[273] 郭田勇．中国货币政策体系的选择．北京：中国金融出版社，2005
[274] 郭田勇．从加息效应看货币政策体系．金融博览，2006（6）
[275] 郭晔．货币政策信贷传导途径的最新争论及其启示．经济学动态，2000（7）
[276] 何新华，吴海英，曹永福，刘睿著．中国宏观经济季度模型China_ QEM. 北京：社会科学文献出版社，2005
[277] 胡安庆．重视和加强再贴现政策的作用．金融与经济，2004（3）
[278] 胡代光．西方宏观经济政策方面的论辩和我们的思考．宏观经济研究，1999（11）
[279] 胡援成，程建伟．中国资本市场货币政策传导机制的实证研究．数量经济技术经济研究，2003（5）
[280] 黄昌利，任若恩．我国（1996~2003年）货币政策低效性及原因分析．中国管理科学，2004（3）
[281] 黄先开，邓述慧．货币政策中性与非对称性的实证研究．管理科学学报，2000（2）
[282] 黄宪，赵伟．中美公开市场业务运行基础的比较分析．金融研究，2003（5）
[283] 蒋瑛琨，刘艳武，赵振全．货币渠道与信贷渠道传导机制有效性的实证分析——兼论货币政策中介目标的选择．金融研究，2005（5）

[284] 金琦．中国货币政策传导机制．北京：中国金融出版社，2004
[285] 金桩，李勇．浅谈近期美国货币政策的理论基础、目标工具及操作特点．内蒙古师范大学学报（哲学社会科学版），2003，32（1）
[286] 兰埃用，光兰明．金融创新：完善货币政策传导机制的实践．载中国货币政策传导机制，北京：中国金融出版社，2004
[287] 黎德福．二元经济条件下中国的菲利普斯曲线和奥肯法则．世界经济，2005（8）
[288] 黎晓妹．货币政策及我国货币政策传导问题研究综述．广西财经学院学报，2007，20（4）
[289] 李斌．中国货币政策有效性的实证研究．金融研究，2001（7）
[290] 李春琦，王文龙．货币供给量作为货币政策中介目标适应性研究．财经研究，2007（2）
[291] 李连发．通胀预期、资产替代与当前货币政策取向．经济学动态，2010（12）
[292] 李连发．资本充足率与最优货币政策．金融研究，2007（10）
[293] 李连发．从美国的金融动荡看我国金融改革与发展之路．中国金融，2008（16）
[294] 李连发，辛晓岱．外部融资依赖、金融发展与经济增长：来自非上市企业的证据．金融研究，2009（2）
[295] 李木祥．中国货币供应量扩张的金融制度障碍．改革，199（5）
[296] 李丕东，魏巍贤．韩国货币政策体系的演化及其借鉴．世界经济研究，2005（2）
[297] 李晓西，余明．货币政策传导机制与国民经济活力．金融研究，2000（7）
[298] 李心丹，傅浩．论开放经济对货币政策的影响及我国货币政策的调整．南京大学学报，1998（2）
[299] 李燕，凌亢，吴九红．对我国货币政策中介目标的思考．改革，2000（6）
[300] 李振，杨晓光．新凯恩斯菲利普斯曲线模型在中国的实证研究：基于VAR的分析．管理评论，2007（12）
[301] 廖国俊，邹忠良，廖小华．货币政策传导途径理论和实证分析．重庆邮电学院学报，2006（1）
[302] 廖石坚．80年代中期以来日本银行货币政策体系的变革．日本学刊，1993（6）
[303] 林平，危勇．金融风险环境下的货币政策传导分析．中国货币政策传导机制．北京：中国金融出版社，2004
[304] 林勇．对疏通微观经济主体传导货币政策的几点思考．经济问题探索，2004（1）
[305] 刘斌．资本充足率对信贷、经济及货币政策传导的影响．金融研究，2005（8）
[306] 刘斌，邓述慧．Divisia货币指数与中国货币政策中介目标分析．数量经济技术经济研究，1994（4）
[307] 刘斌，张怀清．我国产出缺口的估计．金融研究，2001（10）
[308] 刘斌编著．国内外中央银行经济模型的开发与应用．北京：中国金融出版社，2003
[309] 刘东华．通货膨胀目标制理论及对我国货币政策的启示．北方经济，2007（11）
[310] 刘飞．我国货币政策操作目标转型——由商业银行流动性向货币市场利率演变．西南民族大学学报（人文社科版），2003（5）
[311] 刘凤良，张海阳．菲利普斯曲线研究新进展．经济理论与经济管理，2004（7）
[312] 刘军．货币政策传导机制有效性的实证研究．统计与信息论坛，2006（5）
[313] 刘霖，靳云江．货币供应、通货膨胀与中国经济增长——基于协整的实证分析．统计研究，2005（3）

[314] 刘明志．货币供应量和利率作为货币政策中介目标的适用性．金融研究，2006（1）
[315] 刘仁伍，吴竞择．货币政策框架的国际趋势与我国面临的选择．金融研究，2004（2）
[316] 刘伟，李连发．我国货币政策最终目标框架的现实选择．经济学动态，2009（12）
[317] 刘伟，李绍荣，李笋雨．货币扩张、经济增长与资本市场制度创新．经济研究，2002（1）
[318] 刘玄．苏皖两省货币政策传导差异的实证检验及其解释．金融纵横，2006（2）
[319] 刘玄，王剑．货币政策传导地区差异：实证检验及政策含义．财经研究，2006（5）。
[320] 潘敏，夏频．国有商业银行信贷资金供求与我国货币政策传导机制．金融研究，2002（6）
[321] 裴平，熊鹏．我国货币政策传导过程中的“渗漏”效应．经济研究，2003（8）
[322] 齐鹰飞．新凯恩斯主义总需求理论的微观基础．财经问题研究，2007（6）
[323] 邱崇明，张亦春，牟敦国．资产替代与货币政策．金融研究，2005（1）
[324] 盛朝晖．中国货币政策传导渠道效应分析：1994－2004．金融研究，2006（7）
[325] 施海松．再贴现是否应当退出宏观调控的历史舞台．上海金融，2003（11）
[326] 史永东．中国货币政策中介目标选择问题的实证研究．经济科学，1999（1）
[327] 斯坦利·费希尔．货币政策的规则与相机抉择之争．载本杰明·M·弗里德曼，弗兰克·H·哈恩主编．货币经济学手册（第2卷），经济科学出版社，2002
[328] 宋立．缓解流动性约束，促进货币政策作用有效发挥．现代金融导刊，1991（1）
[329] 宋立．结构不对称、流动性约束与体制极限——中国通货紧缩的金融制度结构分析．金融研究，1999（2）
[330] 宋立．我国货币政策信贷传导存在的问题及其解决思路．管理世界，2002（2）
[331] 孙明华．我国货币政策传导机制的实证分析．财经研究，2004（3）
[332] 孙小丽．中国货币政策传导机制实证研究．求索，2006（11）
[333] 唐旭．不良资本、税收与银行准入的开放．经济研究，2005（7）。
[334] 万晓莉，霍德明，陈斌开．中国货币需求长期是否稳定？．经济研究，2010（1）
[335] 汪红驹．中国货币政策有效性研究．北京：中国人民大学出版社，2003
[336] 汪洋．我国货币政策最终目标的内在冲突分析．金融与经济，2001（11）
[337] 王大用．中国货币政策的中介目标问题．经济研究，1996（3）
[338] 王剑，刘玄．货币政策传导的行业效应研究．财经研究，2005（5）
[339] 王劲松，虞吉海．关于货币政策中间目标变量的比较研究及其启示．经济学动态，2000（4）
[340] 王珏，王稳．建立和完善我国货币政策传导体系的思考．国际金融研究，2003（5）
[341] 王骏．我国利率市场化与未来的货币政策中介目标的选择．财贸研究，2001（3）
[342] 王欣．我国货币政策有效性的实证分析．财经科学，2003（6）。
[343] 王雪标，王志强．财政政策、金融政策与协整分析．大连：东北财经大学出版社，2001
[344] 王迅．对货币政策传导机制障碍的调查研究．金融研究，2001（5）
[345] 王振山，王志强．我国货币政策传导途径的实证研究．财经问题研究，2000（12）
[346] 魏革军．中国货币政策传导机制研究．北京：中国金融出版社，2001
[347] 魏永芬．我国是否应该取消存款准备金付息制度．金融研究，2006（2）
[348] 吴晶妹．评货币政策中介目标——货币供应量．财贸经济，2001（7）

[349] 吴晓灵．求真务实、改革创新、进一步提高金融调控水平．中国金融，2004（8）

[350] 奚君羊，刘卫江．通货膨胀目标制的理论思考——论我国货币政策中介目标的重新界定．财经研究，2002（4）

[351] 夏斌，廖强．货币供应量已不宜作为当前我国货币政策的中介目标．经济研究，2001（8）

[352] 夏德仁，张洪武，程智军．货币政策传导的信贷渠道述评．金融研究，2003（5）

[353] 肖争艳，陈彦斌．中国通货膨胀预期研究：调查数据方法．金融研究，2004（11）

[354] 谢多．公开市场业务实践与货币政策操作方式的转变．经济研究，2000（5）

[355] 谢平，焦瑾璞主编．中国货币政策争论．北京：中国金融出版社，2002

[356] 谢平，廖强．当代货币政策理论的新进展．载李扬，王松奇主编．中国金融理论前沿．北京：社会科学文献出版社，2000

[357] 谢平，寥强．西方货币政策信用传导理论述评．金融研究，1997（11）

[358] 谢平，袁沁敔．我国近年利率政策的效果分析．金融研究，2003（5）

[359] 辛树人．差别存款准备金制度与金融稳定．金融研究，2005（11）

[360] 徐秋慧，李秀玉．菲利普斯曲线研究的最新进展．中央财经大学学报，2008（4）

[361] 徐淑一，欧大军．我国货币政策传导机制的实证研究．南方金融，2005（12）

[362] 许祥秦．论国债市场与利率市场化．财贸经济，2001（1）

[363] 许云霄，秦海英．内生货币供给理论视野中的货币政策传导机制．经济科学，2003（2）

[364] 杨媛玫．论通货膨胀目标制在我国实施的可行性．西安金融，2007（5）

[365] 易纲．中国的货币化进程．北京：商务印书馆，2004

[366] 于洪波．中国资本市场发展中的货币政策抉择．大连：东北财经大学出版社，2004

[367] 余永定．M2/GDP 的动态增长路径．世界经济，2002（12）

[368] 余元全．股票市场影响我国货币政策传导机制的实证分析．数量经济技术经济研究，2004（3）

[369] 张红地，叶阳．我国公开市场业务操作原理分析．管理世界，2002（6）

[370] 张焕明．1979～2000 我国菲利普斯曲线的实证研究．管理科学，2003（2）

[371] 张霖．货币政策体系的国际比较，外国经济与管理，第 22 卷第 7 期

[372] 张延．我国货币政策最终目标的选择：理论基础和政策含义．上海金融，1998（5）

[373] 张颖．内生货币供给下的中国货币政策传导机制．南开经济研究，2003（5）

[374] 张勇．政策可信性变动对菲利普斯曲线稳定性的影响——来自中国的经验证据．财经研究，2008（6）

[375] 赵博，雍家胜．菲利普斯曲线在中国的实证分析．管理世界，2004（9）

[376] 赵春玲．货币政策最终目标评价与选择．生产力研究，2007（21）

[377] 赵何敏．开放经济条件下货币供给可控性分析．财政研究，2001（3）

[378] 赵留彦，王一鸣，蔡婧．中国通胀水平与通胀不确定性：马尔柯夫域分析．经济研究，2005（8）

[379] 赵文杰．超额储备率作为我国货币政策操作目标的论证与宏观操作．金融理论与实践，1994（2）

[380] 中国经济增长与宏观稳定课题组．外部冲击与中国的通货膨胀．经济研究，2008（5）

[381] 中国人民银行货币政策司编．存款准备金制度的理论与实践．北京：企业管理出版社，1998

[382] 中国人民银行武汉分行“货币政策传导机制问题”课题组．内生制度约束与宏观政策限制：欠发达

地区货币政策传导机制梗阻的案例研究．金融研究，2002（11）

[383] 中国银监会课题组．商业银行资本监管制度改革（一）：修补新资本协议漏洞 扩大资本覆盖风险范围．中国金融，2010（1）

[384] 周锦林．关于我国货币“中性”问题的实证研究．经济科学，2002（1）

[385] 周瑾．试析欧洲中央银行体系及其内在缺陷．国际经贸研究，2001（2）

[386] 周立群，伍志文．利率政策的有效性问题研究——兼论加息之争．管理世界，2004（10）

[387] 周孟亮，李明贤．我国货币政策传导途径的实证研究——基于1998年以来的实际情况．山西财经大学学报，2006（3）

[388] 周小川．当前研究和完善货币政策传导机制应关注的几个问题．金融时报，2004-04-14

[389] 周小川．关于适时、适度进行金融调控有关的三个数学模型．金融研究，2005（1）

[390] 周英章，蒋振声．货币渠道、信用渠道与货币政策有效性——中国1993~2001年的实证分析和政策含义．金融研究，2002（9）

[391] 朱恩涛，朱瑾．存款准备金制度工具新解——内涵、作用机理与发展趋势．经济问题探索，2007（4）

[392] 朱国陵，宗怿斌．“金融脱媒”的微观反映——南京个案．金融纵横，2009（4）